rororo

rororo

Der Schriftsteller Julian Barnes stellt in einer Mischung aus Chronique scandaleuse und scharfsinniger Analyse seine englische Heimat vor. Dabei spielen die Royals oder der Kanaltunnel ebenso eine Rolle wie das einfache soziale Leben jenseits des Medienrummels.

«Sehr lehrreich und unglaublich witzig.» («Stuttgarter Nachrichten»)

Julian Barnes, geboren am 19. Januar 1946 in Leicester, studierte Jura und Französisch in Oxford, war Lexikograph für das Oxford English Dictionary, Literaturkritiker der «Times» und TV-Kritiker beim «Observer». Zu seinem umfangreichen literarischen Werk gehören eine Reihe von Romanen: «Flauberts Papagei» (rororo Nr. 22133) wurde in über 20 Sprachen übersetzt und mit mehreren Literaturpreisen ausgezeichnet; ferner «Das Stachelschwein» (rororo Nr. 22126) und «Vor meiner Zeit» (rororo Nr. 22127). Julian Barnes lebt in London.

Julian Barnes

Briefe aus London
1990–1995

Deutsch von Gertraude Krueger
und Robin Cackett

Rowohlt Taschenbuch Verlag

Das Vorwort und die Kolumnen 1, 2, 4, 6, 7, 9, 10, 13 und 14 wurden von Gertraude Krueger ins Deutsche übertragen. Die Übersetzung der Kolumnen 3, 5, 8, 11, 12 und 15 stammt von Robin Cackett.

Veröffentlicht im Rowohlt Taschenbuch Verlag GmbH,
Reinbek bei Hamburg, April 1999

Die Originalausgabe erschien 1995 unter dem Titel
«Letters from London» bei Picador, London

Umschlaggestaltung C. Günther/W. Hellmann
(Foto: FOTEX/COLOR BOX)
Satz aus der Caslon PostScript (PageOne)
Gesamtherstellung Clausen & Bosse, Leck
Printed in Germany
ISBN 3 499 22128 4

Für Jay und Helen

Inhalt

Vorwort: Verf. pers.

Als Kind war ich eine Zeitlang begeisterter Anhänger der I-Spy-Bücher, jener Leitfäden für die Spürnase in kurzen Hosen. Sie behandelten jeweils ein bestimmtes Thema – Schmetterlinge, Londoner Statuen, Verkehrsmittel auf Rädern –, und als Ansporn waren gestaffelte Belohnungen ausgesetzt: zehn Punkte für einen roten Admiral, dreißig für einen seltenen Briefkasten aus der Zeit Edwards VIII. und so weiter. Dann mußte man bei jedem aufgespürten Objekt den genauen Fundort eintragen (dabei wäre Schummeln sowieso niemandem in den Sinn gekommen) und das vollständig ausgefüllte Buch an Big Chief I-Spy in The Wigwam, *News Chronicle*, Bouverie Street, einsenden. Von diesem unglaublichen Menschen – der mit Sicherheit ein eingefleischter Vorortbürger war – bekam man dann als Nachweis eifrigen Äugens eine Indianerfeder zugeschickt.

Ich habe nie eine Feder erlangt: Entweder habe ich nicht genug Fundstücke aufgespürt, oder irgendeine Bestimmung über die Clubmitgliedschaft hinderte mich daran, den Grundstock zu meinem Kopfputz zu legen. Doch sind mir etliche Ausflüge unter Aufsicht einer Begleitperson von Acton W3 in die Londoner Innenstadt in Erinnerung geblieben, bei denen ich, den angespitzten Bleistift gezückt, meine magere Ausbeute an Dingen wie pferdegezogenen Lebensmittelkarren oder Portiersepauletten zu mehren trachtete. Daß ein derart erzwungenes Hinschauen in unserem Leben vergleichsweise selten vorkommt, weiß ich wohl: In aller Regel halten wir danach Ausschau, woran wir ohnehin Interesse haben. Jeder gezielte Blick und jedes Wegschauen bestätigt unsere Sehgewohnheiten und unsere Weltsicht aufs neue.

Als Bob Gottlieb, der Chefredakteur des *New Yorker*, mir dann Ende 1989 das Angebot machte, als Londoner Korrespondent der Zeitschrift zu fungieren, erfuhr ich verschiedene vorhersehbare, wenn auch widersprüchliche Reaktionen – das könne sehr reizvoll sein; das könne lebenslänglich bedeuten; das könne viel Geld einbringen; das könne die klassische Falle für einen Romanschriftsteller sein. Doch außer diesem Für und Wider hörte ich auch das denkbar überzeugendste Argument dafür, die Aufgabe zu übernehmen: Da lernst du sehen. I-Spy London, jetzt geht's los, dachte ich; I-Spy England.

Im Grunde sollte ich ein Auslandskorrespondent in meinem eigenen Land sein. Das bedeutete eine handwerkliche Herausforderung, die sich mir im Journalismus bislang noch nicht gestellt hatte. Meine Leserschaft würde hochgebildet sein und jedes einzelne Wort verstehen, doch die von mir geschilderten Zustände und Ereignisse würden ihr kulturell vielleicht so fremd vorkommen, als spräche ich vom alten Rom. Nun gibt es selbstverständlich viele anglophile Amerikaner – das sind die, denen wir in Großbritannien gemeinhin begegnen. Nicht-Amerikaner sollten jedoch nie vergessen, daß jedes Land der Welt mehr Interesse an Amerika hat als Amerika an ihm; das bringt die internationale Verteilung von Macht und Geld so mit sich. Als Besucher der Vereinigten Staaten kann man einen Zaubertrick vollführen, der gar nicht viel kostet: Man kauft sich eine Zeitung, und schon ist das eigene Land verschwunden. Vor zehn Jahren war ich in Fort Worth und sah mir im Fernsehen die Eröffnungszeremonie der Olympischen Spiele von Los Angeles an. Beim Aufmarsch der Teilnehmer erläuterten die Untertitel im Programm von ABC Lage und Größe der einzelnen Länder in einheimischen Kategorien: Demnach lag Bhutan in Zentralasien und war «ca. $^1/_2$ Indiana». Bhutan war aber kein Einzelfall. Irgend jemand hatte befunden, der amerikanische Zuschauer brauche auch Aufklärung über Belgien («in NW-Europa»), Bangladesch («ca. Wisconsin») und traurigerweise auch über

Großbritannien. Man legte mir eine neue Sicht meines Heimatlandes nahe, nämlich «Größe Oregon».

Es war daher eine nützliche Übung, keinen Satz für selbstverständlich zu halten, mochte er auch noch so banal erscheinen. «Die nächsten Parlamentswahlen, die im Mai oder Oktober stattfinden ...» Moment mal, meldete sich da ein amerikanischer Zwischenrufer in meinem Kopf, wieso weißt du das nicht? Ach, du meinst, es werden keine regelmäßigen Wahlen abgehalten? Und die Regierung legt den Wahltermin selbst fest? Du machst wohl *Witze*. Wer hat sich denn *das* einfallen lassen? Und so weiter. Am deutlichsten spürte ich diesen Zwang zur erneuten Überprüfung alles vermeintlich Vertrauten, als ich mich mit Lloyd's of London beschäftigte; das ist eine der typisch britischen Institutionen, die man so halbwegs zu verstehen meint, einfach weil man Brite ist und in Großbritannien (Größe Oregon) lebt. Ich glaube, mein Vorverständnis stand auf so tönernen Füßen, daß es schon bei den ersten Anzeichen der faktischen Gegebenheiten in sich zusammenbrach. Und wenn das, was da offenbar vor sich ging, mich als unbeteiligten Außenstehenden in Erstaunen versetzte, dann kann man sich wohl das Erstaunen eines unbekümmert-naiven Lloyd's *Name* vorstellen, der plötzlich doppelt und dreifach bankrott ist, von dem schier bodenlosen Erstaunen eines amerikanischen Investors ganz zu schweigen. Kein Wunder, daß viele amerikanische *Names* zur Zeit ihre Rechnungen nicht bezahlen wollen.

Meine Vorgängerin, die Schriftstellerin Mollie Panter-Downes, hat ihren Dienst als Londoner Korrespondentin 1939 angetreten und den Posten fast ein halbes Jahrhundert lang innegehabt. Brendan Gill schrieb, sie sei während des Krieges «für uns und unsere Leser keine geringere Inkarnation englischer Tapferkeit [gewesen] als Churchill selbst». Meine ersten (und letzten) fünf Jahre waren weltgeschichtlich nicht so bedeutsam wie die ihren, doch auch sie hatten ihre lehrreichen Momente, von denen sich einige (wie der Sturz von Mrs. Thatcher) dramatisch darstellten, andere possenhaft (wie der Nicht-Sturz von Norman Lamont). Ich bin natürlich nicht als Inkarnation von irgend etwas aufgetreten, geschweige denn als Geistesverwandter der beiden Premiers, unter denen ich schrieb; und ich glaube kaum, daß die amerikanischen Leser mich so gesehen haben. Außerdem bin ich mißtrauisch gegen Zeitgeistjournalismus und Zehnjahresbilanzen. War da in der ersten Hälfte der neunziger Jahre eine Ermüdung und Monotonie im öffentlichen Leben zu spüren, Verschleißerscheinungen gewissermaßen? Es sieht so aus. Wenn das stimmt, ist es ebensosehr ein Grund zur Freude wie zur Verzweiflung. Flaubert hat gesagt, eine Epoche sei ihm dann am liebsten, wenn sie zu Ende gehe, denn dann werde etwas Neues geboren. Gewöhnlich gut unterrichtete Kreise gehen davon aus – eine journalistische Wendung, die im Grunde so etwas wie «ich glaube» bedeutet –, daß die gegenwärtige vierte Regierung der Konservativen auf absehbare Zeit die letzte sein wird. Der abschließende Artikel in diesem Sammelband wirft einen Blick auf das «Neue», das nun möglicherweise folgt.

Wer für den *New Yorker* schreibt, wird logischerweise auch vom *New Yorker* redigiert: eine überaus kultivierte, sorgfältige und nutzbringende Prozedur, die einen allmählich zum Wahnsinn treibt. Am Anfang steht eine Abteilung, die den nicht immer liebevoll gemeinten Spitznamen «Ausdruckspolizei» trägt. Das sind die strengen Puritaner, die sich einen Satz anschauen und darin, anders als man selbst, keine ergötzliche Fusion von Wahrheit und Schönheit, Rhythmus und Esprit erblicken, sondern nur ein tumbes Trümmerfeld grammatikalischen Schiffbruchs. Nun tun sie heimlich, still und leise, was sie können, um den Autor vor sich selbst zu schützen. Der gibt ein ersticktes Protestgegurgel von sich und versucht, den Originaltext wiederherzustellen. Dann kommen wieder neue Fahnen, und da hat man ihm hin und wieder huldvoll eine einzige Nachlässigkeit durchgehen lassen; doch dafür muß er feststellen, daß ein weiterer Vorstoß gegen die Grammatik korrigiert wurde. Daß die

Ausdruckspolizei für ihn nie zu sprechen ist, während sie in ihrer Machtvollkommenheit jederzeit in seinen Text eingreifen kann, läßt sie nur noch bedrohlicher erscheinen. Ich habe mir immer ausgemalt, wie die Leute da in ihrem Büro sitzen, wo Gummiknüppel und Handschellen von den Wänden baumeln, und sich in gnadenlosen, spöttischen Bemerkungen über die Autoren des *New Yorker* ergehen. «Nun ratet mal, wie viele Infinitive dieser Inselaffe *jetzt* wieder gespalten hat?» Dabei sind sie in Wirklichkeit gar nicht so unbeugsam, wie ich sie darstelle, und geben sogar zu, daß ein gespaltener Infinitiv bisweilen ganz nützlich sein kann. Meine ganz persönliche Schwäche ist, daß ich den Unterschied zwischen den Relativpronomen *which* und *that* einfach nicht begreifen will. Ich weiß, daß es da eine Regel gibt, die irgendwas mit Einzelwesen und Oberbegriff oder dergleichen zu tun hat (hoffentlich habe ich bei diesem Nebensatz das richtige Relativpronomen erwischt!); aber ich habe meine eigene Regel, und die geht so: Wenn schon ein *that* in der Gegend herumsteht, nimmt man lieber *which*. Zu diesem Arbeitsgrundsatz habe ich die Ausdruckspolizei wohl bis heute nicht bekehren können.

Der Redakteur, der sachte zwischen mir und der Ausdruckspolizei vermittelte, hieß Charles McGrath. Fünf Jahre lang habe ich eng mit ihm zusammengearbeitet, erst unter der Ägide von Bob Gottlieb und dann von Tina Brown. Nun ist es im Vorwort zu einem Sammelband journalistischer Schriften üblich, an dieser Stelle den Redakteur für seinen Takt, seinen Durchblick, seine unentwegte Hilfsbereitschaft etc. zu rühmen, und es ist ebenso üblich, daß den Vorwortleser an dieser Stelle ein kolossales Gähnen packt. Darum will ich statt dessen eine Geschichte darüber erzählen, wie Mr. McGrath redigiert. Als meine Beschäftigungszeit etwa halb um war, sprachen wir zum dritten- oder viertenmal ausgiebig über einen bestimmten Artikel; er hatte schon ein paar Durchgänge erlebt und lag jetzt im Umbruch vor. In diesem Stadium kennt jeder Autor seinen Artikel so gut wie auswendig: Mit wachsender Vertrautheit hängt er ihm zunehmend zum Halse heraus; man hat nur noch den Wunsch, daß er endlich in Druck gehen möge, hört aber sittsam zu und hofft, daß das jetzt die letzten Rückfragen sind. Als wir nun soweit waren, nahm Chip ein von mir verwendetes Adjektiv aufs Korn, ein Wort wie etwa *crépusculaire* oder *inkonzinn*, das nicht zum Grundwortschatz gehört, aber hin und wieder durchaus Verwendung findet. «*Crépusculaire* hast du schon mal gebraucht», sagte Chip. «Ich glaube nicht», erwiderte ich. «Doch, ich glaube schon», sagte er. «Das kann ich mir kaum vorstellen», erwiderte ich und wurde allmählich etwas gereizt – mein Gott, ich kannte den Artikel schließlich wie meine Westentasche. «Ich bin mir aber ziemlich sicher», entgegnete Chip; ich konnte hören, wie sein Ton gleichfalls schärfer wurde, als wolle er sich jetzt wirklich auf die Hinterbeine stellen. «Na», sagte ich einigermaßen schnippisch, «auf welchem Fahnenabzug steht es denn?» «Ach», sagte Chip, «ich meine ja nicht *diesen* Artikel. Nein, es war ein paar Artikel davor. Ich schau mal nach.» Das tat er auch. Ich hatte das Wort vor etwa neun Monaten verwendet. Da habe ich es jetzt natürlich getilgt. Und *das*, verehrte Leser, nenne ich Redigieren.

Ist der Artikel dann getrimmt und frisiert (eine nicht immer sanfte Prozedur: Manchmal wird einem der ganze Pudel wieder vor die Füße geworfen), geht er an die Faktenkontrollkommission des *New Yorker*. Hier sind junge, hellwache, ausgesucht höfliche und verblüffend hartnäckige Mitarbeiter am Werk. Sie treiben einen zur Weißglut, aber sie ziehen den Karren auch wieder aus dem Dreck. Außerdem betrachten sie jede Verallgemeinerung und rhetorische Übertreibung mit Argwohn und würden den letzten Satz lieber so formulieren: «Sie treiben einen zu einer Glut von 1260 °C und ziehen in 17,34 Prozent aller Fälle den Karren wieder aus dem Dreck.» Eine Aussage unter Eid vor Gericht ist nichts gegen eine Aussage vor einem Faktenkontrolleur des *New Yorker*. Denen ist es völlig egal, wen sie in ihrer Verifizierungswut anrufen. Sie kontrollieren beim Autor selbst, bei den Gewährsleuten des Autors, in ihrem computerisierten Informationssystem, bei neutralen Stellen; sie kontrollieren vor den Augen des Autors, und sie kontrollieren hinter dem Rücken des Autors. Als ich Tony Blair im Unterhaus interviewte, fielen mir die eleganten Türangeln im Sitzungssaal des Schattenkabinetts auf. Ich zog meinen Pevsner zu Rate und erfuhr, daß sie Pugin, vielmehr: «Augustus W. N. Pugin» zugeschrieben werden. Pevsner führt aus: «Es kann mit Sicherheit angenommen werden, daß alle Details aus Metall, Buntglas, Keramik etc. bis hin zu Türbeschlägen, Tintenfässern, Kleiderhaken u. ä. seine Entwürfe sind.» Halb neugierig, ob die Verifizierungskommission den Ausdruck «Es kann mit Sicherheit angenommen werden» schlucken würde, schrieb ich die Türangeln in meinem Text «Augustus Pugin» zu und machte mich auf den Anruf des Faktenkontrolleurs in dieser und verwandten Angelegenheiten gefaßt. Das Feuer wurde eröffnet mit: «Können wir ‹Augustus› weglassen, damit man ihn nicht mit seinem Vater verwechselt?» Gewiß doch, kein Problem: «Augustus Pugin» hatte ich nur geschrieben, weil ich mir einbildete, «John Milton» sei im Amerikanischen stilistisch besser als «Milton» (in Wahrheit wußte ich auch nicht, daß Pugin einen Vater hatte, geschweige denn, daß meine Unterdrückung der Initialen die ganze Genealogie durcheinanderbringen würde). Dann wartete ich auf die nächste Frage. Sie kam nicht. Halb ironisch und mit dem Pevsner auf der entsprechenden Seite aufgeschlagen vor mir fragte ich: «Sie finden es *in Ordnung*, daß die Türangeln von Pugin sind?» – «Aber ja», kam die Antwort. «Ich hab es beim Victoria & Albert Museum nachgeprüft.»

In meinen fünf Jahren habe ich nur ein einziges Mal erlebt, daß sich die Faktenkontrolleure geschlagen gaben. In einem Artikel über die Neugestaltung britischer Geldstücke hatte ich erwähnt, daß die Mitglieder des Royal Mint Advisory Committee auf ihrem Weg zur Arbeit im Buckinghampalast an einem Gemälde von Landseer vorbeigehen. Dann kam der Anruf aus New

York. «Ich hab' da ein kleines Problem mit dem Landseer.» – «Welches denn?» – «Ich wüßte gern, ob er noch an derselben Stelle hängt wie an dem Tag, als Ihr Gewährsmann daran vorbeigegangen ist.» – «Na, Sie könnten ja mal im Buckinghampalast anrufen.» – «Oh, mit dem Palast hab' ich schon gesprochen. Nein, das Problem ist, dort will man weder bestätigen noch dementieren, daß sich ein solches Gemälde überhaupt im Palast *befindet.*»

Ich fand es immer ganz vergnüglich, wenn man mich selbst dann in Ruhe ließ und dafür meine Gewährsleute in die Mangel nahm. Von allem anderen abgesehen, fördert die Faktenkontrolle putzige Unterschiede zwischen der Art und Weise zutage, wie ein Autor einen Menschen beschreibt und wie dieser sich selbst sieht. Da war ein Lloyd's *Name*, der etwas gegen die Aussage hatte, er wohne «in einer Nebenstraße von Ladbroke Grove»; statt dessen sollte es «in Holland Park» heißen (nun ja, er wollte damals sein Haus verkaufen). Ein anderer Lloyd's *Name* wollte den anrüchigen Ausdruck «Zweitwohnsitz» zu «Cottage» geändert sehen. Und ein politischer Beobachter sträubte sich gegen das Etikett «altgedient» und machte dem Faktenkontrolleur gegenüber vehement geltend, «erfahren» treffe die Sache viel besser.

Doch am Ende kommen die Faktenkontrolleure unweigerlich wieder auf den Autor selbst zurück. Und so entdeckte ich dann nach mehreren Dienstjahren zwei der schlagkräftigsten Worte im *New Yorker*-Jargon: die Worte *Verfasser persönlich.* Suchen die Faktenkontrolleure zum Beispiel Bestätigung für den Traum über Hamster, den der Großvater des Autors in der Nacht geträumt hat, als Hitler in Polen einfiel – ein Traum, der nie aufgeschrieben, sondern dem Verfasser persönlich auf dem Schoße des alten Herrn mitgeteilt wurde, ein Traum, dessen einzige Quelle seit dem Tode des Großvaters der Verfasser selbst ist –, und geben die Faktenkontrolleure, nachdem sie allen noch lebenden Bekannten des Großvaters die Hölle heiß gemacht und alle Lexika des Unterbewußten ergebnislos durchforstet haben, dann endlich zu, daß sie mit ihrer Weisheit am Ende sind, dann raunt man besänftigend per Telefon über den Atlantik: «Ich glaube, das können Sie dem Verfasser persönlich zuschreiben.» Dann werden die magischen Worte *Verf. pers.* an den Rand der Fahnen gekritzelt, Worte, die den *New Yorker* von jeder Schuld freisprechen und die literarische Verantwortung letztlich dem Autor selbst zuschieben. Der Spruch muß natürlich im rechten Tonfall vorgebracht werden, der anklingen läßt, daß einen diese Unverifizierbarkeit ebenso frustriert wie den Kontrolleur; man darf ihn auch nicht zu oft gebrauchen, sonst gerät man in den Verdacht der Leichtfertigkeit, des locker-flockigen Umgangs mit der Wahrheit. Doch einmal ausgesprochen, besitzen die Worte eine unauffällig-päpstliche Autorität.

Dieses Vorwort wurde, *faute de mieux*, von mir selbst faktenkontrolliert (jawohl, ich kann bestätigen, daß die Landfläche des Vereinigten Königreichs annähernd der von Oregon entspricht), während den *Briefen aus London* die oben beschriebene kunstvolle Prozedur des Redigierens zugute kam. Dennoch liegt die Verantwortung für alles Folgende – um noch einmal den Ausdruck zu gebrauchen, den ich zu meinem Leidwesen in Zukunft nicht mehr verwenden kann – selbstverständlich beim *Verf. pers.*

Julian Barnes
November 1994

Übers. pers.

Die Übersetzerin bekennt sich schuldig, bei Gelegenheit auch schon den einen oder anderen englischen Infinitiv gespalten zu haben. Im Deutschen ist das zum Glück nicht möglich, weshalb alle Infinitive in diesem Buch gänzlich ungespalten sind.

1

MPTV

«Die beste Show der Stadt» hatte im vergangenen November Premiere, und das mit dem ungewöhnlichen Versprechen der Geldgeber, sie werde auf jeden Fall acht Monate lang laufen. Das neueste Werk von Andrew Lloyd Webber oder die prompte Wiederkehr von Dustin Hoffman nach seinem triumphalen Shylock? Nichts dergleichen: Die angekündigte neue Unterhaltung bestand aus der Fernsehübertragung der Debatten im Unterhaus. Und in schönster Showbusiness-Manier stammten die Vorschußlorbeeren für diese Livesendung am Vormittag (montags bis freitags) von einem der Hauptdarsteller: Sir Bernhard Weatherill, Präsident des Unterhauses, ein Tory-MP, den sein Amt zu abgeklärter Neutralität verpflichtet. Der neunundsechzigjährige Sir Bernard, Sproß eines Schneidergeschäfts, das einst der Queen ein Paar Reithosen verehrte, steht nun in Schnallenschuhen, schwarzen Strümpfen, brautkleidlanger schwarzer Robe und schlüsselbeinkitzelnder Allongeperücke vor den Fernsehkameras wie dem ungebärdigen Hohen Haus. Skurrilerweise hat er sich eine Doppelfunktion als parlamentarischer Zuchtmeister und Stimmungsmacher fürs Fernsehen aufgehalst. Der Marktschreier vor der Jahrmarktsboxbude tritt innen als Unparteiischer auf.

Das britische Parlament, das im achtzehnten Jahrhundert alle ins Gefängnis stecken wollte, die seine Tätigkeiten präzise festzuhalten suchten, hat sich den Ansprüchen des Fernsehens hartnäckig verweigert, seit diese in den fernen sechziger Jahren erstmals zur Diskussion standen. Die Berichterstattung aus dem Oberhaus wurde vor einigen Jahren zugelassen, wenngleich man nicht behaupten kann, diese Seifenoper klassischen Stils habe sich zu einem Publikumsrenner entwickelt: Im Oberhaus ist jedermann geradezu furchterregend wohlerzogen (manch einer zeigt die Kultiviertheit eines Morpheus) und lauscht geflissentlich den Graubärten auf der anderen Seite. Das war kein Nährboden für Dramatik und hohe Einschaltquoten; andererseits machte es den Widersinn deutlich, daß dem Bürger die Geschäfte des Oberhauses in der gewohnten Fernsehrealität zugänglich waren, während die des Unterhauses in den Neunuhrnachrichten mit farbigen Zeichnungen und Tonbandeinspielungen dargestellt wurden.

Natürlich gab es erst einmal die üblichen Auseinandersetzungen. Das Fernsehen werde der Würde des Hohen Hauses Abbruch tun; die Abgeordneten würden sich vor der Kamera produzieren; das feierliche Regierungsgeschehen werde den Fernsehambitionen von Kleindarstellern zum Opfer fallen. Dem Laien kam das ziemlich verquer vor, da bereits die Tonaufnahmen bezeugten, wie unwürdig sich das Hohe Haus ohnehin schon benahm. Für das Ohr des einfachen Wählers hörten sich die Verhandlungen nicht wie kluge Debatten an, sondern eher wie Biergartengebrabbel, bei dem die Redner sich mühsam gegen die Zwischenrufe gräflich gurgelnder Tories und plebejisch polternder Labourianer durchsetzen mußten. Die Mutter aller Parlamente – so das Image dieser gesetzgebenden Körperschaft, das den Briten nahegelegt wird – wirkte eher wie eine fette Sau, die sich auf ihren Ferkeln wälzt. Skeptische Zeitgenossen fragten sich auch, ob nicht die Kameras aus dem Club herausgehalten werden sollten, weil einige Mitglieder zu faul waren, sich ordentlich in Schale zu werfen. Jahrzehntelang hat die überwiegend männliche Kammer eine Schäbigkeit zur Schau gestellt, mit der es kein anderes Gewerbe außer dem des Oxford-Professors aufnehmen kann: Der Ort war eine Marktbude schlechtsitzender Anzüge, ein Museum zu kurzer Socken, ein Bauchladen von Garnituren aus Krawatte und passendem Kavalierstuch, eine Mehlbombe von Schuppen. Und so kinderleicht ein Oxford-Professor auch heute noch als stadtbekanntes «Original» Berühmtheit erlangt (man kleide sich im Secondhandshop ein, fahre ein Motorrad, sitze jeden Abend in derselben Kneipe auf demselben Stuhl), so schnell erwarb sich ein Mann im Unterhaus durch flapsige Beleidigungen den Ruf eines geistreichen Menschen, und schon die leiseste Ausschweifung in der Bekleidung machte ihn zum Dandy. Vielleicht war es das, was sie uns nicht sehen lassen wollten.

Nach all den Jahren des Argwohns, die der Zulassung der Kameras vorausgingen, und bei dem ganz besonderen Argwohn, den die Seriösen gegen die Extravaganten hegen, war es nur natürlich, daß in einem strikten Reglement festgelegt wurde, wo die Kameraschnauze hinschnüffeln darf. Eine allgemeine Übersicht über das Parlament mit Weitwinkel ist erlaubt, doch dann muß sich der Regisseur (zumindest in der Probezeit) an gewisse Richtlinien halten, die je nach Standpunkt dazu dienen, a) den feierlichen Ernst der Verhandlungen hervorzuheben, oder b) dem Geschehen möglichst jede Dramatik zu entziehen. So muß sich die Kamera während der Rede eines MP ständig auf den Redner oder die Rednerin richten; Schnitte auf andere Abgeordnete – Gegenschnitte – sind nur gestattet, wenn ein MP im Laufe der Rede namentlich erwähnt wird; Aufnahmen von der Pressetribüne oder der Zuschauergalerie sind ebensowenig erlaubt wie Schwenks über die Reihen; schließlich muß sich die Kamera bei Unruhen mit einem Bild des Präsidenten begnügen, der die Abgeordneten zur Ordnung ruft, oder aber auf eine Totale zurückgehen, die den Tumult nicht ins Visier nimmt. Wenn dieses Regelwerk die Abgeordneten davon abhalten soll, sich in Szene zu setzen und mit schlechten Manieren hervorzutun, hat es zweifellos eine gewisse Logik; der neutrale Beobachter fühlt sich jedoch an die strengen Richtlinien erinnert, die einst bei den Varietévorstellungen im alten Windmill Theatre herrschten. Die Revuemädchen durften nackt sein, sofern sie sich nicht bewegten; jegliches Gewackel war verboten.

Es überrascht nicht weiter, daß die MPs sich die Kamerabeschränkungen inzwischen bereits zunutze machen. Wenn ein Gegenschnitt von der namentlichen Nennung eines MP abhängt, mag sich ein Schwadroneur versucht fühlen, so ganz nebenbei den Namen eines Abgeordneten von der Gegenseite einzuflechten, der ostentativ nicht zuhört. Und wenn die Kamera ansonsten treu und brav auf dem Schwadroneur zu ruhen hat, muß sie auch auf dem kleinen Häuflein Menschen (die derselben Partei angehören) neben und hinter ihm ruhen. Dies führt zu einer als «doughnutting» bezeichneten Taktik, bei der sich die Abgeordneten in der Umgebung des Redners aufführen, als hätten sie keine so fesselnde Rede gehört, seit Heinrich V. vor der Schlacht bei Azincourt zu seinen Truppen sprach. Für die kleineren Parteien stellt diese Einwickeltaktik ein Problem dar, so daß man am Anfang beobachten konnte, wie sich die Liberaldemokraten en masse (wobei die Masse nicht mehr als ein halbes Dutzend umfaßte) in den Plenarsaal drängten, sobald jemand aus ihren Reihen sich anschickte, eine im Fernsehen übertragene Rede zu halten. «Doughnutting!» schrien da die anderen Parteien. Woher denn, erklärten die Liberalen; wir hören halt alle gern zu, wenn jemand von uns eine Rede hält ... Dann gibt es noch die Masche mit der negativen oder «fiesen» Einwickelei. Dies geschieht, wenn ein Abtrünniger aus den eigenen Reihen die Führung attackiert; da fangen die treuen Parteimitglieder um den Abtrünnigen herum gern an zu gähnen, sich zu kratzen, herumzuzappeln, heftig widersprechend den Kopf zu schütteln und sich überhaupt körpersprachlich zu betätigen.

Der Start von «MPTV», wie man gemeinhin sagt, kommt zu einem Zeitpunkt, wo Mrs. Thatcher seit zehn Jahren Premierministerin und seit fünfzehn Jahren Parteivorsitzende ist; wenn sie die Konservativen in den nächsten Wahlkampf führt (1991 oder spätestens 1992), wird es Erstwähler geben, die, so lange sie denken können, keinen anderen Tory-Führer erlebt haben (und somit auch keine andere Tory-Tradition – wie etwa den liberalen

Konservatismus des früheren Vorsitzenden Edward Heath). Die Oppositionsparteien – worunter eigentlich nur die Labour-Partei zu verstehen ist, da die anderen wieder in einen Rumpfzustand zurückgefallen sind – kennen zehn Jahre Spaltung, Hickhack und Machtlosigkeit. Doch jetzt liegt die Labour-Partei zum erstenmal seit Jahren in den Meinungsumfragen vorn – weit vorn. Wenn in Osteuropa das politische Packeis aufbricht, warum dann nicht auch bei uns? Aus der Perspektive der Oppositionsbank ist Mrs. Thatcher unter ihren Kollegen in der EG verfemt, kann nicht auf eine Schmusebeziehung zu George Bush verweisen wie früher zu Reagan, ist zu keiner flexiblen Antwort auf den raschen Auflösungsprozeß in Osteuropa fähig und tritt in ihrem elften Amtsjahr genauso dogmatisch und doktrinär auf wie im ersten. Auf MPTV leitet der Labour-Führer Neil Kinnock seine Fragen gern so ein: «Ist die Premierministerin nicht *vollkommen isoliert* mit ihrer Haltung zu …?» Wieder und wieder versuchen die Labourianer den Eindruck zu erwecken, die Premierministerin habe selbst zu ihren Verbündeten den Kontakt verloren und umgebe sich mit schnatternden Jasagern, die die realen Gegebenheiten der Welt vor ihr verbergen.

Nun ist Isoliertheit jedoch eine Frage des Standpunkts. Ende letzten Jahres gingen die Wogen der Erregung hoch, als Mrs. Thatcher zum erstenmal seit fünfzehn Jahren einen Gegenkandidaten für den Parteivorsitz hatte. Laut Parteistatut kann dieses Amt jedes Jahr neu besetzt werden, doch hatte vorher niemand den Wunsch – oder den Mut – gehabt, gegen sie anzutreten. Sir Anthony Meyer, ein älterer, gemäßigter Abgeordneter aus den hinteren Rängen ohne erkennbare politische Zukunft, meldete seine Kandidatur an: Er spielte das Opferkarnickel, den piepsenden Kanarienvogel, den man in die Kohlengrube wirft, um zu prüfen, ob die Luft rein ist, oder – die tierischen Klischees treffen es doch nicht ganz – den Strohmann. Daß er gewinnt, war nicht zu erwarten; man würde aber mit Interesse verfolgen, wie er verlor. Konnte er zum Beispiel 80 (von 374 möglichen) Stimmen auf sich vereinen, dann wäre die große Elefantin erkennbar verwundet. Konnte er genügend Stimmen erreichen, um einen zweiten Wahlgang zu erzwingen, dann würden die wahren Kandidaten vortreten: einzelgängerische Raubtiere, die der Hunger zum Wahnsinn trieb, nachdem sie im Hinterfeld an langen Grashalmen herumgekaut hatten; blutrünstige Rudelführer aus der ersten Reihe, die nur darauf warteten, daß das Leittier ins Stolpern kam.

Der Wahlausgang zeigte, daß Mrs. Thatcher zwar überall sonst isoliert sein mag, innerhalb der Konservativen Partei jedoch nicht. Sie bekam 314 Stimmen, Sir Anthony 33; es gab 24 ungültige Stimmen und 3 Enthaltungen. Die letzten beiden Zahlen bedürfen der Erklärung. Nach außen mag es merkwürdig erscheinen, daß in einer Partei, die doch die demokratischen Spielregeln beherrschen sollte und ständig voller Stolz darauf verweist, 7,2 Prozent nicht in der Lage waren, die einfache Frage zu beantworten, welche von zwei Personen sie lieber an der Parteispitze sähen. Kein sehr vorbildliches Verhalten für die Wählerschaft insgesamt. Warum mochte ein MP seinen Stimmzettel ungültig machen? Soll man sich das so vorstellen wie bei den Parlamentswahlen, wo manche Wähler anarchistisch einen zusätzlichen Namen auf den Stimmzettel schreiben, verrückterweise für mehrere Kandidaten gleichzeitig stimmen wollen, den Stimmzettel mit Obszönitäten beschmieren? Sehr groß sind die Unterschiede anscheinend nicht. Die einleuchtendste Erklärung für die ungültigen Stimmen lautete, die betreffenden Tory-MPs hätten Mrs. Thatcher nicht unterstützen, sich aber auch nicht zu ihrem Verrat bekennen wollen: Wenn sie für beide Kandidaten votierten (und sich damit ihres Stimmrechts begaben), konnten sie in ihren Wahlkreis zurückgehen und ihren eher rechtsgerichteten Anhängern versichern, natürlich hätten sie für Maggie gestimmt, und dabei stets ein reines Gewissen behalten.

Die Labour-Partei versuchte das Ganze von der heiteren Seite zu nehmen und behauptete, dieses Ergebnis sei genau das, was sie sich gewünscht habe: Die Premierministerin sei angeschlagen, aber noch im Amt. Wenn die Labour-Partei Mrs. Thatcher als das größte Handicap der Tory-Partei ansieht, dann hat das durchaus etwas für sich (genau wie die Ansicht der Tories, sie sei ihr größer Trumpf), und doch kann der Anblick von Labourianern, die sich gegenseitig beglückwünschen, weil die Konservativen jetzt definitiv von der Premierministerin in die nächsten Wahlen geführt werden, nicht recht überzeugen. Gegen wen würde man in einem olympischen Endkampf lieber antreten wollen – gegen einen dreifachen Goldmedaillengewinner, dessen Trainingszeiten neuerdings etwas enttäuschend sind, oder einen in letzter Minute als Ersatz aufgestellten Neuling?

Für Labour ist MPTV naturgemäß eine willkommene Gelegenheit, der Öffentlichkeit vor Augen zu führen, was schon lange die feste Überzeugung der Partei ist, die sie bei Parlamanetswahlen allerdings nicht vermitteln konnte: daß die Premierministerin eine verbohrte Extremistin ist und das Land zehn Jahre lang systematisch in den Ruin getrieben hat. Der geeignete Zeitpunkt, dies zu demonstrieren, ist eine regelmäßige Einrichtung, die den Namen Prime Minister's Question Time trägt und jeden Dienstag und Donnerstag um Viertel nach drei stattfindet. Diese Fragestunde ist der besondere Stolz der Parlamentarier: Das amerikanische System kennt, wie sie hervorheben, dergleichen nicht. Die Premierministerin ist gehalten, zweimal in der Woche vor dem Unterhaus zu erscheinen und eine Viertelstunde lang Fragen von Abgeordneten aller Parteien zu ihren Amtsgeschäften und der Politik ihrer Regierung zu beantworten. Dies gilt als der Augenblick, in dem ein Premierminister potentiell am leichtesten angreifbar ist, wo Mrs. Thatcher sich allein auf ihre Aufzeichnungen und ihre Geistesgegenwart verlassen muß, um alle Schläge zu parieren, und so von der Opposition «abserviert» werden kann. Der Präsident fungiert dabei als Schiedsrichter und Gameshow-Moderator; scheinbar willkürlich erteilt er Abgeordneten das Wort (er wechselt gewöhnlich zwischen Regierung und Opposition hin und her) und reserviert bis zu drei Fragen für Neil Kinnock sowie eine für den Parteichef der Liberaldemokraten. Diesen – zugleich heiligen und lebenswichtigen – Moment im demokratischen Leben des Landes sollte die Wählerschaft nun endlich in vollem Umfang miterleben können.

Theoretisch jedenfalls. Die Realität, die uns jetzt zweimal wöchentlich live enthüllt wird, ist nicht ganz so prickelnd und lebensprühend. Zunächst einmal muß die Tradition eingehalten werden. So geht zum Beispiel jedem Abschnitt der Befragung eine formale, um nicht zu sagen lächerliche Frage voraus – etwa danach, was die Premierministerin am betreffenden Abend zu tun gedenkt. Als Antwort darauf legt sie dar, sie beabsichtige, mit dem Botschafter von Sambia zu dinieren, und nimmt dann wieder Platz, während der MP seine «richtige» Frage stellt. Wenn der Präsident zum nächsten Thema übergeht, wird einleitend dieselbe Frage gestellt; daraufhin erhebt sich die Premierministerin, spricht: «Ich verweise den Ehrenwerten Gentleman auf meine vor wenigen Minuten gegebene Antwort», und nimmt wiederum Platz, um der eigentlichen Anfrage zu lauschen. Es gibt viel Aufstehen und Hinsetzen während der Prime Minister's Question Time. Ist die erste Frage zu einem bestimmten Thema erledigt, melden sich Abgeordnete zu Wort, um Zusatzfragen zu stellen. Dazu springen sie energisch auf, blicken hoffnungsvoll Richtung Präsidium und lassen sich dann allesamt wieder auf die grünen Lederbänke zurückfallen mit Ausnahme des einen, dem aufgrund einer kurzen und scheinbar willkürlichen Gerechtigkeit das Lächeln des Präsidenten zuteil wurde. Wenn sich ungefähr das halbe Hohe Haus annähernd alle dreißig Sekunden derart auf und ab bewegt, kommt so etwas wie eine holprige, aber anhaltende La-ola-Welle dabei heraus.

Dieses mühselige Verfahren, die Premierministerin auszufragen und/oder zu demütigen, wird weiter belastet durch das Wissen, daß außer dem Oppositionsführer kein MP bei der Regierungschefin nachhaken kann, wenn die Antwort für unbefriedigend erachtet wird. Die Tories neigen ohnehin dazu, ihrem Oberhaupt kalkulierbare, ja kriecherische Fragen zu stellen, die es selten über Gebühr beanspruchen. Zum Beispiel bat in einer der ersten vom Fernsehen übertragenen Fragestunden die konservative Hinterbänklerin Dame Janet Fookes die Premierministerin: «Würde meine Sehr Ehrenwerte Kollegin sich heute etwas Zeit nehmen, um auf … die eigenen herausragenden Leistungen als erste Frau im Amt des britischen Premierministers einzugehen?» – woraufhin Mrs. Thatcher bereitwillig eben dieses tat. Dieses Geplänkel hätte eher in die Sterbejahre von Ceauşescus Rumänien gepaßt als in ein Parlament, das sich offener Worte rühmt. Demgegenüber ist die Labour-Partei hin und her gerissen zwischen den Versuchungen, a) aus einer Frage eine Rede zu machen und b) Mrs. Thatcher abzuservieren, indem sie ihr eine Frage stellt, auf die sie womöglich nicht gefaßt ist. Giles Radice, seit 1973 MP für North Durham und altgedienter Hinterbänkler der Labour-Partei, erläutert, dies geschehe am besten durch die Aufforderung, sich zu den Vorzügen einer Angelegenheit zu äußern, an der sie bekanntermaßen keine Vorzüge erkennen kann. «Würde die Premierministerin bitte erläutern, welche positiven Punkte für einen Beitritt zum Währungsmechanismus sprechen?» könnte eine Premierministerin in Verlegenheit bringen, der dazu keinerlei positive Punkte einfallen, und zugleich proeuropäisch eingestellte Tories ärgern, die da anderer Meinung sind als sie. Radice gibt zu verstehen, derart werde die Premierministerin etwa alle zwei Wochen abserviert.

Ob die Zuschauer auch merken, was da gespielt wird, ist eine andere Frage. Im Fernsehen zählt nicht das Sein, sondern der Schein. Laut Schätzung eines Image-Beraters, der vor Showbeginn an die MPs herantrat, hängt die Publikumswirksamkeit der Abgeordneten von folgenden Faktoren ab: zu 55 Prozent vom Aussehen, zu 38 Prozent von Stimme und Körpersprache und nur zu 7 Prozent von dem, was sie tatsächlich sagen. Die Vorlage dieser Zahlen ließ das Hohe Haus zwar in fröhlichen Spott ausbrechen, doch hielt das die MPs nicht davon ab, sich hinter den Kulissen Rat zu holen in bezug auf Anzüge (Empfehlung: mittelgrau), Hemden (nichts Gestreiftes) und Krawatten (nicht zu auffällig, nicht zu dunkel). Wie die Wählerschaft auf Dauer von MPTV profitieren wird, ist noch nicht klar, doch die ersten Nutznießer waren zweifellos die Reinigungsunternehmen und Krawattenhändler im Bezirk Westminster. Spärlich behaarten Mitgliedern des Parlaments bot man zur Vermeidung übermäßigen Funkelns auf der spiegelnden Platte sogar Gratismuster von *papier poudré* an; Schädelaufarbeitungen scheinen jedoch erst wenige Freunde gefunden zu haben.

Bislang hat MPTV sich als bescheidener, unumstrittener Erfolg erwiesen, wenngleich die Prime Minister's Question Time alle Einschaltquoten der parallel laufenden «Oprah Winfrey Show» wohl kaum bedroht. Auch die Angst vor einem Verfall der Sitten war bisher unbegründet (der Testfall einer Kabinettskrise oder des Anlaufs zu Parlamentswahlen steht allerdings noch aus). Hin und wieder brüllen Konservative den Labour-Bänken entgegen: «Wir sind hier in London und nicht in Bukarest!», und Her Majesty's Loyal Opposition schreit dann zurück: «Lumpenpack, verkommenes!» Doch das sind nur routinemäßige diplomatische Artigkeiten. In den ersten Monaten galt das Interesse vor allem dem Wortwechsel zwischen Mrs. Thatcher und Mr. Kinnock. Die Labour-Partei hatte zu Beginn der Fernsehübertragungen mehr zu gewinnen als die Tories: Zunächst einmal würde das Fernsehen die Opposition richtig bei der Arbeit zeigen (und nicht nur bei Studiodebatten); die beiden Parteichefs würden, jeweils am eigenen Rednerpult stehend und von der eigenen Mannschaft unterstützt, annähernd in vorteilhafter Ausgewogenheit zu Wort kommen; und Mrs. Thatcher könnte sich eine Blöße geben, wenn es ihr nicht gelänge, die Gefechtsregeln von vornherein selbst festzulegen.

Trotzdem hat die Premierministerin vielleicht mehr gewonnen als die Opposition. Je länger ihre Herrschaft andauert, desto pikanter werden die Gerüchte. Da wird hoch und heilig versichert, sie sei total übergeschnappt: paranoid und größenwahnsinnig; das liege bestimmt an dieser Hormon-Substitutionstherapie – da bilde sie sich ein, sie könne ewig weitermachen. Als letztes Jahr bekannt wurde, daß die Premierministerin hin und wieder einen Heilpraktiker in West London aufsucht, sich dort in ein warmes Bad setzt und kleine Elektroschocks verabreichen läßt, wirkte dieses nicht ganz churchillmäßige Betragen selbst auf einige ihrer Anhänger ein wenig kurios. Doch solche Munkeleien gereichten ihr wohl eher zum Vorteil: Sie mußte in der Prime Minister's Question Time nur halbwegs normal erscheinen, und schon hatte man das beruhigende Gefühl, sie habe alles im Griff.

Tatsächlich sind sich alle einig, daß sie ihr Auftreten für die Fernsehkameras raffiniert verändert hat. «Wir dachten, jetzt würde Mrs. Thatcher sich als schrill und autoritär entlarven», klagt Giles Radice. «Aber das hat sie zu vermeiden gewußt. Sie hat sich einen ganz anderen Stil angewöhnt. Früher hat sie gebrüllt wie ein Löwe, jetzt gurrt sie wie eine Taube.» David Dimbleby, so ungefähr der einzige politische Interviewer im britischen Fernsehen, der sich der Premierministerin nicht auf allen vieren nähert und dabei noch den Kragen lockert, damit ihr Stiletto-Absatz sich leichter in die Nackenwirbel bohren kann, erinnert sich: «Früher stand sie immer mit den Händen in den Hüften da und keifte die Opposition an wie ein Fischweib.» Jetzt habe sie sich «einen völlig anderen Ton angewöhnt». Doch auch in dieser milderen, für das Fernsehen gedämpften Fasson wirkt ihr ebenso dynamischer wie exzentrischer Auftritt noch immer faszinierend. Wenn sie mit nach hinten gekämmten Haaren, festen Gesichtszügen und in ihrem toryblauen oder smaragdgrünen Schneiderkostüm, das einen immer üppiger werdenden Embonpoint umspannt, einigermaßen steif am Rednerpult steht und sich Sturm und Gischt von Her Majesty's Loyal Opposition entgegenwirft, dann wirkt sie wie die Galionsfigur am Bug eines altehrwürdigen Segelschiffs, Sinnbild und Ornament zugleich. Sie hat sich eine große Brille zugelegt, die sie beim Verlesen einer Antwort oft am Bügel festhält und dann wieder von der Nase reißt, um die Labour-Bänke mit Basiliskenblick anzufunkeln. Eine brillante oder mitreißende Rednerin war sie noch nie, doch eine eindrucksvolle Erscheinung ist sie nach wie vor. So wie in Alfred Jarrys Theaterstück *König Ubu* ein Darsteller bisweilen ganz allein «Die ganze russische Armee» zu verkörpern hat, spielt Mrs. Thatcher anscheinend bewußt «Die ganze Konservative Partei». Diese Rolle und dieser Umstand bringen es mit sich, daß man von Zeit zu Zeit über die Balustrade lugen und sich die fernen Buhrufe der unglücklichen Wichte anhören muß, die sich aus irgendeinem seltsamen Grund zu Parteien zusammengerottet haben, die nicht konservativ sind.

Als die ersten vietnamesischen Boat people in Hongkong mitten in der Nacht nach Hanoi zurückgeschickt wurden, ging Mr. Kinnock am nächsten Tag in der Prime Minister's Question Time mit zwei Fragen zum Angriff über, die bewußt eine Parallele zu 1945 zogen, als Kosaken von den Briten zwangsweise repatriiert wurden und dann durch Stalins Hand umkamen. Ob die Premierministerin im vorliegenden Fall, so fragte Mr. Kinnock, nicht der einzige Mensch sei, der nicht behaupten könne, bei der Repatriierung der Vietnamesen «nur Befehle ausgeführt» zu haben – aus dem einfachen Grund, daß sie selbst «die Befehle erteile»? Ganz schön dreist; doch «Die ganze Konservative Partei» ließ sich nicht einmal dazu herab, sich mit dieser impliziten Diffamierung als Kriegsverbrecherin auseinanderzusetzen. «Die Ausführungen des Sehr Ehrenwerten Gentleman», entgegnete sie majestätisch, «sind fadenscheinig und Unsinn.» *Fadenscheinig und Unsinn:* Wahrscheinlich wird ihr weder der Mangel an Feinsinn noch der an Sprachbeherrschung bei der Wählerschaft schaden. Wenn sich das Unterhaus mit seinem unablässigen Radau im Hintergrund, seiner schülerhaften Rüpelei, seiner Dominanz des männlichen Geschlechts und seinem niedrigen Schlagfertigkeitsniveau häufig am ehesten mit der Kantine einer zweitrangigen Public School vergleichen läßt, dann spielt Mrs. Thatcher die Rolle der Hausmutter. Sie führt die Aufsicht bei den Mahlzeiten und teilt den Lebertran aus; wenn Jung Kinnock sie der schlimmsten Verbrechen auf Erden bezichtigt, runzelt sie nur leicht die Stirn, als wolle er sich mal wieder über die Qualität der Eiercreme beschweren. Hat sie doch Generationen von Knaben kommen und gehen sehen, die einen sittsam und sauber, die anderen widerspenstig und unverschämt, und weiß, mit der Zeit werden sie alle voll Wehmut an ihre legendäre Strenge zurückdenken. Außerdem hat sie ihren Hilaire Belloc gelesen und weiß, daß auch andere die Verse kennen:

> Leg dich nie mit der Gouvernante an,
> Denn andre sind noch schlimmer dran.

Sinnigerweise ging MPTV zur gleichen Zeit auf Sendung, als in den traditioneller ausgerichteten Londoner Theatern die Saison der Winter Pantomimes ausbrach. Es sind beides ehrwürdige, rührend verehrte Unterhaltungsgenres; beide greifen regelmäßig auf uralte Handlungsmuster zurück und erneuern in periodischen Abständen ihr Personal; beide neigen zum Infantilismus. Doch während die Mutter aller Parlamente sich einer gewissen Exportfähigkeit rühmen kann, bleibt die Pantomime hartnäckig der Heimaterde verbunden. Es ist den Briten gelungen, schon manch ein erstaunliches Produkt zu exportieren – Cricket, Orangenmarmelade, den Humor von Benny Hill –, doch die Neujahrspantomime wollte ihnen noch niemand abnehmen.

Die historischen Wurzeln der Panto liegen in der Hanswurstiade; hinzu kommt eine wechselseitige Befruchtung mit der viktorianischen Music Hall. Grundbestandteil ist ein Märchen – die Geschichte von Cinderella, Mother Goose, Aladin oder Dick Whittington –, das sich zwar an einem überlieferten Handlungsfaden orientiert, aber mit zeitgemäßen, oft satirisch gefärbten Anspielungen laufend aktualisiert wird. Ihre wesentlichen Erscheinungsformen sind Farce und Melodram mit viel Spielraum für Wundersames und Rührseliges; sie will gleichermaßen kleine Kinder ansprechen, die dem Auf und Ab des Geschehens mit ehrfurchtsvoll-freimütigen Äußerungen folgen, wie auch deren begleitende Eltern, die sie mit derben, für die Sprößlinge vermeintlich zu hohen Doppeldeutigkeiten umwirbt. Sie enthält zwei Elemente, die bei den Briten starken Anklang finden: Transvestitismus (der Junge in der Hauptrolle wird stets von einem Mädchen gespielt und die Pantomime-Dame von einem Mann mittleren Alters) und putzige Tiere (die gleichfalls nicht von sich selbst dargestellt werden). Sie hat sich, wenn auch in abgeschwächter Form, eine Weltsicht bewahrt, in der Britannien die Meere beherrscht und Ausländer eine komische Nebenrolle spielen. Schließlich hält sie sich etwas auf ihre promiske Durchlässigkeit für die Gegenwartskultur zugute, so daß jeden Moment eine zweiminütige Kult-Fernsehsendung über die Bühne hereinbrechen kann, von der die Eltern noch kaum etwas mitbekommen haben. Da prallen Darth-Vader-Anzüge auf Fernsehzauberer, der Rassismus des alten Empire reibt sich mit Ökowitzen, und dann löst sich alles unter großer Publikumsbeteiligung und Gesängen nach dem Motto «Weh dem, der nicht mitgrölt» in Wohlgefallen auf. Wenn man's recht bedenkt, ist es vielleicht gar nicht so verwunderlich, daß die Panto in anderen Ländern nicht viel Anklang gefunden hat.

Das Genre war seit jeher ein windiges, populistisches Sammelsurium. Eltern, die zum erstenmal seit ihrer Kindheit wieder in eine Pantomime gehen, beklagen gern den Niedergang dieser volkstümlichen alten britischen Kunstform, die in Wirklichkeit schon immer eine niedere war – das heißt buntscheckig, eklektisch, obszön, anzüglich und aktuell. Ob die eine Panto nun tatsächlich «besser» ist als die andere, kann ein Erwachsenenauge kaum beurteilen. Wesentlicher ist vielleicht, daß ein Kind in der Pantomime im allgemeinen zum erstenmal Bekanntschaft mit dem Theater macht und daß der Zauber von dunklen Rängen, Samtvorhängen und Pauseneis allem Anschein nach unverändert und unveränderbar anhält. Erstaunlicherweise verleidet die Pantomime den Kindern das Theater nicht fürs ganze Leben.

Dieses Jahr waren die Pantos sogar noch vielfältiger als sonst. Es gab moderne Pantos, Nostalgie-Pantos, Öko-Pantos und sogar (bei der dem Genre innewohnenden sexuellen Ambiguität vielleicht gar nicht so verwunderlich) eine lesbische Panto – *Die Schneekönigin: Ein Ammenmärchen zur Weihnachtszeit.* Was das Personal anbetrifft, so kam in dem Genre schon immer eine bunte Mischung von Darstellern zum Einsatz: ausgediente Popstars, Fernsehkomiker, hoffnungsvolle Nachwuchstalente, Gesichter mittlerer Güte, die einmal hoffnungsvolle Nachwuchstalente waren, alte Hasen vom Schmierentheater, die schon halb im Ruhestand sind und einmal pro Jahr für sechs Wochen auf «die Bretter, die die Welt bedeuten» zurückgescheucht werden, wo sie die neuen hoffnungsvollen Nachwuchstalente mit Bühnenluftromantik vollsülzen; dazu noch ein bunt zusammengewürfelter Haufen von Laien, die auf ihrem Gebiet so berühmt sind, daß sie den Sprung zur Bühne schaffen, obwohl es ihnen in beängstigendem Maße an thespischem Talent gebricht. Diese letzte Kategorie spiegelt das Wesen modernen Ruhms wider und stellt selbst eine Form des Transvestitentums dar: Wer auf einem Gebiet umjubelt wird, den heißt man auch auf anderen als geschätzten Gast willkommen, wo er eigentlich gar nichts zu suchen hat. Dieses Jahr traten zum Beispiel in London, Stevenage und Torquay drei Fernseh-Nachrichtensprecher in der Panto auf. In Cardiff spielte Russell Grant, ein fetter Astrologe, den das Frühstücksfernsehen, witzige Pullover und eine leutselige Tuntigkeit berühmt gemacht haben, eine tragende Rolle in *Robinson Crusoe.* Eddie Kidd, ein Motorrad-Stuntman, der schon Dutzende von Londoner Bussen übersprungen und sich dabei fast ebenso viele Knochen gebrochen hat, war in Deptford bei *Dick Whittington* mit von der Partie. Aber die eigentliche Neuheit dieser Saison waren die Boxer-Pantos. In Reading konnte man das Theaterdebüt von Barry McGuigan, ehemaliger Weltmeister im Federgewicht, in *Schneewittchen* erleben – das Schneewittchen aber gab mit einer ironischen Gewandtheit, wie man sie in der Panto selten trifft, eins der beliebtesten Oben-ohne-Models der Nation, Linda Lusardi. Auch im heißesten Tip von London, *Aladin*, trat ein Boxer auf, der ehemalige britische Meister im Schwergewicht Frank Bruno.

Bruno, der erste schwarze Champion in seiner Gewichtsklasse, ist überaus groß, überaus höflich und überaus beliebt. Er ist ein exzellentes Beispiel für die traditionelle britische Verehrung für einen guten Verlierer – das «Tapfere kleine Belgien»-Syndrom im Nationalcharakter. Es gibt schon seit Jahrzehnten keinen Boxer mehr im Land, der das Zeug zum Weltmeister im Schwergewicht hätte, und doch verfolgt man stets gewissenhaft, wie sich der jeweilige einheimische Champion vom amerikanischen Titelverteidiger in die Pfanne hauen läßt. Henry Cooper hat einmal Cassius Clay (wie er damals hieß) mit einem linken Haken auf die Bretter geschickt und damit das Großmaul, wenn auch nur kurz, zum Schweigen gebracht; seither gilt er als Nationalheld, macht für Brut-Toilettenartikel Reklame und tritt in zahllosen Fernseh-Gameshows und Profi-Promi-Golfturnieren auf. Seit Cooper war kein Champion so sympathisch wie Bruno; im vergangenen Jahr hat er seine unvermeidliche Niederlage gegen Mike Tyson auf eine Art und Weise eingesteckt, die ihn ein für allemal zum Liebling der Nation machte, und nur eine Anklage wegen Kinderschänderei könnte daran irgend etwas ändern. Er ist mehrere Runden lang nicht zu Boden gegangen, hat Tyson einen Hieb versetzt, der dem amerikanischen Champion – wie wir ziemlich sicher annehmen – fast schon weh getan hat, und er hat der Nation keine Schande gemacht. Tapferer großer Frank! Sein TV-Marktwert nahm beträchtlich zu; er ergatterte ein sechswöchiges Engagement für *Aladin* im Dominion Theatre an der Tottenham Court Road, und in der New Year Honours List verlieh ihm die Queen den Orden eines MBE.

Bruno spielt im Dominion Theatre den Dämon der Lampe, der vor allem die Aufgabe hat, zu erscheinen, wenn Aladin Hilfe braucht und die Wunderlampe reibt. Im Ring war Bruno eigentlich nie sonderlich leichtfüßig, und sein Dämon ist nicht gerade ein elfenhaftes Geschöpf. Ist Tanzen angesagt, behält er seine Füße im Auge, damit sie sich ja nicht vergessen und etwas Falsches tun; ist ein Boxkampf angesagt, behält er die Hände im Auge, damit sie sich ja nicht vergessen und etwas Richtiges tun. Er ist verbissen, linkisch und auf rührende Weise textsicher; die Worte kommen hervorgeschossen wie einst die linken Haken – eher angelernt als natürlich. Doch diese Unbeholfenheit macht ihn beim Publikum eher noch beliebter, und wenn der ehemalige Champion im Schwergewicht so dasteht in seinem halb dem Boxring und halb dem Denver Club entsprungenen Kostüm (knöchelhohe Stiefel und mordsmäßige Schultern), wirkt er nicht einmal fehl am Platz.

Aladin, die Geschichte von dem jüngeren Sohn einer chinesischen Wäscherin und seiner Liebe zur Tochter des Kaisers, enthält, wie sich herausstellt, eine angemessen yuppiehafte Aussage für die heutige Zeit: Man muß nur eine Wunderlampe reiben (den richtigen Deal machen, die raffinierten Futures kaufen), schon hat man Waren, Dienstleistungen und Liebe im Überfluß. Sie enthält auch ein archetypisch Freudsches Moment, wenn der keusche Knabe Aladin (gespielt von einem holden keuschen Mädchen in äußerst kurzem Röckchen) von dem bösen Abanazer in die dunkle Höhle gelockt wird, wo der ganze heimliche Schatz liegt. «Soll ich da reingehen, Kinder?» fragt dieses unschuldige und doch begehrenswerte jugendliche Liebhaberzwitterwesen liebreizend seine/ihre präpubertären Zuschauer. «Neeeiiin!» brüllen die auf das flehentlichste zurück. Doch es geht hinein, in die dunkle Höhle mit dem heimlichen Schatz, und weise alte Köpfe im Publikum beginnen verständnisvoll zu nicken.

In der Hauptsache besteht die Show jedoch aus einer Folge von Verwandlungsnummern, die mit den unterschiedlichen Interessen des Publikums jonglieren sollen: Ablenkung für die Kinder, Beschwichtigung für die Mamis und ein angenehmer Kitzel für die Papis. Da kommen Gestalten auf dem Motorrad an oder fliegen schwankend an einem Draht vorbei; eine «chinesische» Revuetruppe (bei der vermeintlichen Prüderie dieser Nation ohnehin schon eine merkwürdige Vorstellung) läßt die Satinhöschen blitzen; ein Fernsehzauberer ohne erkennbare Funktion für die Handlung taucht auf, führt ein paar Zauberkunststückchen vor und macht dann Dooby Duck and His Friends Platz, einem Sortiment ellenlanger Marionettentiere, die zu Disco-Musik tanzen – eine Nummer, die auf einer ausgewachsenen Bühne irgendwie verloren wirkt. Nicht zu vergessen die chinesischen Polizisten, die den Befehlen des Kaisers auf furchterregende Weise Geltung verschaffen. In dieser Inszenierung werden sie von den Roly Polys gespielt, einer Varietétruppe von einem halben Dutzend dicker Ladies irgendwo zwischen dreißig und fünfzig, die dem Gedanken Vorschub leisten, weibliche Korpulenz sei an sich schon komisch. Von Natur aus drall, sind sie derart ausgestopft und kostümiert, daß sie geradezu fettleibig wirken, und stellen (eine einigermaßen kuriose Sonderform transnationalen Transvestitentums) die chinesischen Polizisten als viktorianische Bobbies dar. Sie singen und tanzen mehr schlecht als recht – was zweifellos mit ihren Charme ausmacht – und leisten einen gewichtigen Beitrag zu dem Hochzeitsbankett für Aladin und seine Prinzessin, indem sie mit einer Darbietung von «Anything Goes» aufwarten. Was für die Panto wahrlich zutrifft.

Dennoch, in puncto groteske Komödie zur Einläutung der neunziger Jahre fiel die professionelle Bühne, und das nicht zum erstenmal, hinter das Unterhaus zurück. Als MPTV auf Sendung ging, brachten die Zeitungen Artikel über «MPs, die wir im Auge behalten sollten», doch keiner nahm den Clown aufs Korn, der zum neuen Jahr mit einem guten altmodischen Gerichtsprozeß um sexuelle Extratouren für Stimmung sorgen und allen anderen die Schau stehlen sollte. Ron Brown, Labour-Abgeordneter für Edinburgh Leith, ist ein neunundvierzigjähriger Linker mit toupiertem Haar, der rituell als «Sonderling» bezeichnet wird – ein Terminus, der in der parlamentarischen Berichterstattung interessanten Spinnern vorbehalten bleibt, die leicht bekloppt, aber halbwegs liebenswert sind und für höhere Positionen entschieden ungeeignet. Derartige Persönlichkeiten trifft man heutzutage eher auf den Labour-Bänken als auf denen der Konservativen an. Labour hat sie ins Herz geschlossen, weil sie so schillernd sind, einen Hauch von Nonkonformismus verbreiten, ein Verstörungspotential darstellen und allen in Erinnerung rufen, daß die Labour-Partei letztendlich doch eine liberale Gemeinde ist. Die Tories haben diese Krawallhupen der Opposition ebenfalls ins Herz geschlossen, weil sie die eigene Parteiführung so schön in Verlegenheit bringen können und regelmäßig und schlagend beweisen, daß die ganze Labour-Partei durch und durch unzurechnungsfähig ist.

Ron Brown wurde 1979 ins Parlament gewählt. Zwei Jahre später wurde er vom Unterhaus für fünf Tage suspendiert, weil er einen Tory-MP als Lügner bezeichnet hatte; vor nicht allzu langer Zeit wurde er erneut ausgeschlossen, weil er sich während einer Debatte des Amtsstabs bemächtigt und diesen verbogen hatte (Reparaturkosten: £ 1200). Als er in Glasgow bei einer Protestdemonstration gegen Mrs. Thatchers Besuch in der Stadt verhaftet wurde, ließ sich die Polizei offenbar erst nach geraumer Zeit überzeugen, daß er überhaupt, wie er standhaft behauptete, ein MP sein könnte (Strafe: £ 50). Seine zwei skandalträchtigsten Heldentaten waren bislang allerdings eine Reise zu Oberst Ghadhafi in Libyen und ein Besuch auf Staatskosten bei der von den Sowjets gestützten Regierung in Afghanistan: Die Tories fanden viel Vergnügen an Fotos, auf denen der MP neben einem sowjetischen Panzer posiert, was ihm im Hohen Haus zeitweilig den Spottnamen «Brown von Kandahar» eintrug. Über solche Reisen wurde damals mit Begeisterung hergezogen, doch wie die Ereignisse der jüngsten Zeit bestätigen, beschränkt sich das Problem, in einer im Wandel begriffenen politischen Welt Freunde zu finden, nicht nur auf Sonderlinge. 1978 kam zum Beispiel Präsident Ceauşescu nebst Gattin auf Staatsbesuch nach Großbritannien, zu einer Zeit also, da Rumänien als der Dissident im Ostblock galt. Die Feinde meiner Feinde sind meine Freunde, und so wurde Ceauşescu von der Queen zum Ritter ehrenhalber geschlagen. (Diese relativ seltene Würde wird besonders lieben Nicht-Landeskindern verliehen: Unter anderem wurde sie Bob Geldof, Ronald Reagan, Caspar Weinberger sowie dem isländischen Fernsehstar Magnus Magnusson zuteil.) Doch nach Gorbatschow wandelte sich der Status Rumäniens vom «tapferen Bollwerk gegen den Sowjetimperialismus» zur «dreckigen kleinen Balkandiktatur». (Natürlich war es immer schon beides, doch erlangt ein Land in anderen Augen nur selten ein differenziertes, zweifaches Etikett.) In der kurzen Spanne zwischen Ceauşescus Sturz und Hinrichtung konnte die Queen den rumänischen Staats- und Parteichef noch schnell seiner peinlichen Ritterwürde entkleiden.

Wie Ron Browns jüngster Konflikt mit dem Gesetz verrät, setzt er sich sogar über noch mehr Traditionen hinweg, als bislang angenommen wurde. Es ist in den letzten dreißig Jahren fast schon parlamentarischer Brauch geworden, daß die beiden großen Parteien in unterschiedlicher Weise von der Schande heimgesucht werden. Tories kommen über Sex zu Fall, Labourianer über Schmiergelder. Das soll nicht heißen, daß Labour-MPs fest zugeknöpfte Ehegatten wären und Tories finanzielle Unschuldsengel, nur daß sie in unterschiedlichen Lebensbereichen diskret – oder verschlagen – sind. Bei Ron Brown war es nun allerdings Sex, und dieser erotische Aspekt sorgte dafür, daß die Zwistigkeiten, die in Lewes, Sussex, vor Gericht kamen, als «Nonnas Schlüpferskandal» in die Annalen eingingen.

Drei Jahre lang hatte Mr. Brown sein Leben perfekt durchorganisiert. Die Gattin und der Wahlkreis waren in Schottland, die Geliebte und der Sitz im Unterhaus in England. Nonna Longden, die Frau, um die sich alles dreht, durfte ihn als «Sekretärin» sogar auf der Reise zu Oberst Ghadhafi begleiten. Es gab zwar hier und da mal einen Zwischenfall – wie eine Meldung der Boulevardpresse, Ron und Nonna hätten es im Parlamentsgebäude in einer Dusche miteinander getrieben –, aber nichts allzu Absonderliches, nichts, was sich nicht dementieren ließ. Dann aber trennte sich das Paar, Mrs. Longden nahm sich einen neuen Liebhaber – einen gewissen Dermot Redmond, einen Teppichhändler mit Tweedmütze à la Sherlock Holmes –, der beiläufig als Hochstapler gerichtsnotorisch war, und nun kam Leben in die Sache. Brown suchte eines Tages Nonnas Wohnung in der Nähe von Hastings auf, und über die nachfolgenden Ereignisse gehen die Darstellungen dann auseinander. Der Staatsanwaltschaft zufolge lief der MP in trunkenem und eifersüchtigem Zustand Amok und schlug sämtliche Fenster der Wohnung mit einer Flasche Liebfraumilch ein; als die angstbebende Nonna Teppichhändler Dermot zu Hilfe rief, stahl der Abgeordnete einen Kassettenrecorder, zwei Schlüpfer, ein Foto von Mrs. Longden, eine Goldbarrenbrosche sowie ein Paar Porzellanohrringe und machte sich damit aus dem Staub. Der Verteidigung zufolge saß Mr. Brown friedlich mit Mrs. Longden bei einem Gläschen zusammen, da platzte der Teppichhändler ins Haus, und dann war es *sein* Eifersuchtsanfall, der den Sachschaden in der Wohnung anrichtete. Des weiteren habe der MP keinesfalls die Absicht gehabt, Nonna auf Dauer ihrer Wertsachen zu berauben; er habe sie lediglich als Faustpfand für die Rückgabe von «politisch heiklen» Kassetten in ihrem Besitz an sich genommen – mit denen sie ihn im übrigen um £ 20000 erpressen wolle. Was die zwei Schlüpfer angehe, so habe Mrs. Longden sie paradoxerweise selbst um den Recorder gewickelt, und das erkläre auch ihre Anwesenheit in der Tasche des MP bei seiner polizeilichen Festnahme auf dem Bahnhof des Ortes.

Nonnas Schlüpferskandal sorgte eine Woche lang für Stimmung im Crown Court zu Lewes (sowie dem umliegenden Tory-Wahlkreis). Die Flasche Liebfraumilch, aus deren Hals ein Grasbüschel guckte, wurde den Geschworenen vorgeführt; desgleichen die zwei Schlüpfer (ein weißer und ein schwarzer, um genau zu sein). Mrs. Ron Brown saß die ganze Woche über im Gericht und «unterstützte schweigend ihren Gatten» – oder verfluchte womöglich schweigend den Tag, an dem sie seinen Namen zum erstenmal hörte. Mr. Brown selbst wollte sich zur Sache nicht äußern, eine Entscheidung, die keine juristischen Schlußfolgerungen zuläßt, Beobachter jedoch gemeinhin zu vielerlei Schlußfolgerungen verleitet – im vorliegenden Fall zu der, daß die Anwälte des MP wohl der Ansicht waren, falls ihr Klient den Mund auftun dürfte, werde er sich bis auf die Knochen blamieren und von der Staatsanwaltschaft gerädert und gevierteilt werden. Die Geschworenen hatten über zwei verschiedene Anklagepunkte und zwei heftig divergierende Darstellungen des Sachverhalts zu befinden. In ihrer Weisheit wählten sie den goldenen Mittelweg: Der MP wurde von der Anklage des Diebstahls freigesprochen, der Sachbeschädigung jedoch für schuldig befunden (Strafe: £ 1000. Schadensersatz: £ 628. Beteiligung an den Gerichtskosten: £ 2500). Richter John Gower, Queen's Counsel, sagte: «Fast fürchte ich mich, das Wort ‹Damenschlüpfer› in den Mund zu nehmen, da sie mittlerweile eine Bedeutung gewonnen haben, die zu ihrem eigentlichen Stellenwert für den Fall in keinerlei Verhältnis steht.» Mrs. Ron Brown sagte: «Meine Ehe ist heute genauso gut wie vor siebenundzwanzig Jahren» und erklärte sich von dem Benehmen ihres Gatten nicht überrascht, «da ich die Männer kenne und seit siebenundzwanzig Jahren mit einem zusammenlebe». Ron Brown selbst sagte auf die Frage, ob er einen Rücktritt erwäge: «Nein, wieso sollte ich?»

Wieso sollte er? Bekanntlich stellt eine Verurteilung wegen Trunkenheit am Steuer keine Beeinträchtigung der Autorität eines Richters bei seinen Amtsgeschäften dar, obgleich nie offiziell festgelegt wurde, welches Maß an Kriminalität nun genau zulässig ist, wenn man in Großbritannien Recht setzen und Recht sprechen will. Im vorliegenden Fall neigten die klugen Köpfe, die solche Angelegenheiten zu erwägen haben, eher der Ansicht von Mr. Brown zu – jedenfalls in der Theorie. Wäre er des Diebstahls schuldig gesprochen worden, so hätte er zurücktreten müssen, doch eine Verurteilung wegen des geringeren Vergehens, das im Schwingen einer Flasche Liebfraumilch mit nachfolgendem *damage passionel* bestand, stelle an sich noch keine Beeinträchtigung der Fähigkeit des MP dar, seine Wähler zu vertreten und seiner Partei zur Zierde zu gereichen. Nun ist aber nicht nur das Was, sondern auch das Wie des Schuldspruchs zu berücksichtigen, und da hat Mr. Brown wieder einmal gegen die Spielregeln verstoßen. Wenn ein MP in so einer Situation aus dem Gerichtssaal kommt, dann hat er zu erklären, er sei zutiefst geläutert aus dieser Erfahrung hervorgegangen, habe der Sauferei und den Weibern auf Lebenszeit abgeschworen und werde seinen Wählern hingebungsvoll dienen an jedem Platz, den sie für richtig halten, und sei es als Eintüter und Briefmarkenlecker. Mr. Brown hingegen war in Siegerlaune. Was hielt er von dem Urteil? «Es ist ein moralischer Sieg», erklärte er frohgemut. Die Herren von Fleet Street, die sich an der Geschichte ordentlich gesundgestoßen hatten, überreichten dem MP eine Flasche Champagner. Mr. Brown schüttelte sie heftig und goß den gesamten Inhalt über sich und Mrs. Brown aus. In dieser überschwenglichen Pose zierte der schuldige MP denn auch am nächsten Morgen die Titelblätter.

Man darf ruhig ein Sonderling sein; man darf sogar ruhig ein kleiner Verbrecher sein. Ein genierlicher Clown und eine anhaltende Peinlichkeit darf man als MP jedoch nicht sein. Man soll nicht die Waffe laden und sie dem Gegner auch noch selbst in die Hand drücken. Das hat Sir Anthony Meyer soeben entdeckt: Nachdem er Mrs. Thatcher unklugerweise die Parteiführung streitig machen wollte, wurde er jetzt von der Partei in seinem Wahlkreis «freigestellt» (wie der aktuelle politische Euphemismus für «gefeuert» heißt) und wird bei der nächsten Wahl in die Wüste geschickt. Und auf der anderen Seite des Hauses muß Mr. Brown feststellen, daß sein Ortsverband ihn fallengelassen hat, Neil Kinnock seinen Kopf rollen sehen will und niemand auf seine jämmerlichen Beteuerungen hört, der Jubelchampagner sei in Wirklichkeit bloß Schaumwein gewesen. Seine Chancen, bei den nächsten Wahlen für Edinburgh Leith ins Rennen zu gehen, werden offiziell auf Null geschätzt. Doch wie es der Ruf als Skandalnudel so mit sich bringt, wird sich für Ron Brown stets ein Plätzchen finden. Der Pfarrer von Stiffkey, der in einem berühmten Sittlichkeitsprozeß vor dem Krieg wegen unsittlichen Verhaltens seiner Pfründe verlustig ging, stellte sich am Ende seiner Tage in einem Löwenkäfig zur Schau. (Der dort ansässige Löwe hat den Christen eingedenk ferner römischer Zeiten letztendlich verspeist.) So weit muß Mr. Brown vielleicht nicht gehen; doch es wäre gar keine so schlechte Idee, wenn er schon mal für die Rolle der Mother Goose vorspricht.

März 1990

Ron Brown wurde von der Labour-Partei in Edinburgh Leith freigestellt. 1992 ging er als Unabhängiger für Labour in die Wahl, jedoch ohne Erfolg. Daß Mrs. Thatchers Tage gezählt waren, war weniger leicht vorhersehbar.

2

Fälschung!

«Wir sind wieder in London», schrieb Mallarmé 1863 an seinen Freund Henri Cazalis, «im Land der falschen Rubens-Bilder.» Dieses Urteil des Dichters geht sicher auf ein verbreitetes gallisches Ressentiment jener Zeit zurück, doch es ist mehr als nur eine gehässige Hyperbel. Wer durch ein ganz normales britisches Herrenhaus wandert, kommt an Wänden mit Gemälden vorbei, die noch immer in aller Unschuld Raphael, Rubens, El Greco, Rembrandt, Caravaggio und anderen Meistern zugeschrieben werden. Würden sie zur Auktion eingereicht, wäre ein Großteil von ihnen der sanften Pein einer dezent diffamierenden Präzisierung ausgesetzt – «aus der Schule von», «in der Manier von» – oder müßte zum Zeichen der Unsicherheit die demütigende Streichung des Künstlervornamens über sich ergehen lassen. Das liegt nicht daran, daß die Briten gutgläubiger oder in ästhetischen Dingen einfältiger sind als andere Völker; es liegt einfach daran, daß Fälschungen stets dem Geld nachlaufen (zeitgenössische Fälscher lassen sich gewiß davon inspirieren, daß die Japaner eine Vorliebe für Impressionisten und das Werk von Bernard Buffet haben, während das Lieblingskind der Fälscher in Buenos Aires aus irgendeinem Grund Guido Reni ist) und Großbritannien über Jahrhunderte hinweg finanzielle Überschüsse erzielte. Außerdem produziert ein Künstler nur selten genau in dem Tempo, das der Markt verlangt; so kommt es in der Regel zu freien Kapazitäten oder freien Geldmitteln. Infolgedessen richtet manch ein Künstler seine Gesundheit oder sein Talent zugrunde, um dem Mäzen gefällig zu sein. Canaletto etwa galt in Venedig als «der Maler, den die Engländer verdorben haben» (und es ist ja auch unfair, daß man trotz der Produktivität dieses Künstlers in seiner Heimatstadt kaum einen Canaletto sieht). Noch häufiger aber wird die Lücke zwischen kreativem Output und Marktnachfrage von einer fröhlichen Fälscherbande geschlossen. Beim Anblick der noch immer das typische Herrschaftshaus zierenden Reihen ramponierter, verrußter alter Meister mit Craquelure und schamloser Zuschreibung ist man versucht, sich die Umstände dieser fragwürdigen Erwerbungen vor zwei oder mehr Jahrhunderten auszumalen. So ergibt sich eine kleine italienische Genreszene, eine bildhafte Morallehre. Da wird der kultivierte junge Mylord, nur von einem klugen alten Mentor und einem Beutel Dublonen begleitet, auf der zweiten Etappe seiner Grand Tour von der Postkutsche in die Stadt getragen; er bringt sein glühendes Interesse an den heimischen Künstlern und vielleicht auch den etwas berühmteren aus den größeren Ortschaften zum Ausdruck; und noch ehe Mylord seinen Hut abgestaubt hat, weiß der alte Luigi um die Ecke Bescheid, daß er bei dem veritablen Meisterwerk, das er vorletzte Woche zusammengepinselt hat, noch ein bißchen mehr Alter auftragen muß.

Daher ist London die natürliche Heimstatt für eine Ausstellung zu diesem Thema. «Fälschung? Die Kunst der Täuschung» im Britischen Museum ist eine sehr verführerische Schau von geradezu kunterbunter Vielfalt: Sie umfaßt Malerei und Skulptur, Bücher und Manuskripte, Möbelstücke, Schmuck, Keramik, Briefmarken, Münzen, Zeitungen, Besteck und Folterinstrumente; sie läßt keine Kultur aus, deren Artefakte Sammler und somit auch Fälscher angezogen haben. Außerdem ist sie ein eigentümliches Beispiel für die Sparsamkeit von Museumsdirektoren oder die Kunst, aus einem Kieselstein einen Diamanten zu schleifen. Denn woher stammt diese anrüchige Dürer-Zeichnung, diese dubiose Pergamentminiatur von der Landung Columbus' in Amerika, dieses Kuckucksei von einem türkischen Teppich «aus dem siebzehnten Jahrhundert»? Tja, aus dem Britischen

Museum, der British Library, dem Victoria & Albert Museum. Was schamhaft in die hintersten Gewölbe verbannt war, wurde nun wieder ans Tageslicht geholt, und die gefoppten Experten von einst erröten – oder kichern vielleicht – noch im Grab.

Wer diese Aladinshöhle voller Attrappen durchstreift, begegnet auch einem breiten Spektrum der niederen menschlichen Beweggründe: der Lust am Betrug, an ungesetzlicher Bereicherung, am Hereinlegen von Gläubigen (wie bei dem Turiner Leichentuch), an der Destabilisierung der feindlichen Währung, der Unterminierung des demokratischen Staatswesens (der «Sinowjew-Brief» von 1924, der in Großbritannien die klassische Angst vor dem Gespenst des Kommunismus auslöste), am Schüren von Antisemitismus (die «Protokolle der Weisen von Zion»). Doch insgesamt wirkt die Ausstellung eher erheiternd als deprimierend – man fühlt sich ermuntert durch die Findigkeit des Menschen, ist entzückt über die Guerilla-Attacken auf die Autorität der Kunstexperten, findet die Leichtgläubigkeit des Menschengeschlechts belustigend und sogar tröstlich. Wen ließe etwa der Fall der wenig bekannten kanadischen Pelzforelle gleichgültig? Der Glaube an diesen außergewöhnlichen Fisch kam offenbar im siebzehnten Jahrhundert auf, als ein Schotte in einem Brief nach Hause den Reichtum an «mit Pelz bekleideten Tieren und Fischen» in Kanada erwähnte; er sollte ein Exemplar davon vorzeigen und tat es auch prompt. Eine Fälschung muß sich, um den Sommer zu überdauern, in eine geeignete Nische zwischen Wahrscheinlichkeit und Verlangen schieben: Der Yeti, dessen eindrucksvolle Fußspuren höchstwahrscheinlich ein verärgerter britischer Bergsteiger fabriziert hat, trifft genau den Nerv phantasmagorischer Bedürfnisse in uns allen. Dasselbe gilt für die backenbärtige Forelle: Wir stellen uns die tiefen, eiskalten kanadischen Gewässer vor und finden es plötzlich einleuchtend, daß nur überlebt, wer sich anpassen kann – zum Beispiel, indem er sich einen Pelz wachsen läßt. Dieser windige Fisch hat sich zäh gehalten und ist in jüngster Zeit durch einen Unternehmer aus Ontario vor dem Aussterben bewahrt worden. Vor etwa zwanzig Jahren wurde eines seiner Produkte – eine braune Forelle, fein säuberlich mit weißem Kaninchenfell verkleidet – dem Royal Scottish Museum zur Begutachtung vorgelegt. Das Museum durchschaute den Schwindel und bewahrte das Stück daher nicht auf. Doch die «Entdeckung» sprach sich herum und löste eine derartige Publikumsnachfrage aus, daß das Museum sich gezwungen sah, die bepelzte Forelle wieder neu zu schaffen. Und nun ist diese halluzinatorische Hybride – im Grunde eine rare Doppelfälschung, nämlich die Fälschung einer Fälschung – in der Ausstellung des Britischen Museums da gelandet, wo sie hingehört, in einer Vitrine mit anderen fragwürdigen zoologischen Exponaten: dem Horn eines Einhorns, der Kralle eines Greifen, ein paar Nixen (getrockneter Affe an Fischschwanz) und dem berühmten «Gemüselamm der Tataren».

Es gibt auch verschiedene gespenstische Beispiele «feindlicher Fälschungen». Im Zweiten Weltkrieg produzierten die Deutschen zum Beispiel eine hervorragende Serie gängiger britischer Briefmarken mit zwei winzigen subversiven Korrekturen: Auf der Krone über dem Haupt von George VI. saß ein Davidstern, und das «D» des Pence-Zeichens wurde aus Hammer und Sichel gebildet. (Aus heutiger Sicht wirkt die Unterstellung, der makellos britische Monarch habe sowohl mit den Juden als auch mit den Kommunisten paktiert, recht unglaubwürdig, doch delektieren sich totalitäre Verleumdungen gern an der Kombi-Beleidigung: Schostakowitsch erinnert sich in seinen Memoiren an Schdanows Diffamierung der Dichterin Anna Achmatowa als «Hure und Nonne zugleich».) In erster Linie findet sich aber oft eine Art zarter Komplizenschaft zwischen Fälscher und Opfer: Ich möchte, daß du glaubst, dies und jenes sei der Fall, sagt der Fälscher; du möchtest das auch glauben, und zur Festigung dieses Glaubens gibst du mir für deinen Teil einen Haufen Geld, und ich für meinen Teil lach mir hinter deinem Rücken ins Fäustchen. Schon ist der Handel perfekt. Und die öffentliche

Meinung, die sich immer freut, wenn die Experten sich blamieren, überwindet gemeinhin ihren ersten Schauder moralischer Entrüstung und ergreift dann fröhlich für den Fälscher Partei. Der bekannteste britische Kunstfälscher der Nachkriegszeit etwa war ein Mann namens Tom Keating. 1917 geboren, erhoffte er sich eine reguläre Karriere als Künstler – oder zumindest als Kunstlehrer –, doch als diese Hoffnungen durchkreuzt wurden, setzte er auf Diversifizierung: erst «Kunstrestauration» in eher zwielichtigen Marktbereichen und dann unverhohlene Fälschungen. Laut eigener Aussage hat er über zwanzig Jahre hinweg ein paar tausend «Sexton Blakes» – wie er seine Fälschungen im reimenden Cockneyslang nannte – produziert, wobei sein Spezialgebiet das Werk von Samuel Palmer war. Schließlich wurde er 1976 von der Kunstmarktreporterin der *Times* entlarvt. Keating legte dann auf einer Pressekonferenz eine Generalbeichte ab und behauptete (nicht ganz zu Unrecht), er habe die Fälscherei aus Protest gegen die Ausbeutung der Künstler durch die Galeristen angefangen; außerdem habe er seine klammheimlichen Nachbildungen sowieso oft verschenkt. Im folgenden Jahr wurde er verhaftet, doch es kam nie zu einem Prozeß: Das Verfahren wurde aufgrund von Keatings schlechtem Gesundheitszustand eingestellt. Danach ging sein Stern erst richtig auf: Seine «Sextons» wechselten zu ansehnlichen Preisen den Besitzer, er trat mit einer Vortragsreihe über die Maltechniken großer Meister im Fernsehen auf, und nach seinem Tod im Jahre 1984 erbrachte der Verkauf seiner Werke £ 274 000 – siebenmal soviel, wie der Auktionator geschätzt hatte.

Der Fall Keating ist exemplarisch, und daß seine Fälschungen oft nicht viel taugen, erhöht nur seinen Sympathiewert: Da wird der Kunstmarkt hereingelegt, und noch dazu mit minderwertiger Ware. Ähnliche Bewunderung bringen wir der Chuzpe der beiden Töpfer entgegen, die «Bernard Leach»-Töpfe (mit überzeugenden Siegeln) von so hoher Qualität produzierten, daß die großen Auktionshäuser darauf hereinfielen, und wir bewundern das Gespann um so mehr, als ihm das in der Abgeschiedenheit des Töpferkurses im Fetherstone-Gefängnis zu Wolverhampton gelang. Unseren Beifall finden auch die mittelalterlichen Fälschungen von Billy und Charley, einem Paar viktorianischer Gassenjungen, die erkannten, daß es schneller geht, wenn man Altertümer selbst bastelt, statt den Themsestrand danach abzusuchen. (Als ihnen in den frühen sechziger Jahren des vorigen Jahrhunderts der Prozeß gemacht wurde, sprach sich der Gelehrte Charles Roach Smith für die Echtheit der «Funde» aus mit der Begründung, ein Fälscher würde nie etwas derart Abwegiges herstellen.) Nicht einmal, wenn wir selbst das potentielle Opfer sind, können wir so recht von Herzen wütend sein. Das falsche Lacoste-Hemd, die Flasche «Johnnie Hawker» Scotch Whisky, die imitierten Vuitton-Taschen, die nachgemachten Lego-Baukästen – natürlich werden wir betrogen (und der Originalhersteller auch), doch irgend etwas läßt uns auch fragen: Wieso ist mir der Name des Herstellers eigentlich so viel wert? Ist mein Bedürfnis nach Echtheit nicht ein wenig absurd? Wenn ich von Johnnie Hawker genauso betrunken werde wie von Johnnie Walker, warum sollte ich mich dann übers Ohr gehauen fühlen?

Die Ausstellung im Britischen Museum schließt mit einer lehrreichen Abteilung über die Entlarvung von Fälschungen. Hier ist zum Glück noch Raum für gelehrte Intuition – der junge Kenneth Clarke kam einer «Botticelli»-Madonna als erster auf die Schliche, weil ihm auffiel, daß sie das Gesicht einer Leinwanddiva aus den zwanziger Jahren hatte –, doch es wird zunehmend eine Angelegenheit der Wissenschaft: Mikroskopie, Radiographie mit UV-Licht und Röntgenstrahlen, Dendrochronologie und Thermolumineszenz. Und abermals findet man sich oft mehr als nur ein bißchen auf der Seite des Fälschers wieder. Er (es ist immer ein «er», denn in der Branche herrscht bislang noch keine Gleichberechtigung) hat sein Bestes getan, und die Welt ist darauf hereingefallen – ja, die Welt liebt und verehrt sein Artefakt –, und dann kommt so ein Spielverderber im weißen Kittel daher und läßt den ganzen Schwindel auffliegen. Ein besonders reizvolles Beispiel ist der Sporn von Azincourt, der jahrelang unauffällig und ehrbar in der Sammlung Waffen und Rüstungen des Victoria & Albert Museum ruhte. Er besteht aus einem echten Sporn aus dem fünfzehnten Jahrhundert, in den eine knorrige Baumwurzel hineingewachsen ist; eine in das Holz eingelassene vergoldete Kupferplatte versichert, das Stück stamme von dem Schlachtfeld bei Azincourt. Und ist es nicht beziehungsreich: Man stellt sich vor, wie der lockere Sporn vom Streitroß eines edlen Ritters fällt, als die Bogenschützen Heinrichs V. die Franzosen in die Flucht schlagen; da liegt er dann unbeachtet, bis ein Schößling hindurchwächst und ihn der Menschheit wieder vor Augen führt, woraufhin Jahrhunderte nach der Schlacht ein umherstreifender Militariasammler ... Allein, das ist alles sehr unwahrscheinlich. Die Dendrologen haben sich ans Werk gemacht und festgestellt, daß es sich bei dem hölzernen Element in diesem symbolträchtigen Schnickschnack mit an Sicherheit grenzender Wahrscheinlichkeit um Fichte handelt. Und die Fichte hat es nun einmal so an sich, daß sie im Pas-de-Calais nicht wächst. So ist man endlich wieder einem genialen Pfuscher (um so genialer, als er einen echten Sporn aus dem fünfzehnten Jahrhundert genommen hat) auf die Schliche gekommen.

Nun endet die pittoreske Fälscherei natürlich nicht am Museumstor und an der Hintertür des Kunstsammlers: Viele Aspekte des britischen Lebens sind so von ihr durchdrungen, wie der Sporn von Azincourt mit dem Fichtenstrunk verwachsen ist. Tradition ist eine Stärke der Briten; desgleichen die Erfindung von Tradition (vom Ploughman's Lunch bis zum Clan-Tartan). Und wie jedes andere Volk legen sie keinen gesteigerten Wert darauf, daß diese erfundenen Traditionen als Schwindel entlarvt werden. Da reagieren sie wie der entgeisterte Harry in *Harry und*

Sally angesichts eines in aller Öffentlichkeit vorgespielten Orgasmus. Wenn wir *das* nicht glauben dürfen, was sollen wir dann noch glauben? Und da das individuelle Selbstverständnis zum Teil vom nationalen Selbstverständnis abhängt – was ist, wenn die symbolischen Stützen des nationalen Selbstverständnisses sich als ebensowenig authentisch und glaubwürdig erweisen wie die Pelzforelle? Was, wenn die Queen sich als Ausländerin entpuppt (was sie in gewisser Weise auch ist, da das Königliche Haus Windsor bis zu einem diplomatischen Namenswechsel im Jahre 1917 das Haus Sachsen-Coburg-Gotha war), oder wenn wir dem britischen Weihnachtsfest nicht mehr trauen dürfen (was wir in gewisser Weise nicht dürfen, da es zum großen Teil eine viktorianische Erfindung ist)? Selbst die britischen Kronjuwelen sind nicht über jeden Verdacht erhaben: Ein demnächst erscheinender, im Auftrag des Lord Chamberlain's Office erstellter Bericht enthüllt zum Beispiel, daß der Rubin des Schwarzen Prinzen, den die Touristen im Tower von London bewundern können, wenig mit dem Schwarzen Prinzen zu tun hat und ohnehin ein minderwertiger Spinell ist. Dieses Verlangen nach Echtheit, diese Gier nach Integrität erstrecken sich auch auf das Wirtschaftsleben – oder vielmehr das Bild, das der Laie sich vom Wirtschaftsleben macht. In meiner Kindheit Anfang der fünfziger Jahre war ich sehr angetan von unserem Woolworth-Laden. Ich mochte seine Warenvielfalt, seine Preisgünstigkeit, seine benutzerfreundlichen Regale (die manch einer illegalen Erweiterung meiner Briefmarkensammlung förderlich waren); vor allem aber mochte ich sein verläßliches Firmenschild: F. W. WOOLWORTH & CO. Wo immer man in England hinkam, auf jeder High Street war dieser güldene Schriftzug auf burgunderrotem Grund zu finden – F. W. Woolworth & Co., ein Inbegriff englischen Lebens. Eines Tages, ich muß etwa zehn Jahre alt gewesen sein, erfuhr ich dann, daß Woolworth ein amerikanisches Unternehmen ist. Das wollte ich natürlich nicht glauben. Ich hätte mir ein neues Bild von meinem Vaterland zurechtlegen müssen (was meine kindlichen Fähigkeiten überstieg), wenn ich das geglaubt hätte.

Breitere Kreise ergriff dieses Gefühl von Verstörtheit und vagem Betrug bei der wohl längsten und byzantinischsten Handelssaga der jüngsten Zeit: dem Verkauf von Harrods, Englands berühmtestem Warenhaus. Seit Mrs. Thatcher an der Macht ist, dauert das fortwährende und nicht eben würdevolle Gerangel um den Besitz dieses Ladens in Knightsbridge an. Dabei war Harrods nur eines von über hundert Geschäften im Besitz des Stammhauses und Veräußerers, des House of Fraser, doch ist sein Symbolwert nach wie vor so stark, daß der Kampf für potentielle Besitzer wie für die verständnislos glotzende Öffentlichkeit darum geht, «wem Harrods gehört». Die britische Mittelklasse mag sich den Einkauf dort nur bei dem halbjährlichen Schlußverkauf leisten können (wo es auch Sonderposten gibt, die gar nicht «echt Harrods» sind), doch das verstärkt den Nimbus eher noch. Selbst wer noch nie über seine Schwelle getreten ist, kann stolz die angebliche Antwort eines Harrods-Verkäufers auf ein abwegiges Begehren zitieren: «Unmögliches dauert etwas länger, Sir.» Der zusätzliche symbolische Glanz weckt natürlich die Begehrlichkeit externer Plünderer. In den Tagen des alten Empire haben die Briten die Schatzkammern ihrer Dominions geplündert (bisweilen natürlich auf die denkbar liebenswürdigste Art, aber bisweilen auch nicht); jetzt, wo die Briten nicht mehr so viel zu sagen haben, kann man sich an ihren eigenen Kleinodien bedienen. Vielleicht ist es gar nicht verwunderlich, daß die beiden Hauptbewerber um den Besitz von Harrods in den letzten zehn Jahren das waren, was man in der City of London unterprivilegierte Außenseiter nennt; das heißt Ausländer, die ihren Wohlstand selbst erworben und nicht ererbt haben.

Der eine von beiden ist Roland «Tiny» Rowland, der in Deutschland geborene Präsident des internationalen Handelsunternehmens Lonrho; zu den vielen Besitztümern dieser Gesellschaft gehört auch die Sonntagszeitung *Observer*, deren Chefredakteur Donald «Tiny» Trelford ist. (Um den recht britischen Unterschied zwischen den beiden Tinys zu erläutern: Tiny Rowland heißt Tiny, weil er sehr groß ist, Tiny Trelford, weil er – nun ja, winzig ist.) Rowland hat drei Versuche unternommen, die House-of-Fraser-Gruppe aufzukaufen; am pressewirksamsten scheiterte er 1981, als die Monopolies and Mergers Commission – das britische Kartellamt – sein Angebot mit der Begründung ablehnte, bei einer Übernahme durch Lonrho bestehe «zumindest die sehr reale und schwerwiegende Gefahr einer bedenklichen Beeinträchtigung der Leistungsfähigkeit von Fraser». Die Ablehnung kam nicht ganz aus heiterem Himmel, gehörte Rowland doch bereits der ausgesprochen exklusiven Clique von Großkapitalisten an, die es geschafft haben, auch noch gegen die von Natur aus laxen Regeln des Kapitalismus zu verstoßen, und öffentlich dafür gerügt worden sind. Der konservative Premierminister Edward Heath bezeichnete Rowlands Geschäftsgebaren 1973 im Unterhaus als «das unsympathische und unerträgliche Gesicht des Kapitalismus»; dieses Etikett ist er seither nicht mehr losgeworden, und der epigrammatisch unergiebige Ex-Premier verdiente sich damit den einzigen Eintrag im *Oxford Dictionary of Quotations*. In den letzten fünfundzwanzig Jahren ist in Großbritannien nur ein einziger Tycoon von vergleichbarem Rang so gebrandmarkt worden, und zwar der Medienzar (und Verleger von Ceauşescu, Schiwkow, Husák und Kádár) Robert Maxwell, der in einem Untersuchungsbericht des Ministeriums für Handel und Industrie 1971 als «unserer Meinung nach keine Persönlichkeit, der man die Leitung einer Aktiengesellschaft anvertrauen könnte» bezeichnet wurde. Selbstredend leitet Mr. Maxwell weiterhin eine immer größer werdende Zahl von Aktiengesellschaften, während Mr. Rowlands Gesicht, so unerträglich es für den liberalen Konservatismus auch gewesen sein mag, mehr und mehr Unternehmen geschluckt hat und dabei immer feister wurde.

Der zweite Prätendent auf die leberfleckige Hand von Harrods war Mohamed Al-Fayed, ein ägyptischer Geschäftsmann, über den man bei seinem ersten Auftreten nicht viel wußte, außer daß er anscheinend über große Summen Bargeld verfügte und seine Schecks nie platzten. Er begann Mitte der fünfziger Jahre als Protegé des angesehenen Waffenhändlers Adnan Khashoggi, mit dessen Schwester er verheiratet war, und brachte es als Zwischenhändler zu Wohlstand. Zusammen mit seinen Brüdern Ali und Salah engagierte er sich im Bankwesen, in der Bauindustrie, im Ölgeschäft und im Immobilienhandel. Er kaufte das Pariser Ritz auf, nahm sich eine zweite, finnische Frau und pflegte den üblichen Lebensstil der Superreichen: Wohnsitze in Paris und London, ein Landsitz in Surrey, ein Schloß in Schottland, eine Villa in Gstaad, Yachten in Südfrankreich, gepanzerte Mercedes-Wagen, Leibwächter etc. Doch im Vergleich zu Khashoggi führte er ein recht zurückgezogenes Leben, das sich sogar durch die eine oder andere milde Gabe auszeichnete. Er beteiligte sich an der Finanzierung des ultrabritischen Films *Die Stunde des Siegers* und übernahm auf Bitten des Pariser Bürgermeisters Jacques Chirac die Renovierung des Hauses des Herzogs und der Herzogin von Windsor im Bois de Boulogne. (Manche munkelten, er habe den Renegatenstatus der Windsors nicht durchschaut und gehofft, er könne sich damit bei der Königlichen Familie lieb Kind machen.)

Ende 1984 lungerte Rowland noch immer wie ein vielfach abgewiesener Bräutigam vor der Kirche herum und hoffte auf die Aufhebung des Verbots, mit dem das Ministerium für Handel und Industrie Lonrho untersagte, ein Gebot für Harrods abzugeben. Er besaß aber immer noch einen Aktienanteil von 29,9 Prozent am House of Fraser und erklärte sich nun bereit, seinen Anteil an Mohamed Al-Fayed zu verkaufen (der in den siebziger Jahren selbst im Aufsichtsrat von Lonrho gesessen hatte). Rowland offerierte die Aktien zu einem Kurs von 300 Pence, das heißt 50 Pence über dem Marktwert, unter der Bedingung, daß innerhalb von achtundvierzig Stunden bar bezahlt wird. Al-Fayed antwortete, Rowland könne das Geld auch in vierundzwanzig Stunden haben. Rowland kam das Geschäft wohl durchaus reell vor: Erstens machte er einen anständigen Profit, und zweitens wußte jeder, daß Al-Fayed nicht annähernd genug Geld hatte, ein volles Gebot für das House of Fraser abzugeben. Sollte das Ministerium für Handel und Industrie in der Folgezeit das Verbot für Lonrho aufheben, konnte er seine 29,9 Prozent immer noch zurückkaufen. Da warf nun aber jemand Sand ins Getriebe. Rowland verkaufte am 2. November 1984 an Al-Fayed. Am 4. März 1985 gab Al-Fayed zum allgemeinen Erstaunen und Rowlands großem Ärger ein Gebot für alle restlichen Anteile am House of Fraser ab, und der Aufsichtsrat schlug im Bestreben, dem «unerträglichen Gesicht des Kapitalismus» zu entrinnen, rasch ein.

Da stellten sich sogleich zwei Fragen: Wo um alles in der Welt kam das zusätzliche Geld – niedrig geschätzt 450 Millionen Pfund in bar – her? Und würde Al-Fayed mit seinem Neuerwerb ohne Überprüfung durch die Monopolies and Mergers Commission davonkommen? Hier zieht die Geschichte nun politisch weitere Kreise und läßt den reichsten Mann der Welt auftreten, den Sultan von Brunei. Der Sultan war anderthalb Jahre zuvor in das Blickfeld der britsichen Regierung und Öffentlichkeit geraten: Er hatte im August 1983 den mit 5,7 Milliarden Dollar dotierten Brunei Reserve Fund von den britischen Crown Agents abgezogen, was dem Pfund Sterling gar nicht gut tat. 1985 traten dann folgende Ereignisse ein, die ganz oder teilweise miteinander zusammenhängen mögen. Im Januar erwarb der Sultan von Brunei das Londoner Dorchester Hotel – wobei Mohamed Al-Fayed als Strohmann fungierte und mittels einer Vollmacht im Namen des Sultans Kapital auftrieb. Am 4. März stellte sich plötzlich heraus, daß Mohamed Al-Fayed und seine Brüder viel reicher waren, als sie von Rechts wegen überhaupt sein durften. Am 14. März verkündete der Minister für Handel und Industrie

Norman Tebbit, er werde das Gebot der Al-Fayeds für Harrods nicht an die Monopolies and Mergers Commission weiterleiten; des weiteren hob er das Verbot auf, das eine Bewerbung von Lonrho untersagte – wozu es jetzt natürlich höhnischerweise zu spät war, da den maßgeblichen Aktienanteil von 51 Prozent ja bereits die Al-Fayeds erworben hatten. Im Laufe des Jahres verschärfte sich dann die Währungskrise, das Pfund fiel auf $ 1,04, ein anhaltender Bergarbeiterstreik drohte alles noch schlimmer zu machen, und da griff der Sultan von Brunei der britischen Währung mit einem Stützungskauf von 5 Milliarden Pfund unter die Arme. Woraufhin sich das Pfund im Bett aufsetzte, ein wenig Suppe zu sich nahm und sich wieder auf $ 1,08 hochrappelte.

Nun gehörte Harrods also den Gebrüdern Al-Fayed, doch Lonrho erhob ein derartiges Gezeter, daß eine Untersuchung der Hintergründe der Übernahme durch das Ministerium für Handel und Industrie angeordnet wurde. 1988 lag der Bericht dem neuen Handelsminister Lord Young vor, der die Veröffentlichung sofort bis auf weiteres untersagte, da die für Wirtschaftsverbrechen zuständige Fraud Squad strafrechtliche Ermittlungen hinsichtlich der Übernahme eingeleitet habe. Der Lonrho-Präsident schäumte weiter, und als im folgenden Jahr der Bericht noch immer nicht erschienen war, spielte Tiny Rowland (oder einer seiner Adjutanten) Tiny Trelford (oder einem seiner Adjutanten) eine Raubkopie des Berichts zu, und Trelford veröffentlichte ihn in einem beispiellosen Coup mitten in der Woche als Sonderausgabe der Sonntagszeitung *Observer.* Der Straßenverkauf hatte kaum begonnen, da wurde er per einstweiliger Verfügung untersagt; doch Rowland, der mittlerweile der einzige noch am Besitz von Harrods interessierte Mensch im Lande zu sein schien, hatte dafür gesorgt, daß kein Gras über die Sache wuchs.

Im März dieses Jahres, fünf Jahre nachdem die Regierung den Gebrüdern Al-Fayed ihr Okay gegeben hatte, wurde dann endlich ein 752 Seiten langer – von einem Richter des High Court und einem Wirtschaftsprüfer unterzeichneter – Bericht veröffentlicht, und wieder geriet alles in helle Aufregung. Die Titelseite der *Times* trug die Schlagzeile ‹VERLOGENE FAYEDS› DÜRFEN HARRODS BEHALTEN und darunter ein großes Foto von Mohamed Al-Fayed in Strohhut und weißem Kittel, der in der Lebensmittelabteilung von Harrods eine Salami aufschnitt. Die Gutachter des Ministeriums für Handel und Industrie stellten fest, die Gebrüder hätten sowohl vor wie nach ihrem Gebot für das House of Fraser dem Ministerium, dem Office of Fair Trading, der Presse, dem Aufsichtsrat des House of Fraser, den Aktionären der Gesellschaft und selbst ihren eigenen Finanzberatern gegenüber «unzutreffende Angaben» über ihre Herkunft, ihr Vermögen, ihre sonstigen Beteiligungen und ihre Einnahmequellen gemacht. Der «Lügenkatalog» ist eine interessante Lektüre, nicht zuletzt wegen seiner Vielfältigkeit: Bei einigen Lügen handelt es sich anscheinend um bewußte Täuschung, andere kommen dem Laien wie ganz normale Geschäftsusancen vor, wieder andere reflektieren lediglich auf komische Art und Weise den verschrobenen britischen Snobismus der Verfasser des Berichts. Die Gutachter kamen zu dem Schluß, die Al-Fayeds hätten ihr Einkommen zu hoch angegeben, das Startkapital, das sie beim Auszug aus Ägypten besaßen, aufgebauscht und die Herkunft ihrer mysteriösen Finanzspritze nicht offengelegt. Sie hatten behauptet, eine Schiffsflotte zu besitzen, die Nassers Verstaatlichung unbeschadet überstand, während sie in Wirklichkeit damals nur zwei 1600-Tonnen-Frachtfähren besaßen. 1964 war Mohamed sieben Monate lang auf Haiti, wo er sich als kuwaitischer Scheich ausgab, zwei wertvolle Regierungskonzessionen erlangte und sich aus dem Staub machte, nachdem er Papa Doc um $ 100 000 geprellt hatte (wofür ihm in manchen Augen neben einem Verweis vielleicht auch eine Verdienstmedaille gebührt). Der Vater der Brüder war nicht, wie sie behaupteten, eng mit dem Sultan von Brunei befreundet gewesen. Die

Yacht *Dodi*, angeblich seit jeher in Familienbesitz, wurde erst 1962 erworben. Und so weiter. In bezug auf Privatleben und Herkunft sah es mit ihrer Wahrheitsliebe auch nicht besser aus. Sie stammten nicht, wie sie angegeben hatten und andere unwidersprochen wiederholen ließen, aus einer alteingesessenen ägyptischen Familie, die seit über hundert Jahren Reeder und Industrielle hervorgebracht hatte; sie kamen ganz im Gegenteil aus «ehrbaren, aber niedrigen Kreisen» und waren «Lehrerskinder». Sie hatten falsche Geburtsurkunden vorgelegt und sich dabei um vier bis zehn Jahre jünger ausgegeben. Sie hatten ihren Namen von Fayed zu Al-Fayed «veredelt». Schließlich und endlich wurde ihre Behauptung, sie seien in der Kinderzeit dem wohltätigen Einfluß britischer Nannies ausgesetzt gewesen, als unwahr zurückgewiesen.

Konservativen Hinterbänklern traten bei dem Bericht vor Wut die Augen aus dem Kopf. Damit kommen die Schurken uns nicht davon! Nehmt ihnen den Laden weg! Verdammte Zigeunerparvenus – erst läßt man sie in den Club rein, und dann stellt sich raus, sie hatten nicht mal ein anständiges Kindermädchen! So der allgemeine Tenor ihrer Äußerungen. Sir Edward du Cann, ehemaliger Vorsitzender der mächtigen Tory-Vereinigung 1922 Committee, verlangte, Harrods seiner vier königlichen Siegel (die der Öffentlichkeit kundtun, daß das Warenhaus Angehörige der Königlichen Familie beliefert) zu entkleiden, und fügte hinzu: «Meiner Meinung nach sollten die Fayeds des Landes verwiesen werden.» Da Sir Edward jedoch der derzeitige Aufsichtsratsvorsitzende von Lonrho ist, waren seine Äußerungen vielleicht nicht ganz objektiv. Im Gegensatz zu dem Protestgeschrei auf den hinteren Rängen bewies das konservative Kabinett während der gesamten Affäre eine außerordentliche, fast schon heroische Konsequenz. Auch in äußerster Bedrängnis hielt es unbeirrbar am geheiligten Prinzip des Laisser-faire fest und blieb mit emsigem Fleiß passiv. Der erste mit der Sache befaßte Handelsminister, Norman Tebbit, wollte das Gebot der Al-Fayeds nicht der Monopolies Commission zur Prüfung vorlegen. Der zweite, Lord Young, trat in seine Fußstapfen und wollte außerdem den Bericht des Ministerums für Handel und Industrie nicht veröffentlichen. Sir Patrick Mayhew, der Erste Kronanwalt, wollte keine strafrechtliche Verfolgung einleiten. Der dritte dafür zuständige Handelsminister, Nicholas Ridley, ging noch einen Schritt weiter. Selbstverständlich wollte auch er die Sache nicht an die Monopolies Commission weiterleiten. Selbstverständlich wollte er die Brüder nicht aus dem Verwaltungsrat des Unternehmens ausschließen, was er hätte tun können. Doch er stellte seine Vorgänger an nelsonscher Blindheit und echsenhafter Schläfrigkeit noch weit in den Schatten. Seine Erklärung vor dem Unterhaus zu der Harrods-Affäre und dem epischen Bericht der Gutachter dauerte ganze zwei Minuten und schloß mit den Worten: «Darüber hinaus gibt es für mich keinen Handlungsbedarf.» Das Äußerste an Stellungnahme zu der ganzen Angelegenheit war seine Aussage: «Wer den Bericht liest, mag selbst befinden, was er von dem Verhalten der Beteiligten hält.»

Was sollen wir also befinden? Tory-MPs schreien «Schurken!» und «Gesindel!», Labour-MPs schreien «Betrug!» und «Vertuschung!» (und obendrein noch «Schurken!» und «Gesindel!»). Der Sultan von Brunei, der die Mitarbeit an der Untersuchung verweigerte, streitet weiterhin ab, daß er mit irgendwelchen Geldern an dem Erwerb beteiligt war. (Die Theorie der Gutachter lautet wie folgt: Die Fayeds haben ihre Verbindung mit dem Sultan sowie den Besitz einer umfassenden Vollmacht dazu benutzt, auf eigene Rechnung Mittel flüssigzumachen. Das würde erklären, woher der jähe enorme Kapitalzufluß kam, und auch, warum der Sultan den Kontakt zu seinen ehemaligen Repräsentanten abgebrochen hat.) Die Gebrüder Fayed sind nunmehr in der gesamten britischen Presse ihres «Al» verlustig gegangen, besitzen aber weiterhin Harrods, auch wenn es nun in manchen Kreisen unter dem ehrenrührigen Namen Harrabs firmiert. Mohamed Fayed, der nie eine britische Nanny hatte, schneidet weiterhin in der Lebensmittelabteilung Salami auf, wenn ein Fototermin ansteht. Harrods selbst hat sich aus einem Staatsbetrieb in ein Familienunternehmen verwandelt, dessen Muttergesellschaft in Liechtenstein sich britischer Kontrolle und britischem Recht entzieht. Und die konservative Regierung hat, wenn wir einigen Labour-Analysten glauben dürfen, eine neue Methode zur Rettung der Währung entdeckt, wenn sie in den Keller sackt. Und der Preis? Nur das eine oder andere Nationaldenkmal. Heute Harrods, morgen Windsor Castle.

Was Tiny Rowland anbetrifft, so versendet er weiterhin wie schon während der gesamten Affäre skurrile und despotische Rundschreiben an Abgeordnete und andere Meinungsmacher. Sie sind auf feinem Papier gedruckt und solide gebunden wie ein Investmentprospekt; der Inhalt ist eine Mixtur aus wüsten Denunziationen der Fayeds und hehren Kriegsaufrufen. In ihrer Besessenheit sind sie gewissermaßen Liebesbriefe an Harrods. Der neueste, eine sechzehn Seiten lange Epistel (vom 27. März) mit dem charakteristischen Titel «Betrugspraktiken», listet die jüngsten schweren Verbrechen und anderen Kleinigkeiten der Fayeds auf – Ausbluten von Harrods und Frisieren der Bücher, grob gesagt –, stellt aber auch eine neue Angriffstaktik vor. Rowland analysiert die Erklärungen, die die Gebrüder gegenüber den Gutachtern des Ministeriums für Handel und Industrie über die Dauer ihres Aufenthalts in Großbritannien abgegeben haben (und die sich in der Tat sehr widersprüchlich anhören), und kommt zu dem Schluß, daß sie nun schon seit Jahren in Großbritannien ansässig sind, ganz gleich, was sie aus Steuergründen offiziell behauptet haben mögen. Dadurch sind sie, wie Rowland hervorhebt, hier im Land steuerpflichtig. «Da muß noch eine Behörde tätig werden», schreibt er und bricht bei seiner neuen Drohung in Großbuchstaben aus: «DAS FINANZAMT.» Die Fayeds haben, seiner Rechnung zufolge, im Laufe der Jahre «Hunderte von Millionen» Pfund an Einkommenssteuern hinterzogen. Schlimmer noch – wenngleich für Rowland natürlich noch viel besser –, wenn sie das House of Fraser, wie sie geltend machen, mit eigenen Geldern gekauft haben, «dann sind ihre Mittel steuerbare Gelder der Einwohner des Vereinigten Königreichs, wodurch sich die ausstehende Steuerschuld auf eine Milliarde Pfund beläuft. Das ist der heutige Stand.» Eine Milliarde Pfund: so präzise ist das. Es sieht jedoch nicht so aus, als werden die Finanzbehörden diesem gemeinsinnigen Hinweis folgen, und auch Rowland selbst hat da eindeutig seine Zweifel. «Alles schweigt», klagt er auf der letzten Seite seines Schreibens. «Kein Hund schlägt an. Weil die Affäre Fayed nämlich von der Premierministerin Mrs. Thatcher in Gang gesetzt wurde.» Und jetzt knistert und knattert der Verfolgungswahn in der Luft wie statisches Rauschen. «Ist es nicht lachhaft», will er von den angesprochenen MPs wissen, «daß die Premierministerin von Großbritannien so naiv sein sollte, sich bei dem indischen ‹Heiligen› Rat zu holen, der Fayed bei dem Sultan von Brunei eingeführt hat; seine Anweisungen zu befolgen, sie solle sich zwecks Unterstützung seiner übersinnlichen Gedankenflüge einen Scheitel ziehen, ein rotes Kleid tragen und ein indisches Amulett um den linken Ellenbogen binden; viele Stunden mit ihm und seinen mystischen tantrischen Papierknäueln hinter verschlossenen Türen zu verbringen – und dann will sie dem Unterhaus weismachen, sie hätte mit den Entscheidungen im Falle Fayed nichts zu tun?»

Welche Farbe hat das Geld? Bei all dem purpurroten Zorn der Tories läßt sich schlecht erkennen, ob das Hauptverbrechen der Fayeds nun darin besteht, daß sie a) Betrüger, b) Parvenus oder c) Ägypter sind. Wahrscheinlich alles auf einmal. Wäre der Sultan von Brunei vorgetreten und hätte gesagt, er selbst wolle Harrods kaufen, wäre uns das vielleicht egal gewesen; aber der hatte ja auch erstklassige britische Kindermädchen und ist obendrein noch auf der Militärakademie in Sandhurst gewesen. (Auch wenn hinter dem ganzen Snobismus ein wesentlicher

Punkt bestehen bleibt: Falls das zum Erwerb von Harrods verwandte Geld nicht eindeutig den Fayeds gehörte, dann geht Schuldentilgung vor Kapitalinvestition, und das könnte womöglich die Stabilität der Gesellschaft berühren.) In aller Regel sieht die konservative Regierung es mit Gelassenheit, wenn ausländische Gesellschaften Großbritannien scheibchenweise aufkaufen. (Letzte Meldung: Soeben hat der amerikanische Lebensmittelgigant CPC International drei Grundbestandteile des Schlemmerfraßes britischer Kinder aufgekauft – Ambrosia-Milchreis; Bovril, einen dunkelbraunen Brotaufstrich aus durchgedrehtem Rind; und Marmite, ein vegetarisches Äquivalent von Geiselgangsterschärfe.) Und was die Labour-Partei angeht, so ist sie zwar vom Instinkt her protektionistisch, weiß aber ebenfalls, wann man die Frage ausländischen Besitzes von der praktischen Seite sehen muß. Ich zum Beispiel wohne im Londoner Borough of Camden. Wie viele andere Labour-Councils, denen die Tory-Zentralregierung in den letzten zehn Jahren finanzielle Daumenschrauben angelegt hat, griff auch Camden einmal zu den Mitteln kreativer Buchhaltung. Der verblüffende (vielleicht auch hirnverbrannte) finanzielle Coup bestand darin, daß alle Parkuhren des Bezirks an eine französische Bank verkauft und dann wieder zurückgeleast wurden. Das brachte dem Council ein kapitales Sümmchen ein; was für die französische Bank dabei herausspringen sollte, blieb uns Einheimischen allerdings ein Rätsel. Außerdem war es ein merkwürdiges Gefühl, beim Parken darüber nachzusinnen, daß man sein Geld in eine Parkuhr steckte, die den Franzosen gehörte. Man meinte, man müßte eigentlich ein 5-Franc-Stück einwerfen statt 50 Pence. Und um der Wahrheit die Ehre zu geben, die gallische Besitzerschaft hatte keinerlei Auswirkungen auf die Leistungsfähigkeit dieser hartnäckig launenhaften Automaten.

Es sind ja nicht nur die Parkuhren, der Milchreis und Harrods. Heutzutage gehört uns nicht einmal mehr die *Times*. Zuerst hat sie ein Kanadier gekauft, Roy Thomson; und jetzt hat sie Rupert Murdoch, ein Australier, auf den nicht einmal so weit Verlaß war, daß er auch Australier blieb, weil er sich nämlich in einen Amerikaner verwandelte, zweifellos aus wohlerwogenem Geschäftsinteresse. Wenigstens der Chefredakteur ist traditionell britisch geblieben, und der neue, der Mitte März berufen wurde, könnte gar nicht britischer sein. Simon Jenkins ist Murdochs vierter Chefredakteur in zehn Jahren, einem Zeitraum, in dem die Zeitung zwar finanziell gesund blieb, charakterlich jedoch ein Trauma nach dem anderen erlitt. Die *Times* hat natürlich seit jeher Etikette und Erwartungen auf sich gezogen wie sonst kein anderes Blatt: vom «Donnergott» in viktorianischer Zeit bis zur «Chronik der laufenden Ereignisse», dem «Schwarzen Brett des Establishments», der «Zeitung der Elite» und so weiter. Ebenso natürlich gibt es auch eine gegenteilige Ansicht: Die *Times* ist die Zeitung, die Ende der dreißiger Jahre Hitler Zugeständnisse machen wollte und zehn Jahre später Stalin Kußhändchen zuwarf. «Die Speichellecker-Gazette» hat der Leitartikler Edward Pearce sie unlängst genannt. «In Wahrheit», schrieb Pearce, «war die alte *Times* ein miserables Blatt, das nicht objektiv zu beurteilen war, da es sich nicht auf objektive Verdienste stützen konnte, sondern wie der heilige Joseph von Copertino durch Gottes Wille stets einen halben Meter über dem Boden schwebte.»

Nun zeichnet offenbar selbst dieser josephinische Taschenspielertrick die *Times* vor anderen Blättern aus und verweist auf die liebgewordene Idealvorstellung dessen, was sie möglicherweise sein könnte oder vielleicht einmal war. Diese Vorstellung steht nun schon seit geraumer Zeit unter Beschuß – intern dank eines derartigen Zickzackkurses von Redaktion und Marketing, daß man glauben könnte, das Blatt wolle Leser vergraulen statt gewinnen, und extern durch das Auftauchen eines besonderen Konkurrenten. Seit Beginn der Neuzeit gab es in Großbritannien nur drei «renommierte» Tageszeitungen: links den *Guar-*

dian, rechts die *Times* und noch etwas weiter rechts den *Daily Telegraph*. Mehr war da nicht, und für mehr war der allgemeinen Meinung zufolge auch kein Platz. Eine Veränderung trat nur dann ein, wenn eine Zeitung einging; neue wurden nicht mehr geboren. Dieses lethargische Kartell wurde jedoch 1986 durch das Erscheinen des *Independent* durchbrochen, einer Tageszeitung mit frischen Gesichtszügen, tycoonfrei, überparteilich, mit hohem Niveau und neuer Technologie. Alte Fleet-Street-Hasen gaben ihr keine großen Chancen: Anthony Howard, ehemaliger Chefredakteur beim *New Statesman* wie beim *Listener* und zum damaligen Zeitpunkt Tiny Trelfords Stellvertreter beim *Observer*, prophezeite allen, die es hören wollten, die Zeitung werde eingehen und der Chefredakteur in einem halben Jahr wieder auf der Straße sitzen. Davon unbeeindruckt, florierte die Zeitung und läßt inzwischen Zug um Zug die etablierte Konkurrenz hinter sich: Die neuesten amtlichen Auflagenzahlen weisen den *Guardian* mit 433 530 aus, die *Times* mit 431 811 und den *Independent* mit 415 609. Mr. Howard persönlich schreibt mit reumütigem Lächeln im Gesicht nunmehr eine wöchentliche Kolumne für den *Independent*.

Es sind aber nicht nur die Auflagenzahlen. Der *Independent* hat mit seinem viel kühneren Einsatz von Fotomaterial die gesamte Zeitungsaufmachung umgekrempelt (diesen Schritt hat der *Guardian* inzwischen nachvollzogen); er hat zu einem Zeitpunkt, als in der Berichterstattung eine allgemeine Tendenz zum Anglozentrismus herrschte, starke Auslandskorrespondenten eingesetzt und die ersten Unruhen in Osteuropa noch vor der Konkurrenz auf der ersten Seite gebracht; seine Farbbeilage war neckischerweise zum großen Teil schwarz-weiß, und er bot umfangreiche, anschauliche Nachrufe, die sich scharf von den schwülstigen Nekrologen aus der Feder eines Sir Tufton Bufton und Leuten seines Schlages in der *Times* abhoben. Die neue Zeitung ist zwar «unabhängig», hat sich aber rasch ein eigenes Establishment aufgebaut, das sich beängstigend mit dem der alten

Times überschneidet. Eine kleine, aber nicht unwesentliche Alarmglocke klingelte, als Graham Greene, eingefleischter Leserbriefschreiber an die *Times* und liebenswürdiger Provokateur, seine Umschläge statt dessen allmählich an den *Independent* adressierte. In einer der ersten Erklärungen nach seinem Amtsantritt nannte Simon Jenkins auf die Frage, welchen direkten Rivalen er im Visier habe, sämtliche Konkurrenzblätter und fügte dann hinzu: «Aber nur eine Zeitung hat vor fünf Jahren die Panzer in unserem Vorgarten anrollen lassen, und das ist der *Independent*.» So ist es in der Tat, obwohl auch gesagt werden muß, daß beim Anrollen der Panzer kaum ein Schuß fiel, während der Gartenzaun schon seit Jahren nicht repariert worden war.

Kommt man dann ins Innere dieses berühmten Prachtbaus, stellt man fest, daß der Putz von den Wänden fällt, die geschnitzten Wandtäfelungen herausgerissen und die (wahrscheinlich echten) alten Meister zum großen Teil verkauft worden sind. Besucher zahlen immer noch gern das Eintrittsgeld, doch beim Weggehen schütteln viele den Kopf darüber, wie sehr das alte Haus doch heruntergekommen ist. Das alles macht die Berufung von Simon Jenkins nicht nur von der Sache her, sondern auch metaphorisch gesehen durchaus passend. Als Journalist hat er sich in den frühen siebziger Jahren mit seinem Engagement für die Rettung ausgewählter Ecken von London vor den Baulöwen einen Namen gemacht, und er war einer der Mitbegründer eines Denkmalschutzvereins namens Save Britain's Heritage. Nun hat er den größten Traditionswächterjob seiner ganzen Karriere.

Der sechsundvierzigjährige Jenkins ist ein kultivierter und charmanter Mensch von gepflegter Erscheinung, ausgesuchter Höflichkeit und zugleich messerscharfem Verstand; sehr englisch und dabei mit der amerikanischen Schauspielerin Gayle Hunnicutt verheiratet. Er greift als Chefredakteur selbst zur Feder und kann auf ausgezeichnete Vorleistungen verweisen: als engagierter Staatsbürger, als Redakteur (mit dreiunddreißig Jahren) beim Londoner *Evening Standard* und dann sieben Jahre lang als politischer Redakteur beim *Economist.* Bis vor kurzem schrieb er für die *Sunday Times* und übernahm nebenher noch große und edle Rollen (im Aufsichtsrat von British Rail) von der Art, die einem normalerweise erst im vorgerückten Lebensalter angetragen werden. Er hatte bei der *Sunday Times* aufgehört und wollte eben beim *Independent* anfangen, als er von der *Times* gekapert wurde. Paradoxerweise muß er nun Tag für Tag gegen das Blatt in den Kampf ziehen, bei dem er beinahe selbst gelandet wäre, sich einreden, daß es eigentlich gar nicht so gut ist, wie er gedacht hatte, Schwächen aufspüren und jedem Gerücht von finanzieller Instabilität vermehrten Glauben schenken.

Doch hat die *Times* noch einen Symbolwert? Ist sie noch «die Chronik der laufenden Ereignisse»? (Und hat dieser Ausdruck überhaupt viel zu bedeuten? Es erhebt doch sicher jede Zeitung den Anspruch, eine Chronik der laufenden Ereignisse zu sein; der Ausdruck ist genauso redundant wie «investigativer Journalist».) Jenkins sagt, er sei selbst erstaunt gewesen, daß die *Times*-Legende noch immer wirksam ist. «Es ist komisch mit den britischen Zeitungslesern», sagt er. «Sie wollen, daß es eine *Times* gibt, auch wenn sie sie nicht lesen. Das ist so wie der Wunsch, daß es eine Königliche Familie geben soll oder ein Bahnhof auf dem Lande nicht geschlossen wird, obwohl man ihn nicht benutzt.» Es besteht noch eine große Anhängerschaft, wenn auch der rigorosen Art: Die *Times* hat nicht einfach nur Leser, sie hat Leser, die ihr genau auf die Finger sehen. Wenn ein Journalist «Lady Miranda Spofforth» schreibt statt «Miranda, Lady Spofforth» (oder umgekehrt), kommt eine Flut gestrenger Briefe aus Pfarrhäusern und Witwenboudoirs. Als kürzlich Lord Rothschild starb, hat die *Times* in ihrem Nachruf die Erbfolge durcheinandergebracht, und es hagelte Verweise wie wütend geschleuderte Fischmesser.

Wenn Jenkins sich politisch einordnen soll, bezeichnet er sich als «begeisterten Thatcheristen»; er begrüßt ihre «Bilderstürmerei» und findet ihre Wirtschaftspolitik «ausgesprochen heilsam».

(Zu dem Rowland-Fayed-Gekabbel befragt, murmelt er: «Die Pest soll die ganze verdammte Angelegenheit holen» und hält die Nichteinmischung von Minister Ridley für «ganz richtig».) In anderer Hinsicht hat er Vorbehalte gegen Mrs. Thatcher – «Viel beunruhigender finde ich ihren Appell an Urinstinkte in sozialen Fragen» – und bezeichnet sich in bezug auf das Bildungswesen als «ziemlich links». (Hier handelt es sich übrigens um das britische «ziemlich», das «geringfügig» bedeutet, nicht das amerikanische «ziemlich», das «reichlich» bedeutet.) Außerdem ist er welterfahren oder durchtrieben genug, um zu wissen, wie gefährlich es ist, wenn eine Zeitung als politisches Tendenzblatt gilt. Er vermeidet vorsichtig jede Kritik an seinen Vorgängern und bemerkt, die *Times* sei «zu stark mit der zur Zeit in Downing Street amtierenden Regierung identifiziert» worden – eine höfliche Umschreibung dafür, daß sie jahrelang wie verrückt mit dem Schwanz gewedelt, sich begeistert auf dem Rücken gewälzt und Mrs. Thatcher abends die Pantoffeln gebracht hat.

Als erstes hat Jenkins seinen Einfluß geltend gemacht, um etwas mehr Ruhe in die grelle – manch einer würde sagen: ordinäre – Aufmachung der Zeitung zu bringen: kleinere Überschriften, keine fettgedruckten Artikel, keine doppelten Teilungslinien, weniger Kästen und etwas «Luftiges» (d. h. eine unpolitische, zu Herzen gehende Geschichte) auf der Nachrichtenseite. Was den Inhalt anbetrifft, bleibt noch viel zu tun: er muß einige der guten Autoren zurückgewinnen, die der *Times* mit den Jahren verlorengegangen sind, oder noch besser ihre Nachfolger ausfindig machen; er braucht bessere Features, eine lebendigere Kulturseite, handfestere Nachrichten; er muß der Genauigkeit und Glaubwürdigkeit wieder Geltung verschaffen. Er weiß auch, daß zwischen der Durchsetzung solcher Dinge und dem Moment, wo der Leser sie zur Kenntnis nimmt und ihnen Vertrauen schenkt, zwangsläufig eine gewisse zeitliche Lücke klafft – so wird bei Abendgesellschaften noch ein Weilchen jener für Mr. Jenkins peinliche Augenblick kommen, wo der freundliche Nachbar zu seiner Rechten ihm zu der Berufung gratuliert und lächelnd hinzufügt: «Aber ich lese natürlich den *Independent*.» Da muß noch so mancher Autorenname gestrichen werden, bevor er seine Aufgabe erledigt hat, und man hat nicht unbedingt ein sicheres Gefühl, wenn man weiß, daß bislang jeder der vier Chefredakteure Murdochs offenbar aufgrund von Vorzügen auserwählt wurde, die denen seines unmittelbaren Vorgängers diametral entgegenstanden. Ermutigend ist allerdings, daß Jenkins als erster Chefredakteur der *Times* in den letzten Jahren mit dem klaren Auftrag berufen wurde, die Zeitung intellektuell wieder aufzuwerten. Das Büro, in dem er sich dazu anschickt, ist ein kleiner, fensterloser Verschlag in den Londoner Docklands – die «U-Boot-Kapitänskajüte», wie er sagt –, dessen Wände eine Ahnengalerie mit Bildern früherer Chefredakteure sind. Ständig sitzt ihm die Geschichte im Nacken, und jede zeitgenössische Ansicht fehlt: Skeptische Geister mögen diese Umgebung für einen Chefredakteur der *Times* außerordentlich angemessen finden. Doch im Augenblick sind selbst die politischen und journalistischen Gegner Simon Jenkins wohlgesonnen. Man muß nicht an den Feudalismus glauben und kann doch wollen, daß das Schlößchen am Ort nicht verfällt.

Juni 1990

Simon Jenkins konnte sich bis 1992 halten; zur Zeit tobt zwischen der Times *und dem* Independent *ein Preiskrieg – eher Catch-as-catch-Can als Panzer im Vorgarten. Tiny Rowland und Mohamed Al-Fayed haben sich im Oktober 1993 in der Lebensmittelabteilung von Harrods die Hand gegeben; den Friedensstifter spielte Bassam Abu Sharif von der PLO. Die Finanzbehörden haben Mr. Rowlands freundlicher Aufforderung zu Ermittlungen gegen Mr. Al-Fayed bislang nicht Folge geleistet.*

3

Mrs. Thatcher versteht die Welt nicht mehr

Als Mrs. Thatcher im Mai 1979 ihr erstes Kabinett gebildet hatte, warfen sie und ihre Minister sich für das traditionelle Klassenfoto in Positur. Vierundzwanzig Männer sowie eine zentrale Frau unter dem Kristallüster aufgereiht, Axminsterteppich zu Füßen, Gainsborough an der Wand. Vierundzwanzig Männer, die sich auf unterschiedliche Weise bemühen, Würde auszustrahlen, jung und dynamisch auszusehen oder ihre tiefe Verblüffung darüber zu verbergen, daß sie sind, wo sie sind. Zehn der zwei Dutzend kämpfen mit dem ersten echten Problem, das ein politisches Amt so mit sich bringt: Was tue ich mit den Händen, wenn ich bei einem offiziellen Fototermin in der ersten Reihe sitze? Die Arme zu verschränken wie Keith Joseph wirkt defensiv, steif und abweisend. Sich mit den Händen den ausladenden Bauch zu halten wie Lord Hailsham sieht aus, als prahle man mit seiner Freßlust. Mit der Rechten das linke Handgelenk zu umgreifen, während man die Linke auf dem Schenkel baumeln läßt, wie Lord Carrington, wirkt unentschieden und lasch. Die Hände schüsselförmig in den Schoß zu legen wie James Prior ist schlechterdings unratsam. Am besten stützt man die Hände mit gespreizten Fingern entschlossen oberhalb des Knies auf den Schenkeln ab, wie es drei der zehn wichtigsten neuernannten Minister tun. Diese Pose knistert vor Geschäftigkeit: Hier sind wir, voller Tatendrang, bereit, den Schlamassel der alten Regierung zu beseitigen. Dieses Problem wäre also gelöst. Das zweite Problem ist, was fängt man mit dem Gesicht an? Jenes Lächeln, das ruhige Zuversicht ausdrücken soll, könnte als ölige Selbstzufriedenheit übersetzt werden, während die Absicht, sowohl gewichtig wie energisch dreinzuschauen, oft kläglich in einem Ausdruck akuter Besorgnis endet. Die beste Lösung besteht vielleicht darin, sich so authentisch wie möglich zu geben und einfach frohgemut in die Welt zu blicken.

Ein Mann, der sowohl mit dem Gesicht wie mit den Händen die richtige Linie getroffen hat, sitzt zwei Stühle neben Mrs. Thatcher: eine bebrillte Figur, grauhaarig und doch jugendlich, strahlend und doch zielstrebig – mit einem Wort, rundum glücklich. Dazu hat er auch allen Grund: Er hat es geschafft, ohne Gewissensbisse vom Liberalkonservatismus zum Thatcherismus zu konvertieren, hat maßgeblich am Wahlprogramm mitgewirkt und ist soeben zum Schatzkanzler ernannt worden. Sein Name ist Sir Geoffrey Howe, und er wird für die nächsten elf Jahre der loyalste, am wenigsten unbeliebte und der uncharismatischste unter den führenden Tory-Ministern bleiben. Er wird vier Jahre als Schatzkanzler, sechs als Außenminister und eineinviertel als stellvertretender Premierminister zubringen. Wie loyal und beharrlich er ist, läßt sich daran erkennen, daß zum Zeitpunkt seines Rücktritts am 1. November 1990 außer ihm von den fünfundzwanzig ursprünglichen Teppichbelagerern nur noch eine Person übrig war: Mrs. Thatcher selbst. Sir Geoffreys Langlebigkeit hätte die Beobachter im Jahre 1979 vermutlich nicht sonderlich überrascht. Sehr wohl überrascht hätte sie allerdings die Tatsache, daß innerhalb eines Monats nach seinem Rücktritt und als direkte Folge davon auch Mrs. Thatcher – die zwischenzeitlich immerhin zwei weitere Parlamentswahlen gewonnen hatte und eine Mehrheit der Fraktion hinter sich wußte – ins Vorortexil gescheucht wurde und daß damit die längste Amtszeit eines Regierungsoberhaupts seit der ungeliebten Herrschaft des zweiten Earl of Liverpool von 1812 bis 1827 zu Ende ging.

Während des vergangenen Jahres hing der britischen Politik lange Zeit ein penetranter Geruch an, aber ob es sich dabei um das Aroma gut abgehangenen Wildbrets handelte – eine reife

Regierung, die immer reifer wurde –, blieb bis zuletzt unklar. Jedenfalls war es ein Jahr der Todesfälle und Rücktritte, von denen manche zu Beginn einen durchaus komischen Anstrich hatten. Im Juni zum Beispiel meldete die Sozialdemokratische Partei nach einem Jahrzehnt wechselhafter Fortüne zu guter Letzt ihren Konkurs an. 1981 unter allgemeinem Jubel der Medien gegründet, schien die SDP in ihren jungen Jahren Großbritanniens politische Mitte wiederbelebt und ein Dreiparteiensystem eingeführt zu haben. Aber der Falklandkrieg (Wasser auf die Mühlen der Tories), das Wahlsystem (ein Verhältniswahlrecht hätte ihr Anliegen merklich vorangetrieben), die eigene Zerstrittenheit und eine erneuerte, politisch offenere Labour-Partei machten der SDP nach und nach den Garaus. Nach einer demütigenden Nachwahl in Bootle, Lancashire, gab sich die Partei einen Ruck und wickelte ihr ausgemergeltes Gerippe eigenhändig ins Leichentuch. Ende 1981 und Anfang 1982 hatte sie in den Meinungsumfragen sogar vor den Konservativen und Labour gelegen. Acht Jahre später wurde ihr Kandidat von den Wählern in Bootle nicht mehr ernsthaft in Betracht gezogen, ja schlimmer noch, man hielt ihn nicht einmal mehr für einen schlechten Witz. Der Vertreter der Screaming Lord Sutch's Monster Raving Loony Cavern Rock Party – die nur bei Nachwahlen als Werbegag für einen alternden Rockstar in Erscheinung tritt – erhielt 418 der 35 477 Stimmen. Die SDP konnte klägliche 155 Stimmen für sich verbuchen.

Auch manche Rücktritte hatten etwas entschieden Komisches an sich. Nehmen wir zum Beispiel den Fall des einundvierzigjährigen Staatssekretärs im Umweltministerium, Patrick Nicholls, Rechtsanwalt und begeisterter Thatcherist, dessen mehr oder weniger unsichtbare Karriere nach dreieinhalb Jahren in einem aufsehenerregenden Akt spontaner Selbstentzündung endete. Als Staatssekretär für betriebliche Gesundheit und Arbeitssicherheit hatte Nicholls dem Alkoholmißbrauch den Kampf angesagt. Im März hatte er auf einer Konferenz über

Alkoholprobleme verkündet, «Alkohol hat am Arbeitsplatz ganz einfach nichts zu suchen», und seine schädlichen Auswirkungen auf Gesundheit, Familienleben und Unternehmensgewinne angeprangert. Anfang Oktober war Mr. Nicholls selbst auf Arbeit, und zwar für jedermann sichtbar auf dem Parteitag der Konservativen in Bournemouth. Am Mittwoch, den 10. Oktober, saß er auf dem Podium und hörte zu – oder wenigstens mit –, wie der Innenminister vor den Gefahren durch Alkohol am Steuer warnte. Am selben Abend ging Mr. Nicholls mit Freunden essen. In weiser Voraussicht hatte er bei einem ortsansässigen Fuhrunternehmen ein Taxi bestellt, das die fröhliche Runde um Viertel nach zehn abholen und nach Porthsmouth bringen sollte. Der vereinbarte Preis betrug £ 47. Weniger weise, aber vielleicht nicht voraussehbar, blieben Mr. Nicholls und seine Freunde bis nach Mitternacht im Restaurant sitzen, woraufhin der Taxichauffeur ihnen eröffnete, der Preis für die Fuhre sei nunmehr auf £ 62,50 gestiegen. Unklugerweise lehnte der Staatssekretär dieses Angebot ab und prellte den Fahrer damit um die erhoffte Einnahme. Vollends einfältig, ließ er sich dann von ihm zu einem Parkplatz fahren, wo er seinen eigenen Wagen abholte. Nun dürfte Bournemouth während konservativer Parteitage zu den Gegenden mit der höchsten Polizeipräsenz im Lande gehören, und außerdem wird gemutmaßt, der Taxifahrer habe den Staatssekretär aus begreiflichem Ärger bei der örtlichen Wache verpfiffen. Wie dem auch sei, Mr. Nicholls' Karriere löste sich sirenenhaft in Luft auf, als ihn aus dem Dunkel ein Blaulicht ereilte. Es war die moderne Fassung von Hilaire Bellocs dichterischer Mahnung:

> Lord Finchley flickte eigenhändig sein elektrisch Licht.
> Der Schlag ihn traf: Geschieht ihm recht!
> Denn es dem reichen Mann obliegt,
> Daß er dem Handwerk Arbeit gibt.

Bedeutsamer war der Rücktritt des Industrie- und Handelsministers, Mr. Nicholas Ridley. Anfangs schien auch dieses Debakel vor allem komödiantische Züge zu tragen, doch kündigte sich hier bereits latent eines der einflußreichsten politischen Themen des Jahres an: Europa. Die meisten Minister (und Mrs. Thatcher hat im Rahmen ihrer fünfzehn Kabinettsumbildungen immerhin sechsundfünfzig davon verschlissen) traten zurück oder wurden gefeuert, weil sie nicht mit der Premierministerin oder ihren Beratern übereinstimmten. Mr. Ridley brachte das seltene und geniale Kunststück fertig, wegen allzu großer Übereinstimmung mit der Premierministerin zurücktreten zu müssen. Sein einziger Fehler war, daß er öffentlich Meinungen zum Ausdruck brachte, die Mrs. Thatcher sich nur privat erlauben durfte. Ridley war indes kein feuchtohriger Aspirant, der sich bei seiner Chefin lieb Kind machen wollte, sondern ein bewährter Freund und politischer Gesinnungsgenosse. Kurioserweise wurde der alte Haudegen von beiden Seiten des Parlaments gleichermaßen geschätzt: Mrs. Thatcher sah in ihm einen kompromißlosen Verfechter der Marktwirtschaft, während er für die Opposition genau jenen Typ Tory repräsentierte, den sie brauchte – nicht nur war er der zweite Sohn eines Viscount, er schoß auch in regelmäßigen Abständen kapitale und ausweidbare Böcke. Seinen festen Glauben an die Macht des Marktes stellte er während seiner Zeit als Staatssekretär im Außenministerium unter Beweis, als er mit neuen Vorstellungen zum Problem der Entkolonialisierung aufwartete. Er soll dem Premierminister der Turks- und Caicosinseln 12 Millionen Pfund geboten haben, damit sie endlich unabhängig würden (und bekam die beleidigte Antwort, man wolle 40 Millionen und werde gegen jede geringere Abfindung revoltieren); 1980, zwei Jahre vor dem Falklandkrieg, schlug er vor, das notorische Problem mit diesen südlichen Inseln dadurch zu lösen, daß man sie an Argentinien abtrete und dann zurückpachte – ein Vorhaben, das im Unterhaus zu Stürmen patriotischer Entrüstung führte. Mr. Ridleys Fauxpas erregten fast so viel Aufsehen wie seine Politik. Als Umweltminister hielt er der Landbevölkerung vor, sie sei nur dann für neue Siedlungsprojekte zu gewinnen, wenn sie nicht in ihrer Nähe durchgeführt würden – er nannte das seinerzeit den NIMBY- oder Not-In-My-Back-Yard-Faktor. Kaum hatten die Journalisten ein wenig gegraben, kam auch schon ans Tageslicht, daß er selbst Widerspruch eingelegt hatte, als ein ortsansässiger Bauer auf dem Feld hinter Mr. Ridleys zweihundertjährigem Pfarrhaus in Gloucestershire einen Neubau errichten wollte. Noch peinlicher war indes eine Bemerkung, die er wenige Tage nach dem Untergang einer Kanalfähre (mit dem ironischen Namen *Herald of Free Enterprise*) fallenließ, bei dem vor Zeebrugge 193 Menschen ums Leben kamen. Ridley machte einen Witz über einen Kabinettskollegen, der mit voller Kraft voraus wollte: «Es ist seine Aufgabe, die Vorlage durchs Parlament zu lotsen, und soweit ich sehe, hat er sogar seine Vorderluken geschlossen.» Er gestand öffentlich ein, daß seine Bemerkung «unangemessen, unpassend, gefühllos» gewesen sei, und durfte überleben. Mr. Ridley hat sich also nie zurückgehalten und hätte unter einer weniger wohlgesonnenen Premierministerin womöglich viel früher seinen Hut nehmen müssen. Er ergötzte die Rechte – zum Beispiel, indem er die Grünen als «Pseudomarxisten» beschimpfte – und verärgerte die Linke, sei es durch seine wegwerfende Patrizierattitüde oder indem er – wie während der Harrods-Saga – die Kunst des Laisser-faire bis zur äußersten Tatenlosigkeit strapazierte. Selbst seine Kettenraucherei (es wird von vier Päckchen Silk Cut pro Tag berichtet) schien darauf angelegt zu provozieren. Als er das Ministerium für Industrie und Handel übernahm und verkündete, langfristig ziele seine Politik darauf, das Ministerium abzuschaffen, witzelte Labour, der einzige Schlot, der unter diesem Minister noch rauche, sei der Minister selbst.

Doch zu guter Letzt hat der Hanswurst mit dem offiziellen Jagdschein als Linkenschreck den Bogen doch überspannt. Er gab dem rechtsgerichteten Wochenmagazin *The Spectator* ein

Interview (an sich eine völlig gefahrlose Sache); der Redakteur stellte ihm einige Fragen, und Mr. Ridley sagte, was er dachte. Über die Europäische Währungsunion: «Das Ganze ist eine deutsche Verschwörung, die darauf abzielt, ganz Europa zu unterjochen. Das muß vereitelt werden.» Über die Europäischen Kommissare: «Siebzehn ungewählte, abgehalfterte Politiker.» Über die Franzosen: «Benehmen sich wie die Pudel der Deutschen.» Über die Deutschen: «Anmaßend.» Über die Iren: «Irland erhält 6 Prozent seines Bruttosozialprodukts [als Subventionen von der Gemeinschaft] ... Wann wird Irland den Deutschen Paroli bieten?» Über Helmut Kohl: «Ich bin mir nicht sicher, ob ich nicht lieber im [Luftschutz-]Bunker säße mit der Chance zurückzuschlagen, als mich einfach wirtschaftlich annektieren zu lassen. Bald steht er hier vor der Tür und sagt uns, wie unsere Geldpolitik aussehen soll und welche Steuern wir zu erheben haben. Demnächst wird er versuchen, alles an sich zu reißen.» Über Großbritannien, Deutschland, die EG, die Europäischen Kommissare und die Frage der nationalen Souveränität: «Ich bin nicht grundsätzlich gegen die Preisgabe von Souveränität, aber nicht an diesen Haufen. Da könnte man sie offen gestanden gleich an Adolf Hitler abtreten.»

Nun gehört es zwar zu den altehrwürdigen Konventionen britischer Politik, daß man sich ungestraft über die Iren lustig machen darf und geradewegs dazu ermutigt wird, die Franzosen zu beschimpfen (die sich ihrerseits an die Spielregeln halten und die Diffamierung als Pudel mit weltmännischem Achselzucken von sich weisen), aber mit Deutschland ist das eine ganz andere Sache. Zuerst kam das offizielle Dementi, dann der Rücktritt. Aber Ridley wäre nicht Ridley gewesen, wenn sich das «offizielle Dementi» auf die Aussagen bezogen hätte, die er angeblich von sich gegeben hatte; statt dessen ging es um seinen Alkoholspiegel zur Zeit des Interviews. Otto Graf Lambsdorff, der Vorsitzende der deutschen Liberalen, ließ verlauten, der Handelsminister «war entweder ... betrunken, oder er hat die Fußballniederlage der Engländer gegen die Deutschen nicht verdaut». Aber da man Ridley ein Interesse für Fußball beim besten Willen nicht nachsagen konnte, fühlten sich selbst einige seiner konservativen Kollegen anfänglich zu der Schlußfolgerung gedrängt, er müsse sternhagelvoll gewesen sein. Doch nichts dergleichen: Der Redakteur des *Spectator* ließ umgehend alle Welt wissen, Ridley habe während ihres gemeinsamen Mittagessens «nur ein klitzekleines Gläschen Wein» gekippt. Was wiederum eine interessante Frage unbeantwortet ließ: Wenn eine Beleidigung der Deutschen in nüchternem Zustand ein hinreichender Rücktrittsgrund ist, wäre eine Beleidigung der Deutschen in trunkenem Zustand ein größeres oder kleineres Vergehen gewesen? Hätte Ridley überlebt, wenn er hätte beweisen können, daß er zu benebelt war, um zu wissen, was er sagte? Aber nein, er war nüchtern gewesen und daher bald arbeitslos. Als man ihn am Erscheinungstag des *Spectator* in Budapest aufspürte, bemerkte Ridley: «Diesmal hab ich's wirklich verpatzt und verspielt.» In der Tat: Zwei Tage später nahm Mrs. Thatcher zartfühlend seine Rücktrittserklärung an.

Aber natürlich handelte es sich bei Mr. Ridleys Worten nicht um einen singulären Ausbruch, ausgelöst vielleicht durch den Anblick eines deutschen Schäferhundes oder das Verkorken einer Flasche Rheinwein, aus der er sich gerade «ein klitzekleines Gläschen» genehmigt hatte. Auch wenn Mrs. Thatcher sich offiziell von seinen Ansichten und seiner Ausdrucksweise distanzierte, waren ihre Vorbehalte gegen die Wirtschafts- und Währungsunion – ihre Befürchtung, daß ein vereinigtes Europa unter der Vorherrschaft des mächtigen, vereinten Deutschland stehen werde – doch allgemein bekannt. Ridley mochte sich mit seinem Interview ein wenig verkalkuliert haben, dennoch war es Teil des allgemeinen Tauziehens innerhalb der Konservativen Partei, ja sogar des Kabinetts. Der alte Streitpunkt – an dem sich während der sechziger und siebziger Jahre sowohl Tory- als auch Labour-Geister schieden und der zu bizarren Koalitionen zwischen der

Tory-Rechten und der Labour-Linken führte – war die Frage, ob man Europa beitreten sollte oder nicht. Der neue Streit entzündet sich an der Frage, was für eine Art Europäer die Briten sein wollen: widerspenstige, nörgelnde Wir-sind-das-Schlußlicht-des-Zuges-Europäer oder strahlende, chancengeile Die-Sonne-geht-auf-Europäer. Wo auf dem Spektrum zwischen Inselprovinzialismus und Föderation, zwischen Unnahbarkeit und Verbrüderung sollen wir uns ansiedeln? Dies sind natürlich nicht die Fragen, die das Herz des Durchschnittswählers bewegen; um so befremdlicher war es, mit ansehen zu müssen, wie sich die traditionell einmütigste der britischen Parteien darüber zerstritt. Die Tatsache, daß es überhaupt dazu kommen konnte, ist vielleicht ein Gradmesser dafür, wie sehr sich die Konservativen unter Mrs. Thatcher von einer Partei des Pragmatismus und Lavierens zu einem Hort von Ideologie und Dogma gewandelt haben.

Es war wiederum die Europafrage und der damit zusammenhängende Rücktritt von Sir Geoffrey Howe, die erstaunlich schnell die erste ernsthafte Führungskrise innerhalb von fünfzehn Jahren und nicht weniger schnell den Abgang von Mrs. Thatcher herbeiführten. Zugegeben, seit einiger Zeit war sie laut Meinungsumfragen ziemlich unbeliebt gewesen, und Sir Geoffrey Howe hatte immerhin die Stellung eines stellvertretenden Parteiführers und Präsidenten des Unterhauses inne. Aber Mrs. Thatcher hatte sich schon durch andere Popularitätstiefs hindurchgeboxt, und Sir Geoffrey Howes Titel dürfen nicht überbewertet werden: Der stellvertretende Parteiführer gleicht eher einem emeritierten Professor als einem amerikanischen Vizepräsidenten, während die Präsidentschaft des Unterhauses gewöhnlich einem liebenswerten, aber durchsetzungsfreudigen alten Knaben übertragen wird, dessen politische Stunde bereits geschlagen hat, wie es bei Sir Geoffrey Howe der Fall zu sein schien, nachdem Mrs. Thatcher ihn siebzehn Monate zuvor unter demütigenden Umständen als Außenminister gefeuert hatte. Laut gängiger Darstellung wurde und wird er «sehr geschätzt» und «hoch geachtet», was soviel heißt wie, daß er ein vorsichtiger Karrierepolitiker ist, der weder sich selbst noch die Raumtemperatur jemals erhitzt hat; dem in seiner vierzigjährigen Laufbahn als professioneller Redner noch nicht einmal ansatzweise die Prägung eines geflügelten Wortes glückte; dessen Aufrichtigkeit niemals in Frage gestellt und dessen Loyalität niemals in Zweifel gezogen wurde; und dessen politisches Überleben sich einem soliden Sachverstand verdankte sowie dem völligen Unvermögen, jemand anderen zu beleidigen oder sich selbst beleidigt zu fühlen, und der Fähigkeit, mühelos mit der Wandtapete zu verschmelzen.

Wenn die Politik ein Märchen wäre – was manchmal durchaus möglich ist – und Mrs. Thatcher die böse Hexe, dann wäre Sir Geoffrey das alte Kaninchen, das ihr treu jeden Morgen die Grütze anrührte und das Rasierwasser vom Brunnen holte. Ungeachtet seiner langjährigen Dienste, schnitt die böse Hexe ihm eines schönen Tages die Löffel und die Barthaare ab, aber der alte Geoff mochte das Knusperhäuschen trotz allem nicht verlassen, denn als sie ihm die Ohren und den Bart abrasierte, schenkte sie ihm zum Trost ein abgelegtes Wams, und Geoff fand, daß er darin unheimlich schick aussah. Allmählich jedoch dämmerte ihm, daß das alte Wams den Verlust seiner Ohren und Barthaare nicht aufzuwiegen vermochte, und nachdem er anderthalb Jahre geschmollt hatte, hoppelte er auf und davon. Woraufhin – und nun kommt der eigentlich merkwürdige Teil der Geschichte – all die anderen Tiere, die bislang der Hexe das unbestreitbare Recht zugestanden hatten, ihrem Karnickel die Löffel und Barthaare zu stutzen, wann immer sie es für nötig hielt, ob der Kränkung des alten Geoff in Rage gerieten, das Knusperhäuschen stürmten und die böse Hexe auf den Misthaufen warfen. Dann suchten alle nach einer Moral.

Was im einzelnen geschah, war folgendes. Gegen Ende Oktober fand in Rom ein zweitägiges Gipfeltreffen der Europäischen Gemeinschaft statt, auf dem beschlossen wurde, daß im Januar 1994 die nächste Etappe der Wirtschafts- und Währungsunion eingeleitet werden sollte; überdies sollte «innerhalb einer vernünftigen Frist» – was je nach ökonomischer Entwicklung 1998 oder 2000 heißen konnte – eine europäische Einheitswährung eingeführt werden. Nach dem Gipfel spuckte Mrs. Thatcher Gift und Galle und distanzierte sich offen vom Abschlußkommuniqué: Die erreichte Vereinbarung sei das reinste «Wolkenkuckucksheim», das Pfund Sterling «der machtvollste Ausdruck unserer Souveränität, den wir haben», und «falls irgend jemand glauben sollte, daß ich vors Parlament trete und die Abschaffung des Pfund Sterling vorschlage, dem sage ich: Nein!» Aber es war natürlich mehr oder weniger, wenn nicht haargenau das, was die meisten, wenn nicht alle glaubten. «Gib mir Keuschheit und Selbstbeherrschung, aber warte noch ein Weilchen», hatte der heilige Augustinus seinerzeit ausgerufen, und so schien auch Mrs. Thatcher zu rufen: «Gib mir die Wirtschafts- und Währungsunion, aber warte noch ein Weilchen.» Aus dem engeren Kreis um Mrs. Thatcher verlautete, sie sei durch ein kontinentales Bubenstück zu der Vereinbarung überredet worden. Aber die europäischen Staatsoberhäupter hatten sich inzwischen an die britische Premierministerin in ihrer Rolle als trödelndes Einfraukommando gewöhnt. Oder wie Präsident Mitterrand weltmännisch bemerkte: «Es steht dem langsamsten Land nicht an, den anderen vorzuschreiben, wie schnell sie mit der europäischen Einigung voranschreiten.»

Ihr erneutes Plädoyer für eine dezidierte Eurobummeligkeit kam weder für die Oberhäupter der elf anderen EG-Staaten noch für die britische Öffentlichkeit sonderlich überraschend, brachte jedoch beim stellvertretenden Parteiführer das Faß zum Überlaufen. Innerhalb einer Woche war er zurückgetreten und nannte als Begründung unter anderem «die Stimmung», die Mrs. Thatcher in Rom verbreitet habe. Aus seinem Rücktrittsschreiben spricht die Stimme eines Mannes, der es müde geworden ist, andauernd das zerschlagene Geschirr zu kitten und seine widerwillige Chefin Zentimeter um Zentimeter auf dem Weg nach Europa voranzuschubsen. «Natürlich werde ich», so schloß er, «Ihre Regierung weiterhin unterstützen.» Mrs. Thatcher spielte in ihrer Erwiderung die Differenzen hinsichtlich Europas herunter – sie seien «nicht annähernd so groß, wie Sie suggerieren» – und zeigte sich «sehr dankbar für die Zusicherung Ihrer weiteren Unterstützung». Der Labour-Führer Neil Kinnock, mehr für den Fluß als für die Finesse seines sprachlichen Ausdrucks bekannt, erklärte: «Mrs. Thatcher wurde von dem Mann gebissen, den sie als Türvorleger benutzte, und sie hat es verdient.»

Der Rücktritt eines Ministers vollzieht sich üblicherweise in zwei Schritten: einem Akt der Demission, dessen Zeitpunkt entweder darauf angelegt ist, die Regierung in Schwierigkeiten zu bringen oder eben nicht, sowie der nachfolgenden Rücktrittsrede vor dem Unterhaus. Der letztere Teil ist ein vergleichsweise feierlicher Augenblick inmitten des dauernden Gezänks und der Pöbeleien des normalen Parlamentslebens: Alles lauscht dem Minister in ehrerbietigem Schweigen, die Opposition rechnet insgeheim aus, welchen Nutzen ihr die Sache bringen könnte (und nickt beifällig, wenn der Exminister erläutert, wie schäbig SIE ihn behandelt hat), während die Regierung zu kalkulieren versucht, welche Schadensbegrenzungsmaßnahmen nötig sein werden. Am Dienstagnachmittag, dem 13. November, trat Sir Geoffrey vor das Hohe Haus, und es ist nicht auszuschließen, daß seine Entschlossenheit durch die unzähligen Interviews noch bestärkt wurde, in denen ehemalige Kabinettskollegen seit seinem Rücktritt vor zwölf Tagen einer nach dem anderen der Öffentlichkeit erklärt hatten, die Meinungsverschiedenheiten zwischen ihm und der Premierministerin seien mehr eine Frage des Stils als der Inhalte. Denn die Rede, die zu halten er sich anschickte, war kaum diejenige eines Mannes, der seiner Regierung loyale Unterstützung zugesagt hat. Die Ohrenzeugen auf den Regierungsbänken hielten sie für einen vernichtenden Schlag gegen Mrs. Thatcher und sahen darin den Startschuß für einen Führungskampf in der Partei; die Opposition verlangte sofortige Neuwahlen (aber Oppositionen rufen stets nach sofortigen Neuwahlen, wann immer eine Maus aus der Täfelung springt). Am selben Abend blinzelten Tory-Abgeordnete aus der Provinz vor den Toren des Unterhauses wie vom Aussterben bedrohte Nachtfalter in die Fernsehscheinwerfer und erklärten, seit zwanzig – nein, fünfundzwanzig – Jahren hätten sie keine Rücktrittsrede mit so viel Pep gehört. Der beißende Türvorleger hatte der Herrin des Hauses ein ordentliches Stück aus der Wade gezwickt. Oder wie Peter Rost, MP für Erewash, sich ausdrückte: «Das tote Schaf entpuppte sich als verkleideter Rottweiler. Es war der dramatischste Auftritt, den ich in zwanzig Jahren erlebt habe.»

Das Wort «dramatisch» muß allerdings ins Verhältnis zu Sir Geoffrey Howe gesetzt werden. Er stand inmitten der Tory-Hinterbänkler, neben ihm sein Leidensgenosse Nigel Lawson, Exschatzkanzler und Mrs. Thatchers Europaopfer vom Vorjahr; er sprach ruhig, beugte sich tief über seine Notizen, von denen er nur gelegentlich abließ, um mit einer Hand energisch mehrere Millimeter durch die Luft zu schlagen. Er wirkte optisch und akustisch genauso lammfromm wie sein Ruf, während er in Tat und Wahrheit dabei war, ein Regierungsoberhaupt zu stürzen. Handelte es sich bei den Unterschieden zwischen den beiden wirklich nur um Fragen des Stils? «Wenn man einigen meiner früheren Kollegen glauben darf, bin ich der erste Minister in der Geschichte, der aufgrund vollkommener Übereinstimmung mit der Politik der Regierung zurücktritt.» (Vielleicht hatte Sir Geoffrey den Fall Ridley vergessen.) Er habe, so sagte er weiter, im Laufe der vergangenen achtzehn Jahre zusammen mit Mrs. Thatcher an etwa 700 Kabinettssitzungen oder Schattenkabinettssitzungen teilgenommen und auf mehr als dreißig internationalen Gipfeltreffen etwa 400 Stunden an ihrer Seite zugebracht. In den meisten Fällen sei seine Teilnahme für ihn eine große Ehre gewesen etc. Aber in letzter Zeit hätten sich die Dinge geändert. Die Premierministerin, sagte er, «läuft zunehmend Gefahr, sich selbst und andere in Fragen des Inhalts sowohl wie des Stils in die Irre zu führen». Was den Stil anbelangte, monierte er die Angewohnheit der Premierministerin, offizielle Verlautbarungen durch «Hintergrundgeräusche» und «Bekundungen persönlicher Skepsis» zu begleiten, und zitierte aus einem Brief, den ihm ein in Europa tätiger britischer Geschäftsmann vergangene Woche (genau zum richtigen Zeitpunkt) geschrieben hatte. «Überall in Europa sehen die Menschen den erhobenen Zeigefinger unserer Premierministerin, und ihr Nein, Nein, Nein wird viel deutlicher gehört als die umsichtig formulierten offiziellen Texte.» Was den Inhalt betraf, so zeichnete Howe das Bild einer Premierministerin, die Europa zutiefst mißtraut, die «manchmal auf einen Kontinent zu blicken scheint, auf dem es von böswilligen Menschen nur so wimmelt, wo man, mit ihren eigenen Worten, nichts anderes im Schilde führt, als die Demokratie auszulöschen, ‹unsere nationalen Identitäten zu zerstören›, uns ‹durch die Hintertür in eine europäische Föderation› einzugliedern». Ja, Sir Geoffrey führte sogar Winston Churchill gegen sie ins Feld – eine bodenlose Unverfrorenheit, hatte doch Mrs. Thatcher in den vergangenen Jahren das alleinige Urheberrecht auf Churchill-Zitate inne und gestattete nur dann eine Ausnahme, wenn irgendein stiefelleckender Abgeordneter die beiden Staatsoberhäupter miteinander vergleichen wollte. Howe schloß seine Rücktrittsrede mit den Worten: «Ich habe getan, was ich im Interesse meiner Partei und meines Landes für richtig halte», und fügte hinzu: «Es ist auch für andere die Zeit gekommen, ihre eigene Antwort auf den tragischen Loyalitätskonflikt zu überdenken, mit dem ich selbst vielleicht zu lange schon gekämpft habe.» Dieses «vielleicht» war ein klassisches Beispiel Howescher Einschränkung (wie in «Ich habe dich vielleicht geheiratet» oder «Wir haben vielleicht soeben den Krieg erklärt»), aber die Tatsache, daß Sir Geoffrey von Anfang bis Ende seiner Rede auf fast parodistische Weise er selbst blieb, verstärkte – na schön, verstärkte *vielleicht* – seine Wirkung.

Die Tory-MPs waren über Sir Geoffreys nüchterne Vehemenz so verblüfft, daß sie nicht glauben mochten, er selbst könne der Urheber einer derartigen Ruchlosigkeit sein, und so betrachteten manche die Gattin des Exministers, die bekanntermaßen für Mrs. Thatchers Politik nichts übrig hat, als die heimliche Drahtzieherin. «Eine Rede, die Elspeth Howe in zehn Minuten geschrieben hat, die Geoffrey aber erst nach zehn Jahren zu halten wagte», war eines der Verdikte. Die Frage der Autorenschaft wurde allerdings nicht weiter verfolgt, da Sir Geoffrey wie eine Biene, die ihren einzigen Stich gesetzt hat, hinter dem Heizkörper zu Boden fiel, ihr leises Summen erstickt vom Dröhnen einer herannahenden Hornisse. Am Tag nachdem Howe im Unterhaus gesprochen hatte, verkündete Michael Heseltine, ein ehemaliges Kabinettsmitglied, das seit seinem Rücktritt im Jahre 1986 aus dem Hintergrund gegen Mrs. Thatcher angebrummt hatte, er werde sich um die Parteiführung bewerben. Im Gegensatz zu Sir Geoffrey, der in vierzig Jahren Politik lediglich mit einem toten Schaf und einem beißenden Türvorleger verglichen wurde, ist Heseltine immer ein profilierter Politiker gewesen, dessen offensive, kämpferische Einstellung (und Neigung zur Absurdität) ihm den Spitznamen «Tarzan» eingetragen hat. Er ist, wie Mrs. Thatcher, ein reicher, geschniegelter, leidlich glamouröser Blondschopf, der die Herzen der Parteibasis höher schlagen läßt; aber während Mrs. Thatcher erst durch ihre Heirat zur Millionärin wurde, ist Heseltine ein Krösus von eigenen Gnaden. Sein gegenwärtiges Vermögen wird auf rund 65 Millionen Pfund geschätzt, was ihn zum reichsten Mann des Unterhauses macht. Diese Rücklagen haben es ihm auch erlaubt, fünf Jahre lang gleichsam einen verdeckten Feldzug um den Parteivorsitz zu führen. Nun endlich war der Herausforderer ans Licht getreten. «Tarzan gegen die Eiserne Lady» – das klingt wie ein Ringkampf als Unterhaltungseinlage gegen Ende des Programms, aber er fesselte die gesamte Nation.

Während seiner Studienzeit in Oxford (wo er aufgrund seines kulturellen Desinteresses als Michael Philistine und wegen seines arischen Aussehens als Von Heseltine bekannt war) kritzelte Heseltine 1952 den Schlachtplan seines Lebens auf die Rückseite eines Briefumschlags. Präsident der Studentenschaft, Erwerb eines Vermögens, Parlamentssitz, Kabinettsposten – all das hat er damals festgehalten und seither pflichtgemäß erreicht. Als letztes Ziel im Generalstabsplan jener Zeit notierte er mit Blick auf die neunziger Jahre: «Downing Street». Es entbehrt nicht einer gewissen Triftigkeit, ja sogar Pikanterie, daß Heseltine auf dem Kabinettsfoto aus dem Jahr 1979 unmittelbar hinter Mrs. Thatchers Stuhl steht – ein geradezu ideal postierter Lächler mit dem Dolch im Gewande. Er war von Anbeginn offen ehrgeizig (wobei man in der britischen Politik nicht den Ehrgeiz als Sünde ansieht, sondern die Offenheit); auf Tory-Parteitagen machte er eine glänzende Figur, wie ein Chippendale auf einer Tupperware-Party; im Ministerium betätigte er sich als emsiger Thatcherist, indem er Sozialwohnungen verkaufte und staatliche Munitionsfabriken privatisierte; er machte einen pfiffigen Eindruck, wirkte jedoch nicht so intelligent, daß es ihm schaden konnte. Wie sein alter Freund und Mitabgeordneter Julian Critchley schrieb: «Michael ist gewiß kein Intellektueller, aber das ist bei den Tories kein Nachteil.» Ein größeres Handicap war vielleicht, daß er für die konservative Altherrenriege ein wenig zu schnieke aussah, zu sehr wie ein Schlipsverkäufer. Aus dem Mittelstand von Swansea über Bauunternehmungen und Verlagswesen zu einem Haus in Belgravia plus 400 Morgen großem Landsitz, dessen schmiedeeisernes Parktor so umgestaltet worden ist, daß die Initialen «MRDH» darin Eigenreklame machen – hatte er die soziale Mobilität nicht ein verdammt klein wenig zu weit getrieben? William Whitelaw, Mrs. Thatchers ehemaliger stellvertretender Premierminister und ein Mitglied des adeligen Aushängekontingents der Tories, bezeichnete Heseltine naserümpfend als «einen Mann, der sich in der Öffentlichkeit die Haare kämmt». Aber dergleichen schnöde Snobismen aus dem aristokratischen und gutsherrlichen Flügel der Partei sind geradezu unvermeidlich und lediglich als das Eingeständnis eines Machtverlusts zu bewerten. Auch die letzten beiden konservativen Premierminister mußten ähnlich Süffisantes über sich ergehen lassen: Edward Heath war weithin als Krämer bekannt, Margaret Thatcher als Krämerstochter (dies nicht, weil sie Heath im Amt nachfolgte, sondern weil ihr Vater einen kleinen Lebensmittelladen betrieb).

Treffsicherer als der Vorwurf des Aufsteigertums war die Unterstellung, daß Tarzan seinem Spitznamen nur allzu gerecht werde – daß er sich mit unberechenbarem Geheul von Baum zu Baum schwinge, um Aufmerksamkeit zu erregen. Dieser Ruf beruht im wesentlichen auf zwei Zwischenfällen. Beim ersten schnappte er 1976 während einer Unterhausdebatte den Amtsstab und fuchtelte damit unziemlich in der Gegend herum. Beim zweiten, der sich zehn Jahre später ereignete, stürmte er impulsiv aus Mrs. Thatchers Kabinett, um in die Wildnis der Hinterbänke zu entweichen. Dies waren die beiden Dinge, die jeder über Mr. Heseltine wußte; aber nachdem er sich nun vom extravaganten Außenseiter zum Premieranwärter gemausert hatte, hielt man sie erneut gegen das Licht, und siehe da, es taten sich ganz neue Seiten auf. Hatte er nach dem Amtsstab gegriffen und tarzanisch damit in der Luft herumgefuchtelt, um mit diesem stumpfen und glitzernden Gegenstand den armen, zitternden Mitgliedern der damaligen Labour-Regierung den Schädel einzuschlagen? Hatte er damit eine unbesonnene und pöbelhafte Vorstellung gegeben, die die Würde des Hauses zutiefst verletzte? Gemäß der beschönigten Fassung war nichts von alledem der Fall: Es war eine subtile Geste gewesen, eine ironische Inszenierung, die seinerzeit sogar den Beifall jener Tory-Graubärte fand, die später die Nase rümpften.

Was den Rücktritt aus Mrs. Thatchers Kabinett anbelangt, verdienen sowohl Art wie Anlaß seines Abgangs eine genauere Betrachtung. Ein Rücktritt in der Politik ist so etwas Ähnliches wie kreativer Konkurs: Zur rechten Zeit und auf die rechte Weise herbeigeführt, dient er der Rettung des Vermögens und des guten Rufs. Seht her, spricht das Wahlvolk, das ist ein Mann von Überzeugung, der sein Gewissen über den Geldbeutel und die Lorbeeren seines Amtes stellt – daran werden wir uns später erinnern. Aber man muß sich den richtigen Anlaß aussuchen. Wegen des Münchener Abkommens mit Hitler den Hut zu nehmen bescherte einem für den Rest der Laufbahn einen Heiligenschein. Ein Rücktritt wegen des französisch-britischen Einmarschs in Suez war nicht weniger effektvoll, aber schon heikler. (Man mußte sich in der Folge von seiten der Tory-Rechten den Vorwurf des Hochverrats gefallen lassen.) Bedauerlicherweise jedoch gelingt es nur den wenigsten Politikern, ein Ereignis von nationaler Bedeutung so gekonnt mit einer Gewissensfrage und der eigenen Karriereplanung zu verknüpfen, daß *reculer pour mieux sauter* zu einer echten Option wird. Michael Heseltine verließ Mrs. Thatchers Kabinett aus einem Anlaß, der als Westland-Helikopter-Affäre bekannt ist. Vier Jahre danach vermag sich kaum jemand der Einzelheiten dieses Kuddelmuddels zu entsinnen, geschweige denn, daß sich noch jemand dafür interessierte. Die Wähler erinnern sich vielleicht des Verkaufs einer britischen Helikopterfirma an ein amerikanisches Unternehmen; Heseltine, der Verteidigungsminister, befürwortet öffentlich eine Offerte aus Europa; großes Gekrame in den Papieren und kleine Manöver auf seiten von Mrs. Thatchers Gefolgsleuten; Heseltine stürmt aus dem Kabinett; ein Eklat um Akten, die in falsche Hände geraten; ein weiterer Minister tritt zurück. Aber wo blieb die Gewissensfrage? Sie hatte irgend etwas damit zu tun, daß ein Unternehmen der Verteidigungsindustrie in europäischen Händen bleiben sollte, irgend etwas damit, wie in einem Regierungskabinett Entscheidungen gefällt werden sollten, vor allem aber mit der Überzeugung, daß die Premierministerin ein verbiesterter alter Kommandostiefel ist.

Die meisten Wähler dürften sich jedoch an ein Detail des Geschehens erinnern: daß Mr. Heseltine aus Downing Street Nr. 10 «gestürmt» kam. Das Wort wurde endlos wiederholt. Schließlich war es die einzig mögliche Beschreibung eines Abgangs, die zu seinem Image paßte: Er war Action Man, dynamisch, tarzanisch. Wie anders hätte er gehen sollen? Während der letzten vier Jahre glaubten alle, er sei gestürmt. Aber seit Mr. Heseltine zu einem potentiellen Premierminister geworden ist, beginnt er in Fernsehinterviews öffentlich zu bestreiten, daß sein Verhalten an jenem historischen Morgen mit dem Wort «stürmen» auch nur entfernt zu beschreiben sei: Nein, er habe lediglich erklärt, daß er sich außerstande sehe, seinen Pflichten weiter nachzukommen, habe seine Papiere zusammengepackt und sei gegangen. Das war natürlich viel schicklicher und verantwortungsbewußter und paßte erheblich besser zu jemandem, der mit erweiterten Befugnissen nach Nr. 10 zurückzukehren trachtet. Und man muß zugeben, daß die Schilderungen, die seinerzeit von Augenzeugen gegeben wurden, diese spätere, nüchternere Version der Ereignisse bestätigen. Mr. Heseltine wurde in einer Verfahrensfrage überstimmt und erwiderte daraufhin ruhig: «Ich kann diesen Beschluß nicht akzeptieren. Ich muß daher dieses Kabinett verlassen.» Dann ist er gegangen. Aber kurioserweise wußten seine Kollegen seine Absichten überhaupt nicht zu deuten. Meinte er mit «dieses Kabinett» die laufende Kabinettssitzung oder meinte er «dieses Kabinett, das Sie, Frau Premierministerin, auf völlig inakzeptable Weise führen»? Erst als die Nachricht, daß Heseltine seinen Rücktritt öffentlich bestätigt hatte, von der Straße ins Haus zurückdrang, konnten sich seine Kollegen sicher sein, was das Schauspiel, dem sie soeben beigewohnt hatten, bedeutete. Und was taten sie daraufhin? Douglas Hurd, der damalige Innenminister, erinnerte sich wenige Tage später, «von welch britischer Komik die ganze Szene doch war.

Das Kabinett fuhr fort, fast als wäre gar nichts geschehen. Es kam zu einer Diskussion über Nigeria und, nach einer Kaffeepause, zu einem Gespräch am runden Tisch, in dem wir vollkommen vernünftig über die Reform der Grundsteuer debattierten.»

Reform der Grundsteuer: Wie treffend, daß das Kabinett als nächstes darüber diskutierte und daß dieser Austausch überdies «vollkommen vernünftig» schien. Denn weder hatten sie begriffen, was Heseltine gerade getan hatte, noch sahen sie voraus, was ihnen die Reform der Grundsteuer in den nächsten Jahren einbrocken sollte: eine tiefe Popularitätskrise der Regierung, Straßenkämpfe in der Londoner Innenstadt, die neuerliche Wahrnehmung der Premierministerin als fühllose Autokratin, allgemeine Entrüstung in den Wahlkreisen, Enttäuschung unter den Facharbeitern und in der unteren Mittelschicht, deren Stimmen die Tories benötigen, um auch die vierte Wahl in Folge zu gewinnen – und dann, zu den Klängen von Elmer Bernstein, die donnernde Auferstehung aus der Versenkung von niemand anderem als der sonnenglitzernden Goldlocke Michael Heseltine. Und an diesem Punkt wäre es nur korrekt zu sagen, daß er mit seiner Rückkehr ins Zentrum der Politik die Bühne tatsächlich «im Sturm» genommen hat.

Das alte Grundsteuersystem in Großbritannien sorgte dafür, daß die Bürger ihren Teil zu den Ausgaben ihrer Kommunen beitrugen. Jedem Haus und jeder Wohnung wurde von der Kommunalverwaltung ein «steuerbarer Wert» zuerkannt, der theoretisch zu der Miete in Beziehung stand, die man gegebenenfalls dafür hätte verlangen können. Dieses System funktionierte mehr schlecht als recht, zumal die (grundsätzlich unbeliebten) Neuveranlagungen des Wohneigentums auf ihren Steuerwert nur alle Jubeljahre stattfanden; dennoch stellte es mehr oder weniger sicher, daß Leute, die in großen Häusern lebten, stärker an den Kosten für kommunale Dienstleistungen beteiligt wurden als Leute in kleinen Häusern und daß die Armen deutlich weniger oder gar nichts bezahlen mußten. Im Laufe der Nachkriegszeit wurde in regelmäßigen Abständen Unmut über die Grundsteuer laut, aber nachdem man andere Systeme – wie zum Beispiel eine kommunale Verkaufssteuer oder Einkommenssteuer – geprüft hatte, kam man zu dem Schluß, das bestehende Verfahren sei das geringere Übel. Drei Gründe bewegten die Tories 1987 zum Handeln. Erstens eine Reihe von Zusammenstößen zwischen der konservativen Zentralregierung und ausgabefreudigen («high-spending» war der notorisch benutzte Ausdruck) Labour-Kommunen, welche in den Augen der Tories zur Räson gebracht werden mußten. Zweitens die Befürchtung, daß die anstehende Neuveranlagung der Grundsteuer in England und Wales äußerst unpopulär sein würde. Und drittens schlicht und einfach die Tatsache, daß der Thatcherismus eine Doktrin des radikalen Reformismus ist und nach einer Weile nicht mehr allzu viele Dinge übrig waren, die noch einer radikalen Reform bedurft hätten. Mrs. Thatcher machte die Abschaffung der Grundsteuer zu ihrem persönlichen Steckenpferd, und Befehl ist Befehl. Es muß kaum eigens erwähnt werden, daß einer der feurigsten Befürworter des Selbstverstümmelungskurses, den die Tories nun einschlugen, Nicholas Ridley hieß.

Die neue «Gemeindeabgabe», die die alte Grundsteuer ersetzen sollte, wurde am 1. April 1989 in Schottland und ein Jahr später in England und Wales eingeführt. Sie wurde nicht auf der Grundlage von Wohnungseigentum und Hausbesitz berechnet, sondern legte die Kommunalausgaben auf alle Bürger um, war für jeden leicht zu verstehen und wurde wie folgt begründet: Da jeder Bewohner derselben Gegend dieselben öffentlichen Einrichtungen (Straßen, Schulen, Krankenhäuser, Polizei, Müllabfuhr, Bibliotheken, Straßenbeleuchtung etc.) in mehr oder weniger gleichem Maße nutzt, sollte jeder mehr oder weniger denselben Betrag zur Finanzierung dieser Dienstleistungen beisteuern. Unter dem Grundsteuersystem wurden die insgesamt rund 45 Milliarden Pfund von rund 14 Millionen Wählern aufgebracht. Millionen zahlten gar nichts und profitierten doch von den kommunalen Einrichtungen; da war es doch viel gerechter, die Kosten dieser Dienstleistungen ortsgebunden auf alle 34 Millionen Wähler und Wählerinnen zu verteilen. Soweit die übergeordnete Logik; aber unmittelbar unter der Oberfläche des reformfreudigen Tory-Gemüts lag der folgende, nicht ganz nebensächliche sozialpolitische Gedanke: Anständige Tory-Wähler wurden in garstigen Labour-Kommunen durch ungerecht hohe Grundsteuern belastet, aber in den Kommunalwahlen fortwährend durch verwahrloste Labourianer überstimmt, die zu viert in Sozialwohnungen hausten und durch Grundsteuerermäßigungen verhätschelt, ja förmlich bestochen wurden, weiterhin Labour zu wählen. Demgegenüber sollte die neue Gemeindeabgabe, wie der Name schon andeutete, für eine demokratischere, gleichmäßigere Verteilung der Steuerlast in den Gemeinden sorgen. Ihre Gegner sagten, es handle sich um eine Kopfsteuer, die auf jede Person erhoben werde. Und wie man die politische Einstellung eines Iren daran erkennt, ob er «Londonderry» oder «Derry» sagt, so ließ sich die Verwendung der Worte «Gemeindeabgabe» und «Kopfsteuer» direkt in pro und contra übersetzen. Schon wenige Wochen nach ihrer Einführung hielten nur noch Mitglieder des Tory-Kabinetts und hartgesottene Loyalisten am Ausdruck «Gemeindeabgabe» fest.

Im Sommer 1989 prognostizierte die Tory Reform Group: «Die Kopfsteuer erfüllt alle Voraussetzungen für ein Desaster. Sie ist nur in dem Sinne gerecht, wie auch der Schwarze Tod gerecht war.» Wie recht sie hatten: Die Steuer war ein unmittelbares Desaster. Einer der Nachteile einfacher Ideen ist, daß ihre Mängel selbst dem begriffsstutzigsten Gegner auf Anhieb offensichtlich sind. Im vorliegenden Fall konnte ein jeder sofort erkennen, wohin die Steuer führt: nämlich dazu, daß zwei Straßenfeger, die sich im stinkigsten Teil des Borough of Westminster ein Zimmer teilen, denselben Betrag zahlen würden wie der Millionär und seine wohlbestallte Gattin in Downing Street Nr.

10. Der Graf in seinem Schloß (oder Tarzan hinter seinem monogrammierten Parktor) würde mehrere hundert oder gar tausend Pfund einsparen, während die Landarbeiter mit ihren Familien in den Massenunterkünften die Außenstände beglichen. Mrs. Thatcher belehrt ihre Gegner gern mit Hilfe paternalistischer ökonomischer Gleichnisse, und einer ihrer häufig wiederholten Lieblingsaussprüche lautet: «Man macht die Armen nicht reicher, indem man die Reichen ärmer macht.» Hier jedoch stand jedem der krassest denkbare Fall vor Augen, wie man mittels ein und desselben Verfahrens die Reichen reicher und zugleich die Armen (und Mittelständischen) ärmer macht.

Im ersten Jahr der Kopfsteuer konnten in Schottland 158 Millionen Pfund oder 16,3 Prozent der insgesamt erwarteten Einkünfte nicht eingetrieben werden. Im folgenden Jahr war die Ausbeute noch geringer: Bis September 1990, das Steuerjahr war beinahe zur Hälfte um, waren 769 Millionen Pfund oder 73 Prozent der Abgaben nicht bezahlt worden. Die Versuche, Bankkonten und Lohnzahlungen zu pfänden, blieben weitgehend erfolglos; in der Grafschaft Strathclyde mußten 500000 Pfändungsbescheide erlassen werden. Viele verweigerten die Steuerzahlung im zweiten Jahr aus Protest, weil sie nicht die Zeche derjenigen begleichen wollten, die im ersten Jahr nicht bezahlt hatten. In England und Wales war die Kopfsteuer genauso unbeliebt. Am 31. März kam es zu den größten Krawallen, die die Londoner Innenstadt seit Jahrzehnten erlebt hatte: eine Straßenschlacht auf dem Trafalgar Square, ausgebrannte Autos in St. Martin's Lane, Plünderungen in der Charing Cross Road. Dreihundertneununddreißig Festnahmen und 144 Leute im Krankenhaus. Man warf trotzkistischen und anarchistischen Gruppen vor, sie hätten eine friedliche Demonstration für ihre Zwecke ausgenutzt; aber selbst der friedliche Protest war mit 200000 Teilnehmern gewaltig.

Aus allen politischen Lagern kamen Beschwerden sowohl über die Art der Steuer wie über den unbekümmerten Dilettantismus ihrer Einführung. Die Regierung hatte geschätzt, daß die Gemeindeabgabe die Bürger im landesweiten Schnitt auf £ 278 zu stehen käme (im Vergleich zu einer durchschnittlichen Grundsteuer von £ 274 im Vorjahr); in Wirklichkeit jedoch waren es £ 370. Ja, die Regierung konnte noch nicht einmal die «ausgabefreudigen» Labour-Kommunen verantwortlich machen, denn die Tory-Wahlkreise waren von der Tory-Steuer am stärksten betroffen. So hatte die Regierung zum Beispiel die Steuerbelastung in Chelmsford und in Dover auf £ 181 beziehungsweise £ 150 Pfund geschätzt, während die tatsächlichen Sätze, die in diesen beiden Tory-Kommunen verlangt wurden, bei £ 397 und £ 298 lagen. In West Oxfordshire traten achtzehn konservative Kreisratsmitglieder aus Protest gegen die Gemeindeabgabe geschlossen zurück; als der Anführer dieser Gruppe sich als unabhängiger Kandidat der Wiederwahl stellte, schlug er den offiziellen Tory-Anwärter im Verhältnis von vier zu eins Stimmen.

Das Grollen und Grimmen hielt das ganze Jahr über an, indes eine überforderte Bürokratie die unbeliebte Abgabe durchzusetzen versuchte. Steuerforderungen an kürzlich verstorbene Mitbürger wirkten um so pietätloser, als sie ihnen persönlich und nicht ihrem Eigentum galten. Eine in der Ebene von Salisbury stationierte Gruppe von Soldaten verweigerte die Abgabe mit der Begründung, sie machten von den Dienstleistungen der Gemeinde keinerlei Gebrauch; das Gericht beorderte 389 von ihnen zur Zahlung. Auf der Isle of Wight kam es zu einer Massenvorladung von 4000 Säumigen; der Prozeß endete in einer Farce, weil man die Mahnungen mit Post zweiter Klasse verschickt und den Betroffenen damit nicht genügend Zeit gelassen hatte, ihre Zahlung nachzuholen. Im Borough of Tower Hamlets im Osten Londons drohte der liberaldemokratische Stadtrat den Steuerverweigerern an, ihren Müll nicht mehr abzuholen, wenn sie nicht umgehend blechten. Andernorts machten die Gerichtsvollzieher gute Geschäfte. «Bezahlt wird nicht», lautete der

Schlachtruf der Boykotteure. Ende Oktober, ein halbes Jahr nach Einführung der Abgabe, hatte jeder siebte der insgesamt 36 Millionen Kopfsteuerpflichtigen in England noch nichts bezahlt; ein Viertel aller Londoner machte nicht mit; im Borough of Haringey in London lag die Säumigenquote bei 42 Prozent. Ja, man konnte noch nicht einmal behaupten, daß die neue Abgabe effizienter zu organisieren war: Ihre Eintreibung kostete £ 12 pro Kopf, im Vergleich zu £ 5 bei der Grundsteuer.

Der prominenteste Tory, der gegen die Kopfsteuer – oder zumindest gegen die Art ihrer Umsetzung – zu Felde zog, war Michael Heseltine. In einem Artikel, der im Mai in der *Times* erschien, setzte er sie direkt, wenn auch ziemlich geschraubt, zu den Aussichten der Tories bei den nächsten Parlamentswahlen in Beziehung. «In vielen unsicheren Wahlkreisen, die für den Erhalt der Macht ausschlaggebend sind, begreift man die Gemeindesteuer als offenen Bruch des Disraelischen Pakts, auf dem die Macht der Tories gründet» – was soviel hieß wie: «Laßt die Facharbeiter in Frieden, Leute, oder wir sind erledigt.» Seine drei wichtigsten Vorschläge waren: Die Kommunen sollten die Höhe ihres Haushalts grundsätzlich frei festlegen können, doch wenn er die Vorgaben der Regierung um einen bestimmten Prozentsatz überschritt, sollten Kommunalwahlen abgehalten werden, um dem Etat die nötige Legitimation zu geben; politisch unvertretbare Abgaben – die Besteuerung von Studenten, Krankenpflegeschülerinnen, alten Menschen, die noch zu Hause lebten, und Behinderten – sollten ersatzlos gestrichen werden; und bessergestellte Mitglieder der Gemeinden sollten mehr bezahlen. Der klobige Newspeak-Ausdruck für den letzten, ganz und gar unthatcheristischen Punkt lautete «Aufwärtsstaffelung nach Einkommen».

Die erste Runde der Parteiführungswahl war also ein Zweikampf zwischen Tarzan und der Eisernen Lady und drehte sich um Europa, um die Kopfsteuer, um die Chancen der Konservativen Partei, die vierte Parlamentswahl in Folge zu gewinnen, um die Frage, ob eine Premierministerin sich mit ihrem Kabinett abzusprechen hat oder nicht, und um den Vorwurf, daß die keifende Mrs. Thatcher außer Kontrolle geraten sei und jeden verhandtaschte, der einen Piepser gegen sie von sich gab. Der Wahlkampf dauerte weniger als eine Woche, war jedoch so blutrünstig, daß selbst die vampirischste Opposition vollauf zufrieden sein durfte. Die übliche Taktik eines amtierenden Premierministers wäre gewesen, seinen Geschäften wie üblich nachzugehen und einen möglichst abgeklärten und effizienten Eindruck zu machen, während der unverschämte Prätendent auf und nieder hüpft, um die Aufmerksamkeit auf sich zu lenken. Das glatte Gegenteil war der Fall – ein klarer Hinweis auf die Unsicherheit im Lager der Thatcheristen. Zugegeben, die Premierministerin verfügte sich einige Tage vor der Abstimmung nach Paris, um an der Konferenz über Sicherheit und Zusammenarbeit in Europa teilzunehmen, aber die ruchlosesten Anschuldigungen kamen sämtlich aus ihrem Munde. Sie liefen alle auf den lachhaften Vorwurf hinaus, daß Mr. Heseltine, der reichste Mann im Unterhaus, schlipsverkäuferischer Gutsbesitzer und überzeugter Wirtschaftsprivatisierer, insgeheim, tief unter seinem verdächtig blonden Haarschopf, eine Art Kryptosozialist sei. Mrs. Thatcher attackierte Heseltine aus Paris, während die Getreuen daheim zwei ihrer Lieblingspreisboxer – Norman Tebbit und den unvermeidlichen Nicholas Ridley – aussandten, um dem ehemaligen Kabinettskollegen ein bißchen auf die Füße und in den Magen zu treten. Ironischerweise galt Ridley nunmehr als offizielles Sprachrohr von Mrs. Thatcher in Sachen Europa, doch wußte er diesmal jeglichen Hinweis auf anmaßende Deutsche und die Pudel von Paris zu vermeiden. Als wichtigste Missetaten legte man Heseltine zur Last, er verfolge eine «interventionistische» und «korporatistische» Wirtschaftspolitik und befürworte einen europäischen «Föderalismus». Die Anwürfe waren allzu phrasenhaft, als daß sie wirklich unter die Gürtellinie hätten treffen können, aber sie erlaubten Heseltine, sich aufs hohe Roß, wenn nicht gar auf den Bock der Staatskarosse zu schwingen. Mrs. Thatchers Anschuldigung, er werde von einer Mischung aus «persönlichen Ehrgeiz und privater Rankûne» getrieben, kostete ihn ein staatsmännisches Lächeln, während der Rest der Bevölkerung sich fragte, an welchem «unpersönlichen Ehrgeiz» Mrs. Thatcher 1975 gelitten haben mochte, als sie den damaligen konservativen Parteiführer Edward Heath aus dem Amt drangsalierte.

Die Labour-Partei, die seit jeher mit dem politischen Masochismus per du ist und weiß, wie man sich durch interne Zwistigkeiten vom Ruder regiert, lehnte sich in seltenem Ergötzen zurück, als die Tory-Partei sich mit dem Harakiridolch den Bauch aufschlitzte. Tory-MPs aus älteren Jahrgängen dürften wehmütig auf die Zeit vor 1965 zurückgeblickt haben, als solche Dinge noch von einem «magischen Kreis» entschieden wurden und nach «der üblichen Beratungsprozedur» ganz einfach ein neuer Parteiführer «hervortrat». Kandidat A wurde angewiesen, seinen Stresemann für einen Besuch im Buckinghampalast auszubürsten, und Kandidat B erhielt die Anordnung, seiner Wege zu ziehen und sich eine Weile lang nicht blicken zu lassen. Nun jedoch war das ganze System öffentlich, chaotisch und unkontrollierbar demokratisch geworden. Schlimmer noch, aufgrund einiger ganz und gar unnötiger Subtilitäten hatte es sich heillos verknäuelt. Um den ersten Wahlgang zu gewinnen, muß ein Kandidat die absolute Mehrheit erreichen und mindestens 15 Prozent mehr Stimmen auf sich vereinigen als sein Gegner. Im vorliegenden Fall, und vorausgesetzt, es gab keine Enthaltungen, konnte Mrs. Thatcher im direkten Zweikampf mit Mr. Heseltine einen Vorsprung von rund fünfzig Stimmen haben und dennoch zu einem zweiten Wahlgang gezwungen sein. Am zweiten Wahlgang können sich dann jedoch neue Kandidaten beteiligen, was die Sache zusätzlich kompliziert und die Stimmen weiter aufsplittert. Zwar wird in diesem zweiten Wahlgang auf die 15-Prozent-Hürde verzichtet, aber wenn keiner der Kandidaten eine absolute Mehrheit erreicht, kann der Wettstreit auch diesmal in einem Patt enden, was eine dritte Runde notwendig macht. Zu allem Überfluß gibt es keine Regel, die dafür sorgt, daß zwischen der zweiten und dritten Runde einige Kandidaten herausfallen, und erst wenn auch im dritten Wahlgang keine klare Mehrheit erreicht wird, tritt ein Stimmenübertragungssystem in Kraft, bis endlich der weiße Rauch aus dem Kamin sickert.

Der erste Wahlgang rückte näher, und die Tories befanden sich in außerordentlicher Verwirrung. Niemand wußte genau, wie das Wahlsystem funktioniert. Niemand wußte, welche Kandidaten im zweiten Wahlgang dazustoßen würden oder nicht. Wer weder Heseltine noch Thatcher unterstützen wollte, mußte sich entscheiden, ob er sich der Stimme enthalten und damit vielleicht Thatcher schon in der ersten Runde zum Sieg verhelfen oder ob er für Heseltine stimmen und ihm damit so viel Oberwasser geben sollte, daß der eigene Kandidat im zweiten Wahlgang keine Chance mehr hatte. Aber die konservativen Abgeordneten hatten nicht nur taktische Probleme. Sollten sie der Vergangenheit gegenüber loyal sein und eine Premierministerin unterstützen, die drei Parlamentswahlen nacheinander gewonnen hatte, oder sollten sie mit Blick auf die nächsten allgemeinen Wahlen versuchen, ihre eigene Haut zu retten? Die Meinungsumfragen, die während des entscheidenden Wochenendes vor der ersten Abstimmung veröffentlicht wurden, zeigten, daß eine von Thatcher geführte Partei fünfzehn Prozentpunkte hinter Labour läge, während ein Wechsel zu Heseltine den Rückstand in einen Vorsprung von einem Prozent verwandeln würde. Aber selbst wenn der gebeutelte Abgeordnete sich zu der pikanten Ansicht überreden mochte, daß in diesem Fall persönliches, parteipolitisches und nationales Interesse zusammenfielen, waren noch andere, unberechenbare Faktoren zu bedenken. Ein Querschnitt durch die Parteihierarchie hätte zu diesem Zeitpunkt ausgesehen wie ein Baumkuchen: Das Kabinett unterstützte öffentlich Thatcher, die Hinterbänkler waren zutiefst gespalten, der harte Kern der Parteiaktivisten stand stramm hinter Thatcher, der Rest der Parteibasis zeigte sich deutlich weniger entschieden. Ein Abgeordneter aus einem umkämpften Wahlkreis mochte durch Mrs. Thatcher eine sichere Wählerstimme gewinnen, durch Mr. Heseltine anderthalb wacklige. Auf wen spekulieren? Und wie erklärt man's seinen thatcheristischen Wahlhelfern? Mr. Cyril Townsend, seit 1974 Abgeordneter für Bexleyheath, entschied sich, für Heseltine zu stimmen, obwohl er genau wußte, daß die aktive Parteibasis seines Wahlkreises im Verhältnis von vier zu eins für Mrs. Thatcher eintrat. Der Vorsitzende der Bexleyheath Conservative Association nahm Townsend vor einer Sitzung des örtlichen Exekutivkomitees zehn Minuten beiseite und drängte ihn, ja nichts über seine Wahlabsichten verlauten zu lassen. «Seine Auffassung», sagte der Vorsitzende, «widersprach den Ansichten der Bezirkskomitees, der Frauenvereine, Tisch- und Abendgesellschaften, der Geschäftsleute, des Kreisrats sowie aller leitenden Mitglieder der Exekutive mit Ausnahme einer Person.» Mr. Townsend lehnte es ab, seinen Mund zu halten, ja er appellierte sogar über die Köpfe der Tisch- und Abendgesellschaften, Frauenvereine und Geschäftsleute hinweg an die Bürger. «Ich bin davon überzeugt, daß ich die Unterstützung der Mehrzahl meiner Wähler habe», erklärte er zu seiner Entscheidung für Heseltine. Der stellvertretende Vorsitzende von Townsends eigenem Parteibüro verlangte daraufhin, den Abgeordneten durch einen neuen Kandidaten zu ersetzen: «Ich fordere [den Vorsitzenden auf], das Verfahren in Gang zu setzen. Es werden sich mehrere Kandidaten aufstellen lassen, und einer davon wird Cyril Townsend heißen. Ich hoffe, er verliert.»

Die erste Abstimmung wurde am Dienstag, dem 20. November, abgehalten, und das Ergebnis war eine Sternstunde für die Labour-Partei – es kam zu dem, was Tory-Manager als «Alptraumszenario» bezeichnet hatten: Thatcher 204 Stimmen, Heseltine 152, Enthaltungen 16. Obschon also die Premierministerin das Rennen mit einer klaren Mehrheit von 52 Stimmen gewonnen hatte, fehlten ihr 4 Stimmen zu dem 15-Prozent-Vorsprung, den die Regeln verlangen. (Mittlerweile begann man sich zu fragen, wer ein derart schwachsinniges System erfunden haben mochte. Wie sich herausstellte, war es ein ehemaliger konservativer Abgeordneter namens Humphry Berkeley, der 1964 auf Wunsch des damaligen Tory-Führers Sir Alec Douglas-Home die Regeln ausheckte. Berkeley wechselte danach von den Tories zu Labour, von Labour zur SDP und von der SDP wieder zu Labour. Seine verschlungene Karriere erklärt vielleicht, warum er sich so verwickelte Regeln ausdachte.) Das Ergebnis bedeutete, daß Mrs. Thatcher zwar angeschlagen, aber nicht tödlich verwundet war; daß der Herausforderer Mr. Heseltine ernster genommen werden mußte, als man gedacht hatte; und daß eine weitere aufreibende Wahlkampfrunde ins Haus stand. Der frühere Tory-Geschäftsführer und loyale Thatcher-Anhänger Cecil Parkinson bezeichnete den Ausgang der Abstimmung sogleich als «das denkbar schlechteste Ergebnis für die Partei als Ganzes».

Mrs. Thatcher beeilte sich, es noch zu verschlimmern. Vor der Abstimmung hatte sie verlauten lassen, daß sie ihr Amt als Premierministerin bis zum bitteren Ende verteidigen werde, daß auch die kleinste Mehrheit für sie noch ein Sieg sei. Man hielt dies weithin für eine rhetorische Übertreibung: Ein schlechtes Ergebnis für Mrs. Thatcher, und sie würde in der zweiten Runde den Weg für einen thatcheristischen Nachfolger räumen – sei es für eine begütigend väterliche Figur wie ihren krimischreibenden Außenminister Douglas Hurd oder für einen Getreuen aus der nächsten Generation wie ihren Schatzkanzler John Major. Aber was hieß ein schlechtes Ergebnis für Mrs. Thatcher? Der politische Redakteur der BBC John Cole schätzte 210 Stimmen als das Niedrigste, was noch akzeptabel sei, 200 Stimmen oder weniger hielt er für «inakzeptabel». Um 18.34 Uhr wurde gemeldet, daß Mrs. Thatcher 204 Stimmen erhalten habe. Die

Experten waren sich sofort einig, daß dies auf einen Abend am Telefon hinauslief, um den Rat der «Männer in den Anzügen» einzuholen, wie die Parteioberen malerisch genannt werden. Die Premierministerin würde die Sache überschlafen und nach reiflicher Überlegung ihre Entscheidung kundtun. Der parlamentarische Chefkorrespondent der BBC stand vor der Residenz der Britischen Botschaft in Paris, wo Mrs. Thatcher wohnte, vertröstete die Zuschauer, in absehbarer Zeit werde hier nichts passieren, und schickte sich gerade an, seinen Bericht zu beenden. Aber Mrs. Thatcher ist, wie immer wieder festgestellt wurde, eine «Überzeugungspolitikerin», und zu ihren Grundüberzeugungen gehört nun mal, daß niemand so geeignet ist, die Konservative Partei zu führen, wie sie selbst. Um 18.36 Uhr, als der Korrespondent in Paris gerade nach London zurückschalten wollte, kam es hinter seiner rechten Schulter plötzlich zu einem Tumult. Mrs. Thatcher, die inzwischen volle neunzig Sekunden über ihre Zwangslage nachgedacht hatte, kam die Treppe zur Residenz herabgetobt und warf sich wie eine Wölfin auf die wartende Herde von Journalisten. Sie habe die erste Runde eindeutig gewonnen und werde daher auch im zweiten Wahlgang kandidieren. Einmal mehr hatte die Premierministerin die Nation in tiefe Gewißheit gestürzt. Ganz nebenbei hatte sie damit auch die Möglichkeit abgeschossen, in der zweiten Runde Mr. Hurd oder Mr. Major als thatcheristischen Kompromißkandidaten aufzustellen. Als später Mr. Hurd aus der Residenz der Botschaft trabte, um seine ungeteilte Loyalität gegenüber seiner Chefin zu Protokoll zu geben, gehörte dies zu den erbärmlicheren Anblicken des Abends. Er benötigte vierzig Minuten bis zu diesem Auftritt und gab in geschlagenen dreiundzwanzig Sekunden eine der kürzeren Gehorsamsbezeigungen der Geschichte.

Vielleicht hat diese exorbitante Demonstration Thatcherscher Selbstgewißheit, ihre Überzeugung, nach wie vor die Rolle der «ganzen Konservativen Partei» zu spielen, ihre brüskierend öffentliche Geringschätzung jeglicher Beratungen – und sei es nur, um den Anschein einer Absprache zu wahren –, den Widerstand der Kabinettsmitglieder und der Männer in den Anzügen verstärkt. (Naturgemäß gibt es zwischen diesen beiden Kategorien einige Überschneidungen.) Am folgenden Tag, dem 21. November, kehrte sie nach London zurück, wechselte ihren Wahlkampfleiter aus, verkündete ein «Ich kämpfe weiter, ich kämpfe bis zum Sieg» und zitierte ihre Kabinettsmitglieder einzeln zu, wie es schien, längst überfälligen Konsultationen herbei. Die meisten ihrer Minister erklärten, sie würden sie auch im zweiten Wahlgang weiter unterstützen. Viele fügten jedoch hinzu, daß sie eine Niederlage für wahrscheinlich hielten; einige befürchteten gar, daß die Abstimmung für die Premierministerin zu einer Demütigung werde. Um sieben Uhr dreißig am nächsten Morgen, nachdem Mrs. Thatcher die Lage schließlich doch überschlafen hatte, teilte sie ihren persönlichen Mitarbeitern ihren Entschluß zum Rücktritt mit. Das Kabinett wurde auf neun Uhr einberufen, eine Stunde früher als gewöhnlich, und kurz danach erfuhr die Nation, daß die längste Amtszeit eines Regierungsoberhaupts seit 1827 in spätestens einer Woche zu Ende sein würde. Wieder einmal mußte Douglas Hurd durch die Kabinettsräume wieseln, da die Nominierungen für den zweiten Wahlgang (einschließlich der Namen des Vorschlagenden und eines Sekundanten) bis spätestens Mittag einzureichen waren. Der Schatzkanzler John Major wieselte ebenfalls, während die Premierministerin sich aufmachte, der Queen offiziell die Neuigkeit zu verkünden. Mrs. Thatcher verstand die Welt nicht mehr: Da hatte sie nun drei Parlamentswahlen gewonnen, keinen einzigen Mißtrauensantrag im Unterhaus verloren, ihren wichtigsten Herausforderer klar geschlagen und war dennoch abgesetzt worden. In ihrer Verblüffung gab die Premierministerin einen häufig zitierten Kommentar ab, dessen Hausbackenheit ganz auf die Boulevardpresse zugeschnitten schien, in der er sogleich als Schlagzeile figurierte: WHAT A FUNNY OLD WORLD

IT IS. Kenneth Baker, Geschäftsführer der Tory-Partei und ein Mann von schriftstellerischen Ambitionen, befleißigte sich höheren Stils, indem er sagte: «Wir werden nimmer ihresgleichen sehen» – doch worin die Ähnlichkeit zwischen der scheidenden Premierministerin und Hamlets Vater bestehen sollte, war nicht unmittelbar zu durchschauen (beide von ehrgeizigen Rivalen vergiftet?). Winston Churchill, MP, sprach am Nachmittag im Unterhaus von ihr als «dem größten Staatsoberhaupt, das dieses Land in Friedenszeiten je gehabt hat», und behielt damit wohlweislich die uneingeschränkte Spitzenposition seinem eigenen Großvater vor.

Die zweite Runde des Wahlkampfs wurde ausgesprochen korrekt geführt, als wolle man sich bewußt vom Thatcherschen Stil distanzieren. So entstand der merkwürdige Eindruck, als träfe man sich zu einer Versöhnungsschlacht. Man gab sich Mühe, aus der sozialen Herkunft der Kandidaten ein wenig Kapital zu schlagen, aber dem modernen Gesicht der Konservativen Partei entsprechend, ging es dabei um die Frage, welcher Kandidat der proletarischere sei. (Mr. Major hatte, wie sich herausstellte, schon mit sechzehn die Schule verlassen und auf dem Bau gearbeitet, was ihm einen Vorsprung gegenüber Mr. Hurd verschaffte, dem man seine solide Schulbildung zur Last legte und dessen Vater bereits Parlamentsabgeordneter gewesen war. Um den Nachteil seines privilegierten Elternhauses auszugleichen, verstieg sich Hurd zu einigen peinlichen Reminiszenzen an seine Jugend auf dem Lande, wo er als kleiner Bub Kartoffeln pflanzte.) Kein Skandal wurde ausgegraben, wenngleich die Presse sich daran ergötzte, Mr. Hurds vergriffene Kriminalromane zu exhumieren und jede Busenbeschreibung zu zitieren, die sie darin finden konnte. (Aus Mr. Hurds Lager kam postwendend das Dementi, alle diese Passagen stammten vom Koautor des Chefs.) Aber die maßgeblichen Töne, die man während des Wahlkampfs zu hören bekam, bezeugten einen geradezu unheimlichen Einklang. Alle Kandidaten waren darauf erpicht, die Partei zu einen; alle wußten angeblich die Unterstützung sowohl des linken wie des rechten Flügels als auch der Parteimitte hinter sich; jeder von ihnen bewunderte die Leistungen des anderen; alle standen voll hinter Europa – voller zumindest als Mrs. Thatcher, deren Schreckbild und Ablehnung Europas den Wettkampf überschatteten. Alle verpflichteten sich zu einer Novellierung der Kopfsteuer, wobei hier allerdings geringfügige Differenzen bestanden, die Neil Kinnock ausnahmsweise glänzend auf den Punkt brachte: «Was die Kopfsteuer anbelangt, haben sie die Wahl zwischen Heseltine, der das Problem erkennt, aber nicht wirklich weiß, was er dagegen tun soll; Major, der das Problem erkennt, aber nicht wirklich etwas dagegen tun will; und Hurd, der eben erst gemerkt hat, daß da überhaupt ein Problem ist.»

Der Wettkampf wurde geführt, wie es sich für Gentlemen ziemt – natürlich mit Ausnahme der Lady. Wie würde sich Mrs. Thatcher verhalten? Man ging allgemein davon aus, daß sie nun, da sie aus der Wahl ausgeschieden war, das Bemühen um die innere Einheit der Tories nach Kräften unterstützen werde, indem sie sich weitgehend aus dem Wahlkampf heraushielt, wenngleich sie vielleicht andeutungsweise durchblicken lassen mochte, wem sie ihre Stimme geben würde. Doch ihre Meinung andeutungsweise durchblicken zu lassen war noch nie Mrs. Thatchers Stil. Schon bald wurde bekannt, daß sie für Mr. Major stimmen würde, ja für den Fall von Heseltines Sieg drohte sie angeblich sogar damit, ihr Unterhausmandat zurückzugeben und so eine Nachwahl in ihrem Wahlkreis in Finchley zu erzwingen. (Es war eines jener «destruktiven, aber dementierbaren» Gerüchte, die mit der Einschränkung einhergehen, die Worte seien in der Erregung vielleicht nur so herausgerutscht.) Den Tag vor der zweiten Abstimmung verbrachte sie am Telefon, um Abgeordnete für Major weichzuklopfen. Aber Mrs. Thatcher wäre nicht Mrs. Thatcher, hätte sie die Sache nicht überzogen. In ihrer Abschiedsrede an die Parteizentrale der

Konservativen, die, was vorauszusehen war, von irgend jemandem auf Tonband aufgenommen und an die Presse weitergeleitet wurde, lobte sie sowohl Präsident Bush als auch sich selbst für ihr Verhalten in der Golfkrise: «Er wird nicht nachgeben, und ich werde nicht nachgeben. Der Unterschied ist nur, daß ich dort nicht am Hebel sitze. Aber ich werde vom Rücksitz aus an vorderster Front mitmischen.» Thatcher war gegangen, aber der Thatcherismus würde bleiben, belehrte sie die Kandidaten. Man mochte glauben, sie hätte soeben den Eintrag über den zweiten Earl of Liverpool in der *Encyclopaedia Britannica* studiert, dessen Amtsdauer sie nun nie mehr übertreffen würde: «Lord Liverpool fehlte es weitgehend an Sympathien und an echtem politischem Sachverstand; sein Rücktritt führte fast augenblicklich zu einer vollständigen und dauerhaften Kehrtwendung in der Innenpolitik.» Nichts dergleichen bei Mrs. Thatcher: Die Rebellen mochten sie vom Fahrersitz gedrängt und das Steuer an sich gerissen haben, doch sie war auf dem Trittbrett nach hinten geklettert und hatte sich auf dem Rücksitz plaziert.

Der zweite Wahlkampf war durch leicht nervöse, negative Spekulationen gekennzeichnet. Sir Geoffrey Howe (unter Tory-Loyalisten als «der Attentäter» verschrien) sprach sich für Heseltine aus, so wie Mrs. Thatcher sich für Major ausgesprochen hatte. Aber wie willkommen waren diese Umarmungen? Die konservativen Abgeordneten erklärten, sie seien «die anspruchsvollste Wählerschaft der Welt», was in der Praxis bedeutete, daß manche MPs die Presse belogen, manche die Männer in den Anzügen, manche die drei Kandidaten und die meisten von ihnen die Parteibasis in ihren eigenen Wahlkreisen. Dort sah man die Absetzung von Mrs. Thatcher überwiegend als eine Form von Hochverrat an, und für Heseltine zu stimmen grenzte an Mord. Würde die Scham ob der finsteren Tat die Abgeordneten dazu bewegen, dem Kandidaten von Mrs. Thatcher den Vorzug zu geben? War Heseltine ein zu großes Risiko? War Hurd, bei dem man sich in «sicheren Händen» wähnte, zu kauzig? War

Major mit siebenundvierzig Jahren zu jung? Und jung nicht nur an Jahren: Was tun, wenn er so lange durchhielt wie SIE und die normale Generationenfolge blockierte?

Die drei Kandidaten hatten ein langes Wochenende Zeit, ihr Feld zu bestellen: Die Nominierungsfrist lief am Donnerstag, dem 22. November, ab, die Abstimmung erfolgte am Dienstag, dem 27. Die Wahlkampfleiter wendeten jeden Stein, um bislang vernachlässigte Abgeordnete aufzustöbern und hinter den Ohren zu kraulen; hochrangige Parteifunktionäre gaben ihre Empfehlungen ab; ängstlich wurden die Parteibüros in den Wahlkreisen konsultiert. Mr. Heseltine hatte großzügig angekündigt, als Premierminister werde er seine Rivalen auf ihren jetzigen Kabinettsposten belassen; die anderen beiden verzichteten listig auf jegliche Versprechungen gegenüber Heseltine. Bis zum Abstimmungstag wurde nach und nach deutlich, daß Heseltines Erfolgswelle aus der ersten Runde allmählich abebbte, daß Mr. Hurds weises Kopfnicken und seine sicheren Hände nur eine begrenzte Anziehungskraft besaßen und daß die einzig erkennbaren Fortschritte von der unbekanntesten, unerfahrensten, uncharismatischsten und unbeschreiblichsten der drei Persönlichkeiten erzielt wurden – von John Major. Im Verlauf des Wochenendes wurde durch neue Meinungsumfragen bestätigt, was schon sieben Tage zuvor ermittelt worden war – daß Heseltine in der Lage sein würde, Labour zu schlagen –, aber mittlerweile schien auch Major dazu imstande und mit noch größerem Vorsprung. Solche Schnellschüsse der Meinungsforschung können natürlich leicht diskreditiert werden, aber wenn schon die frühere Umfrage Mr. Heseltine eine größere Glaubwürdigkeit verliehen hatte, weshalb sollte die spätere nicht dasselbe für Mr. Major bewerkstelligen können? Selbst der kleinste Fingerzeig konnte in dem verunsicherten, leicht hypnotisierten Zustand, in dem sich die Konservative Partei befand, von Bedeutung sein. Zwar hatten sie die böse Hexe umgebracht und auf den Mist geworfen, doch glaubten sie nach wie vor an Zauberei. Mit den

Hexenkünsten eines Heseltine waren sie schon seit geraumer Zeit vertraut, aber vielleicht hatte der blasse Knabe, den sie kaum kannten, ja einen ganz besonderen Zaubertrick in petto, von dem man noch nichts wußte?

Am Morgen des entscheidenden Dienstags eröffnete Mr. Major in der City eine japanische Bank, während sich Mr. Hurd im Außenministerium mit Alexander Dubček ablichten ließ; nur der arme Mr. Heseltine tigerte wie gewöhnlich zur Arbeit in sein Verlagshaus. Die Ergebnisse wurden etwa um halb sieben Uhr abends bekanntgegeben. Ausnahmsweise hatten alle 372 konservativen Abgeordneten es fertiggebracht, nicht einen einzigen ungültigen Wahlzettel abzugeben: 185 für Major, 131 für Heseltine, 56 für Hurd. Die Tories schnappten zweimal nach Luft: das erste Mal aus Überraschung über das Ausmaß von Majors Vorsprung, das zweite Mal aus wütender Frustration über das Wahlsystem, das erneut zu keiner Entscheidung führte. Hatten Mrs. Thatcher vier Stimmen zur Anerkennung ihres Sieges gefehlt, war Mr. Major noch näher dran: ihm fehlten zwei. Und was sahen die vermaledeiten unkonservativen Regeln, an denen schon seit Tagen herumgenörgelt wurde, für diesen Fall vor? Sie schrieben in zwei Tagen eine weitere Abstimmung vor, bei der sich auch die beiden schwächeren Kandidaten wieder aufstellen lassen mußten, ob sie wollten oder nicht. Woraufhin zweierlei passierte. Erstens gestanden sowohl Heseltine wie Hurd de facto ihre Niederlage ein, indem sie ankündigten, im dritten Wahlgang für Major stimmen zu wollen; zweitens beschloß das aus Tory-Hinterbänklern bestehende und für die Durchführung der Wahlen zum Parteivorsitz verantwortliche 1922 Committee, daß der Regelkanon, dem man bisher gefolgt war, ein grauenhafter und jedes aufrechten Torys unwürdiger Quatsch sei. Stimmenübertragung? Wer hatte je von so etwas gehört? Es würde keinen dritten Wahlgang geben, und damit Schluß! Wer war man denn, daß man sich von einem Wirrkopf, der überdies zu den Sozis desertiert war, Vorschriften machen ließ?

Damit war zum zweiten Mal ein Mann aus der Kreisstadt Huntingdon in East Anglia auserkoren worden, die Geschicke des Landes zu lenken – der erste war Oliver Cromwell. Und das Land stand rätselnd vor einem kleinen Mysterium: Wie war es möglich, daß Mrs. Thatcher mit der Unterstützung von 204 konservativen Abgeordneten das höchste Amt verloren hatte, indes Mr. Major es mit bloßen 185 Stimmen gewann? Doch es war ohnehin eine Zeit der Schrullen und Rekorde: Die Tories hatten nicht nur das am längsten amtierende Regierungsoberhaupt dieses Jahrhunderts abgesetzt, sondern auch das jüngste Regierungsoberhaupt dieses Jahrhunderts an seine Stelle gehievt. (Den Titel des jüngsten Premierministers hatte ehedem Lord Rosebery inne, der 1894 die Macht, wie heute John Major, von einem formidablen Vorgänger – Gladstone – übernahm. Wie der Zufall so spielt, war Rosebery ebenfalls ein großer Bewunderer Cromwells. Doch wäre Mr. Major gut beraten, auf keine weiteren Ähnlichkeiten mit Roseberys Regierung zu hoffen, die umgehend in solche Schwierigkeiten geriet, daß Asquith von ihr sagen konnte, sie «pflüge den Strand». Rosebery wurde bereits nach sechzehn Monaten abgesetzt, nachdem er im Unterhaus eine Abstimmung über den Nachschub und Vorrat an Taschenmunition verloren hatte. Major seinerseits bleibt eine Frist von achtzehn Monaten, bis er die nächsten Parlamentswahlen abhalten muß.)

Und das Land stand rätselnd vor einem noch größeren Mysterium: dem Wesen jenes Mannes namens John Major, der so rasant in das Amt des Parteichefs und Premierministers katapultiert wurde, der in vier Tagen mehr erreichte als Michael Heseltine während der fünf Jahre, in denen er landauf, landab auf Parteiversammlungen Gummiadler verspeiste. Was wissen wir über den überraschenden Sieger? Er ist, wie seine Helfer uns während der Wahl vielleicht allzu oft versicherten, «ein Mann des Volkes». Sein Vater, der sechsundsechzig Lenze zählte, als er John zeugte, war ein Varietékünstler und Zirkusartist, der mit seiner ersten Frau Kitty Drum eine Nummer namens Drum & Major aufführte; später gründete er ein Unternehmen zur Herstellung von Freiluftdekor, darunter auch Gartenzwerge. Johns Ausbildung endete mit sechzehn; er arbeitete auf dem Bau, war neun Monate arbeitslos und bewarb sich dann um eine Ausbildung zum Busfahrer. «Wir waren zu dritt», erinnerte er sich in seiner Zeit als Schatzkanzler, «erst hatten wir einen Rechentest, dann ließen sie uns auf diese Maschinen los, um zu sehen, wie gut wir damit zu Schlag kämen, und da war ich nicht der Beste.» (Es ist interessant, wie unbedeutend akademische Qualifikationen für das höchste Staatsamt geworden sind. Die derzeitigen Chefs der beiden führenden politischen Parteien bringen es gemeinsam auf einen einzigen, beim zweiten Anlauf mit «Ausreichend» bestandenen akademischen Abschluß der Universität Wales. (Zeugt dies vom durchschlagenden Erfolg der Leistungsgesellschaft, von finsterem Antiintellektualismus, oder ist es bloßer Zufall?) Mr. Major, der unter anderem davon träumte, ein professioneller Cricketspieler zu werden, trat in eine Versicherungsgesellschaft ein und wechselte dann zur Standard Chartered Bank. Ein Engagement in der Kommunalpolitik im Süden Londons führte ihn in die große Politik, zu einem Parlamentssitz im Jahre 1979, einer Anstellung im Büro des Fraktionsführers, verschiedenen Staatssekretärposten, drei unglücklichen Monaten als Außenminister und schließlich einem Jahr als Schatzkanzler. Wirtschaftspolitisch gehört er angeblich dem rechten Flügel der Partei an, sozialpolitisch dem linken, europapolitisch steht er in der Mitte, und weltpolitisch weiß Gott wo. Jeder, der mit ihm zusammengearbeitet hat, beschreibt ihn – zumindest bislang – als aufrichtig, ehrlich, fähig und arbeitsam; das Wort «Ausstrahlung» kommt dabei selten jemandem über die Lippen. Sein erster Schritt im Rahmen der Kabinettsbildung hätte gerissener nicht sein können: Er ernannte Michael Heseltine zu seinem Umweltminister und übertrug damit dem wichtigsten Kritiker der Kopfsteuer aus den Reihen der Tories die Aufgabe, das Desaster auszubaden und den Hals der Regierung aus der Schlinge zu ziehen. (Binnen weniger Tage nach Tarzans Rückkehr wurde in der Person eines arbeitslosen Bauarbeiters aus Lincolnshire zum ersten Mal jemand wegen Boykotts der Kopfsteuer ins Gefängnis geworfen; der Fall ereignete sich sinnigerweise in Grantham, einem Ort, der hauptsächlich als Geburtsort Margaret Thatchers berühmt ist.) Mr. Majors zweiter Schritt war weit weniger gerissen: Nachdem er ein Kabinett «aus allen Talenten» angekündigt hatte, versäumte er, auch nur eine einzige Frau zu ernennen.

Skeptiker waren natürlich der Ansicht, daß zumindest eine Frau ohnehin mitmischen würde: Mrs. Thatchers Geist würde durch Downing Street Nr. 10 spuken und seine gespenstische Stimme vom Rücksitz von Mr. Majors Wagen erheben. Jedenfalls kam es, wie es offenbar kommen mußte – sein Amtsantritt in der hektischen zweiten Novemberhälfte des Jahres 1990 wurde durch ihren Abgang weit in den Schatten gestellt. Wie scheiden Politiker aus ihrem Amt? Gebrochenen Herzens? Traurig, aber weise? Voll heimlichen Stolzes? In gespannter Erwartung des Urteils der Geschichte? Mrs. Thatcher, die immerhin von ihren nächsten Getreuen und vor den Augen der Welt aus dem höchsten öffentlichen Amt gejagt worden war, schied nicht nur mit fliegenden Fahnen, sondern in einer Stimmung atemberaubender Selbstbeweihräucherung. Sie schnappte die Geschichte am Schlafittchen und verpaßte ihr ein paar Backpfeifen, um zu verhindern, daß sie ihr den angemessenen Tribut vorenthielt. In ihrer Ansprache an die Mitarbeiter der konservativen Parteizentrale betonte sie, wie «bekümmert» andere europäische Staatsoberhäupter über ihren Abschied seien (was eine der drolligsten Fehleinschätzungen der letzten zehn Jahre sein dürfte). Während die Umzugswagen nach Dulwich, einem Vorort im Süden Londons, unterwegs waren, stand sie vor Downing Street Nr. 10 und entbot der Öffentlichkeit ein provisorisches Lebewohl, in dem sie einmal mehr auf den Pluralis majestatis zurückgriff – eine Eigenheit, die sich in den letzten Jahren zunehmend häufte. «Wir sind sehr glücklich», sagte sie, «daß wir das Vereinigte Königreich in einem viel, viel besseren Zustand zurücklassen, als wir es vorfanden.» Das klang atemberaubend quasi-majestätisch und erinnerte an jene dezenten Täfelchen an französischen Wasserklosetts, die den Benutzer ersuchen, das Örtchen so sauber zu verlassen, wie er es vorzufinden hofft.

Sie ging, und alle wichtigen Mitspieler durften sich einbilden, etwas erreicht zu haben. Mr. Howe hatte die Absetzung von Mrs. Thatcher erlangt; Mrs. Thatcher hatte ihren bevorzugten Nachfolger bekommen; Mr. Major die Schlüssel zur Downing Street Nr. 10; Mr. Heseltine einen Posten im Kabinett nebst seiner politischen Rehabilitierung. Und Mr. Hurd? Selbst Mr. Hurd war zufrieden, hatten ihm doch die Ereignisse der vergangenen vierzehn Tage die Handlung zu einem neuen Roman geliefert, wie er selbst witzelte. Andere Kommentatoren sahen in der Affäre mehr als nur den Rohstoff für Unterhaltungsliteratur. Immer wieder wurde das Wort «Tragödie» bemüht, insbesondere unter Hinweis auf Shakespeares *Julius Cäsar*, und der vielgeschätzte Peter Jenkins vom *Independent* glaubte gar, Zeuge eines «tragischen Schauspiels» geworden zu sein, das in Mrs. Thatchers «nietzscheanischem Willen» wurzelte. Es scheint jedoch eher unwahrscheinlich, daß künftige Tragödiendichter, die das zwanzigste Jahrhundert nach dramatischen Stoffen durchkämmen, sich entzückt auf die Geschehnisse vom November 1990 stürzen werden. Gewiß waren die Ereignisse sehr aufregend, und Mrs. Thatchers unbeirrbares Zweckdenken und ihre unbeugsame Rechthaberei, die so viel dazu beigetragen hatten, sie an die Macht zu bringen und dort festzuzurren, verkehrten sich am Ende in dramatische Schwächen, die ihren Machtverlust beschleunigten. Doch die Fallhöhe war begrenzt, wie man schon daran erkennen kann, daß die Expremierministerin noch am Nachmittag ihres Rücktritts im Unterhaus auftrat. Was da auf der Bühne erschien, war keine gebrochene Persönlichkeit; sie schien vielmehr ganz und gar unverwüstlich, heiter, ja beinahe vergnügt. Und schließlich fällt es einem schwer, von einer Tragödie zu sprechen, wenn der geschätzte Profit der Memoiren des Opfers sich auf mehrere Millionen Pfund beläuft und ihr Gatte mit dem erblichen Titel eines Baronet belohnt wird. Wir wurden also bestenfalls Zeugen eines fesselnden Schauspiels, in dem eine demokratisch gewählte konservative Parteiführerin trotz dreier gewonnener Parlamentswahlen von ihrer eigenen Partei auf demokratische Weise abgesetzt wurde, weil diese Partei zu der Überzeugung gelangt war, sie habe deutlich schlechtere Chancen als andere, auch noch eine vierte Wahl für sich zu entscheiden.

Aber dürfen wir uns der Logik der Ereignisse, die scheinbar unausweichlich zu dem bekannten Ergebnis führten, wirklich so sicher sein? Folgte Mr. Heseltine hehren Grundsätzen, oder hatte er lediglich einen günstigen Augenblick zum Rücktritt abgepaßt, als er 1986 das Kabinett verließ? Gab es einen neuen, schwerwiegenden Grund, ein bislang beispielloses Fehlverhalten auf seiten von Mrs. Thatcher, das den beißenden Türvorleger nach dem Knöchel der Hausherrin schnappen ließ, oder war es bloß das matte Gefühl, daß auch plattgetretene Borsten sich irgendwann einmal sträuben müssen? Und als die konservativen Abgeordneten der Premierministerin schließlich eine so knappe Mehrheit zugestanden, daß sie damit nicht überleben konnte, taten sie es, weil sie ihren Führungsstil ablehnten (der ihnen doch so viel eingebracht hatte), weil sie ihre Einstellung zu Europa in Zukunft für untragbar hielten oder weil ihnen die Kopfsteuer das Genick zu brechen drohte? Die Suche nach spezifischen Gründen kommt uns entgegen, wir lieben das Spiel des Wenn-sie-nur-und-hätte-sie-nicht, aber vielleicht hatten die Ereignisse weniger mit Shakespeare und Nietzsche gemein als mit einer abgewirtschafteten Ehe, die vor dem Scheidungsrichter endet. Dort sucht das Paar nach Gründen, mit denen es seine juristischen Forderungen erklären könnte, und diese Gründe müssen so formuliert sein, daß das Gericht sie auch versteht: So schlimm hat er mich verprügelt, so sehr hat sie die Kinder vernachlässigt. Aber manchmal gibt es überhaupt keine Gründe, außer daß ein Partner nicht mehr mit dem anderen zusammenleben möchte und nicht einsieht, warum er oder sie es dennoch tun sollte. «Europa» war einer der Gründe sowohl für Mr. Heseltines Rücktritt als auch für Mr. Howes Rücktritt, als auch für Mrs. Thatchers Untragbarkeit. Aber eine der scharfsinnigsten, wenngleich undramatischsten Beobachtungen zu ihrem Abschied stellte der Sehr Ehrenwerte William Waldegrave an, den Mrs. Thatcher unlängst zum Gesundheitsminister ernannt hatte. War Europa der Grund, weshalb sie gehen mußte? Waldegraves Antwort lautete: «Mit Ausnahme zweier kleiner Gruppen, die entschieden für und gegen Europa eintreten, ist Europa in der Konservativen Partei kein Thema. Es war eher ein Gefühl, daß die Zeiten sich ändern und elfeinhalb Jahre genug sind.» Die Scheidung hatte durchaus Momente der Bitterkeit, aber die Konservative Partei hat sich einen Teil ihrer vornehmen Wesensart bewahrt, und so wird das Paar trotz der rechtskräftigen Scheidung auch in Zukunft noch in Verbindung bleiben. Fast möchte man meinen, daß sie seit ihrer Trennung eher besser miteinander klarkommen als in den letzten Jahren ihrer Ehe.

Januar 1991

Die Konservativen in Bexleyheath haben Cyril Townsend verziehen. Er wurde 1992 erneut ins Parlament gewählt.

4

Das Jahr des Irrgartens

Einmal wartete ich in Heathrow in einem dieser nichtssagenden Flure außerhalb von Zeit und Raum, die aus ängstlichen Menschen gefügige, leicht abzufertigende Einheiten machen sollen, auf meinen Flug. Da spuckte gegenüber eine ebenso charakterlose Passagierschleuse die Ankömmlinge eines Swissair-Flugs aus. Ein paar Geschäftsleute, etliche in feudale Freizeitkleidung gewandete Braungebrannte und dann rund zwei Dutzend Bewohner des neunzehnten Jahrhunderts: einen Landjunker in schrillem Tweed, einen Bischof in vollem Ornat, zwei üppig drapierte Satinladies, einen Charmeur mit Samtjacke und gewichstem Schnurrbart, einen weiteren geistlichen Herrn in schwarzen Strümpfen. Sie bewegten sich mit der Selbstsicherheit des vorigen Jahrhunderts, und ihr Handgepäck war aus feinstem viktorianischem Leder. Mit silberbeknauften Spazierstöcken und dicken Schmökern bewehrt, kümmerten sie sich keinen Deut um die Umgebung und die ungläubigen Blicke unseres zwanzigsten Jahrhunderts. Es war wie ein Moment carrollscher Sinnestäuschung. Doch die Realität bot eine zugleich simplere wie interessantere Erklärung: Hier kehrten Mitglieder der Londoner Sherlock Holmes Society von einem Ausflug zu den Reichenbachfällen heim.

Niemand zeigte mit dem Finger auf sie, niemand machte sich lustig, kein Cul de Paris wurde gezwickt. Den Briten ist ihr Ruf als Volk irgendwo in der Mitte zwischen Förmlichkeit und Exzentrizität ganz recht, und das gilt nicht nur für Darsteller, sondern auch für Flughafenzaungäste: Die bloße Tatsache, daß ein ganzer Verein solcher viktorianischer Käuze auftrat, war Legitimation genug. Ein Narr kommt selten allein. Als Evelyn Waugh in den zwanziger Jahren Student in Oxford war, gab es dort eine Vereinigung namens Hysteron-Proteron Club. Dessen Mitglieder nahmen, wie er sich in *A Little Learning* erinnert, «große Mühsal auf sich, indem sie den Tag rückwärts lebten – sie standen im Abendanzug auf, tranken Whisky, rauchten Zigarren und spielten Karten, um dann um zehn Uhr das Abendessen verkehrt herum einzunehmen, erst die Nachspeisen und die Suppe zum Schluß». Die weniger dekadenten Studenten von heute schließen sich statt dessen vielleicht der Oxford Stunt Factory an, deren Mitglieder an langen Gummibändern baumelnd von Hängebrücken springen oder in Waschschüsseln den Cresta Run hinunterdonnern und dabei eine Wasserpfeife rauchen.

Das allgemeine Wesen einer Nation zeigt sich in der Außenpolitik, der repräsentativen Architektur und den großen Schriftstellern. Charakterschnörkel kommen eher an der Peripherie zum Vorschein. Ein typischer Indikator ist die Gartengestaltung. Daß in Frankreich die bürgerlichen Werte noch immer fröhliche Urständ feiern, läßt sich selbst in abgelegenen Dörfern beobachten: Dort wird die Natur gnadenlos unterdrückt, der Kies gewaschen, die Knollen werden reglementiert, die Hecken getrimmt, die Blumen einer rigorosen Klassentrennung unterworfen. Die britische Tradition ist legerer und behandelt die Natur eher als Kumpel denn als Opfer – auch Individualität und Zügellosigkeit kommen zu ihrem Recht. Auf Vorortniveau drückt sich das vielleicht in einem Affenschwanzbaum im Vorgarten aus oder in einem rückwärtig angebauten Treibhaus, wo ein Versuch zur Züchtung der größten Stachelbeere der Welt läuft, samt Zierteich mit still vor sich hin angelnden Gipszwergen. Auf höherer Ebene zeigt es sich in der langen Tradition architektonischer Narretei: Da gibt es nicht nur Scheinruinen und Muschelgrotten, sondern auch gotische Bootshäuser und Schmiedewerkstätten mit Türmchen und Zinnen, maurische

Pagoden und ägyptische Volieren oder die zwölf Meter hohe steinerne Ananas von Dunmore Castle, Stirlingshire. Ein anderer Ausfluß dieser Gesinnung planmäßiger Phantasterei ist der Irrgarten, jene wunderliche Kunstform am Schnittpunkt zweier englischer Passionen: der Liebe zum Gartenbau und der Liebe zum Kreuzworträtsel. Zur nicht geringen Verwunderung selbst der relativ wenigen Menschen, die es überhaupt gemerkt haben, wurde 1991 offiziell zum «Jahr des Irrgartens» ausgerufen. Warum gerade 1991? Weil die Briten in diesem Jahr wie der Rest der Welt in wohlklingenden Jubel zur zweihundertjährigen Wiederkehr von Mozarts Tod ausbrachen und obendrein noch pianissimo die Dreihundertjahrfeier der Anlage des Irrgartens von Hampton Court begingen.

Der Tagebuchschreiber und Gartenbauexperte John Evelyn besuchte Hampton Court am 9. Juni 1662 und befand, es sei «ein so nobles und ebenmäßiges Anwesen und so geräumig, wie gotische Baukunst es nur irgend schaffen konnte». Er pries das «einzigartige Mobiliar», die Mantegnas, die «Hörnergalerie» (d. h. Jagdtrophäensammlung), das Queen's Bed, das £ 8000 gekostet hatte, und das Kapellendach, «vortrefflich verziert und vergoldet». Als er ins Freie trat, war Evelyn, Übersetzer von *The French Gardener* und bald auch Verfasser der wegweisenden Abhandlung zur Baumzucht, *Sylva*, zunächst gleichermaßen beeindruckt: von dem «nun mit lieblich duftenden Reihen von Lindenbäumen» bepflanzten Park und dem «nunmehr beinahe vollendeten Wasserkanal». Die «Hainbuchen-Arkaden sind wegen der wirren Verschlingungen der Bäume sehr bemerkenswert» – ein Adjektiv, das zwar gewiß lobend gemeint ist, aber doch recht vorsichtig klingt, wie das Wort «Sammlerobjekt» im Sprachgebrauch der Antiquitätenhändler als Empfehlung für Stücke, die sie selbst ordinär finden, an denen sich gutbetuchte Amateure in ihrer Unwissenheit jedoch ergötzen. Evelyn schließt seine Beschreibung mit dem einzigen Moment höflichen Zweifels, der seiner Feder entschlüpft: «All diese Gärten», bemerkt er, «könnten ungemein verbessert werden, sind sie für einen derartigen Palast doch zu karg.»

Und wirklich wurden die Gärten noch zu Evelyns Lebzeiten von George London und Henry Wise ungemein verbessert. Auch der Heckenirrgarten ist ihr Werk, das ehrwürdigste noch erhaltene Labyrinth seiner Art in Großbritannien und das berühmteste gartenbauliche Vexierspiel der Welt. Ob wir dieses Jahr wirklich zu Recht sein dreihundertjähriges Jubiläum feiern, unterliegt einem gewissen Zweifel: Die Gärten wurden zwischen 1689 und 1702 angelegt, genaue Pflanzungsberichte sind nicht erhalten, und das Geburtsjahr, auf das man sich bislang noch am ehesten einigen konnte, ist 1690. Doch wo Kommerz und Tourismus winken, sollten wir nicht allzu penibel sein. Adrian Fisher, der führende Irrgartendesigner Englands, der sich die letzten zehn Jahre dafür stark gemacht hat, *irgendein* Jahr zum Jahr des Irrgartens auszurufen, erläutert: «Ein ungerades Jahr ist am besten, damit umgeht man die Olympischen Spiele, die Fußballweltmeisterschaften und ähnliches mehr.» Fast ebenso gelegen kommt, daß 1991 ein numerisches Palindrom ergibt; Irrgartenliebhaber mögen dergleichen.

Der Irrgarten von Hampton Court hat in seinen ersten 300 Jahren bereits viel durchgemacht. Er mußte sich schon bald der Aufmerksamkeiten von Capability Brown erwehren, der als königlicher Hofgärtner von 1764 bis 1783 ganz in der Nähe wohnte und vom König eigens angewiesen werden mußte, die Finger davon zu lassen. Ein Jahrhundert später mußte der Irrgarten die Beweihräucherung in Jerome K. Jeromes fidelem spätviktorianischem Herrenpartie-Klassiker *Drei Männer im Boot* über sich ergehen lassen. Und in neuerer Zeit ist er genötigt, den gierigen Einfall von Busladungen voller Ausflügler zu ertragen, die diese hochberühmte Sehenswürdigkeit Englands in hellen Scharen heimsuchen. Der Fußweg ist inzwischen asphaltiert, die Anpflanzungen (ursprünglich Hainbuche, jetzt aber multikulturell, wobei Eibe vorherrscht) müssen stellenweise mit speerspitzenbewehrten Gittern geschützt werden, auf der Straße vor dem nahegelegenen Löwentor dröhnt ständig der Verkehr, und der Eintrittspreis ist von Twopence zu Jeromes Zeiten auf £ 1,25 gestiegen. Trotz alledem hat sich der Irrgarten ein gewisses Geheimnis bewahrt, und die Höhe der Hecken (etwas über zwei Meter) verleiht ihm sogar etwas sanft Bedrohliches. Außerdem ist es ein angenehm verzwickter Irrgarten. In *Drei Männer im Boot* verkündet Harris großspurig, man müsse nur immer die erste Abbiegung rechts nehmen, und verirrt sich zur Strafe ganz grandios. Der richtige, schnelle Weg zur Mitte ist, daß man beim Eintritt in den Irrgarten links abbiegt, dann rechts, wieder rechts, links, links, links, und noch einmal links. Die langsame Alternative ist die Methode «immer an der Wand lang», mit der ein derartiges Labyrinth unfehlbar – wenn auch stumpfsinnig – zu meistern ist. Man legt die rechte (oder linke) Hand an die rechte (oder linke) Laubwand, läßt sie von einer Sackgasse zur anderen stur dort liegen und kommt so schließlich zur Mitte. Dort findet man dann zwei Weißkastanien, deren Stämme eine furiose Gravur mit Siegernamen aufweisen. Cyril, Mad, Tito, Yin, Mig und Iky haben – neben anderen – allesamt die Kniffligkeiten dieses trapezförmigen Vexierspiels gemeistert, dessen Muster übrigens vielfach bei den ersten behaviouristischen Rattenexperimenten Verwendung fand. Dann kommt das Problem, wie man wieder herausfindet. Dazu braucht man nur – aber das soll hier nicht verraten werden. Und erwarten Sie ja nicht, daß der Mann im Kartenhäuschen Ihnen hilft. Was macht er, wenn jemand um Hilfe ruft? «Wir kümmern uns nicht darum.» Wir leben in grausamen Zeiten, denen noch das Ideal des thatcheristischen «Selbst ist der Mann» anhaftet. «Früher einmal stand jemand auf der Aussichtsplattform und hat am Feierabend die Leute herausgelotst. Jetzt schließen wir einfach ab und gehen. Früher oder später finden sie das Drehkreuz schon.»

Großbritannien hat die reichste und vielseitigste Irrgartentradition Europas und besitzt prachtvolle Beispiele der zwei

Hauptformen des Labyrinths. Hampton Court ist ein klassischer Heckenirrgarten: Als schmückendes Beiwerk von adligen Ländereien (in neuerer Zeit auch von Landhaus-Hotels und Freizeitparks) liegt ein solches Vexierspiel in der Regel auf privatem Grund und Boden; der Pflanzenbestand umfaßt im allgemeinen Eibe, Stechpalme, Hainbuche und Buche. Der andere Typ ist das Rasen- oder Steinlabyrinth zu ebener Erde. Hier stellt die Orientierung kein Problem dar: Ein eingleisiger Pfad führt unweigerlich, wenn auch umständlich, zu einem zentralen Ziel. Solche Irrgärten findet man gewöhnlich auf öffentlichem Gelände, und zwar in Siedlungen nordischen Ursprungs, wo die Einwanderer sie vermutlich als Kulturdenkmal angelegt haben. In Skandinavien dienten sie ursprünglich sowohl praktischen als auch symbolischen Zwecken: Sie waren entweder Glücksbringer für die Fischer (übles Wetter wurde hineingelockt und fand dann nicht wieder heraus) oder wurden zu Fruchtbarkeits- und Brautwerbungsriten benutzt, wobei eine von ihrem keuchenden Freier verfolgte Maid auf verschlungenen Wegen zur Mitte rannte.

Der älteste noch erhaltene Rasenirrgarten der Welt befindet sich auf dem Gemeindeanger von Saffron Walden in Essex: Mit seiner Breite von rund 35 Metern sieht er von oben aus wie ein rundes Backrost mit vier Henkelohren, und der Pfad, der sich schlangenförmig zum Zentrum windet, ist beinah eine Meile lang. Die Entstehungszeit des Irrgartens ist unbekannt; die erste Erwähnung geht auf das Jahr 1699 zurück, als die Guild of the Holy Trinity 15 Shilling bezahlte, um ihn nachschneiden zu lassen. (Er ist seither noch sechsmal nachgeschnitten worden, und 1911 wurde der zuvor mit Kalkstein belegte Pfad mit Backstein gepflastert.) Ein Dokument aus dem achtzehnten Jahrhundert schildert die althergebrachten Wettläufe, die damals noch dort stattfanden: «Im Irrgarten von Saffron Walden kommen die jungen Burschen des Landstrichs zusammen, die für ihren Lauf durch den Irrgarten feste Regeln haben, und es werden häufig

Gallonen von Bier als Wetteinsatz gewonnen und verloren. Eine Zeitlang wurde er von den Beaux und Belles der Stadt benutzt – eine junge Maid stand in der Mitte, *Home* geheißen, während der Bursche versuchte, sie so rasch als möglich herauszuholen, ohne ins Stolpern zu geraten.»

Wer nicht schummeln will, durchwandert den Irrgarten zu Saffron Walden in etwa einer Viertelstunde, und da sich der Weg nie gabelt, muß man höchstens befürchten, sich dort, wo der schmale Backsteinpfad und die knapp einen halben Meter breiten Rasengänge auf ungleicher Höhe zusammenstoßen, den Knöchel zu verknacksen. Das Abschreiten erzeugt – als eine Art Tretmantra – eine angenehme innere Leere, und die Gleichförmigkeit der Erfahrung verleitet zum Nachsinnen darüber, wie schlicht die schlichten Annehmlichkeiten vergangener Zeiten bisweilen doch waren. Schließlich erreicht man den erhöhten runden Erdwall, wo einst ein Eschenbaum stand, bis er 1823 bei der Guy-Fawkes-Feier niederbrannte. Hier verflüchtigt sich leicht jede Anwandlung von Überheblichkeit des zwanzigsten Jahrhunderts in Anbetracht des Zivilisationsmülls, den zeitgenössische Raucher und Hunde hinterlassen haben.

Als Anreiz zum Irrgartentreten hat die touristische Neugier heute den Atavismus des Rasenlaufens und die christliche Pilgerfrömmigkeit weitgehend ersetzt; aber hin und wieder brechen die alten Bezüge noch durch. Als der frühere Erzbischof von Canterbury, Robert Runcie, im März 1980 inthronisiert wurde, enthielt seine Ansprache auch das folgende psychoanalytische Detail: «Ich hatte einen Traum von einem Irrgarten. Da waren einige Menschen dem Mittelpunkt sehr nahe und fanden doch keinen Weg dorthin. Andere standen draußen vor dem Garten. Sie waren weiter vom Herzen des Irrgartens entfernt und würden doch eher dort ankommen als die Gruppe, die hektisch und aufgebracht im Innern herumlief.» Solch ein Traum mag sich als überraschende Ermunterung für diejenigen von uns deuten lassen, die sich theologisch draußen vor dem

Labyrinth herumtreiben; aber vor allem inspirierte er Lady Brunner von Greys Court im Themsetal dazu, die Anlage eines erzbischöflichen Irrgartens in Auftrag zu geben. Er ist fein säuberlich in Backstein und Rasen gestaltet, harmonisch in Gärten eingebunden, die aus einer Folge von verschwiegenen Winkeln mit je eigenem Charakter bestehen, ist eingleisig und mehrgleisig zugleich und wimmelt geradezu von christlicher Symbolik (die sieben Schöpfungstage, die neun Stunden des Leidens am Kreuze, die zwölf Apostel). In der Mitte ist ein römisches Kreuz aus grauem Muschelkalk in ein byzantinisches Kreuz aus blauem Westmorelandstein eingelegt, ein Verweis auf die Aussöhnung zwischen West und Ost, Katholizismus und Protestantismus, römischem und orthodoxem Glauben (ein Herzensanliegen des frisch geweihten Erzbischofs). In eine viereckige steinerne Stele sind vier Texte eingemeißelt, unter denen der irrgartentauglichste vom heiligen Augustinus stammt: «Nicht geschickte Manöver führen uns zu Gott, sondern die Liebe.» Nur neunzehn Monate nachdem der Erzbischof von Canterbury mit seinem Traum an die Öffentlichkeit getreten war, weihte er den Irrgarten persönlich ein; dessen geistige Genealogie mag zwar etwas verquer wirken – da das Symbol den christlichen Gedanken inspirierte, statt daß der christliche Gedanke im Symbol Gestalt annahm –, aber er zeigt doch, daß ein gewisser Strang der Irrgartentradition noch lebendig ist.

Dafür gibt es noch mehr Beweise, wenn auch nicht ganz so etablierter Art. Irrgärten finden bei durchgeistigten Kreuzworträtsellösern Anklang, haben aber ganz offensichtlich auch ihren Reiz für die Löffelbieger. Nehmen wir zum Beispiel die große und ehrfurchtsvolle Versammlung, die im vierten Monat des Jahres des Irrgartens in der Kirche St. James Piccadilly zusammenkam, um den Worten des amerikanischen Labyrinthologen Sig Lonegren zu lauschen. Wrens Kirche ist elegant, geradlinig und kühl, was für ein rationales Verhältnis zu Gott spricht. Der in Vermont ansässige Sig Lonegren ist verknautscht, wölbungsvoll (genauer gesagt schmerbäuchig) und überschwenglich und neigt in geistigen Dingen vielleicht eher zum Intuitiven. Der Abend begann in modern-ekklesiastischer Manier – will heißen auf eine Art, die Nichteingeweihte in Verwirrung stürzen soll. Zuerst zündeten wir drei Kerzen an – «eine für die Liebe, eine für die Wahrheit und eine für etwas nach freier Wahl des Vortragenden». Sig hatte Kommunikation gewählt. Als nächstes wurde demokratisch abgestimmt, ob wir zwei, fünf oder zehn Minuten lang in schweigender Meditation verharren wollten. Als gute Briten entschieden wir uns hier für den goldenen Mittelweg. Schließlich führten wir ein obligatorisches Zweiminutengespräch mit einem fremden Menschen in unserer Nähe, und dann ging's los. Na ja, fast. Erst kamen noch ein paar Bekanntmachungen, darunter die fast schon parodistische Ankündigung, daß es heute abend nichts zu essen gebe, da «Inneka in geschäftlichen Angelegenheiten unterwegs ist».

Sig Lonegren ist nicht nur Labyrinthologe, sondern auch ein führender Kopf des Wünschelrutengängerverbands American Society of Dowsers; ja, sein Erstlingswerk *Spiritual Dowsing* ist noch im Buchhandel erhältlich. Er war lange in Glastonbury, dem englischen Zentrum spiritueller Hippie-Betriebsamkeit, und hat die entnervende Angewohnheit, die Erde «Mom» zu nennen – zum Beispiel: «Es hat schon was, wenn man beim Rutengehen direkt auf Mom, direkt auf der Erde ist.» Und sein Engagement für die Irrgärten? «Ich arbeite seit zwanzig Jahren mit althergebrachten Instrumenten zur Förderung unserer Intuition.» Also hoben wir ab zu einem Abend mit «heiliger Geometrie», «Energiekreuzungen», Numerologie, Mom, der Musik des Labyrinths (von Sig recht und schlecht auf der Blockflöte intoniert), Gesprächen über jungianische Schatten, Ausflügen in ein Gebiet, «das ich *Herstory* nennen möchte», und der Dädalus-Sage, für moderne Verwendungszwecke kuschelig aufbereitet. (Dädalus sagte zu Ikarus, flieg nicht zu nah an die Sonne ran … «Aber hören Kinder auf ihre Eltern? Niemals.») Sig rührte seine

Religionen und Kulturen zu einer promisken Mischung zusammen, wie man ein selbstgemachtes Müsli mixt, und sorgte sich kurz, daß jemand an seiner modischen Umbenennung des Vater unsers in «Vater-und-Mutter-unser» Anstoß nehmen könnte. Doch wer wollte in der modernen anglikanischen Kirche an irgend etwas Anstoß nehmen? Nur die Schatten von Wrens Wohltätern knurrten uns aus ihrem belagerten Versteck auf dem Orgelchor an – von wo sie sehen konnten, daß Sig ein Labyrinth aus rotem Bindfaden vor dem Altarbereich ausgelegt hatte, auf daß wir es nach dem Vortrag allesamt abschreiten könnten. Allesamt bis auf einen. Als Sig zu dem abschließenden Thema des Abends kam, nämlich «Wie können wir das Labyrinth heutzutage *nutzen*», leuchtete die Kerze der Kommunikation schamlos weiter. Genug der Ehrfurcht, Verehrung, Zerstreuung – wie sieht es mit dem *Nutzen* aus? «Das Labyrinth ist ein Mittel der Problemlösung», verkündete Sig. «Bei Kindern klappt das wunderbar.» Woraufhin Ihr Korrespondent, einem Boulevardreporter vor einer Lasterhöhle gleich, eine Entschuldigung murmelte und ging.

1980 gab es zweiundvierzig Irrgärten in Großbritannien. Zur Zeit werden mehr als einhundert gezählt, wovon etwa zwanzig im Jahr des Irrgartens eröffnet wurden. Ein gutes Drittel der in den letzten zehn Jahren angelegten Gärten sind das Werk einer Firma namens Minotaur Designs, deren Präsident Adrian Fisher ist. Fisher, ein dicklicher, schwärmerischer Engländer von vierzig Jahren, ist aus ganz anderem Holz geschnitzt als Sig Lonegren. Er wohnt in einem großen Doppelhaus aus rotem Backstein in St. Albans, vor dessen Tür zwei grellfarbene, kniehohe Gartenzwerge Wache halten, «damit unsere Ideen zum Gartenbau nicht allzu grandios ausarten». Im Wohnzimmer sind Rollen mit leuchtend bunten Plastikmatten aufgestapelt, die sich zu Irrgärten zum Mitnehmen zusammensetzen lassen. Seinen ersten Irrgarten hat der ehemalige Managementberater bei ITT im väterlichen Garten angelegt. (Er war aus Stechpalme, und «wenn man links-rechts, links-rechts, links-rechts ging, kam man zur Mitte; ging man rechts-links, rechts-links, rechts-links, wanderte man anderthalbmal um den Irrgarten herum und kam trotzdem zur Mitte».) Seit 1983 ist er hauptberuflicher Irrgartendesigner. Er hat Heckenirrgärten angelegt, Pfadirrgärten (unter anderem den Erzbischofsgarten in Greys Court), Wasserirrgärten, Pflasterirrgärten für Stadtzentren, einen Beatles-Irrgarten samt untertauchendem Yellow Submarine in Liverpool und in Wookey Hole Caves in Somerset sogar einen Spiegelirrgarten. Billig ist so etwas nicht. Der Preis für einen Irrgarten beginnt bei £ 20 - 50 000 – zwei Backsteinpflaster in Form von Löwe und Einhorn für die Fußgängerzone in Worksop kosteten £ 35 000 pro Stück – und kann bis zu £ 250 000 und mehr gehen. Fisher entwirft auch Busstreckenpläne und Lagepläne für die Besucher von Landhäusern; die sind billiger zu haben.

Minotaur Designs ist das einzige Irrgartenbauunternehmen Europas, ja vielleicht der ganzen Welt; Fisher jedenfalls kennt kein anderes. Auf die Frage, ob die ungewöhnliche Renaissance des britischen Irrgartens in den letzten zehn Jahren sein Verdienst ist, antwortet er: «In der Hauptsache ja.» Er betrachtet den Entwurf von Irrgärten als «durch und durch moderne Kunstform» und «eine neue Art der Landschaftsgestaltung» und macht den Reiz des Labyrinths daran fest, daß es «ein Abbild des Lebens» ist. («Entscheidungen, die man mit zwanzig getroffen hat, muß man noch mit dreißig ausbaden.») Ihm ist aufgefallen, daß ein Irrgarten wohl das Kind in den meisten Erwachsenen weckt, aber er reagiert vorsichtig, um nicht zu sagen regelrecht ausweichend auf die Frage, ob sie für ihn auch etwas Transzendentes besitzen. «Wenn da Kinder herumspielen, ist das etwas schwierig», räumt er schließlich ein. Wohler ist ihm, wenn er von den geschäftlichen und gestalterischen Aspekten reden kann. «Mein Stil ist», erläutert er, «einen Markt zu entdecken, der noch nicht besetzt ist, und ihn dann auszubeuten.» Ein Irrgarten ist für ihn «ein Marketingvehikel»; wenn man ihm einen Namen gibt, ist das «eine gute Marketingstrategie». Das klingt alles vernünftig, wenn auch ganz und gar unmystisch. Doch andererseits scheinen auch in dem hemmungslos spirituellen Irrgarten des Erzbischofs nicht viele Besucher beim Erreichen der armillarsphärischen Sonnenuhr in der Mitte wie beabsichtigt darüber nachzusinnen, daß sie als schwache Sterbliche, die da zu einer bestimmten Zeit an einem bestimmten Fleck stehen, durch den göttlichen Plan mit seiner Unendlichkeit von Zeit und Raum zur Bedeutungslosigkeit verdammt sind. Weit gefehlt: Als ich dort war, schaute der Irrgartenbezwinger nach mir auf seine Uhr und beklagte sich dann, daß Sonnenuhren sich nicht auf britische Sommerzeit umstellen lassen.

Fisher räumt ein, daß es bei der Anlage eines Irrgartens heutzutage auch darum geht, Kundschaft anzulocken. Nur selten trifft man einen adeligen Landbesitzer, der ein Rätsel in Hainbuche zum rein privaten Kopfzerbrechen wünscht; er möchte eins haben, weil er seine Parkanlagen für die Ausflüglermassen öffnen muß und ein Irrgarten eine zusätzliche Attraktion darstellt, die historisch stimmig erscheint und dabei nicht ordinär wirkt, ein bißchen was Edleres als eine Geisterbahn. Er paßt zu der selbstgemachten Marmelade, dem Gartencenter und den kunstledernen Lesezeichen mit imposanter Messingprägung. Also haben sich die ältesten und meistbesuchten großen Häuser in England zum Teil erst vor kurzem einen Irrgarten zugelegt: Chatsworth 1962, Longleat 1978, Hatfield House in den achtziger Jahren, und Blenheim hat sich im März dieses Jahres den größten symbolischen Heckenirrgarten der Welt angeschafft. Bei der Entscheidung, wo der Designer den Irrgarten zur Zierde des Herrenhauses letztendlich anlegt, spielen Fragen der Touristendurchschleusung eine ebenso große Rolle wie Aspekte der Landschaftsästhetik. Leeds Castle in Kent bietet dem Touristen (seit 1988) eine phantastische Anlage auf zwei Ebenen mit einer Überraschungsgrotte und unterirdischem Ausgangstunnel; Fisher erläutert, dieser Irrgarten liege bewußt in beträchtlicher

Entfernung zum Schloß, damit man die Kundschaft «gleichmäßig verteilen kann wie Marmite».

Was macht einen guten Irrgarten aus? Laut Fisher soll er einen positiven Beitrag zu seiner Umgebung leisten, ein schönes Vexierspiel abgeben («‹Spaß› ist ein Begriff, der leicht verlorengeht») und phantasievoll angelegt sein, damit das Erlebnis abläuft «wie ein Trip in Disneyland» und zum Schluß möglichst zu «einer tollen Belohnung» führt. Also ein Gleichgewicht zwischen Zeitaufwand und Kniffligkeitsbewältigung plus Entschädigung. Und da die Nachfolger von Hampton Court eher die Drehkreuzkundschaft als hochherrschaftlichen Solipsismus ansprechen müssen, ist auch die Konzentrationsspanne und Problemlösungsfähigkeit der allgemeinen Bevölkerung zu bedenken. Auf die Frage, was einen schlechten Irrgarten ausmacht, verweist Fisher mit deutlicher Mißbilligung auf das (nicht von ihm angelegte) Labyrinth von Longleat. «Es zieht sich anderthalb Stunden hin, und das macht keinen Spaß. Es hat immer das gleiche Tempo, und das macht keinen Spaß. So etwas zeugt von maßloser Verachtung für den Markt.» Oder jedenfalls für den britischen Markt. Vielleicht war Longleat auf japanische Kundschaft gemünzt. In den achtziger Jahren erlebte Japan ein kurzes, aber heftiges Irrgartenfieber – in einem Zeitraum von fünf Jahren wurden über 200 solcher Labyrinthe angelegt. Sie waren kunstvoll, dreidimensional, aus Holz gefertigt und obendrein wandlungsfähig: Das Muster konnte von Tag zu Tag verändert werden und Stammkunden regelmäßig aufs neue verblüffen. Es gab eine ganze Reihe von Zielen anzusteuern, und für jedes wurde der Besucher mit einem Stempel auf der Eintrittskarte belohnt. Die Bewältigung dieser japanischen Irrgärten dauerte viele glückliche Stunden – ein Glück, bei dem der Konkurrenzkampf nicht ganz nebensächlich war.

Auch für einen der kühnsten, spektakulärsten und umstrittensten Irrgärten der Neuzeit zeichnet Fishers Designerteam verantwortlich. Kentwell Hall bei Long Melford in Suffolk ist ein vornehmes Tudor-Herrenhaus aus verwaschenem rotem Backstein; die Hauptgebäude bilden drei hohe Wände um einen Hof, während die vierte Seite zu einem Wallgraben und der Zufahrtsbrücke hin offen ist. Der einstmals kopfsteingepflasterte Hof war bei der Übernahme durch die jetzigen Besitzer schon lange unter Sand- und Kiesschichten verschwunden. Sie entschieden sich gegen eine Ausgrabung des Kopfsteinpflasters und ließen den Hof statt dessen lieber Ton in Ton mit Backstein auslegen. So weit, so unumstritten. Doch wie der Eigentümer Patrick Phillips, Queen's Counsel, Besuchern erklärt: «Wir wollten unbedingt etwas Besonderes daraus machen.» Das Besondere erwies sich als ein riesiger Pflasterirrgarten in Form einer monströsen Tudor-Rose, 21 Meter breit und aus 25 000 Backsteinen, wovon etwa 17 000 mit der Hand behauen werden mußten. Die Backsteine haben vier verschiedene Farben – Rosarot, Braun, Orange und Beige –, und zwei Männer brauchten fünf Monate für die Auslegearbeiten. Heute würde die Installation eines solchen Irrgartens rund £ 120 000 kosten. «Wir haben uns für ein Tudormotiv entschieden, weil das Haus stark vom Tudorstil geprägt ist und wir selbst ein Interesse an dieser Zeit haben», erläutert Phillips. «Außerdem wollten wir den 500. Jahrestag der Thronbesteigung der Tudors feiern. Wir haben uns für ein Irrgartenpuzzle entschieden, weil wir dachten, das macht Spaß und drückt auf moderne Art aus, was man sich in der Tudorzeit unter einem Knotengarten vorstellte.»

Bedurfte diese Erweiterung einer Baugenehmigung der Gemeindeverwaltung? «Wir haben sie angeschrieben», erklärte Adrian Fisher, «und gefragt, ob wir für eine ungewöhnliche Bepflasterung des Hofs eine Genehmigung brauchen, und sie haben gesagt, verschwenden Sie bloß nicht unsere Zeit mit einem Antrag.» Es gab ein paar Proteste des örtlichen Heimatschutzvereins, die aber verstummten, als die offizielle Eröffnung des Hofs mit der Bekanntmachung einherging, der Irrgarten habe einen «Heritage in the Making Award» der British Tourist Authority gewonnen. (Die Preise wurden von einer Molkereigesellschaft gesponsert, und die Gewinner bekamen einen in Bronze gegossenen Laib Käse samt bronzenem Käsemesser.) Doch hatte Fisher nicht selbst Bedenken, einem altehrwürdigen Herrenhaus seinen Entwurf überzustülpen? Er bezeichnet seine Einstellung zu Kentwell als «in Maßen ehrfurchtsvoll» und erklärt: «Es wäre jämmerlich, wollte man zu zaghaft sein.» Es sei ein bißchen wie bei einem Raubüberfall, sagt er: Wenn das potentielle Opfer allzu gefügig ist, muß es wahrscheinlich um so mehr leiden.

Das ist ja alles schön und gut, doch wer ist hier der Räuber und wer der Beraubte? Manch einer könnte Kentwell Hall eher für das Opfer als den Täter halten. Denn wenn der Pflasterirrgarten schon zu ebener Erde einen recht kontroversen Eindruck macht, nimmt er noch an Eindringlichkeit zu, je höher der Blickpunkt wandert. Der Irrgarten ist wahrlich «sehr bemerkenswert», wie John Evelyn sich wohl ausgedrückt hätte. Von oben sieht man entweder ein Ton-in-Ton-Mauerwerk und ein harmonisches symbolisches Muster, das den Zeitcharakter des Hauses mit ausdrucksvoller moderner Geste weiterführt, oder man sieht etwas, das wie ein kolossales – und kolossal niedliches – Ziel für einen Fallschirmspringerwettbewerb wirkt. Und hat nicht der bloße Gedanke eines «Kulturdenkmals-im-Werden» etwas von Grund auf Fragwürdiges, wenn auch sehr Britisches an sich? Es zeugt von Wichtigtuerei, von Geschichtsprotzerei. Jedes Volk hat von Natur aus kübelweise Schuldgefühle wegen all der Sachen, die im Laufe der Jahrhunderte demoliert worden sind (und Irrgärten, die durch schiere Vernachlässigung rasch zerstört sind, gingen in großer Zahl verloren). Doch lassen sich diese Schuldgefühle dadurch mildern, daß wir irgendein noch in den Windeln liegendes Artefakt auf der Stelle zum klassischen Kunstwerk erklären? Ist es gut, wenn Kulturdenkmäler, kaum geschaffen, auch schon fixiert und konserviert werden – in Bronze gegossenem Käse? Ist es nicht unverschämt, den Lauf der Geschichte so vorwegzunehmen? Der Hofirrgarten von Kentwell Hall hat sein Recht auf ein reales, wirkliches, verletzliches Dasein, auf ein Leben in der Gegenwart verwirkt, da er schon jetzt mit naseweisem Autoritätsanspruch zur künftigen Vergangenheit deklariert wurde.

September 1991

5

John Major macht einen Scherz

Auf dem Parteitag der Konservativen Anfang Oktober machte der Premierminister einen Scherz. In Wahrheit machte er deren mehrere, an denen man kaum vorbeikam, weil John Major eine der wesentlichen Subtilitäten öffentlicher Komik bis heute nicht beherrscht, nämlich nach der Pointe zu lachen und nicht davor. Aber es war zumindest ein Witz darunter, der erinnert und kommentiert zu werden verdient. Die Labour-Partei hatte etwa eine Woche zuvor ihren Jahresparteitag abgehalten, und Mr. Major erlaubte sich den altbekannten Vorwurf, die Opposition habe sich die Ideen der Regierung angeeignet. Und er sagte weiter: «Sie genieren sich nicht einmal, meine Kleider zu stehlen. Haben Sie gesehen, wie viele von ihnen letzte Woche einen grauen Anzug trugen? Kennen die denn keine Scham?»

Als erstes muß festgehalten werden, daß Mr. Majors Vorstellung von einem Scherz – oder genauer, die Vorstellung seines Redenschreibers, welche Art Scherz zu Mr. Major passen könnte – sich deutlich von derjenigen seiner Vorgängerin unterscheidet. Mrs. Thatcher gab während der längsten Zeit ihrer Herrschaft der Öffentlichkeit keinerlei Fingerzeig, daß so etwas wie Humor in ihrem Bewußtsein überhaupt existiert. Für sie war ein Scherz ein Zeichen von Weichlichkeit, ein Ausdruck konsensorientierter Politik, etwas Unökonomisches und möglicherweise sogar Subversives, vergleichbar am ehesten mit einer Flasche ausländischen Mineralwassers auf einem Bankett in Downing Street Nr. 10. Mehr als beißenden Sarkasmus vermochte sie in dieser Hinsicht nicht aufzubieten, bis sie gegen Ende ihrer Zeit als Premierministerin einen letzten verzweifelten Versuch unternahm, das Image vom Robocop, der alles im Griff hat, durch das Bild einer neuen, fürsorglichen, menschlichen Maggie zu ersetzen. In dieser Phase ließ sie sich zu Wortspielen hinreißen, die selbst das stärkste Nilpferd umhauen: In einer wütenden Attacke gegen Jacques Delors, den Präsidenten der Europäischen Kommission, bekräftigte sie ihren Widerstand gegen die europäische Einigung und gegen jeden «Födeeralismus durchs Hinterdelörchen». Noch in ihrem Witz blieb sie aggressiv und verächtlich. Demgegenüber erschien der Scherz, den Mr. Major auf dem Parteitag machte, als genügsam, selbsterniedrigend und wählerfreundlich.

Der zweite Punkt, der genauere Betrachtung verdient, ist der Hinweis auf den grauen Anzug. Als Mr. Major im November 1990 die Regierung übernahm, stellten sich ihm mehrere Probleme, nicht zuletzt, daß ihn kaum jemand kannte oder einzuschätzen wußte. Unter Mrs. Thatchers Führung hatte es eine Reihe junger Hoffnungsträger gegeben, die hinter vorgehaltener Hand als mögliche Thronfolger gehandelt wurden. Es war, wie am Hofe Katharinas der Großen, eine äußerst zermürbende Stellung, und wer der Gnade Ihrer Hoheit nach mehr oder minder kurzem Frühling verlustig ging, befand sich stets in einer schwierigen – wenn nicht gar lächerlichen – Position. Als bei diesem Ringelpiez die Musik zu spielen aufhörte, hatte Mr. Major das Glück, dem leeren Stuhl am nächsten zu stehen. Kaum war er auf den Thron geklettert, dessen Kissen vom fülligen Allerwertesten einer anderen bereits so durchgesessen war, daß er nur mit Mühe über die Armlehnen gucken konnte, sah er sich mit einem taktischen Problem konfrontiert. Mrs. Thatcher war entfernt worden, weil hinreichend viele Parteimitglieder zu der Überzeugung gelangt waren, daß ihr despotischer Dogmatismus mittlerweile mehr Wähler abschreckte als anzog. Mr. Major seinerseits war jedoch der Wunschkandidat eben dieser abberufenen Premierministerin und der hartgesottenen Thatcheristen. Er mußte also ein «Der Verkauf geht weiter»-Schild im Schaufenster aufstellen und gleichzeitig die Auslage umdekorieren und das Warensortiment erneuern: Statt Stacheldraht und Gewehren sollte der Laden in Zukunft Schokoriegel und Körperbalsam verkaufen. Auch in der Frage seines persönlichen Images – in der er zugegebenermaßen wenig Spielraum hatte – stand Mr. Major vor einem Dilemma. Wenn er sich bemühte, die entschlossene, kompromißlose Führungspersönlichkeit zu spielen, würde er bestenfalls als blasser Abklatsch seiner Vorgängerin wirken; wenn er sich jedoch für seine Entscheidungen Zeit nahm, zum antiquierten System des Miteinander zurückkehrte und sich von überzeugenden Argumenten umstimmen ließ, würde man ihm Unentschlossenheit vorwerfen. Der neue Premierminister hat sich anfallsweise darin versucht, Kühnheit und Führungsqualität zu beweisen – etwa indem er eine Schutzzone für Kurden forderte, als andere noch selig schliefen –, aber die Rolle stand ihm nicht wirklich gut zu Gesicht. Statt dessen ist Mr. Major im großen und ganzen der ehrwürdigen politischen Strategie gefolgt, möglichst nichts zu tun, was nicht unvermeidlich ist, und gleichzeitig laufend zu verkünden, wieviel noch getan werden muß. Er wird daher von der Opposition häufig als Zauderer tituliert.

Man hat ihn außerdem als lahm, langweilig und uncharismatisch denunziert. Aber je nach politischem Zeitgeist (und Amtsvorgängerin) müssen diese Charakteristika nicht unbedingt negativ sein, zumal alle Seiten schon früh darin übereinstimmten, daß Mr. Major ein anständiger und ehrlicher Bursche ist, die Sorte Mann, die im gestreiften Liegestuhl mit einem Becher dampfendem Tee auf dem Bauch ein Cricketmatch verfolgt. Er hatte nichts Bedrohliches an sich, weder einen akademischen Abschluß noch ein heimliches Faible für moderne Bildhauerei, und benutzte in seinen Reden keine allzu langen Wörter. Er gehörte zu jener Art Premierminister, die, wie man gezielt durchsickern ließ, ihre Staatskarosse an einer einfachen Autobahnraststätte mit dem entschieden uncharismatischen Namen

«Happy Eater» anhalten lassen, um dort bescheiden Brotzeit zu halten. Mit anderen Worten, der natürliche Prozeß politischer Darstellung und Selbstdarstellung war angelaufen: Begrenztheiten wurden zur Normalität erklärt und Normalität zur Tugend. Indem Mr. Major auf seinem ersten – und, da in den ersten sechs Monaten des Jahres 1992 gewählt werden muß, vielleicht letzten – Parteitag im Amt eines Regierungschefs selbstbewußt als der Mann mit dem grauen Anzug auftrat, fügte er sich ins Unabänderliche und erklärte es zu genau dem, was das Land jetzt brauche. Nennt mich einen lahmen Hund, so schien er zu sagen, aber so bin ich nun mal: aus eigenen Stücken zu dem geworden, was ich bin, arbeitsam, unspektakulär, vertrauenswürdig, der Inbegriff Mittelenglands. Snobs mögen Mr. Major für einen Vorortspießer halten, doch hatten Snobs schon immer weniger Stimmen als Vorortspießer. Noch hat der Premierminister, soweit bekannt, die Toulouse-Lautrec-Ausstellung in der Hayward Gallery nicht besucht (er hat noch Zeit bis 19. Januar), aber falls er seine Schritte dorthin lenken sollte, dürfte er an einer der elegantesten und gewagtesten Lithographien des Künstlers Gefallen finden: *Der Engländer im Moulin Rouge* (1892). Sie zeigt einen korrekt gekleideten, mittelalterlichen Mann, der sich an zwei junge Frauen heranmacht. Der Hintergrund ist hellgelb und hellblau gehalten; die weibliche Hauptfigur hat leuchtend rote Haare und trägt ein zartgrünes Kleid. In diese farbenfrohe Umgebung hineingestoßen ein Engländer in monolithischem Grau. Anzug, Krawatte, Hut, Handschuhe und Gehstock sind grau; sein Haar, Schnurrbart, Gesicht, selbst seine Ohren sind grau. Der Farbton durchzieht untilgbar sein ganzes Wesen.

Und zu guter Letzt muß über Mr. Majors Scherz gesagt werden, daß er ein Körnchen Wahrheit enthält. Wir sind in jene ermüdende Schlußphase des Wahlkampfes eingetreten, wo die konkurrierenden Parteien eifrig darauf bedacht sind, jeden Fehltritt zu vermeiden, wo das Image wichtiger wird als die Politik und wo die Kluft zwischen den Wahlversprechungen der Labour-Partei und der Konservativen sich allmählich schließt. Daher der Vorwurf der gestohlenen Kleider. Denn dieses Jahr erleben wir die «Schlacht der Männer in den grauen Anzügen». Lange vorbei die Zeiten, in denen sich feine Pinkel in Moorhuhntweed und freche Lümmel mit Schiebermützen gegenüberstanden; statt dessen ein Strand von grauen Seehunden, so weit das Auge reicht. Gleich linkischen Kadetten marschieren die beiden Parteien aufeinander zu, die Augen stur geradeaus, als seien es die anderen, die sich bewegten. Mit Blick auf die Wahl verfolgen beide mehr oder minder dasselbe Ziel, sich als effiziente, zukunftsgerichtete Organisatoren einer Marktwirtschaft zu präsentieren und dennoch das nötige Maß an sozialem Verantwortungsgefühl zu beweisen. Die Tories wissen, daß ihre über zehnjährige Affäre mit der thatcheristischen Ideologie zu einem Ende gebracht werden muß – daß es Zeit ist, die alte, eingemottete Uniform des Pragmatismus vom Speicher zu holen und in den kommenden Monaten nicht allzu viele Krankenhäuser zu schließen. Die Labour-Partei, die nacheinander drei Wahlen verloren hat und den Zusammenbruch des sogenannten sozialistischen Ostblocks mit ansehen mußte, hat (je nach Standpunkt) entweder viele ihrer altehrwürdigen Grundsätze verraten oder sich endlich mit den Realitäten dieser Welt abgefunden. Ausgerechnet in dem Moment, als Gorbatschow für mehr Sicherheit in der Welt sorgte und man ernsthaft abzurüsten begann, kündigte die britische Labour-Partei ihre Antiatomwaffenpolitik auf und erklärte, daß sie die Bombe liebe – zumindest ein ganz klein bißchen, wenngleich natürlich viel weniger als die Tories, auf jeden Fall sei es ein Fehler, mit leeren Händen am Verhandlungstisch zu erscheinen, doch verstehe sich von selbst, daß Labour die Bombe viel verantwortungsbewußter und sozialer einsetzen werde als die Konservativen, sollte je der unglückliche Fall eintreten ... All dies, weil bei jeder neuen Wahl schmerzlicher deutlich wurde, daß die britischen Wähler einer Politik der hehren Selbstentmannung nichts abgewinnen mochten. Auch die einhellige und weltläufige Europabegeisterung, die Labour gegenwärtig zur Schau trägt, steht in verblüffendem Gegensatz zum pikierten und mimosenhaften Inselprovinzialismus früherer Jahre. Aber wer Anzug trägt und auf sich hält, pilgert heutzutage nach Europa, und in Europa trägt man Machtgrau.

In Großbritannien gibt es keine feste Legislaturperiode, sondern lediglich die Bestimmung, daß sich die Regierung innerhalb von fünf Jahren dem Volk stellen muß. Wenn man also bei den Wahlen nur eine knappe Mehrheit bekommt, kann man das Volk bei nächstbester Gelegenheit an die Urnen zurückrufen, um sich die nötige Aufbesserung zu holen, aber wenn die Karten schlecht stehen, verharrt man bis zur letztmöglichen Minute im Amt. Diese Flexibilität verschafft der Regierung einen taktischen Vorteil; statt daß die Parteien ihre Anstrengungen auf einen festen Termin ausrichten, veranstalten beide Seiten einen großen Zirkus um die Ankündigung des großen Tages. Das Schauspiel gleicht oft dem Anfang einer Schulhofprügelei: Die beiden Kontrahenten tanzen umeinander herum, bemühen sich, möglichst hartgesotten auszusehen, bis der eine ruft: «Na los, ich bin bereit, laß sehen, was du zu bieten hast, du Schißhase», während der andere sich vornehm in Pose wirft, die Sticheleien ignoriert und verkündet: «*Ich* bin's, der festlegt, wann der Kampf beginnt.» Solcherlei Ritualverhalten erreicht zur Zeit der Parteitage neue Höhepunkte. Diesen Herbst wurde gezielt das Gerücht in die Welt gesetzt, der Premierminister werde sich mit Sicherheit vor Jahresende dem Volk stellen – das heißt, mit an Sicherheit grenzender Wahrscheinlichkeit werde er das tun, sehr wahrscheinlich schon im November –, vorausgesetzt, er ändere nicht seine Meinung.

Diese «Er wird, er wird nicht»-Atmosphäre wurde durch die Werbespots der beiden Parteien verstärkt, die Ende September im Fernsehen ausgestrahlt wurden. Obschon die Haupthändel in den kommenden Monaten zwischen Major und Neil Kinnock stattfinden, dürfen wir das pikante kleine Handgemenge nicht übersehen, das zwischen den unteren Chargen ausgefochten wird: zwischen Hugh *(Die Stunde des Siegers)* Hudson, der die TV-Kampagne für Labour produziert, und John *(Asphalt-Cowboy)* Schlesinger, der engagiert wurde, um die Bemühungen der Konservativen aufzupeppen. Angesichts des moribunden Zustands der heimischen Filmindustrie, der die Regierung seit zehn Jahren predigt, sie müsse lernen, auf ihrem eigenen Rollstuhl zu stehen, ist die Kampagne für den Zuschauer nicht nur von politischem, sondern auch von cineastischem Interesse. Obwohl der Kampf nicht mit gleichen Voraussetzungen geführt wird – Schlesinger wurde als Krisenfeuerwehr angeheuert, um in letzter Minute das Image aufzupolieren, während Hudson schon seit Beginn verpflichtet war –, verspricht er zumindest eine leichte Steigerung der Umsätze in der Filmindustrie. Nicht daß die erste Runde von Werbespots bei den Zuschauern einen nachhaltigen Eindruck hinterlassen hätte. Der Schlesingerfilm hatte Sonnenaufgänge und Sonnenuntergänge, ein neugeborenes Baby und Mozarts Klavierkonzert Nr. 21 zu bieten: Das konservative Britannien, so folgerten wir, ist friedlich und idyllisch, energisch, aber auch irgendwie elegisch. Hudsons Labour-Gegenschlag war ein zähes Machwerk politischer Agitation, in dem ein besorgtes Elternpaar (Herr und Frau Wähler) in der Schule das Zeugnis ihres Sohnes (der Konservativen Partei) abholt und vom Schulleiter (womöglich Gott) mit schleppender Folgerichtigkeit gesagt bekommt: «Die Tories haben am schlechtesten abgeschnitten» und «Ganz ehrlich, denen würde ich nicht mal den Tante-Emma-Laden anvertrauen».

Im Wahlspot der Konservativen war eine kurze Toneinspielung zu hören, in der der Premierminister von einer Nation sprach, die «im Einklang mit sich selbst» steht. Dergleichen einlullende Selbstgefälligkeiten gehören natürlich seit eh und je zum Grundstock der Tory-Politik: 1957 versicherte Premierminister Macmillan den Wählern, daß «es dem größten Teil unseres Volkes noch nie so gut ging», und übernahm – oder stahl? –

damit den Wahlspruch der amerikanischen Demokraten aus dem Jahre 1952. Die Thatcherjahre waren in vieler Hinsicht anormal, denn die Vorstellung, daß der britische Lebensstil einen ordentlichen Tritt in den Hintern braucht, ist für Konservative nicht leicht zu ertragen; das sentimentale Bild von der Nation als schlafendem Löwen, mit besonderer Betonung des Schlafens, liegt ihnen viel näher. Mr. Major blieb die kurze Frist von achtzehn Monaten (zwischen Mrs. Thatchers Abgang und dem letztmöglichen Wahltermin), um dieses neue, ahistorische Image der Tories als einer radikalen Reformpartei abzuschütteln; und dieses Image abschütteln hieß vor allem Mrs. Thatcher abschütteln – sie gütlich zum Schweigen bringen.

Aber Schweigen war noch nie Mrs. Thatchers Stärke – im Gegenteil, ihre Schimpfkanonaden gegen Gewerkschafter, Arbeitslose, Ausländer und andere Ungläubige sorgten mit dafür, daß sie beim britischen Publikum einen so nachhaltigen Anklang fand. Seit ihrer Pensionierung als Premierministerin ist sie mit ihren Memoiren beschäftigt – das heißt mit deren Verkauf, nicht etwa damit, sie zu schreiben. Außerdem hat sie die Thatcher Foundation ins Leben gerufen, eine Art internationaler Gedankenschmiede, deren satzungsgemäße Ziele von so betäubender Allgemeinheit sind, daß wir uns besser an die Zweckbeschreibung der Lady selbst halten: Das Ziel der Stiftung sei, so erklärte sie, «all die Dinge fortzuführen, an die ich glaube». Das Projekt nahm einen unheilvollen Anfang, alldieweil die zuständigen Charity Commissioners der Stiftung die Steuerbegünstigung verweigerten, weil auch bei großzügigster Auslegung der Paragraphen nicht einzusehen war, weshalb die Verbreitung von Mrs. Thatchers Überzeugungen gemeinnützig sein sollte; die Stiftung wurde inzwischen ganz unpatriotisch in der Schweiz eingetragen, wo Journalisten viel schwerer herausfinden können, von welchen ausländischen Milliardären die Kohle stammt. Fürs erste wurden 12 Millionen Pfund pro Jahr angepeilt, und Mrs. Thatcher hat einen Großteil des letzten Jahres damit zugebracht, Vorträge vor vermögendem Publikum zu halten: Der Sultan von Brunei soll unlängst 5 Millionen Dollar zugesagt haben. Solche Ausflüge bringen natürlich noch andere Gefälligkeiten mit sich, wie beispielsweise Ehrendoktorhüte. Im November erhielt sie einen von der Universität Kuwait (nachdem man ihr vor einigen Jahren in Oxford schmählich einen verwehrt hatte: beispiellose Brüskierung eines Regierungsoberhaupts). In ihrer Dankesrede offenbarte sie einen bislang völlig unverdächtigen Komplizen ihrer Weltanschauung. «Als ich wie so manches Mal in den frühen Morgenstunden Tennysons Werke durchblätterte und nach einer Inspiration suchte», stieß sie auf einige Zeilen, in denen die Thatcherphilosophie bereits im Keime enthalten und vorweggenommen war: «Das größte Wunder ist, Du bist Du selbst / Mit Macht über Dein eignes Tun, und auch die Welt.» Tennysons Gedicht «Zweimal Willkommen», ein eher weitschweifiger Lobgesang auf die Geburt eines Kindes, entbehrt in Wirklichkeit jeglicher politischer Konnotation; aber wir müssen schon dankbar sein, wenn eine Verszeile auf dem übernächtigten Echolot eines Politikers überhaupt einen Widerhall findet.

Das herkömmliche Mittel, Expremierminister zu beschäftigen – das heißt, unschädlich zu machen –, besteht darin, sie ins Oberhaus abzuschieben. Es war Mrs. Thatcher und ihren parlamentarischen Gefolgsleuten stets ein Dorn im Auge, daß ihr Tory-Vorgänger Edward Heath sowohl das House of Lords als auch eine attraktive Botschafterstelle abgelehnt und es vorgezogen hatte, als nörgelndes Relikt eines früheren liberaleren Konservatismus im Unterhaus zu verbleiben. Über die Abschiebung von Mrs. Thatcher ist man sich zwar theoretisch einig, doch erweist sie sich als nicht weniger heikel. Die Hoffnung auf einen reibungslosen Übertritt ins Oberhaus wurde herb enttäuscht, als ruchbar wurde, daß Mrs. Thatchers Vorstellung von einem Rückzug aufs adelige Altenteil durchaus nicht dem entsprach, was ihre unmittelbaren Vorgänger darunter verstanden. Mit Ausnahme von Heath, der im Unterhaus blieb und auf den Ritterschlag verzichtete, hatten sich die Premierminister der letzten Tage – Wilson, Callaghan, Home – mit Adelstiteln auf Lebenszeit zufriedengegeben. Mrs. Thatcher dagegen ließ verlauten, daß eine solch halbbackene Anerkennung ihrer Verdienste um die Nation in Form eines persönlichen Adelstitels auf Lebenszeit für sie nicht in Frage komme, sie wolle einen erblichen Titel mit allem Drum und Dran. WEG FREI FÜR THATCHERS ERNENNUNG ZUR GRÄFIN VON FINCHLEY, meldete die *Times* vom 3. Oktober auf ihrer Titelseite, und plötzlich stand die ganze hochnotpeinliche Frage, was der erbliche Adel in einer demokratischen Regierung zu suchen hat, wieder zuoberst auf der Tagesordnung. Zugegeben, auch Harold Macmillan hatte sich auf seine alten Tage in den Grafenstand erheben lassen, aber das war mehr als zwanzig Jahre nach seiner Abdankung als Premierminister und im stattlichen Alter von neunzig Jahren, angeblich aus schierer Langeweile. Winston Churchill hatte sogar ein Herzogtum abgelehnt. Der Fall Thatcher besitzt jedoch eine besondere Note. Die Aussicht, daß ihr Sohn in aller Behaglichkeit von Mr. Mark zu Sir Mark und zum Grafen von Finchley aufsteigt und damit zu einem Gesetzgeber dieses Landes wird, ist ein Schlag ins Gesicht jedes aufrechten Meritokraten und läßt höchstens Satiriker jubilieren. Die Ungeschicktheit des Juniors hat bereits mehrere potentielle Sponsoren der Thatcher Foundation verschreckt, unter anderem Charles Price, den ehemaligen Botschafter der Vereinigten Staaten am englischen Königshof. Erst kürzlich hat er beim Spendensammeln im Fernen Osten erneut sein Taktgefühl bewiesen, als er in Hongkong einen Millionär mit der denkwürdigen Aufforderung vor den Kopf stieß: «Nun ist's Zeit, für Muttchen zu löhnen.»

Die Tatsache, daß selbst das Dankesgeschenk der Konservativen an Mrs. Thatcher zu einem Problem wurde – ein Reporter bemerkte, der Titel einer Gräfin von Finchley sei «das heraldische Gegenstück zu einem Fuchsschwanz, der im Heckfenster einer Staatskarosse baumelt» –, zeigt, was für eine umstrittene

Figur sie nach wie vor ist. Was die Provokation parteiinterner Zerwürfnisse anbelangt, reicht ihr selbst ein Jahr nach ihrer Amtsniederlegung noch immer niemand das Wasser. Auf dem Tory-Parteitag beispielsweise hielt man es für zu gefährlich, die Lady zu den Delegierten und zur Nation sprechen zu lassen. Aber da es als äußerste Brüskierung empfunden worden wäre, sie plötzlich zur Unperson zu erklären, gestattete man ihr ein kurzes Erscheinen im Konferenzsaal – wenn schon nicht auf der Tonspur, so wenigstens ein kurzes Aufflackern im Bild. Die Ovationen, die sie für ihre stumme Rolle erhielt, dauerten fünf Minuten und erreichten 101 Dezibel. John Majors Programmrede verbuchte einen Applaus von vier Minuten und achtundzwanzig Sekunden und brachte es auf bloße 97,5 Dezibel. (Geringere Minister ernteten einen Applaus zwischen ein und drei Minuten und einen Lärmpegel knapp über 90.) Der einzige Redner, der eine noch größere Hysterie auslöste als die schweigende Mrs. Thatcher, war pikanterweise einer der Männer, die ihren Sturz herbeigeführt hatten, Michael Heseltine; er trieb das Klatschometer auf 102 Dezibel.

Daß Mr. Major sich von der früheren Führung abheben möchte und muß, wurde bereits durch die Choreographie seines eigenen Auftritts offenbar. Unprätentiös und verbindlich, wie es seinem Stil entspricht, betrat er den Saal von hinten und gab auf dem Weg zur Tribüne zahlreichen Delegierten des Tory-Fußvolks die Hand. Nach seiner Rede – oder genauer, nach dem daran anschließenden patriotischen Absingen von «Land of Hope and Glory» (und der 100-Dezibel-fünf-Minuten-vierzehn-Sekunden-Ovation, die *darauf* folgte) – kehrte er nach unten zurück, um unter den einfachen Delegierten seine Runden zu drehen. Was die Rede selbst betrifft, so machte Mr. Major eine Anspielung auf Churchill, die den neuen Ton der Tories vorzüglich illustriert. Während der letzten zehn Jahre schien Mrs. Thatcher das alleinige Urheberrecht an jeglicher Erwähnung von «Winston» zu besitzen, wie sie ihn vertraulich zu nennen pflegte: Nur sie durfte die Zigarre rauchen und den grauen Homburg lüften, weil auch sie die Ausländer von den Gestaden Britanniens zurückgeschlagen und ihrem Volk Blut, Schweiß, Mühsal usw. abverlangt hatte. Mr. Majors churchillscher Augenblick kam, als er die Bildungspolitik der Regierung erläuterte und dabei Churchills Lob auf die Tapferkeit der Jagdflieger der Royal Air Force in der Luftschlacht um England («Noch nie waren im Bereich menschlicher Auseinandersetzungen so viele so wenigen zu so großem Dank verpflichtet») in einen Witz über seinen eigenen dürftigen Bildungshintergrund und die zügellose Neugierde der Journalisten ummünzte: «Noch nie wurde so viel über so wenig geschrieben.» Das war erfrischend unprätentiös, geradlinig und menschlich.

Aber geradlinig ist Mr. Major ohnehin, und er wäre am besten beraten, es dabei zu belassen. Die bekömmliche Blaßheit seiner Diktion hebt ihn nicht nur vorteilhaft gegen Mrs. Thatcher ab, sondern auch gegen seinen unmittelbaren Widersacher Neil Kinnock, der trotz aller Bemühungen, seine Neigung zu bombastischer Ausdrucksweise im Zaume zu halten, stets Gefahr läuft, in walisische Schaumschlägereien abzugleiten. Die einzige Stelle in Mr. Majors Text, an der er sich einer emphatischen Wendung näherte, tauchte in jenem unersprießlichen, aber für Programmreden unerläßlichen Teil auf, wo er sich über «Meine Vision der Zukunft» verbreitete (wenngleich «Meine Vision der kommenden Woche» vielleicht besser zu ihm gepaßt und auch den Wählern mehr gebracht hätte). Dort deutete er eine mögliche Reform der Erbschaftssteuer an: «Ich will», erklärte er, «daß sich der Wohlstand wie ein Sturzbach über die Generationen ergießt.» Das hörte sich ganz und gar abwegig an; in Mr. Majors Welt kann und darf sich nichts ergießen. Sturzbäche sind viel zu dramatisch: Eine Metapher aus dem Bewässerungswesen oder, besser noch, aus dem Bereich sanitärer Installationen wäre viel treffender erschienen. Und obschon seit Mrs. Thatcher die Vorstellung von großen, wogenden Geldmengen in Großbritannien als nicht halb so vulgär und anstößig empfunden wird wie früher, läßt doch ein Niagarafall sich ergießenden Wohlstands Assoziationen an unverdienten – um nicht zu sagen amerikanischen – Reichtum anklingen.

Während der restlichen Zeit seiner siebenundfünfzigminütigen Rede schipperte Mr. Major mit umständlicher Banalität und voll unstrittiger Hoffnungen durch seichtere Gewässer. «Ich möchte in einer Welt leben, in der jeder eine Chance erhält, in der ein wahrhaft allgemeiner Friede herrscht und in der die Freiheit gesichert ist», erklärte er und unterschied sich darin wenig von anderen Politikern dieser Welt, mit Ausnahme unbelehrbarer Breschnewisten und der Anhänger der Roten Khmer. Mr. Major möchte ein starkes Großbritannien, eine sichere Verteidigung, Achtung vor dem Gesetz, gute Ausbildungschancen, niedrigere Inflationsraten, eine wirksame Bekämpfung der Kriminalität, eine Partnerschaft mit Europa (bei gleichzeitiger Wahrung der britischen Autonomie), eine klassenlose Gesellschaft und eine kostenlose Gesundheitsfürsorge für alle. Mr. Majors «Vision» von «Freiheit und Chancen» klingt so wie bei jedem von uns – wenngleich sie vielleicht nicht dasselbe meint; sie ist so flach wie ein Gehsteig, und genau darin liegt ihr Reiz. Es ist eine alte politische Weisheit, daß, wer in der Mitte der Straße geht, Gefahr läuft, von beiden Seiten überfahren zu werden. Aber während des Wahlkampfs richtet der gesamte politische Verkehr Britanniens seine Schnauze nach der dicken weißen Linie aus; nur wenige schielen nach dem Straßengraben, und die Seitenstreifen überläßt man getrost dem Wegerich, der Spitzmaus und dem Zaunkönig.

Mr. Major besitzt weder in der Öffentlichkeit noch als Privatperson irgendwelche auffallenden Eigenschaften, mutmaßliche Laster oder gefährliche Leidenschaften. Er ist die Nemesis eines jeden Satirikers. Versuche, ihn als Major Minor zu bezeichnen oder mit anderen Anlehnungen an Joseph Heller zu belegen, haben sich weitgehend totgelaufen; Old Major, der preisgekrönte

Eber aus Orwells *Farm der Tiere*, ist ebenfalls keine Hilfe. Einer der ersten Reporter, die ihn interviewten, erwischte den Premierminister in einem entspannten Augenblick, als die Hosen einige Zentimeter nach unten verrutscht waren, und bemerkte, daß sein Hemd in den Unterhosen steckte. Ob Mr. Major aus Gewohnheit so unziemlich gekleidet ist oder ob es sich um die einmalige und läßliche Unschicklichkeit eines vielbeschäftigten Politikers handelt, konnte bis heute nicht geklärt werden, aber der Ausrutscher lieferte dem treffsichersten Karikaturisten des Landes – Steve Bell vom *Guardian* – einen willkommenen Angriffspunkt. Er zeichnet Mr. Major im lautrecgrauen Anzug, aber mit den Unterhosen – einem stillosen Herrenslip mit Tupfen natürlich, nicht etwa Boxershorts – über den Hosen. Dem karikaturistischen Doppelgänger des Premierministers gelingt es zuweilen, seine Minister dazu zu bewegen, ihre Unterhosen aus Loyalität auf dieselbe Weise zu tragen. So nett diese Spitze ist, Mr. Major besitzt ein derart friedfertiges Wesen, daß die Karikatur gar nicht mehr besonders boshaft erscheint. Die zeichnerische Umkehrung von Ober- und Unterwäsche wirkt mittlerweile fast schon gemütlich: unprätentiös, geradlinig, menschlich – ja, immer wieder dasselbe.

Es gereicht Mr. Major zum Vorteil, daß er kaum der Kosmetik bedarf. Mrs. Thatcher veränderte ihre Stimme, Frisur und Kleidung; George Bush griff auf die unschätzbaren Talente seines Ausdrucksberaters Roger Ailes zurück. («Da ist sie wieder, Ihre Scheißhand!» beschimpfte dieser einmal den Präsidenten. «Sie sehen aus wie eine verdammte Schwuchtel!») Mr. Major dagegen braucht nicht mehr zu tun, als sein Hemd in das richtige Kleidungsstück zu stecken, und siehe da – er ist Premierminister. Wenn man ihm leibhaftig begegnet, verblüfft einen am meisten, daß er genauso aussieht, wie man ihn sich vorgestellt hat, weder größer noch kleiner, weder schmuddeliger noch schmucker, weder fröhlicher noch finsterer. Auf kurze Sicht wird ihm diese Durchschnittlichkeit – oder Schlichtheit – vermutlich eher nützen. Wir scheinen, zumindest hierzulande, derzeit eine Epoche der Durchschnittlichkeit zu durchlaufen. Unser neuer Erzbischof von Canterbury, George Carey, ist ein ganz gewöhnlicher Mensch – das erste Interview, das er nach Amtsantritt der überregionalen Presse gab, erschien nicht etwa in der *Times* oder im *Daily Telegraph*, sondern in *Reader's Digest*. Im Gegenzug gab Mr. Major diesen Sommer dem Magazin *Hello!* ein Interview, das in seiner Plattheit schon wieder großartig war. Die genannte Zeitschrift ist darauf abonniert, Prominenten jede Peinlichkeit zu ersparen, es sei denn, sie besäßen genügend Verstand, sich klebriger Liebedienerei zu schämen. Prinzessin Dianas Bruder wurde, frisch verheiratet, in flagranti im Bett einer anderen ertappt und tauschte schließlich in der Presse unflätige Beleidigungen mit seiner Exfreundin aus; *Hello!* war der Ort, wo die Rehabilitation des Viscount begann. *Hello!* (das Ausrufezeichen im Titel gibt die ungestüme Unschuld im Ton des Magazins trefflich wieder) blickt zuversichtlich in die Zukunft, berichtet lieber über Tragödien als über Schweinigeleien und führt seine Interviews aus kniender Stellung. Und so antworteten John und Norma Major auf die Frage, was sie in ihrem Urlaub in Spanien so trieben, ganz im Sinne der Zeitschrift. Originalton John: «Na, vor allem genehmige ich mir etwas mehr Schlaf als gewöhnlich. Es ist sogar schon vorgekommen, daß ich eine spanische Siesta gehalten habe! Und was für eine großartige Erfindung das ist.» Nach dem Nationalcharakter der dortigen Bevölkerung gefragt, antwortete Mr. Major: «Die Spanier sind sehr warmherzige Leute. Als ich Premierminister wurde, bekam ich einige reizende Briefe aus Candeleda – sogar eine Wurst.» *Hello!* umging geschickt den strafrechtlichen Aspekt dieses sonnigen Geständnisses – die Frage nämlich, ob die geschenkte Wurst roh oder gekocht war. Denn Premierminister hin oder her, der Import roher Wurst hätte gegen die Zoll- und Einfuhrgesetze Ihrer Majestät verstoßen.

Mr. Majors Strategie für die Zeit vom Tory-Parteitag bis zur kommenden Wahl scheint ihm daher wie auf den Leib geschneidert: Nichts Überstürztes tun! Und obschon die Labour-Partei auf einen Urnengang im Herbst zu drängen scheint, kann sie sich insgeheim die Hände reiben, wenn die Wahlen erst nach dem Winter stattfinden. Je länger Mr. Major weiterwurstelt, desto größer die Wahrscheinlichkeit eines segensreichen Schnitzers. Labours Zuversicht darf sich in diesem Punkt auf die jüngere Vergangenheit stützen, in der mehrere britische Premierminister durch einen «Winter des Mißvergnügens» zu Fall kamen (ein Ausdruck übrigens, der eine seltene sprachliche Umdeutung erfuhr, insofern sein ursprünglich metaphorischer Gebrauch bei Shakespeare einem realistischen Verständnis gewichen ist). Sowohl Heath wie Callaghan fielen dem winterlichen Unmut zum Opfer. Aber die Gewerkschaften sind heute in einer viel schwächeren Position als noch vor zehn Jahren, und je länger Mr. Major durchhält, desto eher wird er in den Augen der Wähler von einem bloßen Lückenbüßer zu einem veritablen, wurstvertilgenden Premierminister.

Aber es hängt alles davon ab, Querelen zu vermeiden. Querelen wie Querschläge von seiten Mrs. Thatchers. Auf dem Parteitag war es den Tories gelungen, sie auf kleinem Feuer zu halten, aber schon im November war sie wieder lichterloh entflammt. Der Anlaß war eine parlamentarische Aussprache im Vorfeld des Gipfeltreffens der Europäischen Gemeinschaft in Maastricht, auf dem die nächsten Schritte der politischen und monetären Einigung beschlossen werden sollten. Da die Positionen der drei großen Parteien zum weiteren Verlauf der Einigung vermutlich weit weniger auseinanderklaffen, als öffentlich zugegeben wird, hätte die Debatte, mit Ausnahme einiger Spiegelfechtereien am Rande, einen vergleichsweise friedlichen Verlauf nehmen können. Statt dessen erlebten wir erst im Unterhaus und dann im Fernsehen die rankünenreiche Rückkehr von Mrs. Thatcher auf die Bühne der britischen Politik.

In der Parlamentsdebatte war sie ganz die alte: herrisch, fingerwedelnd, grundsätzlich; einmal sprach sie sogar von «meinem Außenminister», als hielte sie noch immer die Fäden in der Hand. Höhnisch verunglimpfte sie die Idee einer europäischen Einheitswährung, und für den Fall, daß die drei großen Parteien sich zu Handlangern Europas machen sollten, schlug sie dreist ein nationales Referendum vor. Das Tory-Kabinett ließ dieses Sturmfeuer in schweigendem Entsetzen über sich ergehen, vermutlich fühlte sich ein jeder «Durch britisch starren Gorgonenblick/Von Kopf bis Fuß zu Stein geworden», wie ihre Neuentdeckung Tennyson sich ausdrückte. Aber ihr Fernsehauftritt in den Hauptnachrichten zwei Tage danach war noch aufschlußreicher und potentiell schädlicher. Sie wirkte sowohl wütender als auch gequälter und benahm sich wie eine adelige Witwe, die die Verwaltung ihrer Landgüter an die nächste Generation abgetreten hat, nur um mit ansehen zu müssen, wie ihre liebste Waldung an die Holzindustrie verkauft und auf dem trockengelegten See eine Rollschuhdisko errichtet wird. Sie verfolgte eine populistisch-sentimentale Linie, die sich aus nationalen Phantasien speiste. «Sie sollten etwas mehr Vertrauen in Ihre eigenen Landsleute haben», wies sie den Moderator an einer Stelle zurecht. «Wir waren es, die den Sozialismus zurückgedrängt haben, und zwar als erstes Land von allen.» Die Zuschauer wurden daran erinnert, daß «der Klang von Big Ben während des Krieges überall in Europa zu hören war. Ich will nicht, daß man uns unsere Macht wegnimmt.» Sie schloß mit einem weiteren Verweis auf ihr Totem: «Was um Himmels willen ist aus dem Löwen geworden, von dem Winston sagte, er sehe es als ein Privileg an, in seinem Namen zu brüllen? Und 1953 sagte Winston: ‹Wir werden mit Europa, aber kein Teil von Europa sein, und wenn sie uns fragen, warum wir so denken, dann antworten wir, wir weilen in unserem eigenen Land.›»

Schön und gut, auf Mrs. Thatchers plötzlichen Meinungsumschwung zugunsten der Vorzüge der Volksabstimmung hinzuweisen; denn wie Douglas Hurd, zweifellos wenig erbaut, als «ihr» Außenminister apostrophiert zu werden, dem Unterhaus in Erinnerung rief, war sie es gewesen, die 1975 am hartnäckigsten gegen das von Harold Wilson vorgeschlagene Euro-Referendum polemisiert hatte. Schön und gut auch, die Tauglichkeit eines achtunddreißig Jahre alten Ausspruchs in Frage zu stellen. («Was halten Sie vom harten Ecu?» – «Oh, ich weile lieber in meinem eigenen Land.») Tatsache ist, daß Mrs. Thatcher – ob aus verletztem Stolz oder echter Überzeugung – an einem gefährlichen Anfall von Idealismus zu leiden scheint. Und wenn Berufspolitiker Dinge zu murmeln beginnen wie «Mein Land ist mir wichtiger als meine Partei», sind sie meistens reif für die Gummizelle.

Aber Mr. Major gelang es durch seine Vorstellung in Maastricht Anfang Dezember, sowohl die Europhoben zu besänftigen als auch die Europhilen zufriedenzustellen. Mrs. Thatcher verlautbarte zuerst, sie sei von dem Ergebnis, das er nach Hause brachte, «absolut begeistert». Der Premierminister selbst bemerkte mit enthusiastischer Hausbackenheit, «Satz, Spiel und Sieg» seien an Großbritannien gegangen; und da ein jeder europäische Staatschef auf seine Weise einen Sieg feierte, hatte niemand etwas gegen diese britische Hybris eines sportlichen Azincourt einzuwenden. Die Regierung stellte die Sache so dar, als sei es drüben in Holland zu heftigen Straßenkämpfen gekommen, doch der Premierminister habe die Ärmel hochgekrempelt und sich durchgeboxt. Der «Föderalismus» – jenes gefürchtete Wort, das die Herren in den grauen Anzügen derzeit heftiger zusammenzucken läßt als jede Obszönität – war aus dem Vertrag gestrichen worden; Großbritannien hatte bei der Währungsunion eine Ausnahmeregelung erstritten und außerdem die Option erhalten, auf die Übernahme der Sozialcharta zu verzichten (in der Arbeiterrechte wie Mindestlohn und Chancengleichheit festgeschrieben wurden). Auf Zweifler machte Mr. Major den Eindruck eines Autofahrers, der nach bestandener Fahrprüfung darum kämpft, daß man ihn nur auf der Kriechspur chauffieren läßt, während Mr. Kinnock sich prächtig über die Wankelmütigkeit der Euro-Bekenntnisse des Premierministers amüsierte: «Rein in die Kartoffeln, raus aus den Kartoffeln – es handelt sich ganz offensichtlich um Lämmerhüpfen mit unsicherem Ausgang», spottete er in der zweitägigen Unterhausdebatte über Maastricht. Mrs. Thatcher wiederum schien eine Woche nach dem Gipfel schon entschieden weniger «absolut begeistert»: Sie meldete sich in der Debatte nicht zu Wort und enthielt sich bei der Abstimmung der Stimme. Immerhin redete und agierte sie nicht gegen Mr. Major, und da sie in der näheren Zukunft unzweifelhaft einen größeren Einfluß auf seine Berufsaussichten hat als Präsident Mitterrand oder Bundeskanzler Kohl, könnte man durchaus die Meinung vertreten, daß er in Maastricht die richtigen politischen Prioritäten gesetzt hat.

Zur Zeit hüllt sich Mrs. Thatcher also auf ihre Weise in Schweigen. Nichtsdestoweniger wären Mr. Major und seine Kollegen gut beraten, ihre gegenwärtige Wahlkampfstrategie durch eine Not- oder Rückversicherungsklausel zu ergänzen, die dafür sorgt, daß Mrs. Thatcher gegebenenfalls eine Reihe dringlicher Einladungen ausländischer Milliardäre erhält. Der Thatcher Foundation müßten als Gegenleistung für die Annahme der erzwungenen Gastfreundschaft große Geldsummen in Aussicht gestellt werden. Schließlich müßte der Gast in abgelegenen Berggegenden untergebracht werden, die weit außerhalb des Einzugsbereichs von Fax- und Telefonverbindung liegen. Und falls all dies nichts hilft, sollte sich Mr. Major vielleicht selbst ein wenig mitternächtlichen Tennyson genehmigen. Dort fände er ein Gedicht mit dem Titel «Hände allumher» und darin den folgenden Ratschlag:

Als wahrer Konservativer gilt,
Wer den morschen Ast wegschneidet.

Januar 1992

Mrs. Thatcher wurde zur Baronin auf Lebenszeit ernannt; Mark Thatcher wird lediglich den Titel eines Baronet von seinem Vater erben und stellt daher keine unmittelbare Bedrohung für das House of Lords dar.

6

Wählt Glenda!

An einem trüben und aufreizend feuchten Samstagnachmittag Mitte März, der Jahreszeit, da die vorwitzige Pflaumenblüte von des Winters letztem tückischem Frost einen Nasenstüber bekommt, klingelte eine weltberühmte Schauspielerin und Oscar-Preisträgerin an meiner Tür und stellte sich vor. Sie trug ein Mikrofon, und zehn Meter weiter stand ein Fernsehteam auf dem Bürgersteig, doch konnte das unseren ungezwungenen, wenn auch gedämpften Plausch nicht stören. Ihre Stimme war leise und klang müde, aber ich wußte wohl, die eigentlich schwierigen Passagen der Rolle standen ihr erst bevor. Auch wollte sie mich nicht mit Flitterglanz beeindrucken: Ihr Gesicht war ungeschminkt, das Haar vom Winde zerzaust, und die scharlachroten Hosen, die unter ihrem langen braunen Mantel hervorleuchteten, gaben der Erscheinung einen eher biederen als verwegenen Anstrich. Sie lauschte aufmerksam auf das, was ich zu sagen hatte, bat mich um meine Hilfe und zog nach ein paar Minuten – mir schien es länger, viel länger zu sein – mit freundlichem Lächeln davon. Ich schaute ihr nach und wußte plötzlich, woher der Ausdruck «Treppenwitz» kommt: Man steht auf seiner Treppe und ist mit seinem Witz am Ende. Meine besten Bonmots und Fragen waren ungesagt geblieben. Doch wenn Glenda Jackson zu Besuch kommt und als Kandidatin der Labour-Partei um die Stimme bei der nächsten Wahl bittet, kann einem das schon ein bißchen die Sprache verschlagen.

Solch traulichen Momenten sei ein liebevolles Angedenken bewahrt, denn die Parlamentswahlen von 1992 waren eine dröge Angelegenheit, verdruckst, miesepetrig und schleppend, und kamen mit pöbelhaftem Geknurre daher. Zeitweilig schien jeder Lebensbereich politisiert – selbst die Grand National Steeplechase wurde von einem Pferd namens Party Politics gewonnen –, und die Parteiführer ließen sich immer neue Gründe einfallen, uns zu drangsalieren; sowohl John Major als auch Neil Kinnock schafften es, während des vierwöchigen Wahlkampfes Geburtstag zu feiern, und Kinnock beging obendrein noch seinen silbernen Hochzeitstag mit Glenys. Natürlich wurde der Ausgang dieser Wahl ohnehin mit Spannung erwartet, denn Labour und die Konservativen hatten in den Umfragen fortwährend Kopf an Kopf gelegen und den Liberaldemokraten eine reelle Chance gegeben, das Zünglein an der Waage zu spielen; doch der Weg zu diesem Ergebnis schien unendlich lang. Der Wähler meinte, in eine zutiefst unerquickliche Beziehung mit eindeutig sadomasochistischem Anstrich verstrickt zu sein, in der Hörigkeit wie Abscheu mitschwangen und die nur durch die Gewißheit zu ertragen war, daß es mit Sicherheit in einem Monat vorbei sein würde – jedenfalls bis zum nächsten Mal. Also biß man die Zähne zusammen und dachte an England und war wieder einmal verblüfft über das frenetische Streben nach Macht und Herrschaft, auf das man sich da eingelassen hatte.

Der Kampf um den Wähler beginnt traditionsgemäß mit dem Abwerfen von Propagandamaterial. Einst war ein Parteimanifest eine kurze Darlegung von Absichten und Hoffnungen, die im Regelfall gratis oder für ein paar Kupfermünzen zu haben war; mit den Jahren ist es jedoch auf Novellenformat angeschwollen, hat einen entsprechenden Preis und einen – wie manche meinen – ebenso fiktiven Inhalt. Das Labour-Pamphlet *(It's Time to Get Britain Working Again)* war das preiswerteste und auch das einzige, das nicht das Antlitz des Parteiführers auf dem Titelblatt trug; statt dessen zeigte es die vier Flaggen des Vereinigten Königreichs, was unterschwellig womöglich von Gleichheit in der Verschiedenheit künden sollte. Das Konservative Manifest *(The Best Future for Britain)* zeigte einen blaugebleichten, leicht verschwommenen John Major, der freundlich lächelte, als wolle er in eigener Person seine oft verkündete Vision einer «Nation im Einklang mit sich selbst» illustrieren. Das liberaldemokratische Programm *(Changing Britain for Good)* war, wie es der kleinsten Partei zukommt, vom Format her bei weitem das größte, und auf dem Titelbild prangte ein porentief hochauflösendes Verbrecheralbumfoto von einem zerfurchten Paddy Ashdown, der überhaupt nicht lächelte (Großbritannien steckt so tief im Schlamassel, daß es gar nichts zu lachen gibt), sondern entschlossen (uns stehen unangenehme Entscheidungen bevor), aber doch menschlich (wir werden diese Entscheidungen voller Mitgefühl treffen) dreinblickte. Unklar bleibt, ob diese Pamphlete der Bekehrung dienen sollen oder als Taschenkatechismus für Wahlhelfer gedacht sind, auf daß sie die diesjährigen Wahlversprechen und die des letzten Jahres auseinanderhalten können; so oder so enthalten sie ein flächendeckendes politisches Streufeuer. Die Konservativen versprechen, «das strikteste Pornographieverbot in ganz Westeuropa» beizubehalten und jedem Kind bis zum elften Lebensjahr das Schwimmen beizubringen. Labour will die Einzäunung von Brachland durchsetzen, den Verkauf von Schußwaffenattrappen gesetzlich verbieten und außerdem für bessere Viehtransportbedingungen sorgen. Die Liberaldemokraten wollen mehr Laubhölzer anbauen, «den umweltverträglichen Fischfang wie zum Beispiel das Makrelenfischen mit der Angelschnur schützen» und neue Qualitätsmaßstäbe für Glühbirnen, Kühlschränke und Herde durchsetzen.

Nur wenige Kandidaten haben im Wahlkampf von schwimmenden Kindern und Laubhölzern gesprochen; doch andererseits sprachen auch nur wenige über so gewichtige Dinge wie Außenpolitik, Nordirland oder die Europäische Gemeinschaft, da diese Themen genau wie das Schicksal von Mr. Salman Rushdie nach Meinung der großen Parteien vor allem Stimmen kosten oder zumindest keine Stimmen einbringen. Die Liberaldemokraten konzentrierten sich auf die Führungsqualitäten von

Mr. Paddy Ashdown, die Erhöhung des Grundsteuersatzes um einen Penny eigens zur Finanzierung von Verbesserungen im Bildungswesen und die Forderung nach einer Frischzellenkur für das Wahlsystem mit Hilfe des Verhältniswahlrechts. Labour legte den Schwerpunkt auf Gesundheits- und Bildungswesen, stellte einen alternativen Haushaltsplan vor, der steuerbegünstigte Kreise stärker zur Kasse bitten sollte (durch Erhöhung des Spitzensteuersatzes von 40 auf 50 Prozent), und versuchte gleichzeitig alle anderen mit dem Versprechen zu beruhigen, unter einer Labour-Regierung werde es neun von zehn Familien besser gehen. Die Konservativen führten einen im wesentlichen negativen Wahlkampf mit den Aussagen, die Rechnungen der Labour-Partei gingen nicht auf, wer für die Liberaldemokraten stimme, mache den Weg für Labour frei, und die Rezession, für die sie sowieso nichts könnten, gehe jetzt zu Ende, und da wäre es doch idiotisch, in diesem entscheidenden Augenblick in der Geschichte Großbritanniens eine nüchtern-verantwortungsbewußte Regierung gegen eine Labour-Politik der hohen Steuern und hohen Ausgaben einzutauschen. (Hier sollte angemerkt werden, daß Wahlen stets in einem entscheidenden Augenblick in der Geschichte Großbritanniens stattfinden. Vielleicht hat eines Tages einmal ein Premierminister den Mumm, eine Wahl mit der Parole auszurufen: «Dies ist ein relativ unbedeutender Moment in der Geschichte unserer Nation.»)

Eine Woche vor dem Wahltag ließ ich Glenda Jacksons konservativem Gegenspieler in Hampstead and Highgate Oliver Letwin gegenüber durchblicken, der Tory-Wahlkampf habe nicht gerade beflügelnd gewirkt. Er entgegnete (nachdem er sich klugerweise erst einmal nach dem Erscheinungstermin dieses Artikels erkundigt hatte): «Ach, er hat überhaupt nichts getaugt. Keiner hat sich beizeiten überlegt, was er im Wahlkampf sagen wollte.» Eine Regierungspartei hat – zumal wenn sie schon dreizehn Jahre an der Regierung ist – zwei Möglichkeiten, die Wählerschaft optimal anzusprechen. Die eine ist, mit dem Erreichten zu prahlen; die andere, schwungvolle Pläne für die nächsten fünf Jahre aufzustellen. Die Tories wählten einen dritten Weg: die Labour-Vorhaben in Grund und Boden zu verdammen (und in der übrigen Zeit die Vorschläge der Liberalen gleich mit). Das mag bei dem vorhergesagten Kopf-an-Kopf-Rennen verständlich sein, war aber taktisch dumm. Letwin verglich John Majors Wahlkampf mit den Kampagnen von Mrs. Thatcher, in deren Beraterstab er während ihrer Regierungszeit gearbeitet hatte: Wenn sie in den Wahlkampf zog, wußte sie genau, was sie sagen wollte, und wiederholte es dann ohne Rücksicht auf zerebrale Verschleißerscheinungen immer und immer und immer wieder, was sicherstellte, daß sie zumindest die Tagesordnung bestimmte.

Ein automatischer Nebeneffekt der ungezielten und insgesamt negativ ausgerichteten Tory-Kampagne war der, daß Labour kurzfristig mit ein wenig Autorität ausstaffiert wurde. Nicht, daß Labour sich nicht selbst so ausstaffiert hätte, und das sogar wortwörtlich. Barbara Follett, die Gattin des Romanciers Ken Follett, beriet eine Zeitlang Labour-MPs und Mitglieder des Schattenkabinetts hinsichtlich eines möglichst dynamischen Erscheinungsbildes. Für altgediente Labour-Beobachter hatte das auch eine komische Seite. Einst lief ein Labour-MP vertrauenerweckend schlampig herum; seine Kleidung verkündete, daß er im Geiste mit höheren, idealistischeren Dingen beschäftigt war. Eine Schlotterhose mit ausgebeulten Knien bewies Solidarität mit der Arbeiterklasse, ein Lederfleck am Ellenbogen des Tweedjacketts zeugte von Sparsamkeit und Rechtschaffenheit. Zu besonderen Anlässen zog der Abgeordnete seinen am wenigsten zerlumpten Anzug an und schmückte sich mit einem roten Schlips. Der *point culminant* der konfektionären Labour-Schlamperei war erreicht, als Neil Kinnocks Vorgänger Michael Foot vor ein paar Jahren zu der Kranzniederlegung am Cenotaph anläßlich des Armistice Day in einem Kleidungsstück erschien, das allgemein als Dufflecoat verunglimpft wurde (er selbst bezeichnete das gute Stück allerdings anders). Von dem Augenblick an kleideten sich Labour-Politiker – eingefleischte Ideologen ausgenommen – zunehmend eleganter, so daß die Oberbosse mittlerweile wie zurückhaltende Börsenmakler daherkommen. Die Einführung von MPTV hat den Prozeß des Herausputzens noch beschleunigt. Die mittelgrauen Kaufhausanzüge von der Stange und die braunen Wildlederschuhe mit Kreppsohle wurden durch gutsitzende Modelle in gedeckten Schattierungen ersetzt; der Krawattentrend ging stark Richtung Banker und machte selbst vor dem dunkelblauen Modell mit den kleinen weißen Pünktchen nicht halt; der rote Schlips für besondere Anlässe aber verwandelte sich wie in einer zweitrangigen griechischen Sage in eine rote Rose im Knopfloch. Infolgedessen zogen Labour-Politiker in den Wahlkampf, als seien sie bereits an der Regierung. Daß die Tories ihnen gestatteten, sich auch so aufzuführen, war ein weiterer Fehler. Eine amtierende Regierung muß die Karten natürlich immer so spielen, als seien auf der eigenen Seite ausschließlich Staatsmänner zu finden (angesichts des Frauenmangels in Mr. Majors Kabinett ist das männliche Substantiv hier gerechtfertigt), während die Opposition höchstens Politiker zu bieten hat. Die Tories haben es in ihrem Ungeschick verstanden, die Rollen zu vertauschen, und so sprach Mr. Kinnock in Fernsehwerbespots ganz lässig von «meinem Schatzkanzler» und «meinem Gesundheitsminister», als warte seine Mannschaft nur noch die paar vorgeschriebenen Tage bis zur Amtsübernahme ab.

Obwohl von vielen Seiten ein schmutziger Wahlkampf prophezeit worden war, begnügten die Politiker sich zumeist mit Beleidigungen und Lügen. Das war weise Zurückhaltung, denn es hieß, jede Partei besitze sexuelle Dossiers über führende Mitglieder der jeweils anderen Seite; doch mag das Ausbleiben erotischer Verunglimpfungen auch auf den überraschenden Fehlschlag einer früheren Verleumdungsattacke zurückzuführen sein. Drei Monate vor der Wahl, als sich bereits abzeichnete, daß die Liberaldemokraten den Ausgang entscheidend beeinflussen könnten, wurde in das Büro von Paddy Ashdowns Anwalt eingebrochen. Im Safe lagen zufällig auch die Aufzeichnungen des Anwalts von einer Unterredung mit Mr. Ashdown, bei der sich der Parteivorsitzende zu einer fünf Jahre zurückliegenden Affäre mit seiner Sekretärin bekannt hatte. Einzelheiten aus den gestohlenen Notizen gelangten wie von selbst an verschiedene Londoner Zeitungen, und während noch das Tauziehen zwischen Sensationsgier und freiwilliger Selbstkontrolle andauerte, überzog Mr. Ashdown, vielleicht voreilig, weite Teile von Fleet Street mit einstweiligen Verfügungen. Da diese nur bis zum Hadrianswall reichten, wurde die Geschichte prompt im *Scotsman* veröffentlicht, woraufhin die gesamte Fleet Street fröhlich nachzog. Die *Sun*, ein rechtes Revolverblatt, das lange an seinen Schlagzeilen feilt, weil sonst nicht viel auf die Titelseite paßt, stellte in einer wohldurchdachten Schlagzeile den Parteichef mit heruntergelassenen Hosen vor: IT'S PADDY PANTSDOWN!

Die nachfolgenden Ereignisse waren höchst lehrreich und erlaubten dem Connaisseur britischer Sexskandale, sich kurzfristig über seine amerikanischen Pendants zu erheben. Mr. Ashdown gab zu, daß die Affäre stattgefunden hatte; die Sekretärin war diskret; Mrs. Ashdown, an deren Haustür ein Fernsehteam auftauchte und verkündete, ihr Gatte habe seinen Seitensprung öffentlich zugegeben, nickte gleichmütig, entgegnete: «Soso» und entschwand ohne weiteren Kommentar ins Haus. Woraufhin die größte Überraschung in der Geschichte britischer politischer Sexskandale eintrat: In der nächsten Meinungsumfrage war Mr. Ashdowns persönliche Wertung um dreizehn Punkte gestiegen. Damit war die Geschichte erfolgreich abgewürgt, und andere Parteiführer mußten sich fragen, ob nicht im Interesse der Sache ein kleines indiskretes Techtelmechtel geraten sei.

Aber die Affäre ging nicht so säuberlich zu Ende. Es kam noch ein peinliches Finale, als in der Aprilnummer der Zeitschrift *Good Housekeeping* Interviews mit den Gattinnen der drei maßgeblichen Parteichefs erschienen. Bei der Vorlaufzeit der Zeitschrift mußten diese noch vor dem Ruchbarwerden der Ashdown-Story geführt worden sein. Hier bezeichnete Jane Ashdown sich selbstkasteiend als «schmuddelige Kuh» und «ein unbedeutendes Anhängsel, eine Ehefrau». Doch erst ihre blauäugige Treue zu Paddy ließ die Leser so richtig erschauern: «Man hat ihm nachgesagt, er habe Affären, und er war außer sich, ganz furchtbar verletzt. Er flirtet nicht, aber er ist gern unter Frauen. Er merkt es überhaupt nicht, wenn sie mit ihm flirten.»

Überdies konnte das Volk rasch feststellen, daß die von der Ashdown-Saga suggerierte Regel «Seitensprung schadet nichts (oder trägt noch zur Beliebtheit bei)» einen sehr begrenzten Anwendungsbereich hat. Der Seitensprung muß nämlich lange zurückliegen und beendet sein, alle Parteien müssen sich gut benehmen, und die Hauptfigur muß männlich sein. (Man stelle sich die Heuchelei und Feindseligkeit des Medienechos vor, wäre der betreffende Parteichef weiblichen Geschlechts gewesen.) Und es versteht sich, daß der Mann heterosexuell sein muß. Als strenger Hinweis auf die Grenzen des für einen MP erlaubten Betragens wurde im März, direkt vor der Ausrufung der Wahlen, ein neuer Skandal bekannt. Der konservative MP für Hexham in Northumberland, ein neununddreißigjähriger Junggeselle (rechtsgerichtet, Abtreibungsgegner, entschiedener Nichtraucher, Antialkoholiker), wurde in der Nähe von Hampstead Heath mit einem anderen Mann zusammen festgenommen; sie befanden sich in einem parkenden Auto auf einer Straße, die bei den Schwulen, die einen gewissen Teil des Parks frequentieren, «Schluckschlucht» – Gobbler's Gulch – heißt. Wie bei Ersttätern üblich, bekam der MP eine Verwarnung, doch es wurde keine Anklage erhoben; polizeiliche Verwarnungen gelangen zwar in der Regel nicht an die Öffentlichkeit, diese aber sickerte nicht allzu überraschenderweise durch. MP'S GAY SEX SHAME überschrieb die *Sun* mitfühlend ihre Geschichte über den «beim Homo-Sex erwischten MP», und es dauerte keine 48 Stunden, da sahen sich die Tories von Hexham nach einem neuen Kandidaten um. Nach weiteren Schnüffeleien in der Umgebung von Hexham setzte Fleet Street dann dem jungen liberaldemokratischen Gegenkandidaten zu, sich zu *seiner* Homosexualität zu bekennen. Er tat es auch brav und verkündete: «Ich will ja mit den Sachthemen gewinnen.» Natürlich verlor er, ob nun mit den Sachthemen oder nicht, und konnte 4000 Stimmen weniger auf sich vereinigen als der liberale Bewerber von 1987, während der (vermutlich nicht homosexuelle) Konservative die Torymehrheit spielend um über 5000 vergrößerte.

Derartige Erschütterungen gab es im Wahlkreis Hampstead and Highgate nicht. Hier wurde trotz gelegentlicher handfester Beleidigungen – wie dem zündenden Ruf «Die Reaktion marschiert!» – ein fairer Kampf geführt. Auf den ersten Blick mochte es scheinen, als hätte Labour das Mandat schon in der Tasche. Die Partei verfügte über eine prominente Kandidatin; bei den letzten Wahlen hatten die Tories nur einen Vorsprung von 2221 Stimmen errungen und waren damit auf Platz vierundzwanzig der Liste der wichtigen unsicheren Wahlkreise gelandet, die Labour zu erobern trachtete; landesweite Meinungsumfragen zeigten einen handfesten Trend zugunsten der Labour- Partei; der amtierende Tory-MP wollte sich zur Ruhe setzen, so daß persönliche Anhänglichkeit keine Rolle spielte; und schließlich hatte Glenda Jacksons junger Gegenspieler die Erfindung der Gemeindeabgabe oder Kopfsteuer mit zu verantworten, der meistgeschmähten Steuer, die dem Land seit Jahrzehnten, wenn nicht Jahrhunderten auferlegt worden war. Was sollte da für Labour noch schiefgehen?

Etliches. Zunächst einmal hat der Wahlkreis ungeachtet seines Rufs als Brutstätte rosa angehauchter Intellektueller in den über achtzig Jahren seines Bestehens nur ein einziges Mal einen Labour-Kandidaten ins Parlament geschickt, und auch das nur für den Zeitraum von vier Jahren nach dem Rausschmiß einer sensationellen Niete von Tory-Minister. Darüber hinaus hat der

Wahlkreis in der Regel nur eine etwa halb so große Wählerwanderung zu verzeichnen wie der Landesdurchschnitt: Konservative wie Labour verfügen über eine fest etablierte Stammwählerschaft. Dazu hatten sich in letzter Zeit noch zwei Faktoren ergeben, die sich gleichfalls negativ für Labour auswirken konnten. Erstens liegt Hampstead and Highgate im Londoner Borough of Camden, der vor etwa zwanzig Jahren als Musterbeispiel eines engagierten und menschlichen Sozialismus auf kommunaler Ebene hingestellt wurde, jetzt aber weithin als unfähig, verschwendungssüchtig, bankrott, träge, korrupt und verbohrt verschrien ist. Mit der Erhöhung der Mieten im sozialen Wohnungsbau um durchschnittlich £ 11 pro Woche kurz vor den Wahlen erwies Camden dem Kandidaten der Labour-Partei keinen Dienst, und schon das bloße Vorhandensein sowie der Ruf dieser Labour-Kommune boten dem Konservativen Oliver Letwin bequeme Angriffsflächen für seine Wahlbroschüre: «Ein Blick auf Camden Council, die Regierung vor unserer Haustür, genügt. Seit Jahren hat in Camden die Labour-Partei das Sagen. Als die Labour-Politiker darangingen, unser Leben zu verwalten und zu verplanen, hatten sie gewiß die ehrliche Absicht, alles besser zu machen. Das Ergebnis ist, wie Sie nur zu gut wissen, trostlos und trist ... Als britische Regierungen die Camden-Therapie auf Landesebene anwenden wollten, war es das gleiche. Unter der ‹gemäßigten› Labour-Partei der Nachkriegszeit florierten Pläne und Bürokratie. Doch das Ergebnis kann man eigentlich nur als katastrophal bezeichnen. So wurde Britannien zum kranken Mann Europas.» Man beachte übrigens die trickreiche Unterstellung, die Labour-Regierungen hätten die «Camden-Therapie» übernommen, als sei der Borough ein antiquiertes Nest von Spinnern und Färbern wie bei William Morris und habe als Quell der kollektivistischen Erbsünde die gesamte Partei mit sich gerissen; dabei hat Camden in Wirklichkeit nur die landesweite Labour-Politik mit ein paar Extraschnörkeln in die Tat umgesetzt.

Das zweite Zusatzmoment wurde vor Ort nur selten erwähnt. Selbst den Wahlhelfern war nicht sonderlich an einer Diskussion darüber gelegen, während sie hier um eine entscheidende Stimme kämpften, eine Straße weiter einen taktischen Wechselwähler zu gewinnen suchten usw. und so in jedem Bezirk tapfer eine runde Hundertschaft standhafter oder wankelmütiger Wähler zusammenbrachten, mit denen sich die magische Zahl 2221 erfolgreich attackieren oder verteidigen ließe. Nahm man sich aber das Wählerverzeichnis vor, so entdeckte man dort eine Ziffer, die womöglich viel wichtiger war, als das Ergebnis der getreulichen Bemühungen aller fleißigen Wahlhelfer zusammengenommen. 1987, als die letzten Parlamentswahlen stattfanden, waren 63301 Personen in das Wählerverzeichnis des Wahlkreises eingetragen; 1992 war diese Zahl auf 58203 geschrumpft. Die Bevölkerung von Camden hat immer stark fluktuiert, aber nun war die Einwohnerzahl in fünf Jahren um 8 Prozent gesunken. Woran mochte das liegen? Zogen die Leute von Camden weg, um nicht von Camden Council regiert zu werden? Allgemeine Politikverdrossenheit? Mag sein. Doch die einleuchtendste Erklärung war, daß eine beachtliche Zahl von Leuten sich nicht in das Wählerverzeichnis eintragen lassen wollten, und das aus einem ganz einfachen Grund: Sie fürchteten, mißbilligten oder haßten die Kopfsteuer. Zwar gibt es formal keine Verbindung zwischen dem Wählerverzeichnis und der zur Einziehung der Kopfsteuer benutzten Liste, aber daran wollen nur wenige glauben. Wer nicht ins Wählerverzeichnis eingetragen ist, den kann man auch zur Kopfsteuer nicht heranziehen, so will es die herrschende Meinung. Das beschert uns am Ende womöglich ein ausgewachsenes politisches Paradox: Mr. Letwin kann Hampstead and Highgate vielleicht für die Konservativen halten, weil eine entscheidende Zahl von Labour-Anhängern auf ihr Wahlrecht verzichtete, um nicht die Steuer zahlen zu müssen, die er mit ersonnen hat.

Letwin ist fünfunddreißig Jaher alt, war in Eton und Cambridge, hat unter Mrs. Thatcher im Beraterstab der Regierung gearbeitet und leitet nun die Abteilung Privatisierung und öffentliche Dienstleistungen im Hause Rothschild; Glenda Jackson ist fünfundfünfzig, war zwei Jahre lang Verkäuferin bei der Drogeriekette Boots, ist auf die Royal Academy of Dramatic Arts gegangen, hat zwei Oscars gewonnen und wurde 1978 mit dem CBE ausgezeichnet. Letwin trägt es mit Fassung, daß ihm eine so prominente Konkurrentin zugefallen ist. «Die Wähler hier sind sehr kultiviert», antwortet er, wann immer man ihn danach fragt, «und lassen sich nicht von Glamour blenden – weder von Glendas noch von meinem.» Labour nützt das stürmische Interesse der Medien natürlich voll aus, und die Ergebnisse der Fototermine prangen in allen überregionalen Tageszeitungen: Glenda serviert Tee in einem Freizeitzentrum, Glenda legt sich mit dem Schattenschatzkanzler auf einer Bowlingbahn mächtig ins Zeug, und dann der Gipfel der Albernheit, Glenda und Glenys Kinnock tun so, als zögen sie im Blackburn Road Builders Training Centre gemeinsam eine Mauer hoch. Auf den Fotos sieht man die beiden Frauen hinter einer Palisade aus Ziegelstein und feuchtem Mörtel hocken, Glenda hantiert mit Maurerkelle und Wasserwaage, und Glenys steht ihr, selbst eine Maurerkelle schwingend, hilfreich zur Seite. «Mein Vater war Maurer», ruft Glenda dem versammelten Medienvolk in Erinnerung. «Wir müssen für die Zukunft bauen», fügt sie hinzu, um den Boulevardblättern hinsichtlich der symbolischen Interpretation des Ereignisses auf die Sprünge zu helfen. Nachfolgende Kreuzverhöre in dem Berufsbildungszentrum brachten an den Tag, daß beide Gs zusammen nur einen einzigen Stein gemauert hatten und daß die Mauer als solche nach dem Abgang der Zeugen eingerissen und in anderer Form wieder aufgebaut werden sollte.

Oliver Letwins Fototermine sind spärlicher gesät. Wenn ein echter Schatzkanzler zu seiner Unterstützung anreist, kommt das daraus resultierende Bild nur auf Seite 21 des *Hampstead & Highgate Express*. Wenigstens hat ihn Mrs. Thatchers Besuch auf die Titelseite gebracht – noch dazu in Farbe –, und die Zeitung gab auch brav die Bemerkung der Expremierministerin wieder, Letwin habe das Zeug, eines Tages selbst an der Spitze der Regierung zu stehen; als Überschrift wählte die Zeitung aber doch lieber die Nachricht, Glenda habe Maggie gerupft: GLENDA FLAYS MAGGIE. Als Letwin beim Tee im Hause eines Wahlhelfers der Konservativen südlich von Swiss Cottage nach dem Glenda-Faktor gefragt wird, gibt er sich relativ unbesorgt: «Bei Labour-Wählern ist Glenda wohl sehr beliebt. Bei den Konservativen ist sie ausgesprochen unbeliebt. Ziemlich viele Liberale werden für uns stimmen.» Insgesamt rechnet er damit, daß ihr Auftreten einen «leicht negativen Effekt» für Labour hat. «Wenn sie etwas knuddeliger wäre, würde sie mehr Tories auf ihre Seite ziehen.» Ich frage ihn nach ihren bisherigen gemeinsamen Auftritten in der Öffentlichkeit: «Nun ja, ab und zu erfindet sie mal ein paar Tatsachen, aber das passiert nur so im Eifer des Gefechts.» Wesentlicher ist seiner Ansicht nach – und das wirkt für einen Parlamentskandidaten erfrischend freimütig –, daß «die meisten Leute gar nicht wissen und auch nicht wissen wollen, wer ihr MP ist». Letwin weist darauf hin, daß sein Vorgänger Sir Geoffrey Finsberg den Wahlkreis zweiundzwanzig Jahre lang im Unterhaus vertrat, und danach kannten nur 12 Prozent der Wähler seinen Namen. Für solche Unwissenheit gibt es natürlich auch andere Erklärungen.

Letwin persönlich ist für Hampstead and Highgate eine gute Wahl, da er einer der Hoffnungsträger der Tory-Partei ist, in Hampstead die jüdisch-intellektuelle Karte ausspielen und gleichzeitig die Thatcher-Connection nutzen kann (was sich bei der Mobilisierung von Tory-Wählern durchaus nicht negativ auswirkt); er bezeichnet sich als wirtschaftspolitischen Anhänger des Laisser-faire und sozialpolitischen Liberalen. Er hat zwei Bücher geschrieben, *Privatizing the World* (1988) und *Ethics, Emotion and the Unity of the Self* (1987). Um eine realistische Schätzung des Wahlergebnisses gebeten, meint er, er rechne mit einer kommunalen Wählerwanderung von etwa der Hälfte des Landesdurchschnitts. Glenda braucht 2,5 Prozent, um das Mandat zu gewinnen; die Meinungsumfragen sprechen von einem nationalen Trend von 5 Prozent zu Labour hin. Es gehört nicht viel dazu, die blauen Luftballons im kommunalen Parteibüro der Konservativen, die siegessicher verkünden: «Let's Win with Letwin», in sich zusammenschnurren zu lassen. Ich frage ihn, welche Ängste ihn während der Augenblicke nächtlichen Selbstzweifels heimsuchen. «Ich habe einen festen Schlaf», gibt er routiniert zurück.

Neben den Kandidaten der Labour-Partei, der Konservativen, Liberaldemokraten und Grünen stehen den Wählern in Hampstead and Highgate noch vier Außenseiterkandidaten zur Auswahl. Leider ist keiner von der Monster Raving Loony Party dabei, die unter dem Motto angetreten ist, man solle aus Vernunftgründen die Verrücktenfraktion wählen («Vote Loony – You Know It Makes Sense»), und deren Chef Screaming Lord Sutch das Hofzeremoniell im Falle der Regierungsbildung folgendermaßen auszugestalten gedenkt: «Der Handkuß kommt mir für uns Verrückte etwas steif vor. Ob Ihre Majestät wohl etwas dagegen hätte, wenn ich sie dezent abknutsche?» Es gibt aber noch andere verquere Bewerber. Da ist Anna Hall von der Rainbow Ark Voters Association, die sich für eine autonome Regierung in Hampstead, die Einführung einer kommunalen Währung, ganzheitliche Medizin auf Krankenschein, die stufenweise Abschaffung benzinbetriebener Autos bis zum Jahre 2000, Reinkarnation als Unterrichtsfach, die Kompostierung menschlicher Ausscheidungsprodukte und den verstärkten Anbau von Obst- und Nußbäumen einsetzt. Da ist Captain Rizz von der Captain Rizz Rainbow Connection, dessen politisches Grundsatzprogramm die «Befreiung von Ätherwellen und Lokkerung der Ausschankgesetze» als Weg zu einer «uneingeschränkten Freiheit des Individuums» vorsieht. Er sollte nicht mit Charles «Scallywag» Wilson von der Scallywag Rainbow

Party verwechselt werden, in dessen noch radikalerem Programm auch die Trennung der Church of England vom Staat, die Privatisierung der Königlichen Familie, die Abschaffung «aller gesetzlichen Vorschriften gegen wahre Erotik» sowie «originäre spirituelle Erweckung» für Hampstead and Highgate steht. Mit diesem letzten Vorhaben könnte er der Natural Law Party ein paar Stimmen abknöpfen, deren Kandidat Richard Prosser über seine Wahlkampfziele folgendes zu sagen hat: «Nur die unendliche Ordnungskraft des Naturgesetzes, das die Evolution des Alls aufrechterhält, kann allen Menschen Erfüllung bringen.» Die Natural Law Party entstand erst einen Tag nach der Ausrufung der Wahlen, und das Geld für die 312 Kandidaten kommt von dem Wanderprediger Maharishi Mahesh Yogi (zur Zeit wohnhaft in den Niederlanden). Sein bedeutendster Wahlkampferfolg bestand darin, daß er seinen alten Schüler George Harrison zu dem ersten abendfüllenden Konzertauftritt in Großbritannien seit der Trennung der Beatles im Jahre 1970 bewegen konnte. Harrison – der übrigens genauso alt ist wie John Major – lehnte eine Kandidatur ab, da er auf «das Karma einer vierjährigen Amtsperiode im Parlament lieber verzichten wollte». Doch forderte der Ex-Beatle, vielleicht eingedenk der Zeiten seines eigenen fiskalischen Protestsongs «Taxman» («wem 5 Prozent zu wenig scheint/soll dankbar sein, daß ihm überhaupt was bleibt»), die Konzertbesucher dringend auf, «diese Spießer abzusägen».

Am Sonntag, dem 5. April, vier Tage vor der Wahl, traf sich das Quartett der Hauptbewerber um den Wahlkreis Hampstead and Highgate zu einer letzten öffentlichen Debatte. Schauplatz war der Kirchensaal von St. Andrew's, Frognal, fast an der Ecke von Finchley Road – ein düsterer Schuppen mit Harakiri-Beleuchtung, stapelbaren Segeltuchstühlen und in einem Grün gestrichen, das schon längst auf keiner Farbskala mehr zu finden ist. Obwohl die Konkurrenten bereits etwa ein dutzendmal zusammengekommen waren, drängten sich über 200 Wähler in dem Saal. Für Außenstehende (da war ein Professor aus Stanford in der ersten Reihe, der das Geschehen für sein Politikseminar auf Video aufnahm) mochte es aussehen, als sei die britische Demokratie gesund und munter, von Diskussionseifer erfüllt, und die Anwärter auf die Macht zeichneten sich durch verständiges und zugleich kritisches Zuhören und gegenseitigen Respekt aus. In Wirklichkeit bewies der Abend (wie seine Vorläufer) nur, daß Hampstead and Highgate ein Wahlkreis sui generis ist, eine der letzten Bastionen der guten alten Zeit. Vor zwanzig oder dreißig Jahren ging ein Parlamentskandidat davon aus, daß er während des Wahlkampfs jeden Abend einen öffentlichen Auftritt hatte, und legte sich in dem geheiligten Getümmel der Zwischenrufe aus dem Saal ein dickes Fell zu. Heutzutage kann ein Kandidat mit ein paar wenigen Auftritten davonkommen und predigt dann seine Weisheiten vor drei Hunden und einem Monomanen. In dem unmittelbar südlich an Hampstead grenzenden Wahlkreis, der Labour-Hochburg Holborn and St. Pancras, wurde während des gesamten Wahlkampfs keine einzige öffentliche Versammlung abgehalten. Die Debatten finden jetzt im Fernsehen statt, und kommunale Belange geraten entsprechend ins Hintertreffen.

Der Kandidat der Green Party, Steven Games, gab sich landjunkerhaft, engagiert und global. «Das Artensterben hat sich auf eine Spezies pro Minute beschleunigt», verkündete er und wurde seinerseits mit dem belustigten Interesse behandelt, das einem ausgefallenen, vom Aussterben bedrohten Tier vorbehalten ist. Er meinte allen Ernstes: «Wenn Sie für die Grünen stimmen, bekommen die anderen einen solchen *Schreck*, daß sie etwas unternehmen», und erntete damit nachsichtiges Gelächter. Als er die Anwesenden aufforderte: «Gehen Sie doch heute abend mal durchs Haus: Sie finden nichts, oder fast nichts, das hier im Land hergestellt wurde – höchstens die Wäscheklammern», rief ein Mann in der ersten Reihe mit ausgesuchter Höflichkeit: «Dieses Jackett ist Made in England.» Schließlich war der

Grüne der einzige Kandidat, der das Wort «bitte» in den Mund nahm. Das war eine auffallende Neuerscheinung. Es kommt häufig vor, daß Politiker uns «aufrufen», etwas zu tun (z. B. sie zu wählen), und manchmal, wenn es brenzlig wird, «beschwören» sie uns auch, etwas zu tun (z. B. sie zu wählen). Doch bis zu jenem Abend hatte ich nie einen Politiker das Wörtchen «bitte» sagen hören. Mr. Games beendete seinen Vortrag mit: «*Bitte*, zum ersten Mal im Leben haben Sie Gelegenheit, die Grünen zu wählen», und wurde mit wohlwollendem Applaus belohnt.

Der Liberaldemokrat Dr. Wrede ist ein großer, gutaussehender Gynäkologe, der ohne Mikrofon bis hinten in den Saal zu hören ist. Den Uterus würde man ihm vielleicht ganz gerne anvertrauen, doch mit einem politischen Mandat sieht es schon schwieriger aus. Sein einstudierter Zehnminutenvortrag war klar, leidenschaftlich und zeugte von den besten Absichten. Er ließ jedoch erkennen, daß ein Votum für die Liberaldemokraten in etwa darauf hinausliefe, sich bewußt für einen Laienspielabend zu entscheiden, wo man doch schon Karten für das West End hat. Zu seinen Gunsten sprach das Feuer politischer Unschuld, das beim Wähler unmittelbar ankommt; es wäre allerdings ein Fehler, wollte man die Liberalen insgesamt für unschuldig halten. Wie eine jahrzehntelange Zweiparteienherrschaft bei beiden Parteien zu Zynismus und Manipulationstendenzen führen kann, so kann sich auch der jahrzehntelange Ausschluß von der Macht wie Mehltau auf die Seele legen. Eine Partei mit einer Handvoll Mandaten (egal, wie viele Anhänger sie hat) kann sich nicht bis in alle Ewigkeit als letzte Hoffnung für das Land anbieten. Daher war Dr. Wrede ein eifriger Verfechter des Verhältniswahlrechts und sprach mit warmen Worten von STV, was manche für einen Fernsehsender und andere für unliebsame Beschwerden in den unteren Regionen hielten, bis er es als Single Transferable Vote – übertragbare Einzelstimme – entschlüsselte. Allem Anschein nach liegt die Rettung der Nation im Verhältniswahlrecht; und daß es gleichzeitig die

Rettung der Liberaldemokraten als Partei bedeuten würde, ist nichts als ein glücklicher Zufall. Die Rezession sei so tiefgreifend, legte Dr. Wrede dar, und die Regierungskrise so bedenklich, daß nur eine «stabile Beziehung zwischen zwei Parteien» die Lösung sein könne, was wiederum davon abhängt, daß die stärkere Partei einer Wahlrechtsreform zustimmt. Die Argumentation ist zugegebenermaßen verwegen: Es steht so schlecht um unser Land, daß man für das Gleichgewicht der Kräfte auf absehbare Zeit eine Partei heranziehen sollte, die seit über siebzig Jahren nicht mehr an der Macht war und deren letzte Koalitionserfahrung, der Pakt zwischen Labour und den Liberalen von 1977, damit endete, daß sie von der größeren Partei ausgetrickst wurde und am Ende der Dumme war.

Einmal unternahm Dr. Wrede eine ziemlich umständliche Erläuterung der Vorteile des Verhältniswahlrechts und führte dabei aus: «Hier im Saal sitzen zehn Leute in der ersten Reihe. Das ist, als ob diese vier da diese sechs überstimmen können, während beim Verhältniswahlrecht diese sechs oder sieben diese drei oder vier überstimmen können.» Oliver Letwin konnte sich die Bemerkung nicht verkneifen: «Komisch, daß bisher bei jeder einzelnen Wahlveranstaltung immer zehn Leute in der ersten Reihe saßen.» Letwin war von allen dort auftretenden Politikern der routinierteste; er sprach fließend über makroökonomische Gegebenheiten und nahm häßliche Wörter wie «Incentive-Effekte» in den Mund – was ihm wohl alles ebenso zum Vorteil wie zum Nachteil gereichte. Als schneidiger, schlagfertiger und völlig unberechenbarer Tory war er auch der einzige Kandidat auf dem Podium, der Zwischenrufe erdulden mußte, die oft mit Vehemenz und bisweilen in direkter Folge kamen. Letwin: «Die Konservativen glauben daran, die Macht dem Volk zu übertragen.» Erster Zwischenrufer: «Welchem Volk?» Zweiter Zwischenrufer: «Den Rothschilds.» Seine Ausführungen zur Wohnungspolitik wurden mehrfach durch ein lautstark gebrülltes «Parkbänke!» gestört. Doch seine Technik unter Beschuß war beeindruckend. Es gab das direkte Vorgehen: «In der Wohnungspolitik, und da sollten Sie mich lieber nicht ausbuhen, denn was ich jetzt sage, wird womöglich auch bald Labour-Politik ...» Es gab aber auch die noch wirksamere Methode von Täuschen und Zurückschlagen: «Wir tragen sehr wohl eine gewisse Verantwortung für die Rezession.» Erster bis zehnter Zwischenrufer: «Die ganze, die ganze.» Dann gesteht Letwin das ganze Ausmaß der Verantwortung, wie er es sieht, ein: Man sei 1987 mit der Reflation zu weit gegangen. Labour, so macht er geltend, wollte damals noch viel weiter gehen.

Während die anderen reden, sitzt Glenda Jackson fast schon besorgniserregend still da, was vielleicht eine am Theater erlernte Entspannungstechnik ist. Kein unruhiges Füßescharren, kein Gekritzel auf den Notizblock zum Ausdruck heftigen Widerspruchs. Als sie zu Beginn des Wahlkampfs vom *Wall Street Journal* gefragt wurde, warum sie kein Make-up trage, entgegnete sie: «Die Leute wären sehr enttäuscht, wenn sie nicht mehr behaupten könnten, ich sähe aus, als würde ich mich bei Oxfam einkleiden. Und ich will die Leute nicht gern enttäuschen.» Heute abend aber hat sie sich nicht bei Oxfam eingekleidet und wirkt flott und adrett in ihrem schwarzen Jackett, mit weißem Kragen, grauem Rock und schwarzen Strümpfen. Sie spricht auch flott, und daß sie kein Mikrofon braucht, versteht sich von selbst: «Ich will ja nicht angeben, aber wenn man mich nicht hört, wen dann?» Natürlich wird sie nicht durch Zwischenrufe unterbrochen: In der britischen Politik werden Frauen nur selten durch Zwischenrufe unterbrochen, und Stars schon gar nicht. Sie legt auch selbst in groben Zügen die Diskussionsbedingungen fest: «Ich will mich nicht in ein endloses Hin und Her von Einzelheiten und Statistiken verrennen.» Lieber gibt sie Erklärungen ab wie «Diese Wahl ist ein Ringen um die Seele der Nation» (wir befinden uns wieder einmal in einem entscheidenden Augenblick in der Geschichte Großbritanniens) und «Es sind noch acht Jahre bis zum einundzwanzigsten Jahrhundert, und da sieht man hierzulande manchmal Dinge, bei denen man meint, wir lebten im achtzehnten Jahrhundert». Ihre Argumentation ist unverhohlen moralisch: «Was mir in meiner Erziehung als Laster vor Augen gestellt wurde, gilt jetzt als Tugend. Habgier ist nicht mehr Habgier, das heißt jetzt Selbstbewußtsein. Eigennutz ist nicht mehr Eigennutz, das heißt jetzt Unternehmergeist.» Sie ist für «Anstand, Gerechtigkeit und Fairneß». Wer wäre das nicht? Nun, die Tories: «Was wir da sehen, ist unanständig, ungerecht und unfair.» Ihr Standpunkt ist klar, moralisch und patriotisch – die politische Entsprechung zu schlichter, guter Hausmannskost.

Aber Glenda Jackson ist, wie Letwin bemerkte, nicht «knuddelig»; ihre Standfestigkeit und ihr moralisches Engagement finden zwar viel Beifall, doch überläuft einen bisweilen auch ein leichter Schauer. Eingangs schildert sie zum Beispiel, wie sie bei der Ortsgruppe der Partei ihre Kandidatur einreichte und zwangsläufig gefragt wurde, «warum die Leute denn eine Schauspielerin wählen sollten». Ihre Antwort lautet nach wie vor: «Weil ich in erster Linie nicht Schauspielerin, sondern Frau bin, und eine Frau kommt zwölf Monate im Jahr mit viel mehr Lebensbereichen in Berührung als jeder männliche MP. Wir sind Ärztin, Krankenschwester, Köchin, Haushälterin, Innenarchitektin ... Ich bin außerordentlich stolz, eine Frau zu sein.» Abgesehen davon, daß man so die Wählerstimmen männlicher Innenarchitekten verschreckt, hat eine derart schlichte Denkungsart – wählt mich, wenn ihr auch stolz seid, eine Frau zu sein – etwas an sich, das an Überheblichkeit grenzt. Wenn die Debatte zu Lokalangelegenheiten übergeht, die die Gemüter bewegen – wie man London am besten regiert, und vor allem, was man gegen die Verkehrsstaus und den überstrapazierten öffentlichen Nahverkehr tun kann –, sollte ihr das zum Vorteil ausschlagen. Die Tories haben 1986 den Greater London Council abgeschafft, da sie ihn für einen Abenteuerspielplatz des trotzkistischen Nachwuchses hielten, doch die meisten Londoner hätten gern eine wählbare Körperschaft, die für die Stadt insgesamt zuständig ist. Labour beabsichtigt, wie Glenda erläutert, eine neue Greater London Authority einzuführen. Wie die gewählt werden soll, ist noch nicht ganz klar; fest steht nur, daß es nicht nach dem Prinzip «Alles oder nichts» geschehen soll und daß das so entstehende Gremium laut Gesetz zur Hälfte aus Frauen und zur Hälfte aus Männern bestehen soll. Zur Lösung des Verkehrschaos sollen zusätzliche Mittel für den öffentlichen Nahverkehr beitragen, bevorrechtigte Busspuren sowie die feste Absicht, «uns aus dem Auto herauszuholen und in den Bus zu setzen». Das findet nicht viel Beifall. Hier verwandelt sich der moralische Eifer der Labour-Partei allzu rasch in Besserwisserei. Nach zehn Jahren von Mrs. Thatchers Herrscherallüren zeigen die Wähler wenig Neigung, Herrscherallüren von der anderen Seite freundlich aufzunehmen. Eine vorgeschriebene Quote von 50 Prozent weiblicher Abgeordneter statt beispielsweise eines garantierten Mindestanteils? Uns aus dem Auto herausholen und in den Bus setzen? Daß sie den eigenen Wagen nehmen können, statt mit dem öffentlichen Nahverkehr zu fahren, ist für die meisten Leute ein Zeichen dafür, daß sie es zu etwas gebracht haben, und im Stau zu stecken kann vielleicht sogar auf irgendeine geheimnisvolle Weise als ein demokratisches Recht der Neuzeit gelten. Der Gegenvorschlag der Tories, ein Verkehrsministerium für London einzurichten, wurde zwar als Wahlkampftrick angesehen, doch Letwins persönliche, nicht im Wahlprogramm stehende Idee einer Mautgebühr für alle nach London einfahrenden Autos, aus deren Erlös das öffentliche Verkehrsnetz finanziert werden soll, stieß durchaus auf Interesse. In Glendas Einstellung witterte man einen gewissen Hauch von Labour-Bevormundung. Ich mußte an meine eigene, höchst unrepräsentative Meinungsbefragung der Putzfrau denken, bei der die Antwort herauskam, sie werde wohl letzten Endes doch für Glenda Jackson stimmen, finde sie aber «schulmeisterlich».

Auf breiterer Ebene geschah in den ersten zehn Tagen des Wahlkampfs nichts sehr Dramatisches, vom üblichen rituellen Sichaufplustern, Imponiergehabe und Drohgebärden abgesehen, was nur für politische Anthropologen von Interesse ist. Dann brach – wie zum Beweis der Unfähigkeit von Politikern, selbst etwas in Bewegung zu setzen – ein jäher spektakulärer Streit um einen vierminütigen Wahlkampfspot im Fernsehen aus. Mike Newell, der Regisseur von *Dance with a Stranger*, hatte ihn für die Labour-Partei gedreht, und nach seinen Worten handelte es sich um «eine nette kleine gefühlvolle Schnulze». Es ging darin um den Zustand des National Health Service; der Spot besagte, das Gesundheitswesen sei unter den Tories finanziell derart schlecht ausgestattet, daß die Patienten zuweilen entgegen ihren eigentlichen Wünschen gezwungen seien, aus der eigenen Tasche für eine Privatbehandlung zu zahlen. Wie in den besten Werbespots – und im Unterschied zu den meisten politischen Sendungen – wurde die Geschichte in Bildern ohne eingesprochenen Kommentar erzählt. Zwei kleine Mädchen, die beide über «verstopfte Ohren» klagen, gehen in dasselbe überfüllte Krankenhaus; beide müssen operiert werden, und die Mütter erfahren, daß es für die notwendige Operation zur Einsetzung von Paukenröhrchen eine neunmonatige Wartezeit gibt. (Begriffe wie «verstopfte Ohren» und «Paukenröhrchen» lassen sich in einem Film ohne Worte natürlich nicht vermitteln; doch schon vierundzwanzig Stunden nach der Ausstrahlung sprachen die meisten Leute hierzulande ganz geläufig über solche Dinge.) Die eine Mutter bezahlt, damit sich ihre Tochter privat behandeln lassen kann, die andere wartet, bis die neun Monate um sind; das eine Kind erholt sich rasch, das andere muß weiterhin Schmerzen leiden und wird in der Schule verschlossen und aggressiv. Während das zweite Kind leidet, sieht man die Mutter des ersten zufrieden einen Scheck über £ 200 ausschreiben. Die Story endet mit einem Standbild der beiden Mädchen übereinander in einem Etagenbett; darüber ist der Slogan eingeblendet: «Es geht um ihre Zukunft – laßt sie nicht in Tränen enden».

Der Film war hervorragende Agitprop, er drückte sein Anliegen kurz und bündig aus und spielte dabei schamlos mit Gefühlen. Die Konservativen wußten schon vor der Wahl, daß sie in Gesundheitsfragen angreifbar waren; Gesundheitsminister William Waldegrave hatte an die Redaktionen überregionaler Zeitungen geschrieben, «das Ausschlachten von Einzelfällen, in denen der NHS einen Patienten angeblich nicht richtig versorgt hat, ist die bevorzugte Wahlkampftaktik von Labour». Des weiteren gab er der Hoffnung Ausdruck, die Presse werde nicht «zulassen, daß diese neue, skrupellose Form des Wahlkampfs mit der Gesundheit widerspruchslos hingenommen wird», da es sonst «mit der Wahlkampfmoral wieder einmal steil bergab» gehe. Solch plumper Rat ließ große Furcht erkennen. Zeitungen geben sich lieber aus eigenen Stücken moralisch entrüstet, ohne von ministerieller Seite dazu aufgefordert zu werden; im vorliegenden Fall wurde der Aufruf zum «Widerspruch» gegen die Labour-Sendung recht unterschiedlich ausgelegt. Wahrlich, wie sollte man da «widersprechen», selbst wenn man guten Willens war? Man könnte etwa die Ausbeutung von Kindern, auch wenn es nur kindliche Schauspieler sind, in politischen Werbesendungen verurteilen – der konservative Parteivorsitzende Chris Patten zum Beispiel nannte den Film «geschmacklos» (da hatte er ihn noch nicht gesehen, aber das tat ja nichts zur Sache). Man könnte auch die Glaubwürdigkeit der in dem Spot erzählten Geschichte unter die Lupe nehmen – die Häufigkeit von verstopften Ohren recherchieren, die durchschnittliche Wartezeit auf eine Operation nachprüfen, die Auswirkungen einer solchen Wartefrist auf die Psyche des Kindes untersuchen, die Kosten einer Privatbehandlung ermitteln – und dann entscheiden, ob man der Sendung widersprechen will. Das ist natürlich ziemlich pingelig, aber einige Zeitungen schlugen diesen Weg trotzdem ein und fanden offenbar den allgemeinen Wahrheitsgehalt des

Films bestätigt, nur daß die Kosten der Operation eher zwischen £ 500 und £ 750 lägen (so daß der Scheck über £ 200 wohl nur als Honorar für den Chirurgen gedacht war), was noch mehr Wasser auf Labours Mühlen bedeutete. Im allgemeinen gehen Zeitungen jedoch anders vor. Sie reagierten auf die politische Auseinandersetzung um ein fiktional verfremdetes Kind mit einer deprimierend elementaren Frage: Wer ist das? Und «das» erwies sich (sehr schnell, mit Hilfe einer undichten Stelle) als die fünfjährige Jennifer Bennett aus Faversham in Kent, deren Vater sich in einem Brief an den Schattenminister für Gesundheitswesen, Robin Cook, über den Verzug in der Behandlung seiner Tochter beschwert hatte. Die Zeitungen mußten jedoch auch feststellen, daß die Wirklichkeit verwickelter ist als ein Fernsehwerbespot. Denn Jennifers Vater war zwar ein verärgerter Wechselwähler, seine Frau jedoch Anhängerin der Konservativen, und *ihr* Vater wiederum erwies sich als ehemaliger Tory-Bürgermeister von Faversham und Freund des amtierenden MP. Obendrein hatte der Großvater der Parteizentrale der Konservativen mehr als eine Woche vor der Sendung ein Fax geschickt, in dem er vor dem Labour-Vorhaben warnte und sich von seines Schwiegersohns Interpretation der Ereignisse distanzierte.

Die «Schlacht um Jennifers Ohr», wie man bald sagte, beherrschte tagelang die Wahlkampfberichterstattung. Jennifer Bennett war auf jeder Titelseite zu sehen, selbst bei der *Times*; die Familie wurde ständig von Reportern belagert; der Großvater platzte sogar in schönster Seifenopernmanier mitten in ein Fernsehinterview mit seinem Schwiegersohn herein. «Ist das wahr?» hatte sich nicht lange gegen «Wer ist das?» behaupten können, was wiederum «Wer hat was durchsickern lassen?» Platz machte. Hatte Kinnocks Pressesprecher den Namen des Mädchens verraten? Hatte Waldegraves Büro den Kontakt zwischen dem operierenden Arzt und dem *Daily Express* hergestellt? Und war Jennifers Fall nur ein schlichter Verwaltungsirrtum, wie jetzt behauptet wurde, und keine direkte Folge fehlender Finanzmittel? Und so weiter. Waldegrave verglich Newells Film törichterweise mit der Nazipropaganda der Vorkriegszeit. Patten erklärte, der Film beweise eine «kolossale Fehleinschätzung» von seiten Kinnocks, und stellte dessen «Befähigung zu öffentlichen Ämtern überhaupt» in Frage. Cook forderte selbstverständlich Waldegraves Rücktritt, da die Tories der Presse «den Weg zu der Familie Bennett gewiesen und damit ihr Leid heraufbeschworen» hätten.

Die Liberaldemokraten sahen sich das Gerangel vom hohen moralischen Roß aus an. Labour ärgerte sich grün und blau, daß man nicht von vornherein genauere Erkundigungen über die Familie Bennett eingeholt hatte. Die Tories schrien Zeter und Mordio und warfen tausend Nebelkerzen in dem Bemühen, die eigentliche Wahlkampfaussage des Films zu verschleiern. Doch ihr qualvolles Jaulen zeigte nur, wie verwundbar sie sich fühlten. Die Briten halten sich etwas auf ihren National Health Service zugute und reagieren mit gekränktem Besitzerstolz, wenn sie meinen, daß damit Schindluder getrieben wird. Niemand will behaupten, unter einer Labour-Regierung würden die Wartelisten abgeschafft oder es würde nie wieder ein politisch peinlicher Fall auftreten. Doch Newells Film und die nachfolgende Schlacht um Jennifers Ohr hatten tatsächlich eine grundlegende Frage aufgeworfen. Einmal angenommen, das gegenwärtige Gesundheitssystem läßt zu, daß zwei Patienten, die an der gleichen Krankheit leiden, unterschiedlich schnell behandelt werden und daß sich diese Geschwindigkeit in erster Linie nach dem Bankkonto des Patienten richtet: Ist diese Differenzierung dann ein Zeichen für die – wie die Tories geltend machen – philosophisch erstrebenswerte Entscheidungsfreiheit des Bürgers über seine medizinische Versorgung, wie er sie unter den freiheitsliebenden Konservativen auch in so vielen anderen Lebensbereichen hat, oder ist es – wie die Labour-Partei behauptet – ein direkter Beweis für eine Zweiklassenmedizin, wo die Behandlungspriorität sich nicht nach medizinischen, sondern nach finanziellen Gesichtspunkten richtet? Und welcher Partei ist es lieber, daß dem so ist? In aller Regel mögen die Briten es nicht, wenn sich die Moral in die Politik einmischt, doch als der Zweite Vorsitzende der Labour-Partei Roy Hattersley den ganzen Fall als «moralisch» bezeichnete und Neil Kinnock «Sünde und Schande» rief, bewegten sie sich politisch auf äußerst sicherem Boden.

Eine Woche vor dem Wahltag ging ich mit meiner Freundin und Nachbarin Lisanne, einer Politikwissenschaftlerin und entschiedenen Labour-Anhängerin, auf Stimmenfang. Mit einem rot-gelben Glenda-Jackson-Sticker am Revers nahmen wir uns die nahe gelegene Chetwynd Road in NW 5 vor, eine schmale, hügelige Straße, von deren höchstem Punkt man einen Blick auf Hampstead Heath (oder zumindest auf das große NHS-Krankenhaus am Rande des Parks) hat. Die Chetwynd Road muß wohl einmal eine gewisse Reihenhauseleganz besessen haben, doch seit motorisierte Zeitgenossen sie als eine der wenigen Ost-West-Verbindungen in dieser Gegend entdeckt haben, ist sie zu einer verstopften Karnickelrennbahn geworden. Früher bretterte der Verkehr hier mit Höchstgeschwindigkeit vorbei, bis Camden Council vor ein paar Jahren beschloß, Stolperschwellen in die Straße zu legen. Die Stadtplaner nennen das «Verkehrsberuhigung»; doch führt diese Maßnahme naturgemäß auch zu einer erheblichen Beunruhigung des Verkehrs, da die Fahrer zwischen den Schwellen Vollgas geben und dann in letzter Minute in die Eisen treten, um nicht den unteren Teil des Chassis einzubüßen.

Als ich mit Lisanne bis an die Gürtellinie in das Kohlenmonoxyd eintauchte, fiel mir wieder ein, was Oliver Letwin über die Wahlhelferarbeit gesagt hatte. Er behauptet, in der Regel könne er schon beim Zugehen auf ein Haus berurteilen, ob Tory- oder Labour-Wähler darin wohnen. «Die Tories erkennt man an den säuberlich gestutzten Hecken, den kleinen Geranientöpfen und der ordentlich gekehrten Veranda.» Es hat nichts mit Größe zu tun – selbst ein stattliches Haus, das äußerlich ungepflegt ist, beherbergt ganz bestimmt keine Tories –, auch nicht mit Schönheit oder dem Wert des Anwesens. Es ist allein eine Frage der Reinlichkeit. (Im übrigen gilt das Letwinsche Vorgartengesetz nur im englischen Süden, wie er sagt. Im Norden seien die Leute, gleich welcher politischen Richtung, allesamt reinlicher.)

In der Chetwynd Road stehen etwa 120 Häuser, manche davon Eigenheime, viele in Wohnungen aufgeteilt. Der Zweck der Wahlhelferarbeit ist nicht (wie ich dachte, als ich mit Glenda vor meiner eigenen Tür stand), die Leute zu überzeugen oder sich in weitreichenden außenpolitischen Debatten zu ergehen, sondern schlicht und einfach die eigenen Anhänger zu erkennen. Mit dem Ausdruck des Wählerverzeichnisses hat man eine Liste aller eingetragenen Wähler in der Hand. Die stimmt, wie man bald feststellt, nicht mit den tatsächlichen Bewohnern der Straße überein.

«Ich komme eben aus Hongkong», antwortet der erste Mann, nach dessen Wahlabsichten wir uns erkundigen, «und will *so schnell wie möglich* wieder dahin zurück.» Eine ältere Frau öffnet die Tür, wirft einen Blick auf unsere rot-gelben Anstecker am Revers und macht wortlos die Tür wieder zu. «Keine von uns», mutmaßt Lisanne und trägt das Entsprechende in ihren Ausdruck ein: T für «Tory», S für «liberaldemokratisch», L für «Labour», P für «potentiell Labour» und V für «verzogen oder verstorben». Demographisch sind wir hier in Tuttifruttiland: Da gibt es griechische und irische Namen, Italiener und Inder sowie ein Mädchen, dessen fremdartiger Vorname sich als Maori erweist. Der Letwinsche Vorgartentest scheint in der Regel durchaus zuverlässig: Wo in dieser verkehrsgebeutelten, abgasverseuchten Straße, in der alle Bürgersteige mit Autos zugeparkt sind, peinliche Sauberkeit herrscht, bildet ein hübsches Letwin-Plakat oft den krönenden Abschluß. Doch die meisten Poster sind rot-gelb; wir tragen ein L in den Ausdruck ein und ziehen ohne anzuklopfen weiter zum nächsten Haus. Im Dämmerlicht eines Aprilabends haben ziemlich viele Wähler Angst, die Tür zu öffnen; manche verhalten sich mucksmäuschenstill, andere reißen ein Fenster oben im Haus auf. Die Kunst der Konversation über eine Türsprechanlage gehört heutzutage zu den grundlegenden politischen Überlebenstechniken. «Ich bin für die Liberaldemokraten», kreischt ein Metallkasten auf unser Klingeln hin.

«Dann will ich Ihnen mal was sagen», brüllt Lisanne zurück, «wir haben sehr gute Freunde in Richmond, die Labour-Anhänger sind, aber die beißen die Zähne zusammen und wählen den Liberaldemokraten, damit der Tory rausfliegt – da könnten Sie sich doch auch gefällig zeigen?»

«Ich werd's mir überlegen», kreischt der Kasten.

«Wir wollen hier ja keinen Mr. Letwin haben, nicht wahr? Wo der doch die Kopfsteuer erfunden hat!» Lizzie funkelt das Kästchen wütend an.

«Da ist wohl was dran», erwidert es einigermaßen gottergeben. Ist das nun ein P oder bloß ein S, das höflich sein will? Schwer zu sagen. An einem Haus hängen beunruhigenderweise Labour- und Tory-Poster nebeneinander aus; erst als wir direkt davorstehen, sehen wir, daß Oliver Letwins jugendliche Züge mit einem burlesken Kugelschreiber-Schnurrbart verunziert wurden und ihm noch dazu ein großer Pfeil in den Schädel dringt; wir tragen L ein und gehen weiter. Ein indischer Familienvater mit aufkleberfreien Fensterscheiben murmelt: «Ja, Labour, alle vier», und Lizzie trägt triumphierend vier L ein. Ich bin mir da nicht so sicher; seine Antwort kam mit dubioser Geschwindigkeit, und der Vorgarten ist verdächtig sauber.

Wir nehmen uns die andere Straßenseite vor. «Ich bin noch dabei, mich zu entscheiden», antwortet ein Herr in Pantoffeln, Morgenmantel und Kneifer. «Aber wahrscheinlich nicht für uns», setzt Lisanne leise hinzu, als die Tür wieder geschlossen ist. Dann erfahren wir: «Ich entscheide mich am Wahltag» und: «Ich bin Liberaldemokrat, aber ich stimme für Glenda Jackson, es sei denn, es sieht nach einem leichten Sieg für sie aus, dann wähle ich die Liberaldemokraten» und wiederum: «Das weiß ich erst am Wahltag.» (Was ist mit diesen Leuten los? Nach dreizehn Jahren Tory-Herrschaft wissen sie immer noch nicht, ob sie einen Nachschlag wollen oder nicht?) Dem Wählerverzeichnis zufolge wohnen mehrere Wähler über dem Waschsalon, aber wenn das stimmt, müssen sie über eine Strickleiter ein und aus gehen. Ein großer Westinder an einem Fenster oben im Haus gibt uns mit dem Daumen ein Okay-Zeichen und schreit dann: «Aber ich hab die Kopfsteuer nicht bezahlt!» – «Macht nichts!» brüllen wir zurück. «Das hat nichts miteinander zu tun!» Die meisten Unterhaltungen laufen vollkommen freundlich ab. «Ich werde Sie nicht wählen», sagt ein junger Mann, «aber ich wähle sowieso in Islington.» – «Na schön», murmelt Lizzie im Weggehen. «*Das* bleibt sich also gleich.» Wir werden von zwei Wahlhelfern der Tories mit blauen Schleifen freundlich begrüßt und kurz mit «Tory, Tory, Tory – wir gewinnen» beschimpft, gerufen von drei Teenagermädchen, die zum Glück noch nicht im Wahlalter sind.

Fast schon im letzten Haus der Straße treffen wir zum erstenmal auf deutliche Zeichen eines Umschwungs in der Wählermeinung. «Ich wähle immer die Tories, aber diesmal stimme ich wahrscheinlich für Labour», sagt eine junge Frau. «Welche Meinung vertritt Ihre Partei denn zur Hetzjagd?»

Lisanne zeigt sich dieser Frage glänzend gewachsen. «Im Zuge unseres Programms zur Ächtung der Mißhandlung wildlebender Säugetiere», betet sie herunter, genau wie es in der Wahlbroschüre steht, «wird es eine Abstimmung ohne Fraktionszwang über eine Gesetzesvorlage zum Verbot der Jagd lebender Beute mit Hunden im Unterhaus geben.»

«Aber welche Meinung vertritt Ihre Kandidatin? Wie wird sie stimmen?»

«Sie werden Glendas Haltung zur Hetzjagd bestimmt *sehr konsequent* finden», rät Lisanne forsch.

Insgesamt hat der Stimmenfang sie aufgemöbelt; ein beinahe sicherer und ein wahrscheinlicher Wechsel zu Labour, dazu noch der Kerl am anderen Ende der Sprechanlage, der vielleicht nach dem Motto «Eine Hand wäscht die andere» aus Gefälligkeit für einen Menschen in Richmond, den er überhaupt nicht kennt, ein taktisches Wahlmanöver eingeht. Nicht schlecht für einen Abend. Mich hingegen hat am meisten beeindruckt, wie viele Leute in der Chetwynd Road leben und nicht ins Wählerverzeichnis eingetragen sind. Ein Haus stand mit an Sicherheit grenzender Wahrscheinlichkeit leer, doch in einigen anderen, allesamt von mehreren Parteien bewohnt, fand sich nicht ein einziger Wahlberechtigter. Das waren die Leute, die zu den verschwundenen Fünftausend gehörten. Einige wohnten sicher nur vorübergehend hier im Bezirk oder waren sowieso unpolitisch, aber wenn nun ein Viertel von ihnen einkommensschwache Wähler waren, die von Haus aus zu Labour tendierten und sich nicht hatten registrieren lassen, um der Kopfsteuer zu entgehen? Würde ihr beredtes Schweigen Glenda den Garaus machen und Letwin ins Parlament hieven?

In der letzten Wahlkampfwoche ergab sich zum allgemeinen Erstaunen eine echte Streitfrage, in der die drei großen Parteien jeweils unterschiedliche Standpunkte vertraten: die Wahlrechtsreform und speziell die Idee des Verhältniswahlrechts oder der Proportional Representation. Als Paddy Ashdown die PR-Frage im Wahlkampf ins Rollen bringen wollte, hatte John Major das zuerst mit der spöttischen Bemerkung abgetan, die Abkürzung stünde wohl für «Paddys Ringelpiez». Doch die Bürgerbewegung Charter 88 und vor allem die Meinungsumfragen, die immer noch hartnäckig auf eine Pattsituation im Parlament hindeuteten, halfen Ashdown, die PR-Frage doch noch in die Diskussion zu bringen. Was gedachten, so fragte er jeden Tag zweimal, die anderen großen Parteien zu tun, wenn das Parlament nach dem 9. April handlungsunfähig wäre? Und er wiederholte bei jeder sich bietenden Gelegenheit die liberaldemokratische

Botschaft: Stabilität für eine ganze Legislaturperiode, fünfjährige Partnerschaft und das Ganze erkauft mit PR.

Trotz der fragwürdigen Logik (warum sollte eine Koalitionsregierung an sich schon Stabilität garantieren?) zogen die Dreistigkeit und der Elan, mit denen Mr. Ashdown aus einer schwachen Position heraus starke Forderungen erhob, andere Parteien in den Streit hinein. Die konservative Haltung wurde vom Premierminister unmißverständlich klargestellt: Wir halten nichts von PR, unter den Tories gibt es keine PR, das gegenwärtige System funktioniert tadellos, vielen Dank und gute Nacht. Ergo, schloß der Wähler, konnte es keinen Pakt der Tories mit den Liberalen geben, falls Ashdown nicht einen totalen Rückzieher machte. Und was war mit der Labour-Partei, die immer noch als stärkste Gruppierung im künftigen Parlament gehandelt wurde, wenn auch ohne absolute Mehrheit? Überhaupt eignete sich Labour von Natur aus eher zum Verbündeten der Liberaldemokraten. Die offizielle Labour-Antwort, so gegeben von Glenda Jackson in St. Andrews, Frognal, lautete: «Nun, es wird kein Patt im Parlament geben.» Labour rettete sich in die Position, niemand könne wissen, welche Einstellung die Partei zur PR vertrete, denn sie habe sich noch nicht entschieden. Zweieinhalb Jahre zuvor hatte der Vorstand eine Studie darüber in Auftrag gegeben und wartete noch auf das Ergebnis. Manche Labour-Kandidaten waren wie Glenda Jackson für PR, andere dagegen; Neil Kinnock meinte auf intensives Nachfragen hin, es sei nicht so einfach zu sagen, wo er nun genau stehe, und betonte zugleich, gerade seine Partei sei selbstverständlich stets für eine Diskussion neuer Ideen offen. Die zynische oder vielleicht auch realpolitische Interpretation des Ganzen war die, daß die Tories gegen PR waren, da sie sonst nicht mehr mit einer Minderheit von Wählerstimmen eine Mehrheitsregierung bilden könnten, und daß Labour zwar gleichfalls hoffte, diesmal dasselbe Zauberkunststück zu vollführen, sich aber für den Fall einer Niederlage die Option auf feste Grundsätze offenhielt. Im Streit um

Paddys Ringelpiez stellten sich die Tories als Feinde eines neuen verfassungsorientierten Denkens dar, Labour wirkte in diesem Punkt konfus, um nicht zu sagen regelrecht schlitzohrig, und die Liberaldemokraten klarsichtig, pragmatisch und der Wahlgerechtigkeit verpflichtet. Gleichzeitig hatten sie nicht weniger als die anderen Parteien ihr wohlverstandenes Eigeninteresse im Auge – ein dauerhaftes Patt im Parlament, dauerhaften Einfluß einer dritten Partei und einen dauerhaften Job für den zunehmend staatsmännischer auftretenden Paddy Ashdown.

In letzter Minute standen die Zeichen gut für Labour. Die *Financial Times* legte sich für sie ins Zeug; am Nachmittag vor dem Wahltag wurde ein Pferd namens Mister Major kurzfristig von dem 15.40-Uhr-Rennen in Ascot zurückgezogen, weil es als «ungesund» erkannt worden war; und am Donnerstag, dem 9. April, zog im größten Teil des Königreichs ein klarer und sonniger Morgen herauf. Der blaue Himmel war eine schlechte Nachricht für die Tories, die bei Regen angeblich einen Vorteil von bis zu einem Prozent an der Wahlurne haben: Tories fahren mit dem Auto zur Wahl, Labour-Anhänger gehen zu Fuß, so will es die herrschende Meinung. Andererseits vernahm man auch wie Durchhalteparolen klingende Munkeleien von einem «späten Tory-Aufschwung». Wie in Augenblicken der Mutlosigkeit während der vorangegangenen vier Wochen riefen die Konservativen sich gegenseitig in Erinnerung, John Major sei (im Gegensatz zu seinem Namensvetter, dem Pferd) «im Finish am besten». War er nicht bei der Wahl zum Parteivorsitzenden erst spät ins Finish gegangen, und hatte er nicht beim Maastrichter Gipfel erst in letzter Minute den Sieg an sich gerissen? Ob diese Anzeichen wirklich zum Trost gereichten, war eine andere Frage: Im Wettlauf um den Parteivorsitz konnte er keine absolute Mehrheit erringen, und in Maastricht setzte er für sein Land lediglich das Recht durch, in einzelnen Fragen eine Minderheit von einer Stimme zu bilden.

Der *Guardian* war der Meinung, wenn die Wähler sich aufgrund der gewichtigeren Fragen noch immer nicht entschieden hätten, könnte man ihnen auch ein paar halbseidene Entscheidungsgründe liefern, und fragte die Kandidaten in unsicheren Wahlkreisen nach ihren Lieblingsbüchern, -filmen und -musikstücken aus. Glenda Jackson nannte *Anne Elliot, Kinder des Olymp* und Strawinskis *Psalmensymphonie*; ihr konservativer Gegenspieler wählte *Krieg und Frieden, Dr. Schiwago* und Mahlers Vierte Symphonie; der Liberaldemokrat führte Bellows *Mehr noch sterben an gebrochenem Herzen*, den Film *Stalker* und das Violinkonzert von Sibelius an. Die *Times* brachte eine Unterhaltungseinlage anderer Art – nämlich ein spezielles Wahltagsgedicht des Poeta Laureatus Ted Hughes. Natürlich ist es mittlerweile schon Tradition, daß die offizielle Darbietung des jeweiligen Laureatus verblüffend schlecht ist, und Hughes tanzte da mit seiner komischen Nummer über die Auswirkungen chemischer Giftstoffe auf das Spermiogramm westlicher Männer in keiner Weise aus der Reihe. Wer als westlicher Mann zum Wahlgang aufbrach, hat vielleicht mit einiger Bestürzung von dem Laureatus erfahren, daß sein «Potenzpaket» nur noch halb soviel Zunder hatte wie früher einmal, dürfte aber mehr als einen Hauch von Skepsis gezeigt haben, was die wahrscheinliche Wirksamkeit von Hughes' gonadischem Appell an den zu wählenden Premierminister anging.

Das Wahlkampfende ließ nicht darauf schließen, daß das Spermiogramm britischer Männer Anlaß zur Sorge gäbe. Die drei Parteichefs rasten testosteronsprudelnd in der Gegend herum, sprangen in Hubschauber, hüpften aus Autos und verhießen Standhaftigkeit, Eindringlichkeit, Entschlossenheit und Mut. Die Meinungsumfragen deuteten allerdings allesamt auf eine kastrierte Handlungsfähigkeit hin; desgleichen der Poll of Polls, als Quell der Weisheit so zuverlässig wie der König der Könige; desgleichen die Befragung an den Türen der Wahllokale. Doch als am Donnerstag, dem 9. April, gegen elf Uhr nachts die ersten wirklichen Ergebnisse eintrudelten, zeichnete sich in den Computerhochrechnungen – entgegen allen früheren Kommentatorenweisheiten und cleveren Trendanalysen – allmählich ab, daß die Tories womöglich doch die stärkste Partei im neuen Parlament sein würden. Die Reportermeute, die auf der Pressegalerie des Camden Centre auf Glendas Erklärung lauerte, pendelte unablässig zu dem klapprigen Fernsehapparat im Council Chamber hinüber, um den aktuellen Stand der frappierenden Ergebnisse zu erfahren. Da ereigneten sich vor unseren Augen immer mehr merkwürdige Dinge. Zunächst einmal waren die Trendumschwünge enorm – in einem Moment 7 oder 8 Prozent zu Labour hin, dann auf einmal 1 oder 2 Prozent zu den Konservativen. Was war da los? War das auf taktische Stimmabgaben zurückzuführen? Der Computer, der doch angeblich alles durchschaut, behauptete nunmehr, am Ende könnten die Tories gar mit einer absoluten Mehrheit von einem Mandat dastehen. Die Liberalen kassierten einige Tory-Hochburgen im Südwesten und sahen dann eigene Wahlkreise entschwinden, die sie erst kurz zuvor bei Nachwahlen erobert hatten. In Schottland schnitten die Tories offenbar viel besser ab als erwartet; weibliche Labour-Kandidaten lagen gut im Rennen, schwarze männliche Tories fielen stark ab. Der Parteivorsitzende der Tories, Chris Patten, verlor sein knappes Mandat in Bath und wurde von altgedienten Konservativen im Tonfall klassischer Tragödien betrauert.

Währenddessen wurde Glendas Ergebnis (wie wir es mittlerweile nannten) ständig verschoben, von 1.30 auf 1.50 auf 2.20 auf 2.50 Uhr, und die koffeinbeflügelten Überreste des Pressekorps gerieten allmählich in Redaktionsschlußpanik. Unterdessen nahm der hochgerechnete Tory-Vorsprung ständig zu: ein, zwei, neun – gegen drei Uhr hatte er zweistellige Zahlen erreicht. Hampstead and Highgate, an vierundzwanzigster Stelle auf der Liste der von Labour zu erobernden unsicheren Wahlkreise, war mittlerweile nur noch von lokalem Interesse; der gnadenlose Vormarsch der Tories war nicht mehr aufzuhalten. Daher herrschte eine Atmosphäre leicht gedämpfter Erregung, als der Wahlleiter um 3.15 Uhr endlich die acht Kandidaten zur Verkündung des Wahlergebnisses auf die Bühne führte. Sie stellten sich in einer Reihe vor einem großen schwarzen Vorhang auf; der einzige Schmuck war eine riesige Vase Marke Bestattungsinstitut mit weißen Blumen: Lilien, Nelken und Chrysanthemen. Glenda Jackson trug das gleiche wie in St. Andrew's, Frognal, allerdings um ein Zweiglein roter Rosen am linken Revers erweitert. Captain Rizz sah mit seinem rot-gelben Zylinderhut, einem roten Jackett mit Frackschößen und Kordelbesatz und seiner dunklen Brille sehr fesch aus. Der Wahlleiter verlas die Anzahl der Stimmen für die einzelnen Kandidaten in alphabetischer Reihenfolge. Die Green Party hatte 594 bekommen, die Rainbow Ark Voters Association 44, was dem Plan zur Einführung einer eigenen Währung in Hampstead einen Dämpfer aufsetzte. Glenda May Jackson erhielt «19193 Stimmen», Oliver Letwin «17000 ...». Die weiteren Ziffern (753, um genau zu sein) gingen in einem Riesengebrüll unter, während Glenda vortrat und eine kuriose Geste machte: Sie hob den Arm, aber nicht männlich-aggressiv, und legte die Finger auf die Handfläche, ohne richtig die Faust zu ballen. Vermutlich so etwas wie ein sanft-linker Siegesgruß.

Dann wurden die übrigen Zahlen bekanntgegeben. Der liberaldemokratische Kandidat hatte 4765 bekommen, ein Rückgang um fast 50 Prozent, der anzeigte, daß er durch taktische Stimmabgaben Federn lassen mußte. Captain Rizz erhielt ganze 33 Stimmen, und Charles «Scallywag» Wilson, dessen Name mit einem enthusiastischen «Yeah, Scallywag» aus dem Saal begrüßt wurde, erzielte lediglich 44. Die bedenkliche Dreiteilung der Rainbow-Fraktion (die es 1987 auf 137 Stimmen gebracht hatte) hievte den Repräsentanten der Natural Law Party, der einen zutiefst unpolitischen weißen Anzug trug, mit 86 Stimmen auf den fünften Platz. Die Kandidaten hielten eine kurze Rede. Glenda Jackson sagte: «Die Labour-Partei wurde noch nie so dringend gebraucht wie heute.» Oliver Letwin tröstete seine

Anhänger mit dem traditionellen Kommentar, dieses Mandat stehe «der Labour-Partei vielleicht auf ein paar Jahre leihweise zur Verfügung»; doch die Zahlen sahen auf den ersten Blick nicht ermutigend aus. Wenn Hampstead and Highgate traditionell eine halb so große Trendumkehr wie der Landesdurchschnitt aufweist, dann hatte Glenda Jackson viermal so gut abgeschnitten wie erwartet. Der Kandidat der Grünen überreichte der neuen Abgeordneten nach seiner Ansprache eine Flasche edlen Champagners mit der Bemerkung, sie müsse eine Edelsozialistin sein, ließ sich jedoch die Gelegenheit entgehen, sie zum Recyclen der Flasche aufzufordern. Dann wurden die Kandidaten abgeführt, und es gab einen Moment von winziger symbolischer Tragweite, als man Glenda Jackson zu Beginn ihres politischen Lebens von der Theaterbühne abtreten sah.

Freitag mittag, als nur noch ein paar Ergebnisse aus Nordirland ausstanden, war John Majors Vorsprung auf den recht stattlichen – und im Vergleich zu allen Vorhersagen schier ungeheuren – Umfang von einundzwanzig Stimmen angewachsen. Da sich die Ulster Unionists aus der Politik auf der Hauptinsel weitgehend heraushalten, ist er effektiv noch größer, und Mr. Major muß sich keine allzu großen Sorgen machen, falls einmal ein Hinterbänkler auf dem Weg zur Abstimmung im Stau steckenbleibt oder plötzlich über Brustschmerzen klagt. Der Premierminister kann ein paar Verluste bei Nachwahlen wegstecken und ohne große parlamentarische Bedrohung maximal fünf Jahre regieren. Nicht einmal Andrew Lloyd Webbers Drohung, er werde im Falle eines Labour-Sieges das Land verlassen, hatte genügend Stimmen für Neil Kinnock mobilisieren können.

Optimisten im Labour-Lager machten geltend, es hätte eines Trendumschwungs von den Ausmaßen von 1945 bedurft, um die Tories vor die Tür zu setzen, und die Verringerung der konservativen Mehrheit von 101 auf 21 sei ein schöner Erfolg. Labour habe den Gipfel fast erreicht; wenn sie sich noch ein bißchen mehr anstrengten, würden sie es nächstes Mal gewiß schaffen. Doch dieser tröstliche Zuspruch kann nicht recht überzeugen. Von allem anderen abgesehen, ist der Berg beim nächsten Mal nur noch höher. Zum Zeitpunkt der nächsten Parlamentswahlen sind die Empfehlungen der Boundary Commission, die Größe und Umfang vieler Wahlkreise neu festlegen, bereits umgesetzt. Diese Änderungen werden sich der allgemeinen Ansicht nach so auswirken, daß die Tories fünfzehn bis zwanzig Sitze dazugewinnen, ohne einen Handschlag dafür zu tun.

Labour sieht sich demnach einer grausamen Situation gegenüber. Wenn die Partei acht Jahre darauf verwendet, sich unter Neil Kinnock neu zu formieren, das Wort «Sozialismus» in Acht und Bann zu tun, die linken Extremisten auszuschließen, die freie Marktwirtschaft und das Prinzip der atomaren Abschreckung zu akzeptieren und die offenkundigen Bindungen an die Gewerkschaften zu lockern; wenn die Parteiführung alles daransetzt, um sich bei potentiellen, durch frühere Labour-Standpunkte verschreckten Wählern anzuschmusen; wenn sie sich mit ihren Bankeranzügen und ihrer proeuropäischen Einstellung als eine nettere, einfühlsamere Version der Tories darstellen; wenn sie einen exzellenten, wohlorganisierten Wahlkampf mit guter Pressearbeit führen; wenn die Wahl ihnen mitten in der tiefsten Rezession zeitlich gelegen kommt und viele alteingesessene Tories die Macht anscheinend nur noch mit den Fingerspitzen festhalten; wenn sämtliche Umfragen und alle Analysten übereinstimmend verkünden, Labour werde zumindest einen Teil der Macht erringen; und wenn beim Eintrudeln der Wahlergebnisse Labour trotz eines Mandatszuwachses nur 35 Prozent der Stimmen errungen hat und die Konservativen noch so fest auf ihren 43 Prozent sitzen wie fünf Jahre zuvor – dann stellt sich die Frage, ob Labour unwählbar geworden ist. Zumindest unter dem gegenwärtigen Wahlsystem. Vielleicht liegt der unvermeidliche Ausweg doch darin, sich in Paddys Ringelpiez einzureihen? Damit drängt sich eine weitere grausame Wahrheit auf: Wer das Wahlrecht zugunsten eines neuen, den eigenen Zwecken dienlicheren ändern will, muß zunächst unter dem alten an die Macht kommen. Und genau das will Labour anscheinend nicht gelingen.

Was hat sich verändert? Die Labour-Partei gleicht einem Freier, der sich mit seiner Schäbigkeit und seinen hochgesteckten Idealen bei dem umworbenen Mädchen eine Abfuhr holt und loszieht, um sich die Haare schneiden zu lassen und einen neuen Anzug, einen anständigen Job, einen Bausparvertrag und ein Funktelefon zu besorgen, und bei der Rückkehr wiederum abgewiesen wird zugunsten eines anderen Mannes mit Haarschnitt, Anzug, Job, Bausparvertrag und Funktelefon. Nur keine Experimente. Auf der Suche nach einer Erklärung klagte Mr. Kinnock, Labour werde von der Boulevardpresse verleumdet. Aber die Boulevardpresse hat Labour schon immer verleumdet. Andere wiesen auf den «Kinnock-Faktor» hin – Mißtrauen gegen seine dehnbaren Grundsätze im Verein mit einem Vorurteil wegen seiner walisischen Herkunft. Doch wenn jemand wirklich an die Macht will, machen die Briten es ihm nicht zum Vorwurf, wenn er seine Meinung und seine Grundsätze ändert oder sogar die politische Partei wechselt. Und die Engländer hegen zwar gewisse unterschwellige Vorurteile gegen die Waliser, und der Gegensatz zwischen dem kumpelhaften Kinnock und der eiskalten Contenance des Premierministers könnte nicht größer sein, doch ist diese Erklärung eindeutig nur ein letzter Rettungsanker.

Des Rätsels Lösung liegt eher darin, daß die Briten selbst – oder doch ein wahltechnisch relevanter Prozentsatz von ihnen – sich geändert haben. Untersuchungen über soziale Einstellungen zeigen in der Tendenz, daß die Thatcherjahre keinen großen Wandel in den bekundeten Ansprüchen und Erwartungen an die Gesellschaft gebracht haben. Das Verhalten jedoch hat sich geändert. Erstens lügen die Leute die Meinungsforscher jetzt eindeutig an, was womöglich auf eine neue politische Reife schließen läßt und sogar zur Folge haben könnte, daß Umfragen in einen gesunden Mißkredit geraten und letztendlich abgeschafft werden. (Aber wenn sie bei politischen Umfragen lügen, können sie natürlich genausogut auch bei Umfragen über soziale Einstellungen lügen.) Auch in anderer Hinsicht hat der Thatcherismus bei einem wesentlichen Teil der wählenden Bevölkerung einen Wandel bewirkt. Als ich in der provokant unstimulierenden Atmosphäre des Camden Council Chamber – Alkoholverbot, Rauchverbot, der Kaffeeautomat erschöpft – auf Glendas Wahlergebnisse wartete und John Majors Chancen mit jeder Minute stiegen, sagte ein Fernsehtechniker etwas ängstlich zu mir: «Ich habe meine Bank angewiesen, für £ 900 British-Telecom-Aktien zu kaufen, falls die Tories gewinnen.» Er machte sich Sorgen, weil die City am Vorabend des Wahltags einen möglichen Tory-Aufschwung gewittert hatte und die Aktienkurse in die Höhe geschnellt waren; dennoch hielt er seine Anteile an der British Telecom, dem privatisierten Nachfolger eines Sektors des staatlichen Post Office, für eine gute Wertanlage. Vor fünfzehn oder zwanzig Jahren hätte man die Vorstellung, ein Techniker von der BBC könne seine Bank anweisen, seine Beteiligung an der BT zu erhöhen, für eine merkwürdige Horrorvision gehalten. Jetzt ist das gang und gäbe. Oliver Letwin hat ein Buch mit dem Titel *Privatizing the World* verfaßt; Mrs. Thatcher hat bekanntlich gesagt: «Es gibt gar keine Gesellschaft.» (In ihren Augen gibt es nämlich nur Individuen und Familien.) Der Wandel in der britischen politischen Realität ist nicht so durchgreifend, wie diese beiden Formulierungen vermuten lassen, doch es hat sich eindeutig etwas verschoben – und diese Verschiebung wird am Ende von Mr. Majors jetziger Amtsperiode zu siebzehn oder achtzehn Jahren ununterbrochener konservativer Herrschaft geführt haben. Ob diese lange Einparteienherrschaft Britannien zu einer stabilen, wirtschaftlich realistisch denkenden Nation des Unternehmertums und Individualismus oder aber zu einem «Japan ohne Wohlstand» gemacht hat, ist Ansichtssache.

Am Montag nach seiner Niederlage trat Neil Kinnock als

Parteivorsitzender zurück. Acht Tage zuvor hatten sich zu seiner letzten großen Wahlkundgebung in London relativ prominente treue Parteianhänger versammelt – von dem Komiker Ben Elton selbstironisch «Luvvies for Labour» getauft. Vor seiner Rede zog Kinnock Shakespeares Sonett Nr. 29 aus der Tasche, das er, wie er sagte, immer bei sich trägt. Da hatte er sich etwas Merkwürdiges und Ahnungsvolles ausgesucht:

Wenn mich Fortuna schmäht,
Kein Mensch mich mag,
Wenn ich mich selber nicht mehr sehen will,
Dem tauben Himmel meinen Jammer klag …

In seiner Verzweiflung besinnt sich der Dichter auf den geliebten Menschen, genau wie Mr. Kinnock in seiner würdevollen Abschiedsrede seiner Frau Glenys herzlich Tribut zollen sollte: Er sei nicht zu bedauern, denn er finde privat viel Erfüllung in seinem Leben; es sei vielmehr das Land zu bedauern. Das Sonett endet mit:

So reich macht deine Liebe mich, so groß;
Mit keinem König tausche ich mein Los.

– was mehr oder weniger genau beschreibt, was er die vergangenen acht Jahre als Labour-Führer versucht hatte.

Oliver Letwin antwortete auf die Frage, was denn in Hampstead and Highgate für ihn schiefgelaufen sei: «Ganz einfach. Die Liberalen sind zusammengebrochen, und der Großteil ist zu Labour übergelaufen.» Warum? «Weiß ich nicht.» Persönliche Sympathie für Glenda Jackson hielt er immer noch nicht für ausschlaggebend; er meinte, es könne da eine «geringfügige Antihaltung gegen mich» wegen seiner Verbindung mit der Kopfsteuer gegeben haben, doch insgesamt habe das Wahlergebnis «mehr mit den großen nationalen Fragen» zu tun. Liberaldemokraten hätten taktisch gewählt, «um die Regierung loszuwerden», seine eigenen Wähler hätten sich zwar tapfer gehalten, aber der Umfall der Liberaldemokraten habe seine Chancen zunichte gemacht. Im Gegensatz zu uns, die wir bis 3.15 Uhr morgens warteten, wußte Letwin «schon beim Öffnen der Wahlurnen», daß er verloren hatte: Nicht weil er die eigenen Stimmen oder die von Glenda Jackson gezählt hatte, sondern weil so selten ein Kreuz bei Dr. Wredes Namen stand. Vielleicht tröstet es Labour, daß Letwin das Gerede von einer langfristigen Unwählbarkeit der Partei «absurd» fand – dazu sei die Politik schlicht und einfach ein zu schwankendes und dem Zufall unterworfenes Geschäft. Als er schließlich nach der Siegerin gefragt wurde, gab er zu, daß sie den Wahlkreis wohl gut vertreten werde. «Die Gefahr ist eher, daß es ihr langweilig wird. Sie ist die große Bühne gewohnt, und da könnte ihr das Parlament eintönig und banal vorkommen.»

Ihre Bühne war in der Tat groß. Von allem anderen abgesehen, gibt es bestimmt in beiden Kammern des Parlaments außer ihr niemanden, der in die südamerikanische Literatur eingegangen ist. In seiner Erzählung «We Love Glenda So Much» beschreibt Julio Cortázar eine Gruppe von Kinofans, die der Schauspielerin eine derartige Bewunderung entgegenbringen, daß sie es nicht ertragen können, daß manche ihrer Filme ein wenig zu wünschen übriglassen. Daher kaufen die Clubmitglieder Kopien ihrer minderwertigen Streifen auf und sorgen mit einem Schnitt hier und einem heimlichen Zusatz da für die Perfektion, die unfähige Regisseure ursprünglich nicht zustande brachten. Als Glenda erklärt, sie wolle sich zur Ruhe setzen, ist ihr Glück vollkommen: Das Œuvre ist perfekt und der Gegenstand ihrer Liebe makellos. Doch ein Jahr darauf gibt die Schauspielerin plötzlich ihre Rückkehr auf die Leinwand bekannt. Die Fans sind wie vor den Kopf geschlagen. Sie können nicht noch einmal von vorne anfangen, und so greifen sie zum äußersten Mittel: Um Glendas Œuvre wie auch ihre Liebe zu ihr zu verteidigen, müssen sie dafür sorgen, daß sie den Drehbeginn des nächsten Films nicht mehr erlebt …

Sollte es einen solchen Fanclub geben, ist er bestimmt froh über das Wahlergebnis vom 9. April in Hampstead and Highgate. 19193 Wähler in North London haben dem Todeskommando die Arbeit abgeommen, Glenda Jacksons Filmkarriere zu beenden.

Mai 1992

Die Änderungen der Boundary Commission haben sich weniger nachteilig auf die Chancen der Labour-Partei ausgewirkt als vorhergesagt. Mike Newell führte dann Regie bei Vier Hochzeiten und ein Todesfall.

7

Verkehrsstau am Buckinghampalast

Vor ein paar Jahren fuhr ich in westlicher Richtung aus London heraus und bummelte mit höchstens zehn Meilen pro Stunde über dem Tempolimit auf der mittleren Spur der M4 dahin, da blitzten in meinem Rückspiegel zwei Scheinwerferlichter auf. Ehe ich mich versah, hatten sie sich in Motorradfahrer der Polizei verwandelt. Ich wollte mich schon trösten, wie unfair meine willkürliche Verhaftung doch sei, da brummten sie ungerührt weiter. Sie waren vollauf damit beschäftigt, die Überholspur für den von ihnen eskortierten Wagen leerzufegen. Der tauchte auch gleich in vollem Umfang auf und bretterte im rasanten Tempo von neunzig bis hundert Meilen pro Stunde weiter: eine große schwarze Limousine, auf deren Kühlerhaube die königliche Standarte flatterte. Als die Nachhut vorbei war, erging ich mich mit meiner Begleitung in Mutmaßungen über die Insassen der Limousine und den Grund für diese ostentative Raserei. Mußte die Queen eilig zu einem Staatsbankett? Prinzessin Anne eilig zum Pferdefüttern? Die Queen Mum eilig zu einem Gin Tonic? Und so weiter. Die Begegnung rief mir aber auch eine Bemerkung von Prinz Philip in Erinnerung, die er einmal en passant in einem Interview fallenließ: Er meinte, die Königliche Familie werde «ihre Würde verlieren», wenn ihre Mitglieder wie Normalbürger im Stau steckenblieben.

Die Königliche Familie hat in den letzten Jahren ziemlich viel von ihrer Würde eingebüßt, und das nicht nur durch die Schuld der Motorradeskorte. Die neuesten Enthüllungen, wahlweise auch unbewiesenen Behauptungen oder schmutzigen Tratschereien über die Ehe des Prinzen und der Prinzessin von Wales mögen ungläubiges Staunen, Zorn, Mitleid und Schadenfreude ausgelöst haben, aus heiterem Himmel kamen sie jedoch nicht. In letzter Zeit drehten sich die meisten Bulletins über das Haus Windsor um eheliches Mißgeschick. Eine wahrscheinlich apokryphe Geschichte berichtet, eine britische Matrone habe einmal Sarah Bernhardt in der Rolle der Cleopatra gesehen und bemerkt: «Wie anders geht es doch bei unserer lieben Queen zu Hause zu.» Bis vor kurzem war es möglich – und üblich –, diesen Kommentar schalkhaft auf das spießige, langweilige, wohlanständige und allem Anschein nach sittsame Haus Windsor zu beziehen. Damit ist es nun vorbei. Daß eine Mutter von vier Kindern die Ehe eines Kindes auseinandergehen sieht, ist im heutigen Großbritannien wohl statistisch normal; bei zweien sieht es schon nach ausgesprochenem Pech aus; bei dreien kommt die Vermutung auf, daß mit der Familie selbst etwas bedenklich im argen liegt. Ist diese Frau die Königin von England, dann ziehen die sich daraus ergebenden Fragen weitere Kreise.

Besonders paradox ist, daß jetzt auch bei Prinz Charles persönlich der Haussegen schief hängt. Die britische Monarchie, die im Laufe der Jahrhunderte ein gut Teil Schufte, Ehebrecher und Verrückte auf den Thron gesetzt und Spott und Kritik bis hin zum striktesten Verdikt in Form der Königsmorde von 1649 ertragen hat, konnte sich in den vergangenen fünfzig Jahren eines auffallend geruhsamen und unangefochtenen Daseins erfreuen. Dabei war, wie selbst engagierte Monarchisten zugeben, auch genetisches Glück im Spiel. Dem liegt folgender Gedankengang zugrunde: Ein Glück, daß wir diesen labilen Edward VIII., der uns womöglich noch ins Verderben gestürzt hätte, samt seiner ausländischen Glücksritterin Mrs. Simpson losgeworden sind und gegen den soliden, briefmarkensammelnden George VI. eingetauscht haben. Ein Glück, daß die pflichtbewußte Elizabeth seine älteste Tochter war und unsere Königin wurde und nicht die flatterhafte Margaret, die sich in einen geschiedenen Mann verliebt, dem Zigarettenrauchen zugetan ist und sich mit Künstlervolk abgibt. Ein Glück schließlich, daß Charles, ein ernsthafter Grübler mit gebührendem Sinn für seine Herkunft, den Thron erbt und nicht die eigensinnige Anne, der übermütige Andrew oder der offenbar eheuntaugliche Edward. Und obendrein bekommen wir nicht nur Charles, sondern dazu noch Prinzessin Di, die beliebteste Frau im ganzen Land. Wie soll da die Show nicht endlos weitergehen?

In *Diana: Her True Story* von Andrew Morton, der früher Journalist beim *Daily Star* war und jetzt ein reicher Mann ist, werden im wesentlichen folgende Behauptungen aufgestellt: Die Ehe von Charles und Di sei schon früh zerbrochen und zur Zeit nur noch Fassade; Di habe unter akuten Depressionen gelitten und fünf «Selbstmordversuche» unternommen (oder doch jammervoll panische Hilferufe ausgesandt, indem sie sich etwa gegen eine Glasvitrine warf oder mit der Zackenkante eines Zitronenschneiders verletzte), die Charles nicht ernst nehmen wollte; sie habe viele Jahre ihrer Ehe an Bulimie gelitten und sei in fachärztlich-psychiatrischer Behandlung gewesen; sie glaube nicht, jemals Königin zu werden, eine Vorahnung, die von ihr zu Rate gezogene Astrologen bestätigten; Charles sei ein liebloser Ehemann, der ihr keinerlei Unterstützung gebe und seine langjährige «Freundschaft» mit Mrs. Camilla Parker-Bowles ungeachtet der Proteste und der Eifersucht seiner Frau die gesamte Ehe hindurch aufrechterhalten habe; und als die Prinzessin ihren Mann nach jahrelanger Ehequal fragte: «Hast du mich denn je geliebt?», soll er geantwortet haben: «Nein.»

Wären diese Enthüllungen nur der Hintertreppenklatsch einer aufgebrachten Kammerzofe, wie das bei «Enthüllungen aus dem Königshaus» früher stets der Fall war, hätte sich wohl höchstens ein dementierbarer Frühsommerskandal daraus ergeben. Morton aber durfte Interviews mit einer Schwester Dianas und ihrem jüngeren Bruder aufnehmen; er sprach mit ihren ehemaligen Mitbewohnerinnen und den Freunden aus Chelsea; der Verleger des Buches konnte achtzig bislang unbekannte Fotos von ihrem Vater Earl Spencer kaufen; und ein Teil des Erlöses aus dem Unternehmen geht an eine Drogenhilfseinrichtung, für die Diana die Schirmherrschaft übernommen hat. Mit anderen Worten, die Sache kommt *Diana: My Story* so nahe, wie wir wohl je kommen werden; und wenn die Prinzessin jetzt ihr Leben zur Sensationsgeschichte aufgebauscht und falsch gewichtet findet, dann ist das der Preis, den Prominente häufig zahlen, wenn sie nicht selbst zur Feder greifen.

Mortons Buch wurde, als es in Fortsetzungen von der *Sunday Times* vorabgedruckt wurde, mit Spannung, Wut und viel Scheinheiligkeit aufgenommen, nicht zuletzt in Journalistenkreisen. Am Tag nach dem Erscheinen der ersten Folge wurde Donald Trelford, der Chefredakteur des Konkurrenz-Sonntagsblatts *Observer*, mit folgender Äußerung über Mortons Buch zitiert: «Auf mich wirkt das wie ein Schundroman. Geschichten über Mitglieder des Königshauses, die sich nicht wehren können, sind mir zuwider. Ob das Ganze stimmt, weiß ich nicht.» Doch diese Empfindungen, wie ehrbar sie auch sein mochten, hatten sich bereits tags zuvor den Zwängen des Journalismus beugen müssen. Auf der ersten Seite der *Sunday Times* prangte ein Farbfoto, auf dem eine recht melancholische Diana im Festgewand unter der Schlagzeile ‹LIEBLOSER› CHARLES TRIEB DIANA ZU FÜNF SELBSTMORDVERSUCHEN zu sehen war. Auf der des *Observer* prangte ein noch größeres Farbfoto, das eine grimmig dreinschauende Prinzessin am Steuer ihres Wagens unter der Schlagzeile DEPRESSIONEN ‹TRIEBEN DIANA ZU FÜNF SELBSTMORDVERSUCHEN› zeigte. Anhängern der feinen englischen Art der Schlagzeilenformulierung wird die Plazierung der Anführungsstriche aufgefallen sein, mit denen die nur mutmaßlich wahren Teile der Geschichte von jenen getrennt werden, für die das Blatt selbst geradesteht: Der *Observer* bestätigte also die Depressionen, wollte sich aber bei den Selbstmordversuchen nicht festlegen, während die *Sunday Times* die Selbstmordversuche bestätigte, sich aber nicht festlegen wollte, ob

Charles nun ein herzloser Ehemann sei oder nicht. Beim Durchschnittsleser allerdings haben wohl beide Titelseiten genau denselben Eindruck vom Geschehen hinterlassen und wahrscheinlich auch den gleichen Überzeugungsgrad vom Wahrheitsgehalt der Geschichte.

Die anderen Blätter rümpften die Nase, zogen eilends nach oder taten empört, doch keinem gelang es in den ersten Wochen, die Geschichte anzuzweifeln; vielleicht gaben sie sich aber auch keine rechte Mühe, weil sie voll und ganz damit beschäftigt waren, ihre Zeitungen zu verkaufen. Auch aus dem Palast kam kein Dementi. Da nun also die Frage «Stimmt das denn?» auf Eis gelegt war, konzentrierte sich alles auf die Fragen «Was hat es zu bedeuten, wenn es stimmt?» und «Dürfen die Schweine das eigentlich?». Verfassungsrechtlich hat die Geschichte sehr wenig zu bedeuten. Das Paar könnte sich trennen, es könnte sich scheiden lassen, Prinz Charles könnte sogar wieder heiraten, und es käme deswegen nicht zu einer Verfassungskrise. Nimmt man Heinrich VIII. zum Maßstab, könnte er so oft wieder heiraten, wie er lustig ist; der einzige Nachteil wäre, daß er sich nicht noch einmal kirchlich trauen lassen kann und demzufolge nicht als Supreme Governor of the Church of England fungieren könnte. Die Tragweite wäre also insgesamt eher begrenzt und beträfe die künftige Stabilität und Popularität der Monarchie, falls die aktuelle Besetzung der jugendlichen Liebhaberin sich aus der Inszenierung zurückziehen sollte.

Blieb die Frage: «Dürfen die Schweine das eigentlich?» Die *Sunday Times* sonderte das übliche Maß an schleimigem Humbug ab, wurde jedoch von der Heuchelei manch anderer Reaktionen noch übertroffen. Ist die Botschaft schlecht, wird der Bote erschossen. Allenthalben wurde die Skrupellosigkeit der Revolverpresse angeprangert, obwohl die Geschichte zuerst in Buchform erschien und dann von einer renommierten Zeitung als Fortsetzungsstory abgedruckt wurde. Man rief wieder einmal nach einem Gesetz zum Schutz der Privatsphäre, so daß dieser

Punkt auf der reformpolitischen Agenda höher rückte als die Grundsatzdebatte um Informationsfreiheit und Schutz von Regierungsgeheimnissen. Es wurde darauf hingewiesen, daß das Königshaus eine Verleumdungsklage anstrengen könnte. (Nachrangige Mitglieder des Königshauses wie Lord Linley, der Sohn von Prinzessin Margaret, haben das bereits getan.) Der Erzbischof von Canterbury plapperte mißbilligend vor sich hin. Ebenso die Press Complaints Commission, ein ziemlich lachhaftes Kontrollorgan, das die Presseleute eingesetzt haben, weil sie fürchteten, wenn sie sich nicht selbst beaufsichtigten, käme die Regierung daher und würde das mit weniger Nachsicht tun. Dieser Presserat verurteilte den Vorgang als «abscheuliches Gebaren von Journalisten, die in anderer Leute Seelenleben herumrühren, und das auf eine Art, die dem berechtigten Interesse der Öffentlichkeit an den Belangen des Thronfolgers in keiner Weise dienlich ist». Diese scharfe Kritik wurde nicht überall mit dem nötigen Ernst aufgenommen; schließlich sitzen im Presserat auch der Chefredakteur der *News of the World*, von alters her Marktführer in sonntäglichen Obszönitäten, und der Chefredakteur des *Daily Star*, der am selben Tag auf der ersten Seite gleichfalls eifrig im Seelenleben rührte, und zwar mit der Schlagzeile KÖNIGLICHES OKAY FÜR CAMILLA und der Meldung, «Dianas Nebenbuhlerin», Mrs. Parker-Bowles, sei bei einem Polomatch von der Queen mit einem «strahlenden Lächeln» bedacht worden.

Auf einem Nebenschauplatz kam es sogar zu einer drolligen Kabbelei zwischen dem Chefredakteur der *Sunday Times*, Mr. Andrew Neil, der die Geschichte viel sensationeller aufgemacht hatte als Mr. Morton selbst, und Sir Peregrine Worsthorne, dem ehemaligen Chefredakteur des *Sunday Telegraph*. Die beiden hatten sich zuvor in einer Beleidigungssache vor Gericht gegenübergestanden; der sich als Galionsfigur der alten Schule gerierende Worsthorne mußte dem sich als Galionsfigur der neuen Schule gerierenden Neil eine Entschädigung von £ 1000 zahlen, weil er ihm unterstellt hatte, er habe genau gewußt, daß eine gewisse Pamella Bordes, mit der er sich überall in der Stadt sehen ließ, nicht nur ein glamouröses Model und eine ehemalige parlamentarische Assistentin war, sondern außerdem noch eine Edelnutte. Sir Peregrine, der seinem geradezu grotesk englischen Namen zum Trotz belgischer Herkunft ist und ungeachtet seines wackeren Eintretens für Sitte und Anstand einer der ersten war, die im Fernsehen das Wort mit F in den Mund nahmen, griff das Thema Andrew Neil mit schadenfroher Abscheu auf. «In der vergangenen Woche», schrieb er in seiner Kolumne im *Sunday Telegraph*, «mußte ich mir zweimal Mr. Neil im Fernsehen anschauen. ‹Mr. Neil sehen und sterben› trifft die Sache nicht ganz, ‹Mr. Neil sehen und erbrechen› schon eher. Hat man je ein solch verstörendes Gesicht gesehen? Mit einer Miene zwischen Rindvieh und Schaf glotzt er derart vom Fernsehschirm, daß keiner weiß, ob er einem die Kehle durchschneiden oder die Füße küssen will.» Nun stimmt es zwar, daß Mr. Neil nicht gerade ein Adonis ist, doch Liebhaber komischer Physiognomien tun gut daran, nicht achtlos an dem strahlenden Sir Peregrine vorbeizugehen: Er könnte problemlos bei jeder Daumier-Serie für den «schlappen Epikureer» Modell stehen. Was Miss Pamella Bordes betrifft, so ist sie ein gutes Beispiel dafür, wie sich die Lebenswege prominenter Persönlichkeiten doch immer wieder kreuzen. Im Februar dieses Jahres war ich in Neu-Delhi und bemerkte, in dem Bemühen, mit dem Taxifahrer ins Gespräch zu kommen, daß auch Prinzessin Di in der Stadt sei. (Sie hatte das Tadsch Mahal besucht und das zu einer «sehr heilsamen Erfahrung» erklärt – eine Bemerkung, die damals keinen Sinn zu ergeben schien, im nachhinein jedoch schon.) Der Besuch der Prinzessin ließ den Fahrer gleichgültig, doch zeigte er sich um so mehr angetan von Pamella Bordes, dem berühmten Model, das gleichfalls zu Besuch in Delhi weilte. Unsere Unterhaltung kam richtig in Gang, als ich schüchtern gestand, ich sei Miss Bordes bereits persönlich begegnet und habe ihr sogar die Hand gegeben. Ich erwähnte nicht, daß sie sich damals in Begleitung von – wieder ein wohlbekannter Name – Mr. Donald Trelford befand.

Eine weitere Frage, auf die Moralapostel lieber keine Antwort gaben, war die: Was ist, wenn die sogenannten Opfer dem «Herumrühren in anderer Leute Seelenleben» auch noch Vorschub leisten? Es mag eine wohlbekannte Tatsache sein, daß die Königliche Familie, wie Mr. Trelford uns in Erinnerung rief, «sich nicht wehren kann»; doch wie die meisten wohlbekannten Tatsachen ist auch diese weitgehend falsch. Zunächst einmal steht der größte Teil der Fleet Street – Sir Peregrine Worsthorne eingeschlossen – dem Buckinghampalast und seinen adeligen Vorposten ohnehin schon in bebender Huldigung zur Verfügung. Die Königliche Familie kommt zwar nicht an die Haustür und gibt Interviews, aber sie wählt sorgfältig aus, was sie in den Abfalleimer wirft, in dem sicheren Bewußtsein, daß er noch vor Morgengrauen durchwühlt wird. Prinzessin Di hat Mortons Geschichte allem Anschein nach vor der Veröffentlichung stillschweigend abgesegnet und hinterher emsig bestätigt. So rief sie zum Beispiel am Mittwoch nach Bekanntwerden der Neuigkeiten ihre alte Freundin Carolyn Bartholomew (eine von Mortons Quellen) an und lud sich für den Abend ein. Kurz darauf waren fünf Bildredakteure und ein Hoffotograf mobilisiert mit der Weisung, sich um Viertel nach acht vor dem Haus der Bartholomews einzufinden. Die Prinzessin kam, blieb fünfundvierzig Minuten bei ihrer Freundin und verweilte dann so lange auf der Türschwelle, bis jeder Knipser sein Bild im Kasten hatte. Am nächsten Morgen sprachen die Bartholomews ganz offen mit der Presse über den Besuch. Formal mag das keine Pressekonferenz sein, es kommt der Sache aber so nahe, wie es das königliche Protokoll erlaubt, ja vielleicht noch näher. Um ein anderes Beispiel zu nennen: Im vergangenen Sommer fand die Boulevardpresse heraus, daß die Prinzessin ihren dreißigsten Geburtstag in erstaunlich gedämpfter und Charles-loser Manier beging. «Freunde von Prinz Charles» hatten Klatschreportern erzählt, der Prinz habe ihr eine Geburtstagsfeier angeboten, doch sie habe abgelehnt; etwa zur gleichen Zeit begann die Kunde von der Freundschaft der Prinzessin zu einem gewissen Major durchzusickern. Eine Theorie geht dahin, Diana habe den Mortonschen Kanal benutzt, um auf die «Freunde von Prinz Charles» zu antworten. Allgemeiner gesprochen, kann man es so deuten, daß sie sich über die Köpfe der Palast-Apparatschiks hinweg mit einem landesweiten Hilferuf an die ihr treu ergebene britische Öffentlichkeit wandte.

Nun führt sich die Boulevardpresse in der Tat oft widerlich auf; der Ausdruck «öffentliches Interesse» heißt für sie «alles, was für die Öffentlichkeit nun einmal von Interesse ist, vor allem Sex». Die Aasgeiermeute der Paparazzi, der wimmelnde Schwarm der Fotografen auf der Jagd nach einem Bild des Elends oder einem aus dem Hinterhalt geschossenen Bikinifoto scheren sich nicht übermäßig um die Empfindlichkeiten ihrer Motive; andererseits sollten wir uns auch nicht einbilden, der finanzielle Erlös ließe Mr. Morton gleichgültig oder Mr. Neil sei nichts an einer gigantischen Auflagensteigerung gelegen (bei der ersten Folge seiner Fortsetzungsgeschichte verkaufte er 210 000 Exemplare mehr). Dennoch hat das Bild von der Königlichen Familie als einer Truppe stummer Marionetten mit der Wahrheit nicht viel zu tun. In aller Regel dirigiert der Palast eine fügsame und monarchistische Presse. Als die Massenblätter vor zehn Jahren die junge Liebe und Hochzeit von Charles und Diana in denkbar schmalziger, kriecherischer und, wie es jetzt scheint, verlogener Manier zum Medienereignis aufbauschten – Aschenputtel-Prinzessin, Jahrhundertromanze und ähnlicher Stuß –, gab es wenig Beschwerden. Morton stellt ein paar Einzelheiten über diese vermeintlich märchenhafte Zeit der Liebeslust richtig. Vor der Hochzeit fand Diana heraus, daß Charles Mrs. Parker-Bowles ein Armband mit den selbstgewählten Kosenamen Fred und Gladys zum Geschenk machen wollte, und diskutierte daraufhin mit ihren Schwestern, ob sie nicht die

Verlobung lösen sollte. Während der Flitterwochen sah sie Fotos ihrer «Nebenbuhlerin» aus dem Tagebuch ihres Gatten fallen und bemerkte ein paar Manschettenknöpfe mit einem ineinandergeschlungenen doppelten C, die Charles von Mrs. Parker-Bowles geschenkt bekommen hatte. Schon während der Verlobungszeit zeigten sich erste Symptome der Bulimie, die vorehelicher Nervosität zugeschrieben wurden. Vielleicht ist das alles impertinenter Tratsch, auf den die Zeitungsleser der Nation eigentlich kein Recht haben sollten. Doch wenn man die Wahl zwischen glücklichen Lügen und traurigen Wahrheiten hat, was richtet dann mehr Schaden an? Und die traurigen Wahrheiten wirken, wenn sie dann unweigerlich zutage treten, um so trauriger, weil 1981 niemand den pornographischen Verherrlichungen Einhalt gebieten, die kitschigen Hochzeitshymnen der Presse dämpfen wollte.

Ein grober Leitfaden der aktuellen Geschicke und der Beliebtheit der Königlichen Familie – oder doch ihrer prominentesten Mitglieder – würde in etwa so aussehen:

Die Königinmutter. Oberhaupt der Königlichen Familie. Die beliebteste Oma der Nation. Gütig, lächelnd, professionell, trägt auch im fortgeschrittenen Alter noch mit Anstand Pastellfarben.

Die Queen. Beliebt, geachtet, «macht ihre Arbeit gut», wie es heißt. Steht im Verdacht, einen heimlichen Sinn für Humor zu haben. Erntet mit zunehmendem Alter nicht mehr so viel Spott für ihre Landadelbiederkeit, ihre hohe Stimme und ihre niedrigen Hunde. Allgemeine Einstellung skeptischer Zeitgenossen: Wenn wir schon eine Monarchin haben müssen, erfüllt sie den Zweck wohl am besten.

Der Herzog von Edinburgh. Nicht heißgeliebt, aber auch nicht richtig unbeliebt. Neigt zu herzöglichen Fauxpas von der Art, sich auf Fernostreisen vernehmlich über «schlitzäugige» Asiaten zu äußern. So finden gemeinhin die Vorurteile von Anhängern und Kritikern gleichermaßen Bestätigung.

Prinzessin Margaret. Steht heutzutage nicht mehr so sehr im Rampenlicht. Sorgte zu ihrer Zeit regelmäßig für emotionale Dramen – Peter Townsend, Lord Snowdon, Scheidung, Mustique, Roddy Llewellyn etc. Nunmehr eine neutrale Gestalt. Zweifellos beliebt bei der Tabakindustrie.

Prinz Charles. Löst ambivalente Reaktionen aus. Nicht mehr der linkische, cellospielende Jüngling mit den abstehenden Ohren. Doch worin besteht seine Rolle, während er auf dem Abstellgleis wartet in dem Bewußtsein, daß er das, wozu er geboren wurde, nur durch den Tod seiner Mutter werden kann? Setzt sich für biologischen Landbau ein, redet mit Pflanzen, hält nichts von moderner Architektur, ist ein Apostel des Jungianischen Wandersmanns Laurens van der Post. Hat etwas von einem wunderlichen Kauz an sich, dem die Heirat mit Diana in den Augen der Nation menschlichere Züge verlieh. Und nun? Gilt er jetzt als ganz gewöhnliches, verschrobenes Aristokratenjüngelchen, das seine Frau nicht glücklich machen konnte?

Prinzessin Di. Märchenprinzessin, jungfräulich, süß. Nannte sich bei ihren ersten Auftritten häufig «dumm wie Bohnenstroh». Stand anfangs im Verdacht, ihren königlichen Status nicht genügend ernst zu nehmen, nicht genug für ihre Privilegien zu tun, hat sich dann aber am Riemen gerissen, und als sie Aids-Kranken die Hand gab, war ihre Position endgültig gesichert. Erntet jetzt weithin Mitleid für ihr Elend, doch wer ist schuld daran? Das königliche System? Die Pressemeute? Ihr eigener Mangel an psychischer Robustheit?

Prinzessin Anne. Wurde jahrelang als überheblich abgelehnt. Hat einmal zu Pressefotografen gesagt, sie sollten «sich verpfeifen», und damit den euphemistischen Ausdruck populär gemacht, den sie möglicherweise auch in der vollen Originalfassung gebrauchte. War mit Captain Mark Phillips verheiratet, Spitzname Fog, weil er so tranfunzelig und weichlich war. Ehe aufgelöst. Vielleicht das einzige Mitglied des Königshauses mit deutlich steigender Beliebtheitskurve, seit sie für den Save the

Children Fund arbeitet. Gilt jetzt als reif, fleißig und ihre eigene Frau. Eine Wiederheirat wird erwartet.

Der Herzog von York und *Fergie.* Verschiedentlich auch Herzog und Herzogin von Yob (der Ausdruck «Freiherr und Freifrau von Flegel» geht auf einen regelmäßigen Leitartikler der *Times* zurück) oder wegen ihres zufrieden-pummeligen Aussehens Herzog und Herzogin von Pork genannt. «Herr und Frau Schweinchen» haben sich ein großes und ordinäres Haus im Rancherstil gebaut. Er ist Marineoffizier und eine Sofakartoffel, sie begeisterte Nutznießerin königlicher Vorrechte: Sie liebt das Skilaufen, das Reisen und das Verfassen alberner Kinderbücher über einen anthropomorphisierten Hubschrauber namens Budgie. Entgegen der Tradition nimmt sie für ihre literarischen Produktionen Honorare an und hat Ende Juni einen lukrativen Fernseh- und Merchandisingvertrag unterzeichnet. Nach kurzfristiger Beliebtheit bei der Eheschließung lebt das Paar nun offiziell getrennt und genießt nur geringe Wertschätzung.

Prinz Edward. Das jüngste Kind, kriegt aber schon eine Glatze. Ist in die Marineinfanterie eingetreten, hat aber nicht durchgehalten; dafür fand Andrew Lloyd Webber (vor kurzem zum Ritter geschlagen) einen Job für ihn. Steht im Verdacht künstlerischer Neigungen und eventueller Unmännlichkeit. Bestreitet, daß er schwul ist. Kein großes Ansehen in der Öffentlichkeit.

Der Herzog von Kent (Cousin der Queen). Freimaurer. Ließ sich kürzlich in seinem Schurz fotografieren. Ansonsten ein unbeschriebenes Blatt.

Die Herzogin von Kent. Ehefrau des Obengenannten. Ist von eher ätherischer Anmut; soll unter stimmungsbedingten Problemen leiden. Tritt nur in den Wimbledon-Wochen auf.

Princess Pushy. Spitzname (angeblich von der Queen verliehen) für Prinzessin Michael von Kent. Die «penetrante Prinzessin» ist mit einem obskuren Bartträger verheiratet (auch er Freimaurer). Geschiedene Ausländerin, neben der Fergies Einstellung gegenüber den Vorzügen des Königtums enthaltsam und selbstverleugnend wirkt. Hat ein Buch geschrieben, das verdächtige Ähnlichkeiten mit anderer Leute Bücher zum selben Thema aufwies. Ausgesprochen unbeliebt.

Bei diesem farbenprächtigen Verzeichnis der handelnden Personen liegt die Versuchung nahe, die Königliche Familie als eine Super-Seifenoper anzusehen, den britischen Fernsehexportschlager mit der längsten Laufzeit, den PBS-Hit, der mehr einspielte als *Wiedersehen mit Brideshead.* Aber die Mitglieder des Königshauses werden nicht von Schauspielern dargestellt; sie spielen nur sich selbst (das allerdings mitunter völlig überzogen). Ähnlich schief sind Vergleiche mit internationalen Stars wie Marlene Dietrich, Frank Sinatra oder Liz Taylor, die in puncto Geld, äußeren Glanzes und Realitätsferne näherliegen. Bei solchen Gestalten kann man immer darauf zurückgreifen, was sie ursprünglich einmal geleistet haben und was der Legende Auftrieb gab – man kann sagen, Soundso hat gut oder schlecht gespielt oder gesungen. Bei den Mitgliedern des Königshauses gibt es kein eigentliches Talent, das ihren Mythos begründet hat – nur den Mythos als solchen, der dem Unglück entspringt, daß man durch Geburt oder Heirat in diese extrem reiche, einflußreiche, landbesitzende Familie hineingeraten ist. Sie können nicht handeln, sie können nur sein; ihre mythische Existenz ist daher alles, was sie uns zu bieten haben.

Und wohl auch fast alles, was sie selbst vom Leben haben. Wenn wir uns ausmalen, wie es wohl wäre, wenn wir zur Königlichen Familie gehörten, machen wir meist bei den Vorteilen und Unannehmlichkeiten halt: einerseits die Steuerfreiheit und die Möglichkeit, auf der Überholspur vorbeizuzischen; andererseits der Ärger, daß Sie ständig vom Plebs angeglotzt und fotografiert werden und die Leute meinen, sie hätten einen, wenn auch geringen, Anspruch auf Ihr Leben. Aber stellen Sie sich mal vor, welche Auswirkungen ein solches Dasein wohl auf das Selbstverständnis hat. Sie haben nichts, was einem Beruf gleichkäme, auch wenn Sie vielleicht ab und zu eine Rede halten (die in der Regel jemand anders geschrieben hat) und gelegentlich eine Fabrik eröffnen. Sie haben den Anschein von Macht, aber keine wirkliche Macht und eine schaudernde Erinnerung daran, was Ihren Ahnen zugestoßen ist, die allzu hemmungslos regierten. Sie sollen unumstritten sein und wissen doch, daß man selbst der geringsten Ihrer Vorlieben, etwa für Primelgelb bei Sommerkleidern oder für bodenständig-nostalgische statt postbrutalistischer Architektur, eine Beachtung schenkt, als sei es ein Nachsatz zu den Zehn Geboten. Sie reisen durch die Welt wie eine lebende Schaufensterpuppe und machen Reklame für die einzigartige, geheimnisvolle Ware namens Britische Lebensart. Sie werden festlich bewirtet und umschmeichelt und aus Verkehrsstaus herausgehalten. Doch in gewissem Sinn gibt es Sie gar nicht: Sie sind das, was andere aus Ihnen machen, Sie sind nichts als Schein. Und daher sind Sie für Ihr reales Dasein auf das ganze mythenbildende, katzbuckelnde, verlogene Geschäft von Reklame und Verpackung angewiesen, auf die Buckinghampalast-eigenen Schönredner und die schalltrichterartigen Übertreibungen der Medien.

Sie sind zum Beispiel ein ziemlich schlaksiges, schüchternes Mädchen mit großer Nase aus vornehmer Familie, nicht sonderlich intelligent, mit keinem erkennbaren Modegespür und einer Schwäche für Barbara-Cartland-Romane; Sie sind, wer weiß, eine der letzten Jungfrauen Ihres Alters im Lande. (Wenn nicht, findet irgendwer das später heraus und macht es publik.) Sie lernen einen ebenso schlaksigen Jüngling mit großen Ohren kennen, gleichfalls aus vornehmer Familie; er ist älter als Sie und ziemlich bedächtig, die Mädchen reißen sich nicht gerade um ihn, und rein zufällig ist er der Thronfolger. Dadurch werden Sie auf der Stelle zur Märchenprinzessin und zum Mode-Idol; Sie sind fünfzig Prozent der Jahrhundertromanze. Sicher, es gibt auch Nachteile, da Sie fortan in jedem einzelnen Moment des Tages unter Aufsicht stehen, selbst der königliche Gynäkologe inspiziert Sie, ob Sie auch in der Lage sind, neue kleine Windsors zu produzieren. Aber das unfertige Mädchen aus Chelsea, das gern kleine Kinder unterrichtet, ist in eine Gestalt verwandelt worden, die einen enormen Anteil des nationalen Gefühlsstaus zu tragen hat. Manche betrachten Sie als perfektes Beispiel für die ungeheuren Ereignisse, die ihnen hoffentlich selbst noch bevorstehen; andere, deren Liebes- und Eheangelegenheiten schiefgegangen sind oder längst der Vergangenheit angehören, fühlen sich vehement getröstet, weil es bei Ihnen geklappt hat. Sie sind nicht einem Roman von Barbara Cartland entsprungen, sondern finden sich plötzlich in dieser Romanwelt wieder – und wie es sich trifft, ist Barbara Cartland rein der Symmetrie halber auch noch Ihre eigene Stiefgroßmutter.

Und was machen Sie dann, wenn es bei Ihnen allmählich schiefgeht? Darüber steht nichts im Buch der Mythen. Das enthält nämlich nur Stichworte wie: Königliche Jahrhundertromanze, Prinz heiratet Mädchen aus dem Volke, Prinzessin gibt unpassendem Freier aus Pflichtgefühl den Laufpaß, König verzichtet aus Liebe zu einer geschiedenen Ausländerin auf den Thron und so weiter. Da gibt es entweder Triumph oder Tragödie oder (besser noch) Tragödie, die in Triumph umschlägt. Was es aber nicht gibt, sind Trivialitäten wie: Mein Mann versteht mich nicht, er trifft sich immer noch mit seiner alten Freundin, er ist stieselig und will sich nicht amüsieren, in meiner Ehe sieht es emotional genauso aus wie in vielen anderen Ehen auch. Es steht wohl etwas über eine Prinzessin im goldenen Käfig im Buch der Mythen, doch werden solche Prinzessinnen gemeinhin von einem schönen Troubadour befreit, der ihnen zur Flucht verhilft. Das Dumme ist, wenn Prinz und Prinzessin zusammen im goldenen Käfig sitzen, erinnert das viel zu stark an «Ehezwist in Laburnum Drive Nr. 24». Daraus läßt sich kaum ein Mythos schustern.

Das Problem der modernen Monarchie ist, ein Gleichgewicht zwischen den Anforderungen von Mythos und Alltäglichkeit zu finden. Die Queen gilt nicht mehr als von Gott ernannt; ihre Rolle als Verteidigerin des Glaubens ist marginal; als Oberhaupt des Commonwealth hat sie wohl weniger Einfluß als der nichtaktive Kapitän einer Davis-Cup-Mannschaft. Und doch will die Mehrheit der Bevölkerung nicht auf sie und ihre Familie verzichten; Dasein und Fortbestand des Königshauses gelten als Markstein der Nation. Die republikanische Staatsform ist nach wie vor ein dürres Gewächs, und das geringe Ansehen der Politiker bestätigt viele in ihrer Ansicht, daß das Staatsoberhaupt nicht einfach ein gewählter Amtsträger sein sollte. Die Hauptgefahr für die Monarchie liegt demnach in ihrer Selbstzerstörung – wenn sie mit dem Geld protzt, ihre Vorrechte allzu offenkundig genießt, unnütz erscheint oder in ihrer Fehlbarkeit allzu gewöhnlich wirkt, um ihren eigenen Mythos am Leben zu halten.

In meiner Jugendzeit funktionierte die Königliche Familie für die Mehrheit der Untertanen Ihrer Britannischen Majestät noch als moralisches und familiäres Vorbild. Diese Funktion ist gegenwärtig außer Kraft gesetzt. Man könnte einwenden, Elizabeths Kinder bewiesen mit ihrem Talent, sich das Leben zu vermasseln, nur ihre demokratische Nähe zum gewöhnlichen Volk; aber das wäre spitzfindig. Zu dem stillschweigenden Deal zwischen dem Königshaus und dem gemeinen Volk gehört auch, daß die Königliche Familie als Gegenleistung für Privilegien, Reichtum und Verehrung ab und zu sichtbar leidet oder doch den Anschein des Leidens erweckt; auch muß sie von Zeit zu Zeit erkennen lassen, daß sie beschwerlichen Pflichten, langfristigen Bedingungen und Einschränkungen unterworfen ist, um die wir anderen sie nicht beneiden. Es darf nicht so aussehen, als schwelge sie in den Annehmlichkeiten und mache sich dann aus dem Staub, sobald die Sache brenzlig wird. Das beste – oder jedenfalls haltbarkeitssteigerndste – Szenario für die Königliche Familie sähe daher so aus, daß Diana bei ihrem Mann bleibt und sich sichtlich schwer damit tut; daß der Herzog und die Herzogin von Pork ihre Trennung abblasen und ein jähes Interesse an wohltätigen Werken entwickeln; daß Prinz Edward eine taktische Ehe schließt; und daß die penetrante Prinzessin ins Kloster geht. Sonst sinkt die Königliche Familie bald zu einer bloßen Illustration dessen herab, was man in der Werbesprache einen anspruchsvollen Lebensstil nennt: Das ist so, wie wir vom Plebs leben könnten und würden, wenn wir das nötige Glück, die entsprechende Geschichte und die Steuererleichterung dazu hätten. Ob dies jedoch als philosophische Rechtfertigung für das Fortbestehen des Hauses Windsor ausreicht, ist zweifelhaft.

Juli 1992

Die Königliche Familie hat meine Ratschläge aus unerfindlichen Gründen in den Wind geschlagen, und ihr Talent zur öffentlichen Spaltung ist ungebrochen.

8
Der Schatzkanzler kauft Rotwein

Die Geschichte kommt, selbst wo sie am banalsten und scherzhaftesten aufgelegt ist, oft in unvereinbaren Versionen daher. So beugte sich die britische Öffentlichkeit in der letzten Novemberwoche stirnrunzelnd über folgendes Rätsel: Hatte ein kleiner, pummeliger, mittelalterlicher Mann, dessen Haar in einer ziemlich lächerlichen, ergrauenden Tolle am Kopfe klebt, am Abend des 16. November Thresher's Spirituosenhandlung in der Praed Street, Paddington, betreten und dort eine Flasche Champagner der Marke Bricout sowie ein Päckchen Raffles-Zigaretten erstanden (Gesamtkosten £ 17,47), oder war derselbe Mann einen Tag zuvor in eine andere Filiale derselben Ladenkette gegangen und hatte dort drei Flaschen Wein gekauft (Gesamtkosten ebenfalls £ 17,47)? Die Frage dürfte für die meisten von uns ziemlich unerheblich sein, aber für den Mann, um den es dabei ging, besaß sie eine beträchtliche Bedeutung: Es war Mr. Norman Lamont, Schatzkanzler der Regierung.

Die Geschichte begann am 26. November, als die *Sun* den unwiderstehlichen Hinweis eines Maulwurfs in der National Westminster Bank veröffentlichte. Das Access-Kreditkartenkonto des Schatzkanzlers, so hatte der geheime Informant enthüllt, stand gegenwärtig mit £ 470 in den Miesen; ja mehr noch, er hatte seinen Dispokredit in den vergangenen acht Jahren insgesamt zweiundzwanzigmal überzogen und nicht weniger als fünf schriftliche Verwarnungen erhalten, nachdem er seinen monatlichen Zahlungsverpflichtungen nicht nachgekommen war. Downing Street stöhnte und ächzte ob dieser Nachricht, verurteilte die Verletzung des Bankgchcimnisses und behauptete, die letzte Rechnung sei nur deshalb unbezahlt geblieben, weil sie inmitten der Bauarbeiten in Downing Street Nr. 11, dem offiziellen Wohnsitz des Schatzkanzlers, verschütt ging. Von dieser fadenscheinigen Rechtfertigung ließen sich nur die wenigsten beeindrucken, und so reichten die Reaktionen von heftiger Entrüstung über die fehlenden Sicherheitsvorkehrungen auf seiten der Bank und die Schamlosigkeit der Presse bis hin zum Achselzucken jener, die sich angesichts des Gesamtzustands der britischen Wirtschaft unter Mr. Lamonts Verwaltung von den Enthüllungen über seinen Privathaushalt gänzlich unüberrascht zeigten.

Im Kleingedruckten des *Sun*-Berichts fand sich jedoch ein kurzer Hinweis, daß Mr. Lamont noch am vergangenen Montag in der Gegend um Paddington seine Access-Karte benutzt habe. Der *Evening Standard* schickte einen Reporter los und stöberte John Onanuga auf, einen Verkäufer aus der Praed-Street-Filiale von Thresher's, der sich aufs lebhafteste daran erinnerte, den Schatzkanzler bedient zu haben. Laut Mr. Onanuga betrachtete Mr. Lamont erst eine Flasche Tescombes Brut für £ 11,99, den billigsten Champagner im Angebot, steigerte sich dann aber zur mittleren Preisklasse in Form eines Bricout für £ 15,49, der sinnigerweise als «Depressionskiller» angepriesen wurde. Der Schatzkanzler erstand außerdem ein Päckchen Raffles 100 S, leichte Zigaretten, die billig für £ 1,98 zu haben sind. Mr. Onanuga berichtete, sowohl er selbst als auch eine weitere Kundin im Laden hätten den Schatzkanzler erkannt, und überdies habe er den Passierschein fürs Unterhaus aus seiner Brieftasche lugen sehen; und er fügte hinzu, der Schatzkanzler habe ausdrücklich nach einer Flasche gekühltem Champagner verlangt.

Diese ganzen scheinbar belanglosen, aber um so glaubwürdigeren Einzelheiten waren in Wirklichkeit potentiell tödlich. Mr. Lamont ist dafür bekannt, daß er ausschließlich Zigarillos raucht; seine Frau raucht gar nicht. Aber selbst falls er oder sie ausnahmsweise zu einer Zigarette greifen sollten, dürfte es kaum die Marke Raffles sein; das Image dieser Zigarette bringt den Glanz der großen Welt ins Heim der kleinen Leute – von einem Raffles-Raucher würde man erwarten, daß er einen rostigen Wagen mit *Playboy*-Aufkleber am Heck fährt, und von einer Raffles-Raucherin, daß sie davon träumt, auf der Weihnachtsfeier hinter dem Aktenschrank ihren Chef zu umgarnen. Und erst recht der gekühlte Champagner! Verlangte – nein, schrie er nicht geradezu danach, sofort konsumiert zu werden? Am fraglichen Montagabend hatte Mr. Lamont offenbar um Viertel nach sechs einen Sonderausschuß des Ministeriums verlassen und wurde erst eine ganze Weile später auf einem offiziellen Empfang in Downing Street Nr. 11 wieder gesichtet. Die Journalisten murmelten etwas von «fehlenden anderthalb Stunden», was sogleich in Schlagzeilen wie die folgende mündete: WAS HAST DU GETRIEBEN, NORM? *(Daily Star)*.

Fleet Street hat eine Nase für alles, was nach Sex riecht, über die sich jeder streunende Dachkater glücklich priese; und obschon Sex – worunter wir außerehelichen oder sonstwie nonkonformistischen Sex verstehen – allein noch nicht ausreicht, einen Minister auf dem Scheiterhaufen zu verbrennen, liefert er doch hervorragendes Feuerholz. Die beste Methode, in Großbritannien ein Mitglied der Regierung zu Fall zu bringen, besteht darin, eine private Affäre mit dienstlicher Inkompetenz zu verknüpfen. Hierzulande denkt man nicht: Aha, offenbar hat sich der Minister ein bißchen Sex gegönnt – das hat ihn wahrscheinlich nach den schweren Entscheidungen der letzten Woche ein wenig zerstreut, so daß er mit frischem Geist an den Schreibtisch zurückkehren konnte! Nein, die Überlegung lautet eher: Seht her, was der Minister getrieben hat, anstatt sich über Dinge von staatspolitischer Bedeutung den Kopf zu zerbrechen! Bisweilen tragen die betroffenen Minister allerdings auch das Ihre dazu bei, einer solchen Deutung Vorschub zu leisten. Das letzte gefallene Regierungsmitglied aus Mr. Majors engerem Kreis, David Mellor, Minister für Nationale Kulturgüter, behauptete in einem Telefongespräch mit seiner Freundin, einer Schauspielerin, ihre sexuelle Begegnung eben sei so intensiv und ausdauernd gewesen, daß ihm nun die Kraft fehle, seine nächste Ministerrede zu schreiben. Nun hätte diese private Lobeshymne eine Schmeichelei unter Liebenden bleiben können, wäre nicht das Telefon angezapft worden; so aber diktierte der britische Puritanismus die korrekte Textexegese: Minister zu ausgebumst, um klar zu denken. Daß dieser Lauschangriff nicht legal war, blieb für den nachfolgenden Sturz des Ministers nebensächlich. Ebenso nebensächlich blieb die Tatsache, daß die meisten Ministerreden ohnehin von beängstigend niedrigem Niveau sind und jeder Außenstehende sich schwertäte zu beurteilen, in welchem Stadium seines privaten geschlechtlichen Zyklus der betreffende Politiker seine Rede verfaßte. Wann immer Germaine Greer im Gespräch auf einen jener verkrusteten alten Herren traf, die meinen, Frauen könnten keine wirklich komplizierten oder anspruchsvollen Tätigkeiten ausüben, wie beispielsweise ein Flugzeug steuern oder ein Land regieren, weil, nun, äh, Sie wissen schon, es ist nun mal eine Tatsache, daß Frauen ab und an, man könnte sagen, ungefähr einmal im Monat, wie soll ich mich ausdrücken, ein wenig unzuverlässig werden – dann strahlte Mrs. Greer dem Opa tief in die Augen und fragte: «Bin ich jetzt gerade am Menstruieren?» Die Minister könnten eine ähnliche Strategie versuchen, wann immer man sie zu einer gelungenen Rede beglückwünscht: «Ob du's glaubst oder nicht, alter Junge, ich hatte da letzte Nacht eine dolle Nummer, da fließt einem die Tinte aus der Feder wie nichts.»

Eigentlich hätten die Einzelheiten über Mr. Lamonts Access-Konto der politisch heikelste Teil der Geschichte sein müssen. Wenn man partout Privatleben und öffentliches Amt miteinander verknüpfen und einen Zusammenhang zwischen dem Verhalten im einen und dem Verhalten im anderen Bereich herstellen wollte, so bot sich hier ein reiches Feld. Ein Mann, der in seinem Privatleben leichtsinnig Schulden aufhäuft und, weil er diese Schulden nie zurückzahlt, verboten hohe Zinssätze auf sich lädt, der von den Kreditgebern mit Fußtritten zur Räson gebracht werden muß und den Bauarbeitern die Schuld daran gibt, daß er auf die letzte Zahlungsaufforderung nicht reagierte: Besteht da nicht eine zumindest entfernte Ähnlichkeit mit jenem Schatzkanzler, der über eine Spirale mordsmäßiger Staatsverschuldung wacht, der das Pfund auf einem unvertretbar hohen Kurs hält, der fortwährend behauptet, daß Großbritannien niemals aus der Währungsschlange ausschere, bis Großbritannien eines Tages aus der Währungsschlange ausscherte, und der am liebsten den Deutschen und der Bundesbank für alles die Schuld gibt? Klingt das etwa nicht, als ginge es hier um ein und denselben Mann?

Unter den Schatzkanzlern der letzten Jahrzehnte ist Mr. Lamont nicht der eindrücklichsten einer. Er gilt als jemand, der «die Leiter zu weit hinaufgefallen» ist. Abgesehen von allem anderen, scheint er nie das Selbstvertrauen auszustrahlen, daß er tatsächlich Schatzkanzler ist. Im Fernsehen sah ich einmal eine Quizshow, in der das Studioorchester dreimal hintereinander dasselbe Musikstück spielte, jedesmal mit einem anderen Dirigenten. Die Kandidaten mußten erraten, welcher der Taktstockschwinger der echte Konzertdirigent war, die anderen beiden waren von Beruf Busfahrer. Mr. Lamont erweckte stets den Eindruck, er gehöre zur busfahrenden Sorte von Schatzkanzlern: einer, der mit den Händen auf und ab schaufelt, während die Musik spielt, aber im Grunde keine Ahnung hat, welche Melodie dabei herauskommt oder wie die Musiker ihre Instrumente bedienen. Die meisten Leute geben freimütig zu, nichts von Ökonomie zu verstehen, obschon sie sich viele Sorgen darüber machen; das Vertrauen der Öffentlichkeit in den Schatzkanzler hängt also nicht nur von seinen politischen Entscheidungen ab. Ein wichtiger Teil seiner Rolle besteht darin, so zu tun, als wüßte er, was er tut, und gleichzeitig die wirtschaftlichen Übel der Nation anderen – Frankreich, Deutschland, der Welt – anzulasten; mit großen Worten zu verkünden, «wir lassen uns nicht vom Kurs abbringen», ganz gleich was das Barometer anzeigt; und der Öffentlichkeit durch gewichtig-fachmännisches Auftreten ein Gefühl von Sicherheit zu geben. Was aber, wenn jeder weiß, daß das Land die schwerste Rezession seit sechzig Jahren durchmacht, daß nach wie vor Konkurse und Massenentlassungen an der Tagesordnung sind und daß der Mann, der angeblich die Sache in der Hand haben sollte und der bereits «grüne Schößlinge» erspäht haben wollte, als andere nur ein plattgetrampeltes Schlammfeld sahen, ganz offensichtlich noch nicht einmal seinen eigenen kleinen Privathaushalt im Griff hat? In einem solchen Fall wirken staatsmännische Gesten von seiten des Schatzmeisters wahrscheinlich nicht mehr ganz so überzeugend.

Aber dergleichen Überlegungen sind beinahe schon eine politische Stellungnahme und geben bestenfalls einen redaktionellen Kommentar her, aber keine Klatschgeschichte in Fortsetzungen. Downing Street unternahm keinerlei Versuch, die Enthüllungen über Mr. Lamonts erbärmliche Kontoführung zu widerlegen, weil sie unwiderlegbar waren; die Schlacht, die zwischen den vorweihnachtlich bepackten Regalen der Westlondoner Spirituosenhandlungen ausgefochten wurde, drehte sich nicht um Mr. Lamonts finanzielle, sondern um seine sittliche Kreditwürdigkeit. Die geballte Macht des britischen Schatzamts wurde gegen Mr. Onanuga in Stellung gebracht. Ministerialbeamte riefen bei den Zeitungen an und instruierten sie über die Downing-Street-Version der Ereignisse: Mr. Lamont hatte seinen Fuß nie in die Praed-Street-Filiale von Thresher's gesetzt, sondern war tags zuvor auf dem Rückweg von seinem offiziellen Landsitz in Buckinghamshire in einer ganz anderen Filiale gewesen; und natürlich hatte er auch keinen gekühlten Champagner und keine Raffles gekauft – sondern lediglich drei Flaschen Rotwein. Überflüssig zu erwähnen, daß diese erste Gegendarstellung kaum jemanden überzeugte. Wem würden

Sie eher glauben, einem namenlosen Sprecher des Finanzministeriums oder dem Verkäufer aus Ihrem Schnapsladen um die Ecke? Doch wohl letzterem. Überdies hatte Mr. Onanuga offenbar schon Tage, bevor die *Sun* ihre Geschichte brachte, seinem Filialleiter und seiner Freundin erzählt, daß er Mr. Lamont bedient hatte.

Thresher's ist eine Tochtergesellschaft von Whitbread, einem großen Brauereikonzern, der – wie Verschwörungstheoretiker schnell herausfanden – zu den wichtigsten Gönnern der Konservativen Partei zählt. (Obgleich das letztere Detail vermutlich weniger aussagekräftig ist, als es scheint: Es wäre ein hartes Brot, eine Firma von der Größe Whitbreads zu finden, die eine andere Partei unterstützt als die Konservativen.) Der Vorstand von Thresher's beraumte am Hauptsitz in Welwyn Garden City eine Krisensitzung an, Angestellte mußten Tausende von Kreditkartenbelegen durchsehen, bis die Firma schließlich die Darstellung des Schatzamts bestätigte und die Schilderungen ihres eigenen Mitarbeiters als «völlig unzutreffend und aus der Luft gegriffen» verurteilte, ohne indes spezifizieren zu können, in welcher Filiale Mr. Lamont nun tatsächlich eingekauft hatte.

Am Sonntagabend, dem 29. November, unternahm das Schatzamt einen letzten Versuch, den Champagner ein für allemal zu verkorken, und veröffentlichte die Kopie eines vom Schatzkanzler unterschriebenen Kassenbelegs von Thresher's. Sie trug das Datum des 15. November (Sonntag), nannte als Zeit 7.19 Uhr abends und den Betrag von £ 17,47; im einzelnen aufgeführt waren zwei Flaschen Bordeaux aus dem Hause J. P. Bartier zum Preis von £ 3,99 sowie eine Flasche 1990er Margaux von Sichel zum Preis von £ 9,49. Woraufhin Mr. Lamont seinen eigenen Durchschlag des Belegs beibrachte, der ein letztes Detail aufklärte: die Identität der fraglichen Thresher's-Filiale. Es handelte sich um den Laden in der Connaught Street, einige Straßen von der Praed Street entfernt. Zu guter Letzt verkündete eine Firmensprecherin, Mr. Onanuga und sein Filialleiter hätten zugegeben, ihre Geschichte «völlig frei erfunden» zu haben, und gleichzeitig erklärt, sie hätten «nicht beabsichtigt, Mr. Lamont damit in Schwierigkeiten zu bringen». Aber warum sollten sie sich die Geschichte dann ausgedacht haben? Waren sie, wissentlich oder unwissentlich, Teil einer größeren Verschwörung zum Sturz des Finanzministers? Wollten sie einfach nur die Presse zum besten halten und wie ein kopfloses Huhn durch die Gegend scheuchen? Wie dem auch sei, keiner der beiden stand fortan für weitere journalistische Kreuzverhöre zur Verfügung, weil sie «im Rahmen der normalen Disziplinarmaßnahmen» vom Dienst suspendiert wurden – als ob an der vorangegangenen Geschichte auch nur irgend etwas normal gewesen wäre. Danach blieben nur noch ein paar nebensächliche Punkte offen. Als Journalisten versuchten, bei Thresher's die beiden Weine zu kaufen, die Mr. Lamont vierzehn Tage zuvor dort erstanden hatte, entdeckten sie, daß beide Sorten wegen einer, wie es hieß, «vorsorglichen Qualitätskontrolle» aus den Regalen verschwunden waren. Und endlich schien es seltsam, daß sich nach all dem Rummel in der Öffentlichkeit, der ja das genaue Datum, die Uhrzeit und den Ort von Mr. Lamonts Einkauf ans Licht brachte, kein einziger Angestellter des Ladens in der Connaught Street daran erinnern mochte, den leidlich erkennbaren Schatzkanzler bedient zu haben.

Nach einer weiteren Woche Haarspalterei verlief sich der Champagner allmählich im Sande, und die Weinkommentatorin Jancis Robinson gab der Geschichte abschließend die passende Geschmacksnote. Auf die Frage, was sie von Mr. Lamonts Auswahl für seinen Weinkeller halte, stöberte sie ihre Aufzeichnungen durch und fand, daß sie den Bordeaux von J. P. Bartier mit einem einzigen Wort vom Tisch gefegt hatte: «schmutzig». Damit war nun auch die Skandalgeschichte gegessen, wenn auch nur so, wie eine kleine Wolke von einer größeren verschluckt wird. Denn genau zur Zeit der Praed-Street-Affäre tauchte eine frühere Peinlichkeit aus Mr. Lamonts Amtszeit als Schatzkanzler wie ein toter Hund aus den schmutzigen Fluten empor. Bei dieser ging es, wer hätte es gedacht, um Sex, aber sogar den schlüpfrigsten Gemütern kam es nicht in den Sinn, in diesem Zusammenhang mit dem Finger auf Mr. Lamont zu zeigen. Es begann damit, daß er im November 1990 zum Schatzkanzler ernannt wurde, was ein Jahresgehalt von £ 63 047 mit sich brachte, einen Dienstwagen und den Nießnutz zweier Häuser: Downing Street Nr. 11 für den Alltag sowie, für Wochenenden und Urlaubszeiten, einen fünfundvierzigzimmrigen Landsitz in Buckinghamshire. Dieser plötzliche Überfluß an Wohnraum hatte zur Folge, daß Mr. Lamont sein Eigenheim in Notting Hill weitervermieten konnte. Im folgenden April stellte sich heraus, daß die Mieterin des Erdgeschosses, eine gewisse Sara Dale, die sich im Mietvertrag als «Streßtherapeutin und Ernährungsberaterin» bezeichnet hatte, in der Ausdrucksweise von *News of the World* eine «vollbusige Nutte» war und daß ihre Therapie unter anderem Züchtigungen und Zahlungen von allzu leicht erahnbarem Charakter vorsah (£ 90 die Stunde). Weder Mr. noch Mrs. Lamont hatten je die Bekanntschaft dieser freiberuflich tätigen Dame gemacht; wie es scheint, wurde sie vielmehr durch einen namhaften Makler vermittelt, der sich auf persönliche Empfehlungen von «Anwälten, einer Bank und einer Bausparkasse» stützte. Als er hörte, daß die Sache kurz davor stand, an die Öffentlichkeit zu gelangen, suchte sich Mr. Lamont, durchaus nachvollziehbar, einen Rechtsbeistand. Etwas überraschend hingegen war, daß er sich für Peter Carter-Ruck & Partners entschied, eine der bekanntesten und vermutlich auch teuersten Kanzleien Großbritanniens, die sich auf Verleumdungsfälle spezialisiert hat. Ihre Aufgabe war, (1) die peinliche Mieterin zur Räumung zu zwingen (was nicht zur üblichen Geschäftstätigkeit der Kanzlei gehörte); (2) Presseanfragen zu beantworten (obschon das Schatzamt eine eigene Presseabteilung hat, die diese Dienstleistung umsonst erbracht hätte); (3) und vielleicht am wichtigsten, die Zeitungen zu ermahnen, ihre Worte mit Bedacht zu wählen. Um der Therapeutin ein wenig auf die Sprünge zu helfen, erwirkte Carter-Ruck gegen sie eine ziemlich außergewöhnliche einstweilige Verfügung, in der geltend gemacht wurde, daß der gute Ruf von Mr. Lamonts Anwesen durch die Anwesenheit von Miss Dale Schaden leide. Wie es scheint, schützt das britische Recht auch den Leumund von Gebäuden. Allein, ob die prospektiven Käufer oder Mieter nicht ohnedies der Ansicht waren, der Ruf des Hauses sei bereits durch die Anwesenheit eines Politikers hinreichend ruiniert worden, ist gerichtlich leider nie geklärt worden.

Die Rechnung, die die Kanzlei für diese Arbeiten – eine unwidersprochene Räumungsklage, einige telefonische Auskünfte und ein wenig Zeigefingerwedeln Richtung Fleet Street – stellte, belief sich auf atemberaubende £ 23 114,64, was rund 257 Stunden «Streßtherapie» bei Miss Dale oder 5800 Flaschen Bordeaux der Marke J. P. Bartier entspricht. Mr. Lamont selbst spuckte keinen einzigen Penny davon aus. Ein Großteil der Rechnung wurde von einem generösen, aber ungenannten Gönner der Konservativen Partei beglichen, doch £ 4700 kamen aus den Truhen des Schatzamts. Die Rechtfertigung für diesen letzten Beitrag, den man anderthalb Jahre erfolgreich vor der Öffentlichkeit verborgen hatte, lautete wie folgt: Wenn Minister im Zusammenhang mit ihren Amtsobliegenheiten in Rechtsstreitigkeiten verwickelt werden, können ihnen gemäß einer Richtlinie des Cabinet Office die Kosten aus Steuergeldern erstattet werden. Der ehemalige Staatssekretär im Schatzamt, Sir Peter Middleton, teilte Mr. Lamont angeblich mit, es sei nur «recht und billig», wenn das Ministerium einen Teil der Rechnung übernehme: Die £ 4700 an Mr. Carter-Rucks Firma deckten die Kosten für eine vorsorgliche Stellungnahme gegen mögliche Verleumdungen und die Beantwortung der nachfolgenden Presseanfragen (zu £ 200 die Stunde, falls Sie je Bedarf haben sollten). Die ganze Sache scheint drei Problembereiche zu enthalten. Erstens, ob der Ausdruck «Rechtsstreitigkeiten» so weit gedehnt werden kann, daß auch «vorsorgliche Rechtsmittel gegen mögliche Verleumdungen» darunter fallen; zweitens, ob Mr. Lamont eine verrufen teure Kanzlei damit beauftragen durfte, wo doch ein Teil der Rechnung von der öffentlichen Hand bezahlt wurde; und drittens, ob sein Fall auch nur entfernt durch die Richtlinien des Cabinet Office gedeckt war. Fürwahr, wenn er nicht zum Schatzkanzler ernannt worden wäre, hätte er sein eigenes Haus nicht vermieten können und daher auch keine Streßtherapeutin hinauswerfen müssen; aber es ist schwer einzusehen, was um alles in der Welt dieses häusliche Mißgeschick mit seinen Amtsobliegenheiten zu tun haben könnte.

Mr. Lamont wird derzeit als «Pechvogel» bezeichnet – ein politisches Stenogramm für «unfähiger, als die Opposition sich erträumen durfte» – und verkündet standhaft, er denke nicht daran zurückzutreten (was oft einen Rücktritt einleitet). Aber seine Bredouille ist keineswegs einzigartig. Betrachten wir die einzelnen Elemente: ungünstiges Image, zweifelhafte Fähigkeiten, allgemeine Unbeliebtheit sowie eine Neigung, seine Rechnungen von anderen bezahlen zu lassen. Auf wen sonst trifft diese Beschreibung haargenau zu? Auf das britische Königshaus natürlich. Und in derselben Woche, als Mr. Lamont verzweifelt seinen Ruf und Job verteidigte, schlug sich die Queen um den ihren. Aus Anlaß des vierzigsten Jahrestages ihrer Thronbesteigung hielt sie in der Guildhall eine Rede, in der sie überraschend um die Gunst der Öffentlichkeit warb und sogar zugab, daß man über das Wesen der Organisation, deren Haupt sie ist, diskutieren könne. «Es steht natürlich außer Zweifel», sagte sie, «daß Menschen und Institutionen, die zum öffentlichen Leben gehören, der Kritik bedürfen. Keine Institution – ob Finanzwelt, Monarchie oder was immer – darf erwarten, sich der kritischen Prüfung durch diejenigen zu entziehen, die ihr Loyalität und Unterstützung gewähren, von den anderen ganz zu schweigen. Aber wir sind alle Teil desselben nationalen Gesellschaftsgefüges, und die kritische Prüfung eines Teils durch den anderen kann genauso wirkungsvoll sein, wenn sie mit einer Prise Freundlichkeit, Wohlgesonnenheit und Verständnis erfolgt.» Diese Äußerung mag Lesern, die in einer Republik leben, ziemlich nichtssagend und banal vorkommen, aber im britischen Kontext grenzte sie entschieden an Selbstzerfleischung.

Ihre Majestät gab zu, das Jahr 1992 sei für sie ein «annus horribilis» gewesen. Die sexuellen und ehelichen Possierlichkeiten ihrer Welpen waren in der Tat schreckliche Werbung für Windsor Inc. Gegen Ende des Jahres nahmen die schlechten Nachrichten dermaßen überhand, daß selbst potentiell freudige Ereignisse mit in den Schlamm gezogen wurden. So geschehen mit Prinzessin Annes zweiter Hochzeit an einem rauhen und schneedräuenden schottischen Nachmittag. Dabei hätte es ein halbwegs glänzender Auftakt zur dringend benötigten Modernisierung des Familienimages sein können: Da stand eine geschiedene Frau in den Vierzigern, die einen fünf Jahre jüngeren Mann heiratete und damit begrüßenswerterweise einige (wenngleich verwässerte) jüdische Moleküle in das königlich Sachsen-Coburg-Gothaische Blut einbrachte. Statt dessen ging die Trauung im Kielwasser der Trennung von Charles und Diana unter, und die Tatsache, daß sie in Schottland stattfand, rief lediglich in Erinnerung, daß Mitgliedern der Königlichen Familie eine Wiedervermählung innerhalb der Church of England verwehrt ist. Was notwendig als «Ereignis im engsten Familienkreis» annonciert werden mußte, hatte daher den deutlichen Beigeschmack eines dynastischen Einbuddelns und Einbunkerns gegen die Fährnisse des Schicksals. Die seltene Eile, in der die Ehe zwischen Anne und Commander Tim Laurence geschlossen wurde, bedrückte sogar den ansonsten unverwüstlichen Souvenirmarkt. Frühere königliche Verkupplungen lockten Hunderte von kommerziellen Bittstellern in den Buckinghampalast, die um die Genehmigung zum Verkauf von Gedenktassen und endlos lächelnden T-Shirts nachsuchten. Bis zu dem Tag, da Anne und Tim sich ins Register eintrugen, war genau eine solche Anfrage im Palast eingetrudelt. Ein Hersteller aus Stoke-on-Trent bemerkte niedergeschlagen: «Wir haben nicht geglaubt, daß irgend jemand Geschirrtüchlein zum Andenken an Anne und Tim kaufen würde.»

Ob irgend jemand zum Andenken an die offizielle Trennung von Charles und Diana Essig-und-Öl-Menagen aus der Königlichen Porzellanmanufaktur Worcester kaufen wird, bleibt abzuwarten. Das öffentliche Eingeständnis einer ohnehin vieldokumentierten Realität war zweifellos als eine Art Schlußstrich gedacht; es ist jedoch bestenfalls ein Hinhaltemanöver, das überdies mehr Möglichkeiten eröffnet als ausräumt. (Getrennte Leben, verschiedene Höfe, unterschiedliche Geliebte? Ein Regenbogenblättertraum.) Schlimmer noch, es rückte dieselben Probleme ins Blickfeld wie schon der Fall Lamont: die Verquikkung von privatem und öffentlichem Leben. Wer die Königsfamilie nicht als privilegierte Abkömmlinge einer Bande von Wegelagerern und Opportunisten ansieht, die sich durch erstklassige Werbung (selbst Shakespeare & Co. arbeiteten zeitweilig in ihrem Auftrag) die nötige Respektabilität zu verschaffen wußten, beschwört statt dessen ihre Funktion als einheitstiftendes Symbol, den Dienst an der Öffentlichkeit, die Pflichterfüllung und so weiter herauf. Während der verschiedenen offiziellen Lustbarkeiten (der Krönung, der Investitur des Prinzen von Wales) legen verschiedene Mitglieder der Königlichen Familie verschiedene Gelübde ab, deren Wortlaut nur selten auf die Goldwaage gelegt wird. Aber grosso modo besagen sie folgendes: Wir versprechen, als symbolische Sahnehäubchen, Galionsfiguren der Nation und Verteidiger der Staatskirche unsere Pflicht zu tun, und als Gegenleistung gebt ihr uns eure Treue, einen Teil eures Geldes und Beifall ad libitum. Dieses große Gelübde schwebt hoch in dunstigen Sphären, derweil sich die gewöhnlichen Erdenbürger lieber an die minderen Gelöbnisse halten: das Eheversprechen, beispielsweise, keinen anderen neben ihm oder ihr zu haben und was sonst noch an Ehrenworten vor dem Fernsehpublikum und den Priestern der genannten Staatskirche abgeleistet wird. Aber was tun, wenn die Ehestatistik der Kinder von Elizabeth II. eine hundertprozentige Mißerfolgsquote aufweist? Sollen wir die Presse dafür verantwortlich machen? Sollen wir einen zweiten, finstereren Blick auf die Eltern werfen? Oder sollten wir darin nicht vielmehr das königliche Gegenstück zu Mr. Lamonts Verfehlung sehen und konstatieren, daß die Familie den Dispokredit ihrer moralischen Access-Karte rücksichtslos überzogen hat?

Ja, die Tatsache, daß «wir» neuerdings auf diese Weise zu Gericht sitzen können, zeigt an, daß eine weitere Veränderung stattgefunden hat. Wie seinerzeit anläßlich der Abdankung Edwards VIII. ist auch heute viel von einer Krise der Verfassungsmonarchie die Rede. Eine solche Krise gibt es nicht, weil wir gar keine Verfassung haben, die da hineingeraten könnte; es gibt lediglich die lipoiden Meinungen einer Gruppe von politischen und geistlichen Königsmachern, die sich als moralische Schiedsrichter gebärden. Zu den Wesiren, die Edward VIII. – wie Charles ein Spätheirater – aus Amt und Würden trieben, gehörten der Premierminister, der Erzbischof von Canterbury und der Herausgeber der *Times*. Nach Ansicht des Historikers A. J. P. Taylor benahmen sich diese drei «Dirigenten des öffentlichen Lebens» im nachhinein, «als hätten sie einen großen Sieg über die aus den zwanziger Jahren überkommene Laxheit errungen».

Die wichtigsten pseudoverfassungsrechtlichen Fragen, die gegenwärtig diskutiert werden, lauten: Kann Diana zur Königin gekrönt werden, wenn sie und Charles in Trennung leben? Und sollte Charles nicht besser zugunsten seines ältesten Sohnes William auf den Thron verzichten? Doch die Dirigenten des öffentlichen Lebens haben inzwischen gewechselt. Rupert Murdochs *Times* hat deutlich an Einfluß verloren, der Premierminister ist ein unbekümmerter Loyalist, und der Erzbischof von Canterbury zählt zur Friede-Freude-Eierkuchen-Konfession. Seit der Palast die Fäden aus der Hand verloren hat, führt eine lose Truppe von Boulevardblattredakteuren, Meinungsforschern und Königshausexperten das Zepter. Über Charles zu Gericht sitzt jetzt und in Zukunft also ein formloses Sitten- und Beliebtheitsgremium. Da ist es völlig unerheblich, daß er der rechtmäßige Thronfolger und nach wie vor bei klarem Verstande ist und sein ganzes Leben darauf vorbereitet wurde, die Aufgaben eines Monarchen zu übernehmen. Wie sollte dies jemals die Tatsache aufwiegen, daß er die beliebteste Frau Großbritanniens betrog?

Und über die ganzen häuslichen Tragödien hinaus geht es außerdem noch ums Geld. Es erschien nach dem Brand in Windsor Castle mit einer rachsüchtigen Unvermitteltheit auf der Tagesordnung. Unter normalen Umständen hat ein ordentliches Feuer eine ziemlich absehbare Wirkung, es produziert eine Art gemäßigten Reichstagseffekt. (Man könnte sich sogar vorstellen, ein jüngeres Mitglied der Königsfamilie habe das Schloß angesteckt, um wieder einmal ein wenig öffentliches Mitgefühl zu wecken.) Aber diesmal geschah das glatte Gegenteil. Zweifellos in der festen Überzeugung, als loyaler Diener Ihrer Majestät und guter Staatsbürger zu handeln, verkündete der Minister für Nationale Kulturgüter Peter Brooke am folgenden Tag im Unterhaus, der Staat werde die auf 60 Millionen Pfund geschätzte Rechnung für die Restauration «dieses kostbaren und innigst geliebten Teils unseres nationalen Erbes» übernehmen. Der Buckinghampalast bestätigte, die Queen werde lediglich die Reparatur der beschädigten Artefakte ihrer Privatsammlung aus eigener Tasche bezahlen – was auf ein paar Teppiche und Kerzenleuchter sowie einige durch die Feuerwehr zerschlagene Gegenstände hinauszulaufen schien. Beide Seiten waren sich über die Aufteilung der finanziellen Lasten einig. Windsor Castle gehörte nicht der Queen als Privatindividuum, sondern der Krone; daher sollte auch die Krone, sprich der Staat, sprich der Steuerzahler dafür blechen.

Allein die Steuerzahler zeigten sich von dem, was in ihrem Namen geschehen sollte, nicht sonderlich beeindruckt. Gewiß,

60 Millionen Pfund machen über mehrere Jahre verteilt nicht mehr als einen Klacks des gesamten Staatshaushalts aus – das königliche Äquivalent zu ein paar Flaschen schäbigen Rotweins aus einem Spirituosenladen in Bahnhofsnähe. Nun wird den Steuerzahlern jedoch seit Jahren von einer konservativen Regierung nach der anderen vorgebetet, daß die öffentlichen Dienste den Gürtel enger schnallen, effizienter werden und mehr Leistung fürs Geld erbringen müßten – eine endlose politische Phrasendrescherei, mit der man die Schließung von Krankenhäusern, Schulen, Bibliotheken und so weiter rechtfertigt. Warum sollten diese Prinzipien und Phrasen nicht ebenso auf die öffentlichen Dienstleistungen angewandt werden, die der Staat dem Königshaus angedeihen ließ?

Natürlich ist es oft schwierig einzuschätzen, was «die Öffentlichkeit» so denkt. In Sachen Königshaus scheint sich «die Haltung der Öffentlichkeit» aus kurzfristigen Meinungsumfragen und den wechselnden Standpunkten der Leitartikler einiger grundsätzlich monarchistischer Zeitungen zusammenzusetzen. In einer Umfrage vom Februar 1991 gaben fast acht von zehn Befragten an, daß die Queen ihrer Ansicht nach Steuern zahlen sollte, und mittlerweile hat die *Sun* herausgebracht, daß 59553 ihrer Leser der Meinung sind, die Queen solle die Restauration von Windsor Castle selbst bezahlen, während nur 3843 den Staat in diesem Punkt in die Pflicht nehmen wollen. Niemand, so muß betont werden, ging deswegen auf die Straße; es wurden keine Piken geschwungen und eingefettet, um die abgeschlagenen Häupter der Windsors aufzuspießen. Aber die königlichen Ratgeber wissen wohl zwischen einem Strohfeuer und den Anzeichen eines drohenden Flächenbrands zu unterscheiden. Es dürfte daher kein reiner Zufall gewesen sein, wenn der Premierminister bereits zwei Tage nach dem beispiellosen Appell der Queen ans Mitgefühl ihrer Untertanen verkündete, daß sie und der Prinz von Wales sich bereit erklärt hätten, ihr Privateinkommen zu versteuern, und daß fünf weitere Mitglieder der Königsfamilie – Prinzessin Anne, die Prinzen Andrew und Edward, Prinzessin Margaret und Prinzessin Alice – in Zukunft aus der Schatulle der Queen bezahlt würden, was die Zivilliste um £ 900 000 pro Jahr erleichterte. Mr. Major wies darauf hin, daß die Queen selbst bereits im Sommer, lange vor dem Brand in Windsor, entsprechende Überlegungen angeregt hatte. Die *Sun* gratulierte ihren Lesern mit der aufreizend selbstgefälligen Schlagzeile WIR HABEN GESPROCHEN – SIE FOLGTE – und feierte den Sieg der «Volksmacht».

Es war ein winziger Triumph, ein kleiner erfolgreicher Protestpiepser nach Jahrzehnten klettenhafter Ehrerbietung. Die Nation, die vor dreieinhalb Jahrhunderten nicht zögerte, Charles I. hinzurichten, schreckte allzu lange vor dem Gedanken zurück, einen Blick in die Scheckbücher ihres Souveräns zu werfen: Die Steuerfreiheit der Queen wurde als Teil ihrer Besonderheit, ihrer Herrlichkeit, ihres Zaubers angesehen. Die königliche Kasse wird am besten verstohlen und kniefällig zur Sprache gebracht. Die staatlichen Zuschüsse an die Windsors wurden zuletzt im Jahre 1990 neu ausgehandelt – als Mrs. Thatcher Premierministerin und Mr. Major noch ihr Schatzkanzler war –, und man einigte sich auf einen zehnjährigen Vertrag mit laufender Indexangleichung und Inflationsabsicherung, der überdies die Sonderzusage der Regierung enthielt, bis zum Jahr 2000 keine Berichte darüber zu veröffentlichen, wie die Queen ihr Geld ausgibt.

Die meisten Leute, die vom königlichen Einverständnis zur Unterwerfung unter den Fiskus überrascht wurden, dürften geglaubt haben, daß die Auslieferung Elizabeths an die Finanzbeamten ein bedeutender verfassungsrechtlicher Durchbruch war. Aber als 1842 die Einkommenssteuer dauerhaft eingeführt wurde, überredete der damalige Premierminister, Sir Robert Peel, Königin Victoria dazu, auf sämtliche Einkünfte, aus welcher Quelle sie auch stammten, die neue Abgabe zu entrichten. Dies tat sie auch bis zu ihrem Tode im Jahre 1901, von wo aus die Geschichte eine neue Wendung nahm, insofern die Monarchie seither mit wachsendem Erfolg versuchte, so viele Steuern wie möglich erlassen zu bekommen. Edward VII. unternahm anläßlich seiner Thronbesteigung den ersten Anlauf, wurde jedoch von der Regierung abgewimmelt, die damals einen kostspieligen Burenkrieg führte. George V. dagegen erreichte, daß die Zivilliste von der Steuer befreit wurde, und George VI. erzielte in einer Reihe von Vereinbarungen, die der parlamentarischen Überprüfung entzogen waren, daß auch sein Privateinkommen für unantastbar erklärt wurde. Dies war der Stand der Dinge während der letzten sechsundfünfzig Jahre.

Die Einkommenssteuer blieb während des ganzen neunzehnten Jahrhunderts so vernachlässigbar gering, daß Königin Victoria sich die Abgabe leicht leisten konnte. Ernstzunehmende Erhöhungen der Steuer begannen erst 1906, als Lloyd George seinen ersten Finanzhaushalt vorlegte und Geld einzutreiben suchte, um die Fundamente eines Wohlfahrtsstaats zu legen. Seitdem ist die Steuerlast gewaltig gestiegen – mit einem Höchstsatz von 98 Prozent zwischen 1975 und 1979 –, derweil die Königsfamilie sich fortschreitend aus der Beitragspflicht gegenüber dem Staat, dem sie vorsteht, herausgeredet hat. Ein Teil des Privatvermögens der gegenwärtigen Königin geht direkt auf die Steuerfreiheit zurück. Wer 1936 (das letzte Jahr, in dem der Monarch noch Steuern zahlte) £ 1 in durchschnittlich rentablen Aktien angelegt hätte, besäße heute als durchweg zum Höchststeuersatz veranlagter Investor ein Vermögen im Wert von £ 42, als steuerbefreite Majestät hingegen einen Depotbestand im Wert von £ 418. Oder anders gesagt: Die niedrigste Schätzung des Privatvermögens der Queen liegt bei 50 Millionen Pfund, und diese Summe hätte sich schon allein dadurch zusammenläppern können, daß ihr Vater George VI. im Jahre 1936 bloße £ 119 000 in ein breites Portefeuille britischer Aktien investierte.

Queen zahlt Steuern! Triumph der Volksmacht! Nun ja, bis zu einem gewissen Grad. Aber wieviel sie zahlt und worauf, ist eine ganz andere Sache, die nicht durch Blitzumfragen der Presse entschieden wird. In großer Heimlichkeit wird man nun Gespräche darüber führen, was genau der Queen gehört (Balmoral, Sandringham, die Rennställe) und was dem Staat gehört und lediglich von ihr genutzt wird (der Buckinghampalast, Windsor Castle, die königliche Yacht). Dann gibt es da noch eine dritte Kategorie von Dingen wie etwa die Kronjuwelen, die königliche Kunstsammlung oder gar die königliche Briefmarkensammlung, die gemeinhin als unveräußerlich angesehen werden, die eher dem Monarchen zugehören als dem Individuum und daher ebenfalls nicht versteuert werden müssen. Und nachdem die Beute dergestalt aufgeteilt wurde, wird es vermutlich saftige Streitereien über die Werbungskosten der Queen geben. Wieviel wird das Finanzamt ihr zubilligen? Wie viele Kostüme und Schuhe sind für den Job notwendig? Selbstverständlich wird sie die persönliche Pauschale von £ 3445 geltend machen können, und wenn sie überzeugend darlegen kann, daß ihr Mann nicht arbeitet, kann sie zusätzlich die Unterhaltspauschale von £ 1720 abziehen.

Die Schätzungen des Vermögens der Queen fallen, je nachdem wie man rechnet, unterschiedlich aus. Am einen Ende stehen 50 Millionen; am anderen 6,5 Milliarden – eine Zahl, die der junge Prinz Edward ziemlich keck als «absoluten Quatsch» von der Hand gewiesen hat. Daß seine Mutter in mancher Hinsicht eher genügsam lebt (abgetretener Läufer auf der Treppe oder was auch immer), ist unbestritten; ebenso auch die Tatsache, daß sie eine der reichsten Frauen des Landes ist. Wie es scheint, hat sie zum Unterhalt ihrer läufigen Brut neuerdings die Kapitalreserven angreifen müssen; während ihr anderer Zuchtstall – in dem es um Pferdefleisch geht – im Augenblick angeblich einen Verlust von £ 50 000 im Jahr macht. Erste Hochrechnungen legen daher nahe, daß das Schatzamt durch Mrs. E. von Windsor um nicht mehr als 2 Millionen Pfund jährlich bereichert werden wird. Die königliche Zustimmung zur Steuerpflicht dürfte schwerlich geeignet sein, den nächsten Haushalt von Mr. Lamont (oder seinem Nachfolger) zu retten. Auch wird dieser kleine symbolische Schritt die Windsors nicht von einer gesetzten, pferdegezogenen, quasiimperialen, kniebundbehosten Institution in eine moderne, offene, rechenschaftspflichtige, radfahrende Monarchie überführen, die für die Ankunft des einundzwanzigsten Jahrhunderts gerüstet ist.

Ihre Majestät wird derzeit von einer Eliteeinheit von Finanzinspektoren aus den nördlichen Vororten von Cardiff unter die Lupe genommen. Norman Lamont wird derzeit von Sir John Bourn unter die Lupe genommen, dem Präsidenten des Oberrechnungshofes, der von der verschleierten Zahlung von £ 4700 nichts wußte und entscheiden muß, ob sie durch die Richtlinien des Cabinet Office gedeckt war oder nicht. In seiner anhaltenden Bedrängnis hat Mr. Lamont erneut Peter Carter-Ruck & Partners mit der Wahrnehmung seiner Interessen beauftragt, und die Kanzlei fordert von einem halben Dutzend Zeitungen eine öffentliche Entschuldigung – nebst zweifellos beeindrukkender Anwaltshonorare. Diesmal, so versichert man uns, wird Mr. Carter-Rucks Rechnung aus Mr. Lamonts eigener Tasche bezahlt. Und man darf mutmaßen, daß er dazu nicht seine Kreditkarte benutzen wird.

Dezember 1992

Norman Lamont überlebte als Schatzkanzler bis Mai 1993 und fiel dann einer Kabinettsumbildung durch John Major zum Opfer.

9

Britannias neue BH-Größe

Fromme Moralapostel und eingefleischte Geschichtsfatalisten trösten sich gern mit dem Gedanken, daß es mit Britannien bergab geht. Geopolitisch ist das nur allzu wahr: Dean Achesons Ausspruch von 1962, daß «Großbritannien ein Empire verloren und noch keine Rolle gefunden» habe, schmerzt immer noch, weil er immer noch stimmt. Doch wer nach Zeichen und Symbolen schnüffelt, hat kleine Einzelbeispiele oft lieber als große Pauschalurteile. Was könnte also besser sein als die Nachricht, daß selbst Britannia, das Sinnbild der Nation schlechthin, jetzt *déclassée* ist? Letzten Monat wurde eine neue £-10-Briefmarke ausgegeben, und darauf war eine neue Britannia zu sehen. In Frankreich hätte es vielleicht einen offenen Wettbewerb, eine landesweite Debatte, eine Umfrage unter Fernsehzuschauern gegeben, falls man einen Ersatz gesucht hätte für die Marianne, das ausgesprochen sexy wirkende nationale Aushängeschild; der Kultusminister, wenn nicht der Präsident persönlich, hätte sich vor der offiziellen Kür einer Nachfolgerin für Brigitte Bardot, Catherine Deneuve und Inès de la Fressange zum Eingreifen verpflichtet gefühlt. Auch hierzulande hat das leibhaftige Modell der Britannia gesellschaftliche Glanzzeiten erlebt. Als die Figur 1672 wieder auf den Münzen der Neuzeit erschien, ergriff König Charles II. die Gelegenheit, seine Mätresse Frances Stuart, Duchess of Richmond and Lennox, zum Nationalsymbol zu erheben. Einige Jahre zuvor hatte Samuel Pepys ihr Konterfei auf einer Gedenkmedaille gesehen und am 25. Februar 1667 in sein Tagebuch geschrieben: «Betrachtete bei meinem Goldschmied des Königs neue Medaille, wo das Antlitz der Mistress

Stuart im Kleinen so schön gestaltet ist, wie ich mein Lebtag nur je etwas sah, meine ich; und es ist doch reizend, daß er ihr Gesicht wählte, um Britannia darzustellen.» Auf der Suche nach einer Nachfolgerin für die Duchess of Richmond wäre es vielleicht «reizend» gewesen, Prinz Charles' langjährige Freundin Mrs. Camilla Parker-Bowles zu wählen. Doch so weit reicht königliche Machtvollkommenheit heutzutage nicht mehr; wir leben jetzt in betulicheren, scheinheiligeren oder auch demokratischeren Zeiten. Und so ist Britannias Kammhelm anno 1993 auf dem Haupt von Karin Craddock gelandet, Fotografin und Gattin des Illustrators Barry Craddock. Die unvermutete Symbolfigur und ihr Gatte wohnen in Deptford, einem eher uneleganten Viertel im Südosten Londons.

Wie seine Britannia hatte Charles II. sich auch den Künstler Jean Roettiers selbst ausgesucht, den er für die Arbeit in der Königlichen Münze aus Antwerpen kommen ließ. Inzwischen ist das Verfahren bürokratisiert. Die Königliche Briefmarkenkommission Royal Mail Stamps ließ sich von mehreren Designerteams Entwürfe unterbreiten und entschied sich dann für die Roundel Design Group. Roundel wiederum begutachtete die Arbeiten mehrerer in Frage kommender Illustratoren und wählte dann Barry Craddock aus, für den unter anderem sprach, daß er es versteht, seine Entwürfe wie Kupferstiche anmuten zu lassen. («Weiße Kreidegrundierung übermalen und dann mit einem Werkzeug auskratzen», erläutert er.) Sein Beitrag fällt bei der neuen Briefmarke als erstes ins Auge; doch bei der Gestaltung kam er als letzter an die Reihe. Die Zusammenarbeit des Royal Mail Stamps Advisory Committee und der Roundel Design Group dauerte fast zwei Jahre; Mr. Craddock war nur in den letzten sechs Wochen am Verfahren beteiligt. Er hatte drei Wochen zum Diskutieren und dann drei Wochen, um seines Amtes zu walten. Bei der Termingestaltung verwundert es nicht, daß er nicht alle Model-Agenturen nach einem epochemachenden Gesicht der neunziger Jahre abklapperte – er hat seine Frau antanzen lassen. Hat er sie dafür bezahlt? «Nein», antwortet sie. «So läuft das bei uns nicht.»

Mr. Craddock ist ein fescher kleiner Mann mit dezent angegrautem Haar und adrettem Schnurrbart; die unbezahlte Britannia ist erfreulich unmajestätisch – eine fröhliche, offenherzige Frau mit einem Londoner Akzent, den ein demographisch orientierter Linguist vor kurzem als Estuary English bezeichnete. Sie sind beide keine dreißig mehr, doch pedantische Impertinenz bei der Ergründung von Britannias exaktem Geburtsjahr stößt auf die lachende Antwort «55 vor Christus» – das Datum der ersten römischen Invasion unserer Inseln. Die Craddocks leben in angemessen englischer Umgebung: William-Morris-Tapete im Flur, Königin-Victoria-Bronzeplakette in der Küche und hinten auf dem Rasen die hoppelnde Gestalt eines großen Hauskaninchens, weiß mit schwarzen Ohren und einer gespenstisch dünnen schwarzen Linie auf dem Rücken. Die Rasse heißt sinnigerweise Old English; die Craddocks meinen allerdings, sie käme eigentlich aus China. Ähnlich verworren ist die ethnische Herkunft der neuen Britannia, die vor einer auf *pur sang* fixierten Musterungskommission sicher nicht bestehen könnte. Karin ist Halb-Dänin mit einem «möglicherweise lappischen Großvater», und auf der anderen Seite finden sich Spuren jugoslawischen, irischen und französischen Blutes. Immerhin verfügt sie zumindest als Model über einen patriotischen Stammbaum, hat sie zuvor doch in einem Fernsehwerbespot als Königin Victoria auf einem Bierfaß gesessen.

Für Barry posierte sie diesmal als hausfrauliche Parodie auf die mythische Britannia. Sie saß in ein Bettuch gehüllt auf einem Brett, das über einem Picknickkorb und einem Bücherstapel lag; der Dreizack in ihrer Rechten war eine Gärtnerharke, der runde Schild an der linken Hüfte eine alte Tischplatte; in ihrer Linken diente ein Baumstrunk aus dem Garten als Ölzweig. Modellsitzen heißt hier natürlich nicht regungsloses Verharren in einer bestimmten Pose, sondern Ausprobieren verschiedener

Stellungen für eine Fotoserie, nach der dann die endgültigen Zeichnungen gemacht werden. Und dennoch, hat Karin Craddock in jenem bedeutungsschwangeren Augenblick darüber nachgedacht, daß sie womöglich das Image der Nation für die nächste Generation bestimmt? «Das habe ich mir gar nicht überlegt», antwortet sie mit unbekümmertem Lachen. «Es war halt ein Job, ich wollte ihm helfen, den richtigen Dreh zu finden.»

Barry hatte sich schon früher um das nationale Image verdient gemacht, da er Britannia bereits verschiedentlich für die Werbung dargestellt hatte. Diesmal war es komplizierter, «den richtigen Dreh zu finden», nicht zuletzt angesichts der dauernden Besprechungen – oder, wenn man so will, der dauernden Einmischungen («mir haben ständig etwa zwei Dutzend Augen auf die Finger geschaut»). Ein Stoß grober Skizzen zeigt die fortlaufende Entwicklung von der zierlichen, quirligen, häuslich-schlichten, nach links schauenden Karin mit ihrem breiten Gesicht zu der majestätischen, unnahbaren, repräsentativen Gestalt der nach rechts schauenden Britannia mit ihrer römischen Nase. Karin ist 1,60 m groß, wirkt auf der Briefmarke aber, wie sie sagt, «beinah zwei Meter fünfzig». «Sie ist *sehr, sehr* groß geraten», bestätigt Barry fast schon mit ehrfürchtiger Scheu vor seinem eigenen Entwurf. Natürlich hat die bildliche Darstellung von Kultfiguren mit dem wahren Original oft nicht mehr viel zu tun: Die Duchess of Richmond war zwar nach allem, was man hört, eine große Schönheit (und eine große Närrin), hatte aber bei ihrem Erscheinen auf der Münze einen entstellenden Pockenanfall erlitten. Bei der Marianne sind, will man den anhaltenden Gerüchten um Catherine Deneuves Gesichtskorrektur Glauben schenken, die Anpassungen zum Teil gar in einem noch früheren Stadium geschehen.

Britannia ist nicht nur gewachsen, auch ihre Haltung wurde verbessert. «Während der Entwurf Gestalt annahm, hat sie sich immer mehr aufgerichtet», sagt Barry. «Im ersten Entwurf war sie stark zurückgelehnt.» Eine Bleistiftnotiz auf einer Vorstudie besagt: *Erledigt. Helm verkleinert. Neue Hand. Neue Büstenform. Neuer Schild usw.* Hüften, Beine und Rumpf wurden ständig überarbeitet. Es gab eine ernsthafte und ausführliche Diskussion um Britannias BH-Größe. «Das war ein ganz wesentlicher Punkt», erinnert sich Barry. Mike Denny von der Roundel Design Group erläutert: «Britannia muß machtvoll und souverän aussehen, soll aber auch feminin wirken. Am Anfang war ihre Brust beinahe flach, und das sah lächerlich aus. Dann sind wir ins andere Extrem verfallen. Am Ende haben wir uns auf Größe 80B geeinigt.» Das war zumindest demokratisch: 80B ist zur Zeit die Standard-BH-Größe der Nation, eine schleichende Steigerung von 75B vor sieben Jahren, wie der Büstenhalterhersteller Gossard bestätigt. Unter anderem soll das auf die Pille und bessere Ernährung zurückzuführen sein; ja, die *femme moyenne sensuelle* schwillt zur Stunde sacht 80C entgegen. Barry Craddock kann sich noch an den Moment erinnern, als «eine Dame vom Post Office, Angela Reeves, den Kuli nahm und sagte, *so* groß soll er sein». Er wirkt erleichtert, daß nicht er die endgültige Entscheidung traf: «Standardgröße 80B, so hieß es.»

Von Karins amazonenhafter Ausdehnung abgesehen, war das stilistische und dekorative Beiwerk zu erörtern. Britannias erster Auftritt auf einer Münze – einem unter Kaiser Hadrian (117–138 n. Chr.) ausgegebenen Messing-Sesterz – zeigt sie in ihrer ursprünglichen unterwürfigen Gestalt, mit griffbereitem Dornbuckelschild als Gefangene auf einer Felsenklippe stehend. Seit der Neuzeit – das heißt seit dem siebzehnten Jahrhundert – ist sie eher Siegerin als Besiegte, eine resolute Herrscherinnenfigur, die sich in sanfter Paradoxie als Kriegs- und Friedensbringerin zugleich präsentiert. Seit jeher trägt sie einen runden Schild mit der Nationalflagge als Zier; in der Hand hält sie einen Speer oder (in jüngerer Zeit) einen Neptun-Dreizack; die beiden geläufigsten Accessoires sind Kriegerhelm und Ölzweig, die mit den Zeitläuften kommen und gehen. Sie wird oft als treue

Bewacherin der Küste dargestellt, und ihre Meeresverbundenheit wird bisweilen durch ein hinzugefügtes Schiff oder einen Leuchtturm – manchmal auch beides zugleich – unterstrichen. Ungewöhnlich ist die Verbindung mit dem anderen königlichen Tier, dem Löwen, wie auf der 50-Pence-Münze von 1969.

Mr. Craddocks Britannia ist eine herbe, imposante und weitgehend traditionelle Symbolgestalt. Schild, Helm, Dreizack, Ölzweig, die vertraute Galionsfigur der Pax Britannica: Erst erobern wir euch, und dann bezeichnen wir eure Unterwerfung als Frieden. Barry hat verschiedene Versuche unternommen, das Bildnis weicher zu gestalten, doch kann man nicht behaupten, daß er damit Erfolg hatte. Karin erinnert sich, daß er sie beim Modellsitzen einmal «gebeten hat, die Harke sanfter zu halten» – jetzt hält Britannia ihren Dreizack auf der Briefmarke vielleicht mit einem Hauch von Tuntigkeit in der Hand. Mr. Craddocks andere Initiativen aber stießen auf den Widerstand des Komitees. «Ich habe vorgeschlagen, ein paar Tauben dazuzusetzen», erinnert er sich. «Aber Tauben wollten sie nicht.» Mike Denny bestätigt das: «Nein, Tauben wollten wir nicht. Es sollte symbolisch sein, aber es sollte kein Bild werden.» Aus dem gleichen Grund flog ein Segelboot raus, das Barry einfügen wollte, genau wie die Rudimente der weißen Klippen von Dover. «Und was ist mit den Sturmwolken da im Hintergrund?» frage ich, denn es sieht aus, als breche der Hurrikan Craig oder Donna über Britannias Schulter los. «Hat nichts zu bedeuten», entgegnet Barry rasch und etwas nervös, als fürchte er, man könnte in diesem Wetter einen subversiven politischen Hintersinn sehen. Manchmal sind Sturmwolken eben einfach nur Sturmwolken.

Die bereinigte, umkämpfte, geprüfte und gebilligte Zweieinhalbmeter-Britannia mit BH-Größe 80B wurde dann in die ihr von Roundel zugeteilte Lücke gezwängt. Jede Vermutung, man habe das übrige gestalterische Drum und Dran um die Hauptfigur auf der Briefmarke herumdrapiert, geht fehl: Craddock erhielt noch vor Beginn seines sechswöchigen Arbeitseinsatzes ein

1:1-Modell des Endprodukts, in dem die Britannia das einzige Element war, das noch zur Diskussion stand. Das Layout war festgelegt; ebenso die Farbgebung (ein olivartiges Grün und ein ziemlich grelles Lila); ebenso die herrisch-moderne Schrifttype für das «£10»-Zeichen. Was auf das ungeschulte Auge wie eine üble Kollision gestalterischer Elemente wirkt, erklärt Mike Denny als «das Bemühen, die Vorstellung von einer modernen Nation mit historischem Erbe zu vermitteln». Außerdem waren einige Besonderheiten der Marke bereits montiert. Die zehn pustelartigen Erhebungen unter dem Kopf der Queen entpuppen sich als Brailleschrift – die hiermit ihren ersten Auftritt auf einer britischen Briefmarke feiert. Die vier muschelförmigen Bißabdrücke, die oben und unten den Rand annagen, sollen Hintertreppenfälscher abschrecken. «Wenn man Briefmarken fälscht», erklärt Mr. Denny, «kann man die Perforationen kinderleicht mit einer Nähmaschine anbringen.» Die neue Britannia ist auf einer sogenannten «Hochsicherheitsbriefmarke» gelandet. Die Marke ist Mr. Denny zufolge «so gestaltet, daß sie unglaublich schwer zu drucken» ist – und daher vermutlich auch unglaublich schwer nachzudrucken. Zur Abschreckung werden verschiedene Schmuckfarben benutzt; Mrs. Craddock ist mit einem Bombenteppich aus unzähligen winzigen Buchstaben in Lila, Rot, Grün und Orange gesprenkelt, die den sich ewig wiederholenden Schriftzug TEN POUNDS ergeben; selbst die dünnen Meereslinien, die sich von Britannias Schienbein nach außen erstrekken, entpuppen sich in der Vergrößerung als TEN POUNDS TEN POUNDS TEN POUNDS-Geraune. Schließlich liegt ein Gitter aus fünfundzwanzig Silberpapierkreuzchen über der Hauptperson: Die legen Spitzbuben das Handwerk, weil sie sich auf Fotokopien schwarz färben. Für das gewöhnliche Auge des briefmarkenkaufenden Nichtfälschers hingegen funkeln die Kreuze ziemlich unangenehm im Licht, als gehörten sie zu einem Pünktchenverbindespiel. Ein Kreuzchen liegt wie das Fadenkreuz in einem Zielfernrohr direkt unter Britannias rechtem

Ohr. Zur Vermeidung dieses Zusammentreffens wurde Mr. Craddock sogar gebeten, seine Figur seitwärts zu verschieben, aber da hat er sich auf die Hinterbeine gestellt und das Ansinnen abgelehnt. Die Gesamtwirkung all dieser Aufdrucke ist einigermaßen bizarr und beeinträchtigt eindeutig den visuellen Effekt der Marke. Es ist, als sähe man ein durchaus elegantes Haus mit Maschendraht und Natodraht eingezäunt, protzige Alarmanlageboxen an allen Wänden und heisere Schäferhunde im Vorgarten. Was der Darstellung, wenn auch ungewollt, einen zusätzlichen Symbolgehalt verleiht.

Wie Barry Craddock feststellen mußte («Tauben wollten sie nicht»), kann es heikel werden, wenn man sich an der nationalen Ikonographie vergreift. Der Entwurf für die neue £-10-Marke wurde der Queen zur offiziellen Genehmigung vorgelegt (wie das bei allen Briefmarken Vorschrift ist), die am 7. Oktober auch prompt erteilt wurde; etwa zur gleichen Zeit braute sich in einem anderen Flügel des Buckinghampalasts ein kleiner Sturm im silbernen Tafelaufsatz zusammen. Während sich die königliche Mitwirkung bei Briefmarken nur geringfügig bemerkbar macht, und auch das erst ganz am Ende des Verfahrens, ist die Beteiligung bei den Münzen des Königreichs viel stärker. Prinz Albert, Prinzgemahl der Königin Victoria und eifriger Verfechter der Zusammenarbeit von Kunst und Industrie, hatte stets ein reges Interesse an der Münzgestaltung gezeigt. 1922 wurde das Royal Mint Advisory Committee on the Design of Coins, Medals, Seals and Decorations gegründet; seit 1952 heißt dessen Präsident Seine Königliche Hoheit Prinz Philip, Herzog von Edinburgh, KG, KT, OM, GBE. Im übrigen setzt sich dieser rund ein Dutzend Mitglieder umfassende Beratende Ausschuß der Königlichen Münzanstalt für die Gestaltung von Münzen, Medaillen, Siegeln und Ehrenzeichen aus Numismatikern, Wappenherolden, Künstlern, Designern, Kalligraphen, Ornithologen, Botanikern und Wortakrobaten zusammen, die alle ihren geballten Sachverstand in die komplexe, bürokratische, heikle und angenehme Aufgabe einbringen, der Queen Vorschläge für das Aussehen der gängigen britischen Münzen zu unterbreiten. Daß sie nicht bezahlt werden, versteht sich von selbst; sie erhalten allerdings Probeprägungen des Maundy Money – das ist ein Satz winziger Münzen, nicht größer als der Fingernagel eines Kindes, alljährlich geprägt, um am Gründonnerstag an einen ebenso winzigen Teil der almosenwürdigen Armen verteilt zu werden.

Die Mitglieder des Komitees sind zumeist Männer, darunter ein gut Teil Träger der Ritter- und Professorenwürde, doch es waren auch schon Frauen dabei, zum Beispiel die Bildhauerin Elizabeth Frink und gegenwärtig die Marchioness of Anglesey. Bis vor kurzem war auch die Schriftstellerin und Kulturhistorikerin Marina Warner mit von der Partie. Als ich sie fragte, wie ihre Berufung zustande kam, meinte sie: «Nun ja, wie das in England eben so ist. Bei einem Dinner saß ich neben jemandem, mit dem ich über den amerikanischen Dollarschein und seine Freimaurersymbolik ins Gespräch kam. Wie sich herausstellte, war das der Numismatiker John Porteous; ich habe ihm von meinem Buch *Monuments and Maidens* erzählt, und dann hat er mich für den Ausschuß vorgeschlagen.» Die Berufung schien das Natürlichste von der Welt zu sein; kaum jemand schreibt hierzulande so klug und scharfsinnig über Bedeutung und Interpretation kultureller Symbole wie Ms. Warner, eine Frau von brillantem Verstand und apulischer Schönheit. Ihr wurde jedoch schon vor ihrer Berufung – als «Repräsentantin des Wortes» in der Nachfolge des verstorbenen Poeta Laureatus Sir John Betjeman – klar, daß es beim Zusammensitzen mit den numismatischen Koryphäen nicht, oder jedenfalls nicht nur, darum gehen würde, was nun schlafend und was springend gezeigt wird. Der Ausschuß ist an einer der vielen Schnittstellen zwischen Königshaus und Politik angesiedelt: Die Münzanstalt ist selbstverständlich königlich, offizieller Münzmeister aber ist der Schatzkanzler. Zur Zeit von Marina Warners Berufung im Jahre 1985 hieß Mrs. Thatchers Schatzkanzler Nigel Lawson. Ms. Warner erinnert sich: «Ich bekam einen Anruf mit der Frage: ‹Was haben Sie denn in Ihrer Vergangenheit getrieben? Es gibt da Probleme mit Ihrer Berufung.› Wie sich herausstellte, hatte Nigel Lawson etwas gegen mich. Er hat mich nur durchgehen lassen, weil mich drei Thatcher-Sympathisanten protegierten.» Und was hatte sie in ihrer Vergangenheit angestellt? «Lawson hielt mich wohl für eine Linke.» Da Ms. Warner eine aufrechte Liberale ist, mag das wohl stimmen. Was ihr in den Augen des Tory-Establishments vielleicht eine gewisse potentielle Legitimität verlieh, war ihr Großvater P. F. «Plum» Warner, der berühmte Kapitän der englischen Cricketmannschaft aus der Vorkriegszeit.

Nach ihren numismatischen Vorlieben gefragt, nennt Ms. Warner wie aus der Pistole geschossen die berühmte griechische, in Syrakus geschlagene Münze, die Arethusa als kleines Mädchen mit wehenden Locken und um ihren Kopf springenden Delphinen zeigt. «Ich wünschte, wir könnten das wieder aufgreifen. Es muß ja keine gewichtige nationalistische Bedeutung drinstecken – eine Münze kann doch auch *Freude* machen», sagt sie mit Emphase. «Freude» ist allerdings ein Wort, das in den Gedankengängen des Royal Mint Advisory Committee nicht allzu häufig vorkommt. In aller Regel erörtern die Mitglieder heraldische Schnitzer, symbolische Einzelheiten, Fallstricke der Schriftgestaltung oder das unlösbare Nordirlandproblem. Es wirft ein winziges Licht auf die Ausweglosigkeit der dortigen Situation, daß diese Frage selbst die gelehrten und weitgehend leidenschaftslosen Debatten in einem Flügel des Buckinghampalasts infiltriert. Das Schwierige ist, daß die anderen drei Teile des Vereinigten Königreichs allesamt genügend unumstrittene altehrwürdige Embleme für die Verwendung als repräsentatives Symbol zur Auswahl haben, Nordirland aber nicht. Wie kann sich die Provinz auf einer Münze darstellen? Die Rote Hand Ulsters würde sich in einer katholischen Hosentasche nicht wohl fühlen, und ein protestantischer Daumen könnte sich an einer Harfe oder einem Kleeblatt stoßen. Die alte St.-Edwards-Krone gilt als annehmbar, doch mit Kreuzen könnte es Ärger geben: Das bereits von Flaggen und Wappen vertraute St.-Patricks-Kreuz ist zulässig, aber das keltische Kreuz, das als religiöses Symbol bei Protestanten Anstoß erregen könnte, kommt nicht in Frage. Vor kurzem wurde das Problem durch den Torques gelöst – einen festlichen Halsschmuck, häufig aus schwerem Gold gemeißelt, den im alten Hibernia einst die Häuptlinge trugen. Auch Hecke und Feld bieten ungefährliche Optionen: Flachs, gelber Pimpernell, Eberesche. Vor nicht allzu langer Zeit gab es einen Versuch, den Elch als Symbol der Provinz herauszustellen – der betreffende unglückliche Designer war sich wohl nicht recht im klaren, daß es heraldisch prekär ist, einen Elch auf einen Schild zu setzen. Sackgassen dieser Art treiben die Künstler zu immer größerem Erfindungsreichtum: Unlängst wurde ein Vorschlag unterbreitet, auf dem Nordirland als halbwüchsiges Mädchen erschien, das in aller Unschuld ein Tin Whistle blasend über den Giant's Causeway schritt.

Wer diese Tin-Whistle-Variante nun tatsächlich entworfen hat, ist dem Ausschuß unbekannt; die Mitglieder begutachten lediglich «Vorschlag 1 (d) von Designer Nr. 1 in Kategorie 3: Regionale Entwürfe für £-1-Münze». Die Anonymität der Künstler wird peinlich gewahrt, obgleich ihr persönlicher Stil mit der Zeit unweigerlich zu erkennen ist. Manchmal – wie bei der Crown-Gedenkmünze, die dieses Jahr zum vierzigsten Krönungsjubiläum der Queen ausgegeben werden soll – gibt es einen offenen Wettbewerb. Häufiger noch werden bestimmte Künstler aufgefordert, Ideen einzureichen. So war es auch im Fall der neuen Regionalentwürfe für den Revers der £-1-Münze. Dieses Zahlungsmittel wurde 1983 eingeführt und bekommt alle zwölf Monate ein neues Bild auf der Rückseite. Im ersten Jahr zierte das Königliche Wappen den Revers, dann kam ein Vierjahreszyklus zu Ehren der vier Teile des Vereinigten Königreichs, 1988 war wieder das Königliche Wappen dran, danach folgte ein weiterer Regionalzyklus. Nach dem jetzigen Pufferjahr beginnt 1994 wieder ein Regionalzyklus. Daher wurden ein Dutzend Künstler aufgefordert, bis zum 31. Dezember 1991 Vorstudien bei der Königlichen Münzanstalt einzureichen. Sie sollten Entwürfe vorlegen, die durch ein gemeinsames Thema oder sonst eine stilistische Klammer verbunden sind; sie wurden an das Irlandproblem erinnert und über ihr Honorar unterrichtet. Das Einreichen einer Serie von vier Entwurfsskizzen würde mit £ 250 entlohnt werden; wer in die engere Wahl kam und aufgefordert wurde, seine Entwürfe im Gipsmodell (Durchmesser maximal 18 Zentimeter) vorzulegen, würde pro Modell £ 500 erhalten; und der Sieger bekäme, vorbehaltlich der königlichen Zustimmung, £ 2500 für jedes der vier Modelle und sollte dafür der Krone die vollen Rechte übertragen.

Neun der zwölf Angesprochenen reichten Arbeiten ein, und am 11. Februar 1992 traf sich der Beratende Ausschuß im Chinese Dining Room des Buckinghampalasts zu einer ersten Bewertung. Die Ausschußmitglieder betreten das Gebäude durch die Privy Purse Door rechter Hand an der Frontseite des Palasts, wo sie von livrierten Posten in Empfang genommen werden. Hier werden den Herren die Mäntel abgenommen und diese nicht etwa aufgehängt, sondern in säuberlich-militärischer Form zu dicken Würfeln gefaltet und auf einem Tisch abgelegt. (Mit den Mänteln der Frauen versucht man das zum Glück nicht.) Dann gehen die Mitglieder in den ersten Stock hinauf, wobei sie bis vor kurzem an einem mahnenden Landseer vorbeikamen, einer Art viktorianischer Zirkusversion von Daniel in der Löwengrube; sie sehen einen endlosen, mit rotem Teppich ausgelegten und von Büsten und Vasen gesäumten Flur vor sich und werden dann in den Sitzungssaal geführt. Das ist eine rotgoldene Chinoiserie aus dem frühen neunzehnten Jahrhundert – «auf dem Kaminsims wimmelt es von tausend Drachen, die einen anspukken», erinnert sich Marina Warner. Bis zur feierlichen Ankunft des Präsidenten, Prinz Philip, begutachten alle stehend die zu erörternden Entwürfe; dann nehmen sie an einer langen Tafel Platz. Um eine Schilderung der Besprechungen gebeten, antwortet Ms. Warner: «Tja, es ist ein bißchen wie bei der Teeparty des verrückten Hutmachers. Alles nickt sachte ein. Es herrscht ein gewisser Pomp, und das Zeremoniell wirkt irgendwie einlullend. Das kommt davon, daß die Ehrerbietung zum Kult erhoben wird – diese Atmosphäre macht die Leute nicht gerade beredt.» Bei der ersten Besprechung reduzierte der Ausschuß, ob nun beredt oder nicht, das Feld der zum Kampf um die Rückseite der £-1-Münze Angetretenen auf zwei Endrundenteilnehmer: Designer 8, der eine Serie hausbacken-traditioneller heraldischer Darstellungen eingereicht hatte, und Designer 9, dessen elegante Entwürfe durchaus Freude zu bereiten drohten und wildlebende Vögel zeigten – den Säbelschnäbler für England, den Fischadler für Schottland, den Roten Milan für Wales und für Nordirland die Rosenseeschwalbe. Die thematische Klammer dieser vier Vögel liegt darin, daß sie alle in unserem Jahrhundert vom Aussterben bedroht waren, der Bestand aber nunmehr wieder gesichert ist.

Auf der nächsten Sitzung am 26. Mai war dann schon klar, daß beide Entwürfe auch Nachteile haben. Die Heraldikserie stieß im Ministerium für Schottland wie auch im Ministerium für Wales auf Kritik. Das Scottish Office hatte sich mit Lord Lyon, King of Arms, besprochen und bezeichnete den schottischen Entwurf in Serie A von Designer 8 als eine verwirrende und unrichtige Verbindung von Emblemen, während das Welsh Office auf den empörenden heraldischen Schnitzer aufmerksam machte, einen walisischen Drachen auf ein Gebilde zu setzen, das ihnen wie ein St.-Georgs-Kreuz vorkam. Auch für die Vögel sah es mittlerweile schlecht aus. Das Ministerium für Schottland wie das für Wales fanden sie zwar reizvoll, fragten sich aber, ob man die Arten wirklich als Repräsentanten des jeweiligen Landes erkennen werde. Der Herzog von Edinburgh hatte Einwände gegen die pflanzlichen Beigaben: Der Säbelschnäbler hält einen Eichenzweig, der Fischadler eine Distel und so weiter. Der Entwurf für Wales zeigt den Roten Milan mit einem Lauchstengel in den Klauen, ganz so, als sei er auf einen Gemüsestand herabgestoßen und habe das Grünzeug zwecks Fütterung der Jungen mitgehen lassen. Ein Ausschußmitglied mit ornithologischen Neigungen machte darauf aufmerksam, daß der Rote Milan bis dato nicht als Lauchfresser bekannt sei.

Es gab auch andere Kritik: Die Heraldikentwürfe seien plump und langweilig; der schottische Löwe müsse größer sein; die Vögel sollten im Fluge und nicht hockend dargestellt werden; anstelle des Säbelschnäblers solle der Rabe England symbolisieren. Noch stärker gerieten die Vögel durch den Zweiten Münzmeister und Ausschußvorsitzenden Mr. A. D. Garrett unter Beschuß, der geltend machte, da das Pfund die höchste umlaufende Münze sei, könne man bei ihrer Gestaltung keine «vollständige Flexibilität» walten lassen. Im Auftrag des Schatzkanzlers war bei dieser Sitzung außerdem der Wirtschaftsminister zugegen, Mr. Anthony Nelson, MP. Seine Anwesenheit war ein Novum: In den sieben Dienstjahren von Ms. Warner war es erst das zweite Mal, daß ein Minister aus diesem Ressort auftauchte. Traditionsgemäß schloß der Ausschuß seine Arbeit ab und erstattete dann der Münzanstalt Bericht, die ihrerseits dem Wirtschafts- und Finanzministerium Bericht erstattete. Jetzt saß ein Aufpasser dabei. Mr. Nelson tat die Ansicht kund, die Annahme der Vogelserie könne als Degradierung von Münzen auf den Status bloßer Briefmarken aufgefaßt werden. Vielleicht hatte er vergessen, daß eine der beliebtesten Münzen dieses Jahrhunderts, der jetzt aus dem Verkehr gezogene Farthing, einen Zaunkönig auf der Rückseite zeigte. Ein hübsches Zusammentreffen von Bild und Wert: der kleinste britische Vogel auf der kleinsten umlaufenden Münze.

Dennoch kam man überein, beide Serien weiterzuentwickeln. Designer 8 sollte alle vier Entwürfe vom College of Heralds überarbeiten lassen, um sie heraldisch koscher zu machen, während Designer 9 die Vögel nachbessern sollte, indem er sie erstens im Fluge zeigte und zweitens als zusätzliche Erkennungsmarken die Kronen der vier Gebiete einfügte (obwohl der Prozentsatz der britischen Bevölkerung, der mit einiger Wahrscheinlichkeit die regionalen Kronen voneinander unterscheiden kann, in Wirklichkeit etwa zaunköniggroß sein dürfte). Dann kam der Ausschuß am 3. November zusammen, um über die endgültige Empfehlung an die Münzanstalt zu befinden. Zunächst wurde das Protokoll der vorhergehenden Sitzung verabschiedet und die neue £-2-Münze erörtert, die 1994 zur Dreihundertjahrfeier der Bank of England geprägt werden soll. Dann kam «Punkt 3 – Neue Serie regionaler Entwürfe für den Revers der £-1-Münze». Doch kaum war das Thema angeschnitten, da wies der Zweite Münzmeister den Ausschuß an, die Vogelentwürfe gar nicht erst in Betracht zu ziehen. Die Mitglieder erörterten eine Weile brav das Für und Wider der aufpolierten Heraldikserie, die noch viele Mängel zeigte und in den Augen einiger Teilnehmer sogar verschlimmbessert worden war, bis Ms. Warner die Teeparty des verrückten Hutmachers aufmischte, indem sie wissen wollte, warum sie nicht über die Vögel diskutieren durften. «Als wir nach dem Grund fragten», erinnert sie sich, «kam eine Menge Blabla und hochrotes Geschnaufe von diesem hohen Beamten» – dem Zweiten Münzmeister. Der Grund bestand offenbar darin, daß das Büro des Schatzkanzlers Norman Lamont beschlossen hatte, die Entscheidung vorwegzunehmen. Die Vögel, denen es angeblich an der für Münzen erforderlichen Würde mangelte, waren abgeschossen worden, egal, was das Royal Mint Advisory Commitee on the Design of Coins, Medals, Seals and Decorations darüber denken mochte.

Sicher, es handelt sich nur um einen beratenden Ausschuß: 1991 hatte er einen Entwurf für eine Gulf War Medal befürwortet – zufällig von demselben Künstler, der auch die Vögel gestaltet hat –, der dann umgehend von der Queen und dem Generalstab abgelehnt wurde. (Das muß zu manch interessantem Bettgeflüster im Buckinghampalast geführt haben. «Was hast du denn heute so gemacht, Liebling?» «Deine dämliche Medaille abgelehnt, mein Schatz.») Dennoch, die Einmischung der Queen war eine Sache: ärgerlich, aber verfassungsgemäß. Die endgültige Entscheidungsfindung aber einfach von der Tagesordnung zu kippen, verstieß wohl eindeutig gegen die Regeln. Ms. Warner stellte eigene Nachforschungen an und fand heraus, «daß Lamont sich in den Kopf gesetzt hatte, er wolle die Heraldikserie haben. Auch der Wirtschaftsminister hatte vor Zeugen ganz locker erklärt: ‹Der Schatzkanzler kann die Vögel einfach nicht leiden.›»

Marina Warner wartete die nächste Sitzung am 10. Februar 1993 ab, um zu ergründen, ob es eine Chance gebe, die Vögel auf einer Münze von geringerem Wert zu recyclen, und zu schauen, wie das ganze Theater protokolliert worden war; dann trat sie zurück. «Ich sah wirklich keinen Sinn darin, daß ich da aufkreuze, bloß um Norman Lamonts Kunstgeschmack abzusegnen», faßt sie energisch zusammen. Dann reicht sie mir eine von Charles Addams' letzten Zeichnungen, die sie aus dem *New Yorker* herausgerissen hat. Ein mittelalterlicher König beugt sich von den Zinnen seiner Burg und spricht zu der versammelten Bauernschaft: «Und jetzt rufe ich als demokratisches Experiment freie Wahlen zur Kür des Wappenvogels aus.»

Man könnte geltend machen, Lamonts Umgehung des Ausschusses sei eine Versuchung, der linke wie rechte Minister häufig erliegen, und das vielleicht um so eher, wenn sie in ihrem eigentlichen Wirkungsbereich wegen Führungsschwäche herbe Kritik einstecken müssen. Man könnte geltend machen, der Zustand der Teeparty des verrückten Hutmachers sei die natürliche Verfassung eines jeden Ausschusses. Man könnte geltend machen, Ms. Warners Erfahrung sei fast schon vorhersehbar gewesen: Abenteuer und Schicksalsschläge einer weiblichen Liberalen in einer männlichen, konservativen und royalistischen

Welt. Dennoch ist die Frage, die sie dem Ausschuß in ihrem Rücktrittsschreiben zu «dem zentralen Problem der Münzen des Vereinigten Königreichs in heutiger Zeit» hinterließ, richtig und aktuell: «Die politischen Veränderungen seit dem Mittelalter bringen die Notwendigkeit mit sich, die ikonographische Sprache der Heraldik bei all ihrem Reichtum und all ihrer Schönheit bis zur Formlosigkeit zu kneten und zu walken, damit sie die gegenwärtige Realität wiedergeben kann. Einhörner, Drachen etc. genügen dem Darstellungsbedarf nicht mehr ... Es muß auf einen anderen Bildbestand zurückgegriffen werden, um die historische Lage des Vereinigten Königreichs zu vermitteln.» Oder, wie sie es mir gegenüber zugespitzter formulierte: «Die Frage ist, wie wir uns selbst sehen. Wollen wir in einem Laura-Ashley-Land, einem Potpourri-Land, einem National-Trust-Land, einem Land der guten alten Zeit leben, oder wollen wir uns als zukunftsgerichtete Nation auf der Schwelle zu einer neuen Welt, einem neuen Europa darstellen?» Im Moment ist die Antwort deprimierend eindeutig. Wetten, daß Britannia bei der nächsten Generalüberholung mit einem auf 80C umgemodelten Busen im Laura-Ashley-Gewand erscheint?

April 1993

10

Die Minusmillionäre

Man hat nicht oft mit Leuten zu tun, die eine Million Pfund verloren haben. Noch seltener kommt es vor, daß sie das Fremden – noch dazu Journalisten – am Telefon erzählen. Und doch war es fast das erste, was Fernanda Herford bei meinem Anruf zu mir sagte. «Heute morgen bin ich bei einer Million angelangt. Sie wollten noch einmal £ 319 000. Sie kennen absolut keine Skrupel. Na, das kriegen sie natürlich nicht.» All dies wurde in gleichmütigem, leicht ironischem Ton gesprochen. Über wen wurde hier Klage geführt – die East-End-Mafia? Designerdrogendealer? Nein, «sie» entpuppen sich als der Versicherungsmarkt Lloyd's of London. Fernanda Herford hat bei Lloyd's investiert, ist dadurch zu einem sogenannten *Name* geworden und sah sich trotz ihres festen Glaubens, ihr Geld arbeite im risikoarmen Bereich des Marktes, drei Jahre hintereinander mit grotesken, aberwitzigen Verlusten konfrontiert. Daß sie sich so freimütig über diese Verluste äußert – und das in Großbritannien, wo Geld noch immer mit wütender Heimlichtuerei und der Genierlichkeit des stillen Örtchens behaftet ist –, zeugt davon, daß da für eine kleine Gesellschaftsschicht etwas auf schreckliche, beispiellose Weise schiefgegangen ist. Eine Säule der britischen Gesellschaft hat sich als Styroporkonstruktion erwiesen. Aus den offenen Worten spricht Fassungslosigkeit, das Gefühl von Verrat und Zorn.

Ein paar Tage später besuchte ich Mrs. Herford in ihrem Haus in Chelsea unweit der Fulham Road. Wir saßen in einem sonnigen Hof, zwischen uns eine randvolle Cafetiere; ihr als Wirtschaftsprüfer tätiger Gatte arbeitete oben im Haus; in der

Küche schleifte die Tochter, eine Studentin, einen Sack Elephant-Chapati-Mehl, der für ein ganzes Dorf gereicht hätte, über den Boden zum Herd. Inmitten dieser Normalität der englischen oberen Mittelschicht saß eine Frau in den besten Jahren, die sich nach allen äußeren Kritierien bis vor zwei Jahren irgendwo zwischen Wohlhabenheit und Reichtum bewegte; dann vertraute sie sich blindlings einer Institution an, die als eines der großen Finanzhäuser der Welt galt, und heute ist sie hoch verschuldet. «Sie haben jetzt die Hand auf dem letzten Penny – und den holen sie sich auch. Sie kennen *absolut* keine Skrupel», wiederholt sie. Und doch ist ihr Fall gegenüber anderen gar nicht so tragisch: «Meine Geschichte drückt vergleichsweise nicht einmal auf die Tränendrüsen.»

Als sie genauer erläutern soll, wie und warum sie 1977 Lloyd's beigetreten ist, beteuert sie, es sei ihr «nicht um das Geld gegangen». Diese Antwort mag auf den ersten Blick verwundern, doch schließlich und endlich trifft der Segen des Geldes die Menschen ohne Rücksicht darauf, ob sie vom Wirken des Kapitals fasziniert sind oder nicht. Es ging ihr auch nicht um «die Ausbildung der Kinder» – die traditionelle Erklärung von Lloyd's-Investoren, die ihre Kinder natürlich nicht auf staatliche Schulen schicken. Sie hat es getan, «weil schon mein Vater ein *Name* war – ich bin da sozusagen hineingerutscht». Man «rutscht» da hinein durch die stillschweigenden Voraussetzungen bestimmter gesellschaftlicher Kreise. Fernanda Herford hatte einen Bruder und zwei Schwägerinnen bei Lloyd's; außerdem kannte sie einen Lloyd's-Agenten namens Anthony Gooda. «Ich habe es getan, weil ich den Betrieb von Gooda kannte, weil Lloyd's auch Frauen nahm und weil ich das Ganze für etwas sehr Englisches hielt.» Ihr erster Ausflug in den Markt – bei dem sie Risiken bis zu £ 150 000 zeichnete – fand im darauffolgenden Jahr statt. Da vor der Regelung von Versicherungsansprüchen normalerweise erst einmal ausgiebig gefeilscht wird, hat Lloyd's eine Abrechnungsperiode von drei Jahren. Also erhielt Mrs.

Herford im Jahre 1981 einen Scheck über £ 4100, das heißt einen Ertrag von 2,73 Prozent für das Jahr 1978. Das hört sich vielleicht recht bescheiden an, aber der springende Punkt – ein entscheidender Punkt für die privilegierten Kreise, die in der dreihundertjährigen Geschichte des Unternehmens Lloyd's *Names* sein durften – ist der, daß das investierte Kapital nicht wirklich eingezahlt wird. Der Markt arbeitet nach dem Prinzip, daß ein *Name* ein gewisses Vermögen «nachweist» als Sicherheit dafür, daß Lloyd's notfalls – der klassische Notfall ist der, daß ein Schiff nicht in den Hafen einläuft – auf dieses Vermögen zurückgreifen kann. Auf diesen vorbehaltenen Rückgriff sollte der Investor zwar gefaßt sein, doch steht es ihm frei, sein Kapital, dieses selbe Kapital, anderswo anzulegen. So kann man bei Lloyd's sein Kapital exakt verdoppeln. Fernanda Herford konnte ihr Geld auch in anderer Hinsicht etwas mehr als verdoppeln, da der Investor Versicherungsgeschäfte bis zu einer Deckungsgrenze von etwa dem Zweieinhalbfachen des nachgewiesenen Vermögens zeichnen darf. Im ersten Jahr wies Mrs. Herford also ein Vermögen von £ 75 000 nach, zeichnete Risiken im Wert von £ 150 000, setzte ihr Grundkapital von £ 75 000 anderswo ein und erhielt drei Jahre später £ 4100, die man einerseits als 2,73prozentigen Ertrag aus dem eingebrachten Kapital interpretieren, andererseits aber auch als 5,46prozentigen Ertrag aus dem nachgewiesenen Vermögen verstehen kann; mit anderen Worten, sie hat eigentlich einen guten Reibach gemacht.

Diese angenehme Situation setzte sich noch acht Jahre lang fort. Nach alter Tradition wird den Lloyd's *Names* verführerisch eine optimistische Rendite von handfesten 10 Prozent des Versicherungsvolumens zugeflüstert. Diesen Betrag hat Fernanda Herford in neun Geschäftsjahren nur einmal erreicht. Ihre Erträge bewegten sich zwischen dem Tiefpunkt von 0,78 Prozent für 1979 und dem Spitzenerlös von 11,8 Prozent für 1982. Andererseits konnte sie für den Rechnungszeitraum 1984–86 ihr nachgewiesenes Vermögen auf £ 200 000 erhöhen. Als 1989 die

Ergebnisse von 1986 herauskamen, hatte sie einen kumulativen Gesamtgewinn von £ 82 665 oder 5,51 Prozent des Volumens der gezeichneten Versicherungsgeschäfte gemacht. Das blieb zwar weit hinter den legendären 10 Prozent zurück, doch immerhin hatte man Mrs. Herford versichert, sie bewege sich nicht in riskanten Marktbereichen. Das schien nur logisch. «Ich habe nie große Gewinne gemacht und nie geglaubt, daß ich große Risiken eingehe.» Ja, ihr Agent Anthony Gooda hatte eine Formulierung gebraucht, die ihr, wie man sich denken kann, im Gedächtnis haftenblieb: Ihre Anlage sei «so sicher, daß Sie sogar die Katze beleihen können».

1987 erhöhte sie ihr Zeichnungslimit auf £ 300 000 und erfuhr 1990 von ihrem ersten Verlust: £ 13 391, was den Vorjahresgewinn in Höhe von £ 14 199 fast zunichte machte. Inzwischen hatte sie auf den Rat ihres Agenten hin ihr Zeichnungslimit wiederum erhöht: auf £ 375 000 für die Jahre 1988 und 1989, dann auf £ 500 000 für 1990. Ende Juni 1991 erhielt sie einen Brief von Anthony Gooda: «Leider haben Sie [für 1988] einen Gesamtverlust von £ 219 985,27 erlitten. Ich würde mich freuen, wenn Sie uns bis zum 12. Juli einen Scheck über diese Summe zukommen ließen. Laut Mitteilung der Geschäftsleitung werden Außenstände ab dem 15. Juli mit Zinsen belastet.» War sie versucht, zu diesem Zeitpunkt auszusteigen, als sich das Gesamtergebnis von elf Jahren im Markt auf einen Verlust von £ 150 711 belief? «1991 erklärte mir Anthony Gooda, wir hätten das Schlimmste hinter uns. Er erklärte mir, ich könnte höchstens noch £ 90 000 verlieren. Ich hielt es immer noch für ein lohnendes Geschäft.» Außerdem blieben die Gewinne oder Verluste der Versicherungsgeschäfte, die sie für 1989 und 1990 gezeichnet hatte, auf jeden Fall verbindlich. Als diese Ergebnisse eintrafen, war klar, daß es nunmehr an der Zeit war, die Katze zu beleihen. 1992 erhielt sie eine Zahlungsaufforderung für 1989 über £ 527 348,03; die Forderungen für dieses Jahr belaufen sich auf £ 319 000. So gibt es jetzt in Großbritannien einen neuen, erlesenen Menschenschlag, den man Minusmillionäre nennen könnte. Fernanda Herford sinniert mit bewundernswertem Mangel an Selbstmitleid: «Ich muß schon sagen, sie hatten leichtes Spiel mit mir – ich habe ihnen vertraut, und das war mein Fehler.» Als sie zur Minusmillionärin avancierte, war ihre Versicherungsagentur Gooda Walker schon nicht mehr im Geschäft, und Anthony Gooda hatte sich aus einem geselligen, geschäftstüchtigen Agenten zu einer der meistgeschmähten Gestalten im Markt gemausert. Zur Zeit hat Mrs. Herford drei Möglichkeiten: Konkurs anzumelden, sich dem firmeneigenen Sozialamt für Härtefälle Lloyd's Members' Hardship Committee anzuvertrauen oder ihre Geschäftspartner wegen fahrlässigen Geschäftsgebarens zu verklagen. Im Moment klagt sie. Und noch etwas: «Wir vermieten jetzt Zimmer an Übernachtungsgäste.»

Der Juni 1993 war ein guter Monat für Leute, die regelmäßig die *faits divers* nach Hinweisen auf den moralischen Zustand der Nation durchforsten. Da war das auf einer Klippe gelegene Luxushotel in Scarborough, das über mehrere vielfotografierte Tage hinweg langsam ins Meer stürzte; während das Gebäude von einem Erdrutsch verschlungen wurde, standen die Glücksritter am Meeresstrand Schlange und hofften, ein intaktes Bidet abschleppen zu können. Dann mußte die englische Fußballmannschaft eine erdbebenartige Niederlage gegen die vermeintlichen Rotzlöffel aus den USA einstecken, was kecke Vergleiche zwischen Team-Manager Graham Taylor und Volks-Manager John Major provozierte. Schließlich erschien der Verbraucherbericht, der zu dem Schluß kam, daß die Briten sich von allen Europäern am schäbigsten kleiden. Doch wozu brauchte man symbolische Anzeichen für das Wohlergehen des Landes, wenn die realen Anzeichen so eindeutig waren? Am 22. Juni gab Lloyd's of London für 1990 einen Gesamtverlust von 2,91 Milliarden Pfund bekannt, den größten Verlust in der Unternehmensgeschichte. Im Jahr davor hatte der Konzern gleichfalls den größten Verlust in seiner Geschichte bekanntgegeben. Und im Jahr davor ebenfalls. Beinahe 5,5 Milliarden Pfund in diesen drei Jahren, und für 1991 wurde bereits mit Verlusten von über einer Milliarde gerechnet. Die ungeheuerliche Summe von 2,91 Milliarden Pfund war aber nicht unbedingt das ganze Ausmaß des Schreckens: Zwei Fünftel der Versicherungssyndikate (157 von insgesamt 385) hatten das Jahr 1990 «offen» gelassen – das heißt, die Konten waren nicht abgeschlossen, da die Gesamthöhe der Schäden noch nicht zu bewerten war. Historisch betrachtet: Seit 1955 haben die zahlreichen fetten Jahre einen Gesamtgewinn von 3,7487 Milliarden Pfund erbracht, während die wenigen mageren Jahre einen Gesamtverlust von 5,3243 Milliarden Pfund erbrachten. Auf denkbar kruder, persönlicher Ebene ausgedrückt: Würden die Verluste der vier Jahre von 1988 bis 1991 gleichmäßig auf alle *Names* verteilt, hätte jeder rund eine Viertelmillion Pfund zu berappen.

Die geschätzten 2,91 Milliarden Pfund waren der höchste Jahresverlust einer britischen Institution, seit das Coal Board im Jahre 1984 mit 3,9 Milliarden Pfund den nationalen Rekord aufstellte. Doch die kumulative Katastrophe von Lloyd's hat weitere Kreise gezogen, als dieser Vergleich vermuten läßt. Die meisten Bürger dieses Landes wissen nicht, was in der City of London vor sich geht, halten sie aber getreulich für die «Finanzkapitale der Welt». Um nähere Erläuterungen gebeten, würde der Brite unter den berühmtesten Institutionen als erstes vielleicht die Bank of England nennen und dann an zweiter Stelle Lloyd's. «So sicher wie die Bank of England», sagen wir gern, obwohl der Spruch nach dem unbeholfenen Versagen der Bank bei der Überwachung der Bank of Commerce and Credit International in der Zeit vor deren Zusammenbruch vielleicht zu «so verschlafen wie die Bank of England» geändert werden sollte. Was Lloyd's of London anbelangt, so galt es stets als ein geheimnisvolles, freimaurerisches Unternehmen, das in einem Kaffeehaus begründet wurde, das Außenstehende niemals durchschauen können, das aber seine Sache – was immer das nun genau sein mag – offenbar sehr gut macht. Und was macht es nun genau? Ach, etwas ganz Besonderes, das man Krethi und Plethi daher absolut nicht erklären kann; etwas sehr Englisches, ziemlich Vornehmes und auf seine piekfeine Art sehr gut Funktionierendes – so etwas wie das finanzielle Gegenstück zu Savile Row oder Rolls-Royce. (Savile Row hat seine Blütezeit natürlich auch schon hinter sich, und Rolls-Royce mußte Anfang der siebziger Jahre vor dem Konkursrichter gerettet werden.) Darüber hinaus hat Lloyd's es verstanden, sich als ein sehr altes und zugleich sehr modernes Unternehmen darzustellen: Schon vor der Bank of England gegründet, war es doch in der Lage, in Mrs. Thatchers Welt kräftig zu florieren; ein reicher Schrein allerlei putziger Traditionen, sitzt es doch in einem modernen Prachtbau in Lime Street No. 1, den Richard Rogers entworfen hat, der Architekt des Beaubourg in Paris.

Lloyd's unterscheidet sich in zwei wesentlichen Punkten von anderen Versicherungsunternehmen. Erstens ist die Mitgliedschaft persönlich, und zweitens haften diese Mitglieder in unbegrenzter Höhe: Mit anderen Worten, man riskiert nicht nur die vereinbarte Kapitaleinlage, sondern alles, was man besitzt. Man kauft keine Anteile an Lloyd's, man wird nach Maßgabe seines Vermögens hineingewählt, und das Gesamtvermögen der persönlichen Mitglieder bildet das Betriebskapital von Lloyd's. Diese Verbindung von Exklusivität und Geld hatte zur Folge, daß die breite Öffentlichkeit bis vor einigen Jahren nicht wußte, wer die wenigen tausend *Names* waren; die Mitgliedschaft bei Lloyd's war ein viel bemunkeltes und selten bestätigtes Statussymbol. Nun sind aber «Finanzielle Verluste bei den oberen Zehntausend» immer ein guter Seitenfüller, und so werden prominente *Names* heutzutage allüberall beim Namen genannt: die Herzogin von Kent, Prinz und Prinzessin Michael von Kent, Prinzessin Alexandra und ihr Gatte, Sir Angus Ogilvy; Major Ronald Ferguson, der Vater der Herzogin von York, und Major

Peter Phillips, der Vater des ersten Mannes von Prinzessin Anne; Camilla Parker-Bowles, die Vertraute von Prinz Charles; siebenundvierzig Tory-MPs, darunter der ehemalige Premier Edward Heath, der Schottlandminister Ian Lang, der Minister für Kulturgüter Peter Brooke, der Parteivorsitzende Sir Norman Fowler und der Erste Kronanwalt Sir Nicholas Lyell; etliche Mitglieder des Oberhauses wie zum Beispiel Lord Wakeham, Leader of the Lords, und Lord Hailsham von St. Marylebone; elf Richter und mindestens vierundfünfzig Queen's Counsel; Sir Peter de la Billière, Oberbefehlshaber der britischen Streitkräfte im Golfkrieg, und Nick Mason von Pink Floyd; die Schriftsteller Frederick Forsyth, Melvyn Bragg, Edward de Bono und Jeffrey Archer; der Verleger Lord Weidenfeld und der Championjockey John Francome; die ehemaligen britischen Tennis-Asse Virginia Wade, Mark Cox und Buster Mottram; verschiedene Earls und Viscounts, Marquesses und Baronesses, Lords und Ladies, Squires und Squiresses. Unter den kürzlich verstorbenen Mitgliedern ist Robert Maxwell; unter den kürzlich ausgetretenen sind der Boxer Henry Cooper, der Golfspieler Tony Jacklin, die Schauspielerin Susan Hampshire und der Jockey Lester Piggott. James Hunt, der ehemalige Formel-1-Weltmeister, in seiner Anfangszeit auf der Piste Hunt der Bruchpilot genannt, erlebte bei Lloyd's gleich mehrere schreckliche Bruchlandungen hintereinander; er starb an einem Herzanfall, als sich gerade erst abzeichnete, daß er vielen Syndikaten mit den schlechtesten Geschäftsergebnissen angehörte.

Die vielen Tory-Abgeordneten auf der Liste der *Names* ließen vorübergehend ein fröhliches Szenario politischer Destabilisierung aufblitzen. Wenn ein MP Konkurs anmeldet, wird er oder sie automatisch vom Unterhaus ausgeschlossen und verliert nach sechs Monaten den Sitz im Parlament. Der *Times* zufolge könnten wohl «mindestens dreizehn» der siebenundvierzig Tories durch ihre Verluste in den Konkurs gezwungen werden. Da John Majors parlamentarische Mehrheit sich zitternd zwischen zehn und zwanzig Mandaten bewegt und mit jeder Nachwahl geringer wird, schien ein ironischer Ausgang des Dramas möglich: daß nämlich Lloyd's unbeabsichtigt die Partei zu Fall bringt, unter deren Ägide die City of London wie auch Lloyd's selbst in den achtziger Jahren einen Boom erlebten. Doch das wird wohl ein «Szenario» bleiben – das heißt, eine dichterische Hoffnung oder Furcht. Zunächst einmal können sich Abgeordnete genau wie andere ruinierte *Names* beim Hardship Committee melden, was zwar demütigend ist, aber eigens dazu dient, einen Konkurs zu verhindern. Und zweitens ist gerade die Tory-Partei berühmt dafür, daß sie für ihre Leute zu sorgen weiß. Da ziehen Gönner die Spendierhosen an, und Geheimfonds spucken Guineen aus. Wenn man Mr. Norman Lamont, dem ehemaligen Schatzkanzler, zwecks Vermeidung von Peinlichkeiten £ 23 114,64 zuschustern konnte, als er sein Haus auf gerichtlichem Wege von dem Mietverhältnis mit einer Domina befreien wollte, würde ein drohender Regierungssturz die großzügigen Spender gewiß noch viel bereitwilliger vortreten lassen.

Die Krise bei Lloyd's hat aber auch unerwartete Nebeneffekte hervorgebracht. Ich wußte nicht recht, ob sich Fernanda Herford mit ihrer Bemerkung über zahlende Pensionsgäste vielleicht nur einen Witz erlauben wollte, bis ich Anfang August einen Artikel in der *Times* las: Eine Gesellschaft namens Discover Britain mit Sitz in Worcester rekrutiert *Names* in Zahlungsschwierigkeiten und offeriert deren Wohnsitze als Nobelherbergen. (Der Geschäftsführer gab bekannt: «Wir haben *Names* in den Cotswolds und den Home Counties auf unserer Liste. Das gibt ausländischen Gästen Gelegenheit, auch wohlsituierte Briten kennenzulernen und in den besseren Häusern Großbritanniens unterzukommen.») Anderswo bekamen Immobilienmarkt und Auktionshäuser ein paar Leckerbissen angeboten. Henry Cooper hat seine drei Lonsdale-Gürtel (die ihm jeweils verliehen wurden, weil er seinen Titel als Meister im Schwergewicht dreimal hintereinander erfolgreich verteidigen konnte) bei Sotheby's für £ 42 000 verkauft. Auch der Weinhandel profitiert von Lloyd's. Wie Stephen Browett, Direktor bei Farr Vintners, bestätigt, standen unverhofft mehrere private Weinkeller zum Verkauf. «Keiner sagt: ‹Ich will verkaufen, weil ich in der Scheiße sitze, weil ich Geld verloren habe.› Doch andererseits ist der Wein oft – verzeihen Sie den Kalauer – das flüssigste verfügbare Kapital. Er läßt sich schneller zu Geld machen als Kunstwerke oder Autos oder sonst was.» Also fahndet Farr Vintners jetzt mit Anzeigen auf den Seiten der *Financial Times* nach Vorräten. Daß es kürzlich zu einem Einbruch auf dem Portweinmarkt kam, ist Browetts Meinung nach mit auf die Vorgänge bei Lloyd's zurückzuführen. Eine verquere Bestätigung dafür liefert das Anfang August versandte Angebot des Portweinjahrgangs 1991 von Messrs Berry Bros & Rudd in St. James's, einer erztraditionalistischen Londoner Weinhandlung mit einer entsprechend bemoosten Klientel. Als Anreiz für den Erwerb von ein paar Kisten Churchill, Dow, Warre, Graham oder Quinta do Vesuvio wurde unter anderem angeführt: «Andererseits wäre der Erwerb von 1991er Port auch eine hübsche Kapitalanlage, sollte er – Gott behüte – einst zum Verkauf kommen müssen, sei es wegen bis dato unbemerkt gebliebenen Abstinenzlertums in der Nachkommenschaft, sei es wegen unvorhergesehener künftiger Verluste bei Lloyd's.»

Lloyd's macht gegenwärtig seine längste und unangenehmste Periode im Blickpunkt der Öffentlichkeit durch; doch das Ungemach des Hauses findet denkbar wenig Linderung durch allgemeines Mitleid. Jedem dreibeinigen Hund, der zufällig der Boulevardpresse über den Weg läuft, wird dieses Gut freigebig zuteil, den Lloyd's *Names* aber wird es vehement, puritanisch, ja lachend vorenthalten. Das liegt zum Teil daran, daß es draußen im Lande bedürftigere Fälle gibt: zum Beispiel die Rentner der Mirror Group Newspapers, deren Kasse der Lloyd's *Name* Robert Maxwell zugunsten der eigenen Finanzen systematisch geplündert hat. Zum Teil, ja, in erster Linie ist es auch eine Frage von Klassenunterschieden, Neid, verkniffener Schadenfreude und den Hosiannarufen der klugen Jungfrauen. Es gibt immer gute Gründe für gesellschaftliche Häme und feixendes Schenkelklopfen im Untergeschoß, wenn der Herr des Hauses notgedrungen seinen Taufbecher versetzt. Hat man uns nicht von Kindesbeinen an beigebracht, daß alles seinen Preis hat, daß es im Leben nichts geschenkt gibt, und Geld schon gar nicht, und all die anderen neunmalklugen Sprüche? Wer Lloyd's und seinen gesellschaftlichen Kreisen fern steht, kann sich eine noch abgeklärtere Sicht der Dinge erlauben und darüber nachsinnen, daß über den seltsamen und willkürlichen Wegen, die der Reichtum dieser Welt nimmt, vielleicht doch eine gewisse soziale, wenn nicht gar moralische Gerechtigkeit waltet, durch die das Geld beispielsweise von einem betuchten golfspielenden Engländer aus der oberen Mittelschicht zu einem älteren amerikanischen Seemann mit unheilbarer Asbestose transferiert wird. Wenn es nur so einfach wäre – was es dann natürlich doch nicht ist.

Die *Names* wissen wohl, daß sie außerhalb ihres exklusiven Gatters ziemlich auf sich allein gestellt sind. «Man bekommt überhaupt kein Mitleid», erklärte mir eine rund dreißigjährige Geschäftsfrau. «Die Leute schauen einen an und denken: ‹Na, das ist ja wohl eh eine reiche Tussi.›» Reich, aber nicht *richtig* reich; und obendrein für ein fünfundzwanzigjähres Mädchen, wie sie es bei ihrem Vertragsabschluß mit Lloyd's war, fast schon bestürzend vorsichtig. Sie ist ein *Name* der dritten Generation, war nach Abschluß der Universität bereits mehrere Jahre in der City tätig und verfügte somit über alle Insider-Vorteile: Sie ging zu den Agenten ihres Vaters, die sie in guten Syndikaten unterbrachten; sie ließ sich von den gefährlichen Marktbereichen abraten, wußte, daß sie Stop-Loss-Verträge abschließen mußte, um eventuelle Verbindlichkeiten zu begrenzen, und meinte infolgedessen, sie habe alles zur Sicherung des von ihrem Großvater ererbten Geldes getan. 1986 begann sie Risiken zu zeichnen, machte in den ersten beiden Jahren einen kleinen Gewinn und verlor in den folgenden drei Jahren das gesamte haftende Vermögen, mit dem sie angetreten war. Jetzt ist sie ausgestiegen, einmal, weil sie keinerlei Geld mehr hat, um Risiken zu zeichnen, und außerdem: «Ich kann diese Spannung nicht ertragen. Ich muß mich erst damit abfinden, daß ich mein ganzes Geld verliere. Jetzt wünschte ich, ich hätte alles verjubelt.» Sie macht ihren Agenten keinerlei Vorwurf (ja, ihr Vater ist ihnen treu geblieben und tätigt weiterhin Geschäfte mit ihnen), ärgert sich aber um so mehr über sich selbst. «In meiner Jugendzeit gingen die dämlichsten Männer aus meinem Bekanntenkreis zu Lloyd's. Das hätte mir zu denken geben sollen. Ich hatte einen Schulfreund, den nicht mal die Marine nehmen wollte. In der Schule ist er fünfmal zur Matheprüfung angetreten und fünfmal durchgefallen. *Der* ist zu Lloyd's gegangen. Das hätte mir doch gleich zu denken geben sollen.»

Einer, dem dergleichen durchaus zu denken gab, war Max Hastings, seit 1986 Chefredakteur des *Daily Telegraph*; er hat einmal zu einem Kollegen in der Verlagsleitung gesagt: «Rupert, ich bin Lloyd's nie beigetreten, weil die dümmsten Jungen bei mir auf der Schule offenbar allesamt dort angefangen haben ... und das hat mir angst gemacht.» (Hastings war in Charterhouse.) Historisch gesehen war Dämlichkeit bei Lloyd's aber kein besonderes Handicap – oder jedenfalls keines, das zwangsläufig die Verarmung der Mitglieder zur Folge hatte, deren Interessen man eigentlich vertreten sollte. Der gegenwärtige Vorsitzende von Lloyd's, David Rowland, hat es im vergangenen Oktober in einem Fernsehinterview so ausgedrückt: «In den sechziger und frühen siebziger Jahren hatte Lloyd's einen Preisvorteil von vielleicht fünf bis sieben Prozentpunkten vor der übrigen Welt. Anders ausgedrückt: Man konnte als Versicherer bei Lloyd's ziemlich dämlich sein und trotzdem Geld machen, weil man, bewußt oder unbewußt, mit diesem Vorteil operieren konnte, und den konnte man einsetzen, indem man niedrigere Prämien hatte, höhere Kommissionen, alle nur denkbaren Wettbewerbsinstrumente.» Und jetzt? Ende der achtziger Jahre arbeitete Lloyd's, Rowlands Meinung nach, mit einem Preisnachteil, da andere Versicherungsunternehmen inzwischen nachgezogen hatten: «Da mußte man als Versicherer bei Lloyd's schon ganz schön clever sein, wenn man Geld machen wollte.»

Nun ist Lloyd's in seine jetzige Krise, wo Insider wie Outsider von einem möglichen GAU reden, allerdings nicht nur deshalb geraten, weil da zu viele Charterhouse-Veteranen mit langem Namen und kurzem Verstand herumsitzen. Die achtziger Jahre waren weltweit besonders reich an üblen Vorkommnissen, und am Ende sollte Lloyd's die Zeche zahlen. In gewisser Weise haben Versicherungsunternehmen Katastrophen natürlich ganz gern, ja, sie leben geradezu davon. Die Geschäftsfrau führte mir vor Augen, mit welch unheimlicher Ruhe und professioneller Genugtuung ein befreundeter Versicherer den Absturz eines Jumbo-Jets der Japan Air Lines von 1985 aufgenommen hatte. Schließlich ist das die Logik des Geschäfts: Gäbe es keine Diebe, bräuchte kein Mensch eine Diebstahlversicherung. Doch in der besten aller Versicherungswelten sollten die Katastrophen in den rechten Abständen eintreten – gerade oft genug, um den Versicherten angst zu machen, die Prämien hochzutreiben und einen möglichst großen Gewinn abzuwerfen, bevor die nächste Zahlung fällig wird. Die Unwetter von 1987 waren angeblich die schlimmsten in Europa seit 200 Jahren; das mag durchaus stimmen, nur hat es die Natur nicht davon abgehalten, sich schon drei Jahre später einen Nachschlag zu holen, und das mit ebenso gefräßiger Zerstörungswut. Schlecht fürs Geschäft. Dann kamen die verschiedenen Hurrikane – allen voran Alicia, Gilbert und Hugo; die Zerstörung der Nordseebohrinsel Piper Alpha; die Ölkatastrophe der Exxon Valdez; und 1989 das Erdbeben von San Francisco.

Diese medienwirksamen Verluste konnten Lloyd's an sich noch nicht gefährlich werden; ja, es wirkt durchaus sexy, wenn man mit berühmten Katastrophen in Verbindung gebracht wird.

Lloyd's hat die *Titanic* versichert, für das Erdbeben von 1906 in San Francisco 100 Millionen Dollar gezahlt, Hitlers privates Junkers-Flugzeug versichert, bei den V1- und V2-Angriffen auf London mit Lebens- und Invaliditätsversicherungen ein Vermögen verdient, die Bay Bridge zwischen San Francisco und Oakland in Deckung genommen, im Golfkrieg abgesahnt. Weit weniger glanzvoll, dafür aber weit schädlicher für die Lloyd's *Names* war die in den siebziger und achtziger Jahren reifende Erkenntnis über das Ausmaß aktueller und künftiger Ansprüche in zwei bestimmten Bereichen: Umweltschäden und Asbestose. Das waren «Rattenschwanz»-Verträge, wo eine Police nach vielen Jahren virulent werden konnte. Mal waren die Policen von Lloyd's ausgestellt; mal waren sie in den Staaten ausgestellt und bei Lloyd's rückversichert; mal waren sie von Lloyd's ausgestellt worden, in den Staaten rückversichert und dann bei Lloyd's erneut rückversichert worden. Wie auch immer, als die Ansprüche dann eintrudelten, als sich amerikanische Anwälte ans Werk machten und amerikanische Gerichte ihre Großzügigkeit entdeckten, summierten sie sich zu einer ungeheuren Rechnung, bei der kein Ende abzusehen war.

Ein weiteres, eher selbstverschuldetes Schadensereignis war eine beliebte Rückversicherungspraxis von Lloyd's aus den achtziger Jahren. Genau wie Buchmacher angesichts eines Zustroms von Geldern auf den Favoriten im Kentucky Derby ihre eventuellen Verluste minimieren, indem sie die Wetten auf andere abschieben, tun Versicherer das auch. Doch während bei den klugen Herren der Rennbahn ein Buchmacher seine Verbindlichkeiten auf ein anderes Haus abwälzen konnte, blieb das Risiko bei Lloyd's innerhalb des Marktes. Der Erstversicherer eines hohen Risikos schloß eine Rückversicherung ab für den Fall, daß die Ansprüche über einen gewissen Betrag hinausgingen; dann versuchte der Rückversicherer, sein Risiko auf eine abermalige Rückversicherung abzuwälzen, und so immer weiter. Der Vorteil für Lloyd's war, daß der Versicherer bei jeder Rückversicherung eine Prämie und der Broker eine Kommission einstrich; häufig ging ein und dasselbe Geschäft mehrfach durch dasselbe Syndikat und dasselbe Unternehmen, zum kurzfristigen Nutz und Frommen aller Beteiligten. Das System hieß London Market Excess oder LMX, und die Rückversicherungskette wurde umgangssprachlich «die Spirale» genannt. Das Ganze beruhte auf der Überzeugung – oder Hoffnung –, es sei sehr unwahrscheinlich, daß ein Anspruch über eine gewisse Grenze hinausging: Ein Unwetter mochte tausend Dächer wegblasen, nicht aber zehntausend; auf einer Bohrinsel mochte es zu einer kleinen Explosion kommen, aber nicht zu einer großen. Daher wurden die Prämien zur Spitze der Spirale hin niedriger, und die letzten Rückversicherer waren immer weniger gewappnet, im Falle einer großen Katastrophe die Ansprüche abzudecken. Das ist wie beim Spiel mit dem Schwarzen Peter: sehr vergnüglich, bis die Karten aufgedeckt werden. Dann wird abgerechnet. Bei der Bohrinsel Piper Alpha zum Beispiel, die im Juli 1988 in die Luft flog, betrug die Grundversicherungssumme 700 Millionen Dollar. Doch diese Summe war wieder und wieder rückversichert – wobei Broker und Versicherer sich eine goldene Nase verdienten –, so daß am Ende der Rückversicherungsspirale insgesamt 15 Milliarden Dollar herumschwappten. «Und das bedeutet», wie ein Versicherer erläutert, «daß der Vorgang manche Syndikate fünfzigmal durchlaufen haben muß.» Die Verlierer waren letzten Endes die Lloyd's *Names*: 1989 machten allein vierzehn LMX-Syndikate einen Verlust von £ 952 Millionen; das ist annähernd die Hälfte dessen, was der Markt insgesamt verloren hat.

London Market Excess entstand aus mehreren miteinander verflochtenen Gründen: Geldgier natürlich; die mühelose Durchführbarkeit («Eine Runde» – in der Spirale – «war die einfachste Art, Geld zu verdienen», sagt ein Versicherer); dazu noch das Vorhandensein von freien Kapazitäten auf dem Markt. Irreale Geschäfte wie LMX wurden abgeschlossen, weil es nicht genügend reale Geschäfte abzuschließen gab. Und das wiederum lag daran, daß die Mitgliedschaft bei Lloyd's – und somit auch die Kapazität für Versicherungsabschlüsse – in den achtziger Jahren schneller expandierte als der Markt.

Es mag auffallen, daß manche Namen auf der oben angeführten Liste prominenter Lloyd's *Names* ausgesprochen nobel sind, während andere – nun ja, nicht ganz so ausgesprochen nobel sind. Ab Mitte der siebziger Jahre kletterte die Kurve der Mitgliederzahlen in Himalajahöhen. Von 1955 bis 1975 hatte sich die Zahl von 3917 auf 7710 sachte verdoppelt; 1978 hatte sie sich praktisch wiederum verdoppelt, und zwar auf 14 134; dann hüpfte sie begierig durch die achtziger Jahre bis zu der Rekordhöhe von 34 218 im Jahr 1989. Allein 1977 wurden 3636 neue *Names* aufgenommen; noch 1953 hatte die Gesamtzahl der Mitglieder lediglich 3399 betragen. Dabei hatte sich die Art der Mitglieder wie auch die Art ihrer Rekrutierung verändert. Vorbei die Tage, da ein landjunkerhafter dritter Baronet nach gehöriger Abschlachtung von Moorhühnern beim gut abgelagerten Port beschloß, es sei nun an der Zeit, den jungen Marmaduke bei Lloyd's einzuführen. Jetzt gingen emsige Anwerber auf Kundenfang. Da gab der Steuerberater einer Witwe zu verstehen, Lloyd's sei ein sicherer Hort für ihre Erbschaft; da graste ein Schlepper die Abendgesellschaften ab; da spezialisierte sich ein Mitgliederagent auf ein bestimmtes Segment von Spitzenverdienern. Manchmal war es noch immer so, daß da mit gedämpfter Stimme gewispert wurde: «Ich kann dich vielleicht bei Lloyd's einschleusen, alter Knabe»; doch oftmals wurde die Sache viel reißerischer oder, wenn man so will, geschäftstüchtiger angegangen. Im Juni 1988 verkaufte Nicholas Lander sein erfolgreiches Restaurant L'Escargot in Soho, eine Nachricht, die in den Zeitungen stand. Kurz darauf bekam er einen Anruf von einem Steuerberater, den er überhaupt nicht kannte und der sich in Lobeshymnen auf die Steuervorteile erging, die ihm der Beitritt zu Lloyd's verschaffen könnte. Lander lehnte das Angebot ab, teils aus Vorsicht – «In der Welt der Versicherungen und

Rückversicherungen kenne ich mich überhaupt nicht aus» –, vor allem aber aus einem ganz unverhohlenen Grund: «Ich wollte mein Geld nicht einem Haufen vornehmer Trottel überlassen, daß die damit herumspielen können.»

Andere fühlen sich eher geschmeichelt. Ein Schlepper in Hamilton, Ontario, heuerte mindestens vierzig kanadische Ärzte und Zahnärzte an. In England nutzte ein Mitgliederagent namens Robin Kingsley, dessen Vater Großbritannien im Davis-Cup vertreten hatte, die Wimbledon-Connection zur Anwerbung eines gemischten Doppels von *Names* für seine Lime Street Underwriting Agencies: Virginia Wade, Buster Mottram und seinen Vater Mark Cox sowie die Ehefrau des früheren britischen Tennis-Asses Roger Taylor. Mottram wurde 1983 von einem Kingsley-Mitarbeiter angesprochen, als er nach einem verlorenen Doppel in Wimbledon in der Badewanne lag. Zehn Jahre darauf ging er viel schlimmer baden: Viele Lime Street *Names* waren auf LMX-Syndikate eingetragen und bewegten sich auf Verluste von 2 Millionen Pfund pro Kopf zu. Damals leuchtete der Lockruf von Lloyd's an Zielgrupen wie Tennisstars durchaus ein: Schauen Sie, Sie sind zwar noch jung, aber möglicherweise schon auf dem Zenit Ihrer Verdienstmöglichkeiten, da sollten Sie mal darüber nachdenken, wie dieser Batzen Geld für Sie arbeiten kann, wenn das Racket endgültig zur letzten Ruhe im Spanner steckt. Außerdem schrieb man die achtziger Jahre, die achtziger Jahre der Mrs. Thatcher; da war neues Geld genausoviel wert wie altes Geld, und so wurde Lloyd's in dieser Hinsicht demokratischer. Die finanziellen Beitrittsbedingungen waren jetzt nicht mehr so strikt, und die Vorschriften wurden großzügiger ausgelegt. (Theoretisch durfte man seinen Hauptwohnsitz nicht als Teil des nachgewiesenen Vermögens geltend machen, doch akzeptierte Lloyd's statt dessen gerne eine Bankbürgschaft; da die Bankbürgschaft mit einer Grundschuld auf das Haus abgesichert war, lief es auf genau dasselbe hinaus.) Das neue Geld rannte Lloyd's die Türen ein. Doch ein Unterschied zwischen neuem und altem Geld besteht darin, daß neues Geld gemeinhin anfälliger ist. Altes Geld hat gemeinhin mehr Geld zur Verfügung als neues Geld – was im Hinblick auf das Konzept der unbeschränkten Haftung von Vorteil ist. Darüber hinaus landete altes Geld, da es schon länger bei Lloyd's war, eher in den Syndikaten mit größerer Sicherheit und höheren Renditen. Neues Geld war gemeinhin weniger klug oder leichter verführbar. Anfang der achtziger Jahre tat ein Versicherer während eines Gesprächs über die moralische Verantwortlichkeit von Lloyd's die Neuzugänge brutal – oder realistisch – mit den Worten ab: «Hätte Gott nicht gewollt, daß sie geschoren werden, dann hätte er sie nicht als Schafe erschaffen.»

Doch für außenstehende Beobachter sah Lloyd's in den achtziger Jahren meist noch nach einer Erfolgsstory aus: steigende Mitgliederzahlen, stetige Gewinne, ein altes Unternehmen, das sich der modernen Welt anpaßt, und den symbolischen Beweis für diese Anpassung lieferte das neue Gebäude. Der 1986 eröffnete Bau von Richard Rogers ist spektakulär und luxuriös: eine elegante Finanzfabrik mit dem zum damaligen Zeitpunkt größten Atrium Europas. Nach den Maximen High-Tech, Energieeinsparung und größtmögliche räumliche Flexibilität erbaut, ist es – genau wie das Beaubourg – eine nach außen gekehrte Konstruktion, bei der alle Versorgungsleitungen, Heizungsrohre und Fahrstühle an der Außenseite verlaufen und so ein freies, unverstelltes Interieur ohne zentralen Stützkern ermöglichen. Es verzichtet bewußt auf die kühne Farbenpracht des Beaubourg: Von einem matten Gelb an den eleganten deutschen Rolltreppen, einem roten Farbtupfer für die Feuermelder und Grün für die Numerierung der Stockwerke abgesehen, sind alle Farbtöne gedämpft, und weiches Licht gestattet gleichsam höchste Konzentration auf das Geschäft des Geldmachens. Ein Mitarbeiter der Richard Rogers Partnership drückte es mir gegenüber so aus: «Im Grunde haben sie uns gesagt, wir könnten jede beliebige Farbe nehmen, solange es Grau ist.» Das Ergebnis führte erwartungsgemäß zu einem sogenannten «Aufruhr», der ebenso erwartungsgemäß offenbar darin bestand, daß ein paar fachlich nicht vorbelastete Journalisten über die moderne Architektur lamentierten und schwanzwedelnd dem Prinzen von Wales hinterherhechelten. Außerdem führte es zu ein, zwei recht guten Witzen. Lloyd's, so hieß es, habe in einem Kaffeehaus angefangen und sei in einer Espressomaschine gelandet. Lloyd's, so hieß es, sei das einzige Gebäude in London, bei dem die Eingeweide außen und die Arschlöcher innen säßen.

Im Innern des grauen Geldschuppens hocken nüchtern gekleidete Versicherungsagenten und durchbrechen die Einheitsgrau-Regel höchstens mit ihren gestreiften Golfschirmen. Broker eilen mit dicken Ledermappen geschäftig zwischen den «Boxen» genannten Tischen der Versicherungsagenten hin und her; sie lungern aufmerksam herum, wie Sechstkläßler um ihren Schulmeister, bis der Agent für sie Zeit hat. Nichts von dem Gejauchze und Geknuffe, das dem Handel mit Futures den Anstrich eines Kampfsports gibt. Hier findet man Computerbildschirme, intensive und doch diskrete Gespräche, den Austausch von bleistiftgeschriebenen Hieroglyphen und das lautlose Rinnen von Testosteron: Von den gegenwärtig 3593 «aktiven Mitgliedern» – Agenten, Versicherern und Brokern – sind nur 118 weiblichen Geschlechts. Auch die livrierten Handlanger, «Kellner» genannt, sind männlich und gemahnen periodisch an die Tradition von Lloyd's. Das berühmteste dieser Mahnmale ist die Lutine Bell, die einen zentralen Platz in der Haupthandelsetage einnimmt und in einem merkwürdigen Mahagonigehäuse untergebracht ist, einem Mittelding zwischen dem Baldachin einer Kathedrale und einem erhöhten Tisch von der Art, an dem in altmodischen französischen Restaurants die *patronne* zu sitzen pflegt. Die Glocke wurde 1857 von der bei Lloyd's versicherten HMS *Lutine* gerettet und wird seither rituell geläutet, einmal für Katastrophen und zweimal für gute Nachrichten. Etwa zehn Meter entfernt liegen zwei Schiffsverlustbücher nebeneinander auf einem breiten Mahagonipult. In dem linken sieht man in prachtvollen Federkiellettern die Katastrophen der Woche von vor 100 Jahren; in dem rechten in nicht ganz so prachtvoller Federkielschrift die der laufenden Woche. Am 19. Juli ließ das aktuelle Verlustbuch Ruhe auf den Ozeanen in der Obhut von Lloyd's erkennen. Die ganze Woche lang kein Eintrag – seit Montag, dem zwölften, als die folgenden Ereignisse verzeichnet wurden: «Zam Zam, St. Vincent and Grenadines, Motorschiff 1588 BRT, Baujahr 1966, in sinkendem Zustand aufgegeben, Breite 12°00,0' N, Länge 049° 45,0' E, 9. Juli, Bahrein Radio.» Und darunter eine nicht ganz so alltägliche Anekdote. «Ham 308, motorgetriebener niederländischer Saugbagger, hatte Explosion im Maschinenraum, schwer beschädigt nach Aufnahme einer Bombe bei Tsing Yi Island, Hongkong, 25. Febr. Geregelt als kriegsbedingter Totalschaden. 5613 BRT, Baujahr 1968.»

Oben im elften Stock befindet sich ein weiteres Stück Lloyd's-Tradition: der Adam Room aus dem Bowood House in Wiltshire, der dort ausgebaut und dann als Konferenzzimmer in die späteren Gebäude von Lloyd's integriert wurde. Es ist ein komplettes Ensemble samt Stuckverzierungen, Kronleuchtern, Gemälden, Konferenztisch und Sesseln, alles in einer nichtgrauen Farbgebung gehalten und von einem Laufgang umgeben, auf dem man herumwandern und hineinspähen kann. Aus dem Adam Room ließe sich ein hübsches Symbol basteln: Hier trifft sich das Lloyd's Committee in einem Stilmöbel-Interieur, einem von der Außenwelt abgeschlossenen architektonischen Kokon. Fairerweise läßt sich das Symbol aber auch umdrehen. Es ist ein Raum, der altertümlich wirkt, aber eine verborgene Modernität aufweist: Die Kronleuchter zum Beispiel werden mit Dimmern reguliert; auf der einen Seite spuckt der Fußboden eine riesige Leinwand aus, und auf der anderen schwenkt ein Gemälde beiseite und gibt den Blick in die Vorführkabine frei. So betrachtet, ist der Raum nicht in der Vergangenheit steckengeblieben, sondern eher für Goldfinger ausstaffiert.

Ich kam an dem Wegweiser nach Bowood House vorbei, als ich zu einer Witwe im West Country fuhr, deren Name nicht genannt werden darf; sie ist nämlich beim Hardship, wie das Lloyd's Members' Hardship Committee kurz genannt wird, und zu den Abmachungen mit dem Hardship gehört, daß man nicht darüber spricht. Unser Gespräch wird anfangs von der an diesem Morgen bekanntgewordenen Nachricht überschattet, daß sich ein einundfünfzigjähriger Anwalt in North London aus Verzweiflung über seine bei Lloyd's erlittenen Verluste erhängt hat. Die Witwe sagte vor dem Hornsey Coroner's Court aus: «Er hat erfahren, daß er womöglich Konkurs anmelden müsse und dann nicht mehr als Anwalt praktizieren darf. Er sagte, sie hätten immer mehr Geld haben wollen.» Die Anzahl der «Lloyd's-Selbstmorde» läßt sich nur schwer beziffern, da ein Problem nie allein kommt und die Beweggründe sich nicht in Reinform herauskristallisieren lassen. Außerdem wird nirgendwo eine zentrale Statistik geführt. Ein hochgestellter *Name* nannte mir gegenüber die Zahl «sieben, soweit ich persönlich unterrichtet bin».

Wen die Erfahrungen mit Lloyd's nicht in Niedergeschlagenheit und tiefe Depressionen stürzen, der betrachtet den ganzen Markt wohl eher mit streitbarer Skepsis. Auf jeden Fall ist das bei der Witwe vom West Country so, die mittlerweile in den Siebzigern ist und mit einem lebhaften, um nicht zu sagen hochneurotischen Mops zusammenlebt. Die Umgebung ihres Dorfes besteht aus flachem, etwas übermanikürtem Weideland, gespickt mit Cottages, die Fremdenzimmer vermieten; Arabellas Pony tollt auf der Koppel herum; der vorüberfahrende Doppeldeckerbus macht auf der Rückseite Reklame für den Eintritt in die britische Armee; und jedes zweite Anwesen nennt sich The Coach House oder Ye Old Forge. Die Witwe allerdings wohnt in einer unscheinbaren Sackgasse und lebt in einer schlichten Doppelhaushälfte von einer Art, bei der es vermessen wäre, ihr einen Namen zu geben. Dennoch hat die Witwe ihr Haus herausfordernd getauft, und das Namensschild mit seinem braunen

Holz und den eingeschnitzten schwarzen Lettern sticht dem Besucher beim Betreten der Vorhalle als erstes ins Auge. Dieser Wohnsitz, so verkündet es, heißt SDYOLLKCUF, was keltisch oder vielleicht auch kornisch anmutet; liest man es allerdings von hinten, erweist es sich als durchaus angelsächsisch.

«Haben Sie das gesehen?» fragt sie, während der Mops zur Begrüßung über meine Schnürsenkel herfällt. Sie reicht mir einen Zeitungsausschnitt von der Frauenseite der *Daily Mail*. Da ist ein Foto von Dr. Mary Archer, der Vorsitzenden des Hardship Committee, die ein Cocktailkleid der französischen Designerin Nicole Manier vorführt: ein volantbesetztes, schwarzes, über dem Knie endendes Teil mit durchsichtigen Ärmeln und Schulterteilen, gekrönt von einem aufreizenden Kopfschmuck aus Straußenfedern oder was man heutzutage statt dessen nimmt. «Hat wahrscheinlich mehr gekostet, als sie mir für ein ganzes Jahr als Lebensunterhalt zuteilen will», murrt die Witwe. Unter das Bild hat sie geschrieben: «Diese Frau ist als Vorsitzende des Hardship Committee ungeeignet.» Ich gebe keine Antwort auf ihre Frage, ob ich den Ausschnitt kenne; in Wirklichkeit ist er mir schon zwei Tage zuvor gezeigt worden, im Hause der Minusmillionärin in Chelsea. Es handelt sich eindeutig um einen viel herumgereichten und wirkungsvollen Wutauslöser.

Die Geschichte der Witwe lautet folgendermaßen. Ihr Gatte ist Mitte der sechziger Jahre verstorben, zu einer Zeit also, als die Erbschaftssteuern bei Ehegatten höher waren als heute, und sie fand es zunehmend schwieriger, das ehemals gemeinsam bewohnte Haus zu unterhalten. «Mein Steuerberater schlug vor, ich solle doch Lloyd's beitreten, und zu meinem großen Unglück arbeitete ein Vetter von mir bei Lloyd's für Anthony Gooda.» Ab 1978 zeichnete sie Risiken. Ursprünglich lag ihr Prämienlimit bei £ 100 000; später wurde es auf £ 135 000 und dann auf £ 188 000 erhöht, in beiden Fällen, wie sie sagt, «ohne Begründung». In den ersten zwölf Jahren ihrer Mitgliedschaft nahm sie £ 39 000 ein und schloß aus der Höhe ihrer Schecks, daß sie in risikoarmen Syndikaten untergebracht war. Ihr Steuerberater sah das auch so und erklärte ihr: «Ihr Anteil muß sicher sein, weil sie so wenig zahlen.» Dann trudelten die Rechnungen ein. Die erste lautete auf £ 120000, wovon sie noch £ 80000 begleichen konnte. Dann wurde es immer mehr. Wie Fernanda Herford hatte sie die vage Illusion, ihre Geschäfte mit Lloyd's würden von einer nicht näher bestimmten ausgleichenden Gerechtigkeit gelenkt und man würde – könnte, sollte – nicht mehr verlieren als den Betrag, den man gezeichnet hatte. Doch unbeschränkte Haftung bedeutet penibel und unerbittlich genau das, was der Name sagt: «Jetzt heißt es, ich schulde ihnen mittlerweile £ 350000.» Wie hat sie das aufgenommen? «Ich bin zitternd und innerlich leer herumgelaufen. Ich bin nur mit Hilfe von Gin und Arnika – einem homöopathischen Mittel gegen Schock – und, weiß Gott, vielen guten Freunden über die Runden gekommen.»

Statt den Offenbarungseid zu leisten, ist sie lieber zum Hardship gegangen. «Wir haben drei Wochen gebraucht, bis wir die Formulare ausgefüllt hatten.» Sie klagt über «arrogante Briefe» vom Hardship sowie langanhaltendes Schweigen. Sie hat das Gefühl, in der Luft zu hängen, während sie darauf wartet, daß ihr das Hardship die Abwicklungsbedingungen mitteilt: «Die sagen ‹Ihr Lebensunterhalt wird nach unseren Richtlinien festgelegt›, aber sie sagen einem nicht, wie die aussehen.» Allerdings kennt sie das Verfahren: «Sie nehmen sich sämtliche Lloyd's-Fonds, und wenn ich mal tot bin, auch dieses Haus, und ich zahle die vollen Kapitalertragssteuern auf meine Fonds, und die nehmen sie mir dann auch noch weg.» Ein Mensch, der täglich zwölf Stunden mit Pferden arbeitete und sich bei Lloyd's unauffällig ein kleines Nebeneinkommen verschaffte, schlägt sich jetzt beinahe jeden Tag stundenlang mit Formularen, Forderungen, Aktionsgruppen etc. herum. «Das schlimmste ist die Post. Wenn sie kommt, zittert man im wahrsten Sinne des Wortes eine halbe Stunde lang.» Ein Mensch, der Lloyd's für den

«Inbegriff der Ehrlichkeit» hielt, sieht dieses Unternehmen jetzt als «Pfuhl der Unredlichkeit» an. Aus einer Lloyd's-Investorin ist eine Lloyd's-Rentnerin geworden.

Die Witwe ist genau die Art von Mensch, die nie ein *Name* hätte werden dürfen, und das weiß sie auch: «Sie haben so viele kleine Leute wie mich aufgenommen, um das Risiko breiter zu streuen.» Am selben Tag sprach ich auch mit einem *Name* vom anderen Ende des Spektrums, der viel eher dem klassischen Lloyd's-Investor entspricht. Peter Dewe-Mathews arbeitete zehn Jahre lang als Wirtschaftsprüfer und engagierte sich dann im medizinischen Bereich, wo er Firmen aufbaute und dann weiterverkaufte. Wir schleichen unbehaglich um das Wort «Unternehmer» herum und einigen uns dann, es nur in Anführungszeichen zu gebrauchen. Er zeichnet Risiken seit 1987; damals hatte er viel Kapital in einer von ihm gegründeten Aktiengesellschaft festgelegt und wollte damit mehr als den Erlös von rund 3 Prozent erzielen. Er hoffte, die 3 Prozent mit Hilfe von Lloyd's auf etwa 5 Prozent steigern zu können. «Es schien ein vernünftiger Schritt zu sein», erinnert er sich. In Wirklichkeit war 1987, das Jahr nach der Einweihung des neuen Gebäudes, wohl der schlechteste Zeitpunkt, um Lloyd's beizutreten. In diesem letzten Jahr des boombedingten Anwerbens wurden 2572 neue Mitglieder hinzugewählt, und kurz darauf setzte dann das Plündern der Brieftaschen ein.

Im Gegensatz zu der Witwe war Dewe-Mathews Profi genug, sich in jeder Hinsicht abzusichern. Er feuerte seine erste Agentur, weil sie ihm «wie eine Schieberbande» vorkam; er schloß eine Stop-Loss-Versicherung ab; er stieg aus einem Syndikat aus, als er merkte, daß sie keine Ahnung von Buchführung hatten, weil er sich dachte, wenn die nichts von Buchführung verstehen, dann verstehen sie wohl auch nichts von Versicherungen; und er bekam den richtigen Rat, als er sich nach LMX-Syndikaten erkundigte, nämlich «fürs erste» die Finger davon zu lassen. Er kannte sich aus, konnte im Gegensatz zu den meisten «externen» *Names* eine Bilanz lesen und wußte, mit seinen eigenen Worten, «wie der Hase läuft». Und wieviel Geld hat er jetzt gemacht? Er lacht. «Keinen roten Heller.» Das erste Jahr schloß mit plus/minus null ab, und seitdem ... Er nennt mir im Vertrauen eine Zahl. Er hat nicht nur Heller, sondern Batzen verloren. Will er jetzt austreten? Vorerst nicht. «Versicherungen haben einen Zyklus von acht bis zehn Jahren. 1993, 94 und 95 sollten also theoretisch Spitzenjahre sein. Wenn Lloyd's da keine Gewinne einfahren kann, wie soll es dann weitergehen?»

Ein konservativer Abgeordneter nannte in einer Rede vor dem Unterhaus den epidemischen Geldverlust bei Lloyd's *Names* den «HIV der oberen Mittelschicht». Geschmacklos, wenn man so will, doch in mancher Hinsicht trifft der Vergleich schon zu. Zunächst einmal gibt es da einen Moment, einen entscheidenden und im allgemeinen unbekümmerten Moment, wo die *Names* ungeschützten Finanzverkehr mit Lloyd's haben, wo sie das Prinzip der unbeschränkten Haftung anerkennen. Zweitens gibt es zwischenzeitlich eine Periode, wo alles in Butter ist, wo sie tatsächlich meinen, sie bekämen etwas umsonst. Drittens kommt dann die vernichtende Erkenntnis, daß sie verloren sind, daß das Leben nie mehr so sein wird, wie es einmal war, und daß andere Leute gnadenlos mit dem Finger auf sie zeigen und ein moralisches Exempel an ihnen statuieren werden: Das kommt davon, wenn man zuviel vom Leben verlangt / zu unbescheiden ist / nicht an die Folgen seines Tuns denkt / dem Sirenengesang der finanziellen Wollust nachgibt.

Verführung und Verrat. Der erste Annäherungsversuch geschieht, wenn man ganz entspannt ist: auf dem Golfplatz, in der Badewanne nach einem Wimbledonspiel, am Dinnertisch. «Man wird ausgezeichnet bewirtet», bestätigte Fernanda Herford. Clive Francis, ehemaliger Major der Royal Air Force, sagte zu mir: «Ich wurde mit Schmeichelei und Geldgier geködert.» Ich habe mit einer Frau gesprochen, die eintrat, weil ihre Ehe in die Brüche gegangen war und ein befreundeter Bankier meinte, die

Mitgliedschaft würde ihr finanzielle Sicherheit verschaffen. (Inzwischen ist sie «vier- oder fünfmal bankrott», eine doppelte Minusmillionärin.) Für neues Geld war der atavistische Reiz von Lloyd's ebenso groß wie für altes Geld, wenn nicht größer. Buster Mottram meint, der Lloyd's-Mythos habe ihn «geradezu verhext». Die Tochter eines Gewerkschafters, selbst eine Frau von ausgesprochen gesundem Menschenverstand, erklärt: «Ich bin in einer Siedlung des sozialen Wohnungsbaus großgeworden, und wenn man dann so einem Unternehmen angehört, ist das schon ein Erfolgserlebnis.» Diese ganz normale menschliche Eitelkeit wurde in den achtziger Jahren mit brutalem Erfolg ausgenutzt.

Der Moment des ungeschützten Finanzverkehrs mit Lloyd's findet nicht zu Hause statt, sondern bei denen. Zunächst geht der Agent mit dem angehenden Mitglied die Beitrittsbedingungen durch. Die Erinnerungen an die Beratung durch den Agenten schwanken je nach den späteren Erfahrungen des jeweiligen *Name* mit Lloyd's. Wer von meinen Gesprächspartnern gut – oder zumindest nicht katastrophal – abgeschnitten hatte, erinnerte sich, daß ihm alles mit dem angemessenen Ernst auseinandergesetzt wurde; wer am schlimmsten gebeutelt wurde, erinnerte sich nur noch an eine Ausgelassenheit, die im nachhinein geradezu unverschämt wirkt. Fernanda Herford sagt: «Ich habe es [das Konzept der unbeschränkten Haftung] zwar verstanden, aber es gab doch viel Ho-ho und Ha-ha.» Buster Mottram setzte man auseinander, die unbeschränkte Haftung sei eine theoretische Annahme, «etwa so wie ein Meteoriteneinschlag in London – höhere Gewalt – und von daher eigentlich nicht ernst zu nehmen». Einer erfolgreichen Musikerin wurde erklärt: «Wenn Sie £ 20 000 auf der Bank haben, brauchen Sie nie mehr als eben diese Summe. Und wenn Sie zu den Leuten gehören, die nachts nicht ruhig schlafen können, schließen Sie einen Stop-Loss-Vertrag ab.» (Sie hat mit ihrem Ehemann im Laufe der Zeit neunundzwanzig Stop-Loss-Versicherungen abgeschlossen; jetzt sind sie zusammen um 4 Millionen Pfund ärmer.) Die Witwe vom West

Country weiß noch, wie sie im Büro des Agenten Anthony Gooda weichgeklopft wurde: «Sie haben gesagt: ‹Sie wissen doch, daß man Sie auf die unbeschränkte Haftung aufmerksam machen wird?›, und ich habe gefragt, ob ich lieber die Finger favon lassen soll, und da haben sie schallend gelacht und gesagt: ‹Völliger Blödsinn, das ist noch nie vorgekommen und wird auch nie vorkommen. Hurrikan Betsy hat uns ein bißchen erzittern lassen, aber das hat sich bald wieder ausgeglichen.›»

Derart präpariert, wird der *Name* dann dem Rota Committee von Lloyd's vorgestellt, wo alles noch einmal von vorne erklärt wird. Das Rota Committee besteht aus zwei altgedienten Mitgliedern des Markts und einem Protokollführer – oder, wenn man sich an die Ausdrucksweise der Witwe vom West Country halten will, drei «tatterigen alten Mümmelgreisen». Sir Peter Miller, von 1984 bis 1987 Vorsitzender von Lloyd's, erinnerte sich 1991, wie er neue Mitglieder einzuführen pflegte: «Im allgemeinen habe ich wohl das Beispiel angeführt: Sie haften absolut mit Ihrem letzten roten Heller, bis hin zu den Manschettenknöpfen an Ihrem Hemd; und wenn es sich um eine Dame handelte, habe ich in der Regel gesagt: Tja, bis hin zu den Ohrringen in Ihrem Ohr, meine Liebe.» Der Ausdruck «bis zum letzten Manschettenknopf» ist eine berühmte Redensart bei Lloyd's, er gehört mit zu dem Nimbus, mit zu dem Sex-Appeal von theoretischen Verlusten gegenüber dem viel stärkeren Sex-Appeal von so gut wie sicheren Gewinnen. Die meisten *Names*, mit denen ich sprach, konnten sich an diese oder ähnliche Worte erinnern. Niemand wollte behaupten, das Konzept der unbeschränkten Haftung sei ihm oder ihr vom Rota Committee in irgendeiner Weise verschwiegen worden. Andererseits haben fast alle das Ereignis als eine rein formale Zeremonie in Erinnerung. Die Geschäftsfrau in den Dreißigern, die mit fünfundzwanzig in einer ehrenvollen Einzelsitzung eingeführt wurde, erinnerte sich an «das dumme Ding da am Tisch. Man sitzt draußen mit seinem Agenten und hat vorher ein gutes Essen spendiert bekommen. Es wird zu einer großen Sache und einer Ehre aufgebauscht, aber dann geht man da rauf, und alle sind furchtbar aufgetakelt, und nach ein paar Sekunden ist alles vorbei.» Andere *Names* empfingen den Ritterschlag in Gruppen von zwei, drei bis zu einem Dutzend und mehr Leuten. Clive Francis, der ehemalige Major der Royal Air Force, kann sich noch an den Moment erinnern, in dem die geheiligten Worte «unbeschränkte Haftung» fielen. Und das deshalb, weil sein Agent ihn anstupste und flüsterte: «Das müssen sie halt sagen.» In der Tat. Fünfzehn Jahre später hat er 2 Millionen Pfund Schulden.

Nur wenigen in den achtziger Jahren angeheuerten *Names* war klar, daß der Anwerber oftmals ein Honorar dafür erhielt. Es konnte doch wohl nicht sein, daß der Kerl, der da an ihrem Tisch trank und ihre Bilder bewunderte und murmelte: «Ich kann dich vielleicht bei Lloyd's einschleusen, alter Knabe», nur hinter dem Kuppellohn her war? Man bot ihnen schließlich die Aufahme in einen ehrwürdigen Club an, dessen Mitglieder alle auf einer Seite standen, nicht wahr? Aber Francis fand später heraus, daß die Abendgesellschaftsbekanntschaft, die ihm da um den Bart gegangen war, als Dankeschön einen Scheck über £ 3000 erhalten hatte. Andere Provisionsritter bekamen ein jährliches Handgeld: beispielsweise £ 500 für jedes Jahr, das der *Name* bei dem Mitgliederagenten blieb, für den er geködert worden war. Und die Honorare sind natürlich verhandelbar: Ich habe von einem Schlepper gehört, der zu dem Agenten ging und sagte: «Ich hab da ein potentielles Mitglied – was bietest du mir?»

Die Frage, wer auf wessen Seite stand, war für die in den letzten rund fünfzehn Jahren eingetretenen *Names* die entscheidende und zugleich die, über die sie gewöhnlich erst nachdachten, wenn es viel zu spät war. Der vorgeschlagene Handel wirkte so zauberhaft, daß man ihn sich keinesfalls entgehen lassen durfte. «Sie brauchen uns kein Geld zu schicken, wir schicken Ihnen einfach jedes Jahr einen Scheck», so wurde es Francis dargestellt. «Ich meine», fuhr er grüblerisch fort, «wenn ich so zurückblicke – war das eine dumme Sau!» Lloyd's und seine Agenten verstanden es prachtvoll, über Geld zu reden, ohne wirklich über Geld zu reden. Solange man seinen Scheck bekam, achtete man zum Beispiel nicht allzusehr darauf, wie sich der Gewinn berechnete. Man konnte es ganz in Ordnung finden, daß der Agent, der dafür zu sorgen hatte, daß man im bestmöglichen Syndikat untergebracht wurde, 20 Prozent des Gewinns einstrich. (Dieser «Agent» konnte sich mitunter zweiteilen – in einen Mitgliederagenten, der direkt mit dem *Name* verhandelte, und einen Agenten der Geschäftsleitung, der mit den Einzelversicherern verhandelte; dann bekam der erste vielleicht 8 Prozent und der andere 12 Prozent.) 20 Prozent des Gewinns aber ist so zu verstehen: Nehmen wir einmal an, Sie sind in fünfzehn Syndikaten untergebracht, von denen zehn Gewinn abwerfen und fünf nicht. Jetzt machen erstere £ 10 000 Gewinn und letztere £ 5000 Verlust. Summa summarum £ 5000 zu Ihren Gunsten. Der Agent holt sich aber seine 20 Prozent von Ihrem unsaldierten Gewinn von £ 10 000, so daß Ihnen ein Nettogewinn von £ 3000 bleibt.

Der Lloyd's-Markt besteht aus aktiven und externen Mitgliedern, traditionellerweise etwa im Verhältnis von 20 zu 80 Prozent. (Am Stichtag 4. August 1993 gab es 3593 aktive und 15 853 externe Mitglieder.) Die aktiven Mitglieder zeichnen Versicherungen, genau wie Sie; und sie wollen gleichfalls in den besten Syndikaten unterkommen, genau wie Sie. Wenn Sie nun aber ein Versicherer wären und ein Syndikat zusammenstellten, wen würden Sie da lieber nehmen: eine Witwe vom West Country oder einen einflußreichen Broker, der sich, wenn er bei Ihrem Syndikat gut abschneidet, vielleicht dadurch revanchiert, daß er Ihnen etwas von seinen besten Abschlüssen zukommen läßt? Daß der Markt eine starke Unausgewogenheit zugunsten der Insider und zum Nachteil der Outsider zeigte, erscheint im nachhinein offenkundig, logisch und im Einklang mit der menschlichen Natur; daß es damals nicht so aussah, lag mit an dem wirkungsvollen Nimbus wie auch an der wirkungsvollen Geheimniskrämerei von Lloyd's. Es lagen ganz einfach keine Zahlen vor. Doch vor etwa einem Jahr konnte mit Hilfe der Computeranalyse bewiesen werden, was viele geargwöhnt hatten: daß externe *Names* gern auf windige, hochriskante Syndikate abgeschoben wurden, während aktive *Names* die besten Geschäfte absahnten. Eine Aufschlüsselung aller Gooda-Walker-Mitglieder für die Jahre 1983 bis 1989 (als sich die gefährliche LMX-Spirale drehte) zeigt, daß darunter nur 10 Prozent Insider-*Names* waren – die Hälfte dessen, was zu erwarten wäre, wenn sich der Markt gerecht auf die beiden Mitgliederkategorien verteilt hätte. Im Syndikat 387, einem finanziellen Horrorkabinett ersten Ranges, waren nur 3 Prozent aller *Names* Insider. Man hat auch die gewinnträchtigsten Syndikate in allen vier Hauptversicherungsarten für 1991–92 analysiert. Zwanzig *Names* tauchten in dreien dieser vier Syndikate auf und waren somit aller Wahrscheinlichkeit nach die besten Verdiener des ganzen Marktes; von diesen zwanzig waren elf Insider, und von diesen elf sind vier jetzige oder ehemalige Mitglieder des Council of Lloyd's. Schließlich gab es eine besonders hübsche Computeranalyse über die Korrelation zwischen der geographischen Entfernung von Lime Street No. 1 und der Chance, in den besseren Syndikaten unterzukommen. Sie lieferte die Bestätigung, daß Australien eine sehr schlechte Wohngegend für einen Lloyd's *Name* war.

Als ich Peter Middleton, den Geschäftsführenden Direktor von Lloyd's, nach der Ausgewogenheit des Marktes fragte, entgegnete er: «Das ist in jedem Bereich so, daß ein Profi mehr weiß als andere.» Er zog Autowerkstätten zum Vergleich heran. Sie würden doch nicht erwarten, daß der Mechaniker in der Werkstatt um die Ecke so viel Zeit auf Ihr Fahrzeug verschwendet wie auf sein eigenes; Sie würden eher davon ausgehen, daß er bei Ihrem Auto ordentliche Arbeit leistet und dafür angemessen entlohnt wird. Das ist natürlich alles richtig; viele externe *Names*, die ihr Auto in den achtziger Jahren zum Lloyd's Service

Centre brachten, mußten allerdings erleben, daß sie es mit vier abgefahrenen Reifen und einem fremden Radio wiederbekamen, und der einzige Gang, der noch funktionierte, war der Rückwärtsgang.

Das erste Belegzitat im *Oxford English Dictionary* unter dem Stichwort «Lloyd's» ist von prophetischer Bedeutung. Da schreibt Maria Edgeworth am 4. März 1819 an ihre Mutter:

> Mr. Busk Blairs Schwiegersohn war dem Glücksspiel ebenso zugetan wie Mr. Blair. Einmal gewann er mit einer Wette auf die Versicherung für 2 vermißte East-India-Schiffe £ 30000. Die Schiffe tauchten wieder auf. Die Versicherung mußte ihn auszahlen, doch wurde geargwöhnt, er habe unter der Hand etwas erfahren – kurz, daß irgend etwas faul war. Er konnte sich hernach bei Lloyd's nie wieder sehen lassen.

Das nimmt viel von Lloyd's in den achtziger Jahren vorweg: den Wert von Informationen aus trüber Quelle, das Element des Glücksspiels, den Kitzel des Betrugs. Wenn eine berühmte Institution Geld verdient, können gelegentliche verbrecherische Anwandlungen in aller Regel vertuscht werden (und Lloyd's wußte sich schon immer als geschlossene Gesellschaft darzustellen: Das erste Foto des Committee erschien zum Beispiel erst 1960). Nur ein schwarzes Schaf, wird halt ausgemerzt, Schwamm drüber, nächstes Jahr steigt der Gewinn, alle Spekulanten freuen sich. Das war der allgemeine Tenor, und der klang bis weit in die achtziger Jahre hinein angenehm im Ohr. Es mußte allerdings eine gepfefferte Folge von Ärgernissen, Bubenstückchen und Skandalen verschwiegen, heruntergespielt und bagatellisiert werden. Peter Middleton beschreibt diese Zeiten so – und damit wären wir wieder mal beim Verkehrswesen: «Wir hatten bei Lloyd's eine Geschwindigkeitsbegrenzung von 70 Meilen pro Stunde auf der Autobahn und keine Verkehrspolizei, also fuhren manche 130 Meilen die Stunde und die meisten so um die 95.»

Zu den schwersten Verkehrsdelikten gehörten: Die Sasse-Affäre in den späten siebziger Jahren, als sich Syndikatsmitglieder zum erstenmal massenhaft weigerten, ihre Rechnungen zu bezahlen, von Lloyd's verklagt wurden und dann ihrerseits Lloyd's verklagten; der Howden-Skandal, bei dem die amerikanischen Versicherungsbroker Alexander & Alexander eine Londoner Brokerfirma für 300 Millionen Dollar aufkauften und bei der anschließenden Prüfung der Bücher eine Finanzlücke von annähernd 55 Millionen Dollar entdeckten; die Affäre Cameron-Webb, das größte Betrugsmanöver in der Geschichte von Lloyd's, wo sich die beiden Hauptschurken ohne Gerichtsverfahren in ein Rentnerdasein im Ausland davonstehlen durften; das Florieren von «Baby-Syndikaten», die es sich zum Anliegen machten, die besten Geschäfte für Lloyd's-Insider abzusahnen; der Fall Sir Peter Green, seines Zeichens Vorsitzender von Lloyd's, der des «sittenwidrigen Geschäftsgebarens» überführt, zu einer Geldstrafe von £ 33 000 verurteilt und von Lloyd's gefeuert wurde, nachdem er das Geld seiner *Names* in ein Unternehmen auf den Cayman Islands eingeschleust hatte und vergaß, das ihnen gegenüber zu erwähnen; und dann die Affäre Outhwaite, bei der ein Anwalt der Outhwaite *Names*, die ihren Agenten verklagt hatten, unlängst vor Gericht erklärte, es könne «durchaus sein, daß in der Handelsgeschichte der City of London anderen noch nie so viel Geld durch die alleinige Fahrlässigkeit einer einzelnen Person verlorenging». Ian Posgate, damals einer der führenden Versicherungsbarone (der selbst von der aktiven Mitgliedschaft ausgeschlossen war), schildert diese Zeit als Insider: «Wenn man gutes Geld verdient, wenn man sich selbst beaufsichtigt, wenn man nicht der Devisenbewirtschaftung untersteht, dann liegt es im Wesen des Menschen, daß seine Gier keine Grenzen mehr kennt.» Ian Hay Davison, von 1983 bis 1986 Geschäftsführender Direktor von Lloyd's, sprach als Verkehrspolizist: Er hatte gemeint, es ginge darum, ein paar schwarze Schafe auszusondern, mußte aber feststellen, daß «die ganze Herde ... von der Räude bedroht war». Christopher Hird, ein Wirtschaftsjournalist, sprach als unbeteiligter Beobachter: In den achtziger Jahren glich Lloyd's «einem Garten, in dem man den Bock zum Gärtner gemacht hat».

Solange sich die Theorie vom «schwarzen Schaf» aufrechterhalten ließ, solange das Ausmaß der Unausgewogenheit zugunsten der Insider weitgehend geheim blieb (und solange die Gewinne andauerten), waren die Investoren mit ihrem Vertrauen ebenso freigebig wie mit ihrem Geld. Nun ist es im Laufe der letzten Jahre dazu gekommen, daß die Vertrauensbasis fast völlig zusammengebrochen ist. Im April dieses Jahres gab es bereits dreiunddreißig Schutz-und-Trutz-Bündnisse von *Names* und Ex-*Names*, und bis Juni war die Zahl der Mitglieder, die ihre Fachberater verklagt hatten, auf die denkwürdige Zahl von 17000 gestiegen. 17000 von insgesamt 34000 Mitgliedern: Zieht man 20 Prozent für aktive *Names* ab, kommen gut 60 Prozent heraus. Man stelle sich eine Schule vor, in der 60 Prozent der Eltern die Lehrer verklagen, weil sie ihre Kinder schlecht erziehen. Man stelle sich ein Restaurant vor, in dem 60 Prozent der Kunden die Geschäftsführung wegen Lebensmittelvergiftung verklagen. So eine Schule, so ein Restaurant könnte sich nicht lange halten, selbst wenn es in der Vergangenheit eine eindrucksvolle Schar von Menschen erzogen beziehungsweise beköstigt hat. Die Rechtsstreitigkeiten werden auch nicht im Handumdrehen abgeschlossen sein. Die Lloyd's Names Associations Working Party, die sich aus den Vorständen der einzelnen Aktionsgruppen zusammensetzt, meint: «Es sieht ganz so aus, als ob sich die Prozesse über fünf bis zehn Jahre hinziehen und Mitgliederagenten, Agenten der Geschäftsleitung, Agenturdirektoren, Einzelversicherer, Buchprüfer, Broker, Berufshaftpflichtversicherungen sowie das Unternehmen Lloyd's als solches einbeziehen werden.»

Draußen im Lande ist der Aufstand der Vasallen durchaus ernst zu nehmen. Die *Names* haben Fahrlässigkeit, Betrug, Selbstgefälligkeit und hämische Gleichgültigkeit erfahren; sie haben die Realitäten des Geldes entdeckt, seine Wirkungsweisen sowie die Wirkungsweisen derer, die davon leben. Aber sie haben noch eine weitere Erfahrung gemacht, und die hört sich zunächst doch recht kurios an: den Verstoß gegen die Ehre. Als sie Lloyd's beitraten, wurde ihnen das Konzept einer ehrenwerten Gesellschaft verkauft, die auf der Basis des Vertrauens, der gemeinsamen Wertvorstellungen und der Idee funktionierte, daß alle «eine große Familie» seien. Statt dessen mußten sie entdecken, daß die Ehre eine Einbahnstraße ist. Im ersten Jahr hat Lloyd's gerufen, und sie zahlten; im zweiten Jahr hat Lloyd's gerufen, und sie zahlten, wobei man ihnen versprach, im dritten Jahr würde alles besser werden; dann kam das dritte Jahr, alles war noch viel, viel schlimmer, und die Vorhersagen für das nächste Jahr klangen auch nicht gut. Angeblich sorgt selbst die Mafia für einen in Not geratenen kleinen Schuhflicker; Lloyd's schickte Frau Dr. Archer und das Hardship vor. Die *Names* fühlten sich verhöhnt und im Stich gelassen, verraten und verkauft. Fernanda Herford zitierte mir einen Spruch aus Lloyd's Philosophie für den Hausgebrauch: «Deppen muß man neppen.» Deshalb verweigern die Mitglieder die Zahlung mit dem angestrengten Frohsinn, der aus schierer Verzweiflung erwächst. Deshalb bekommt man so oft zu hören, wenn dies nicht wär und das nicht wär, würden die *Names* den schäbigen Rest ihres Geldes verstecken oder verschenken oder sich ins Ausland absetzen, und dann könnte Lloyd's sie mal am Arsch lecken. Ich habe davon gehört, daß betagte Verwandte gebeten wurden, ihr Testament zu ändern, damit das Geld nicht einem lieben ruinierten *Name* zufiele, denn sonst würde Lloyd's es sich unter den Nagel reißen: Sie sollten lieber den Ehepartner, das Kind, den Nicht-*Name* als Erben einsetzen. Ich habe von genialen Geldentfernungsstrategien erfahren. Ich habe von einem Ehepaar gehört, das sich nach schottischem Recht scheiden lassen wollte, woraufhin die Frau Konkurs anmelden sollte, woraufhin man wieder heiraten wollte, und all das zwecks Erlangung eines obskuren

Vorteils und eines winzigen Sieges über Lloyd's. Wie ein *Name* es mir gegenüber augenzwinkernd und mit dem Finger auf dem Mund ausdrückte: «Wir haben ja viel mehr Zeit zum Nachdenken als das Hardship Committee.»

Lloyd's selbst benimmmt sich zur Zeit wie ein alter Karrieregangster, der nun doch ehrlich werden will. Man schaut die Welt aus strahlendblauen Augen an. Es ist viel von einer «transparenten Gesellschaft» die Rede, von Gesundheit, Leistungsfähigkeit und Kostendämpfung. Peter Middleton verweist auf die Einführung «einfacher Managementtechniken, wie sie auch sonst überall üblich sind». Der Zweite Vorsitzende Robert Hiscox behauptet forsch: «Wir sind jetzt abgespeckt und aufgeweckt und haben verdammt niedrige laufende Kosten.» Ein neues Geschäftskonzept wurde verkündet, das eine radikale Reform der Kapitalbasis vorsieht. Die Versicherungsbeiträge steigen, es gibt viel zu tun, es gilt, Verträge abzuschließen und eine große Institution zu retten; und zwischenzeitlich ist da noch dieser Haufen abgewirtschafteter Bauern, die ständig am Tor herumlungern und über längst vergangene Dinge jammern. Für manche Lloyd's-Insider ist völlig schleierhaft, wie Journalisten und ruinierte *Names* so böswillig ignorieren können, was in ihren Augen die Hauptsache ist – die Rettung des Marktes –, und sich wie die Leichenfledderer auf die Vergangenheit stürzen. In dieser Hinsicht benimmt sich Lloyd's wie eine würdige alte Dame mit einem Heringskollier. Ihr Kleid ist neu, die Nähte sitzen gerade, das Make-up ist frisch aufgelegt: Was haben die Leute dann nur zu jammern, daß es nach Hering stinkt?

Viele Kränkungen sind für die *Names* noch wie schwärende Wunden. Zum Beispiel warf ihnen Loyd's bewußt Knüppel zwischen die Beine, als sie sich zu organisieren begannen; ehe Peter Middleton die Regeln änderte, konnten die Aktionsgruppen einfach nicht herausfinden, wer da sonst noch alles stillschweigend vor sich hin litt und meinte, man könne nichts machen, außer die Zähne zusammenzubeißen und Haltung zu bewahren.

Und es kommen anscheinend jeden Tag neue Kränkungen hinzu. So hängt etwa der Rettungsplan für Lloyd's davon ab, daß es gelingt, erstmals Körperschaftskapital in den Markt einzubringen, und Lloyd's lockt dieses neue Geld mit Bedingungen an, die für die ruinierten *Names* wie Hohn klingen: beschränkte Haftung und dazu noch eine Absicherung gegen frühere Verluste des Marktes. Damit werden die alten *Names* mit ihrer unbeschränkten Haftung und ihren offenen Versicherungsjahren gleichsam in eine finanzielle Isolierstation für ansteckende Krankheiten abgeschoben. Eine weitere Kränkung ist die Entdeckung, daß ein Bilanzprüfungsbericht schon vor elf Jahren die sich wahrscheinlich aus Asbestose-Ansprüchen ergebenden Schadensfälle in unberechenbarer Höhe hervorgehoben hatte und der Zweite Vorsitzende von Lloyd's daraufhin die Agenten schriftlich davon in Kenntnis setzte, es werde «ihnen dringend geraten, ihren *Names* mitzuteilen, wie viele Asbestose-Ansprüche bei ihnen anfallen könnten und wie es um die Deckung der aktuellen und potentiellen Verbindlichkeiten ihrer Syndikate bestellt ist». Doch wurden offenbar nur wenige *Names*, und die nach 1982 rekrutierten schon gar nicht, auf die drohenden Asbestoseschäden hingewiesen. Zu den Kränkungen gehört auch die Erkenntnis, die allerdings viel zu spät kam, wer Freund ist und wer Feind. «Ich hatte immer gedacht, mein Agent stünde auf meiner Seite», beklagte sich ein Landwirt mir gegenüber. «Aber die führen sich auf wie die Gerichtsvollzieher. Sie haben wohl Angst, daß Lloyd's pleite geht und sie ihren Job verlieren.» Dann ist da der Bericht über das Einkommen leitender Direktoren in der Zeitschrift *Labour Research* vom August 1993: Manch ein Minusmillionär (es gibt wohl rund 400 mit mehr als 1 Million Pfund Schulden und mindestens 150 mit Schulden in Höhe von 2 Millionen Pfund und darüber) mag die Gehälter wohlbekannter Lloyd's-Broker mit scheelen Blicken betrachten. William Brown, der Präsident von Walsham Brothers, die mit LMX-Rückversicherungen ein Vermögen verdient haben, erhielt im letzten Jahr eine Vergütung von £ 3 653 346, ein schokkierender Rückgang von 50,3 Prozent gegenüber seiner Entlohnung im Vorjahr. Andererseits bekam Matthew Harding, Präsident der Rückversicherungsbroker Benfield, eine 53prozentige Gehaltserhöhung und kam so auf £ 2 275 523. (Zwei andere Direktoren bei Benfield verdienten jeweils über £ 1 245 000.) Angesichts derartiger Kränkungen und derartiger Marktrealitäten verwundert es kaum, wenn ein Kapitalanleger wie Alan Price am 22. Juni nach einer Versammlung in der Royal Festival Hall seinem Ärger Luft macht. «Diese Versicherer können von Glück reden, daß Lloyd's nicht im Nahen Osten sitzt», sagte er. «Sonst würden viele von diesen Schuften jetzt mit einer Hand weniger herumlaufen. Manch einer hätte wohl auch Kopf und Kragen verloren.» Selbst unter diesen Umständen hält sich ein bitterer englischer Humor, hat Lloyd's doch viele *Names* tatsächlich Kopf und Kragen gekostet.

Was zur Zeit gespielt wird, ist eine Machtprobe zwischen Lloyd's und seinen 17 000 aufrührerischen *Names*. Die Auseinandersetzung läuft ungefähr so ab – Lloyd's: Hier ist die Rechnung. *Names:* Bezahlt wird nicht. Lloyd's: Ihr habt euch in einem rechtsgültigen Vertrag zur Zahlung verpflichtet, also zahlt. *Names*: Wir verklagen euch wegen Fahrlässigkeit bei der Wahrnehmung unserer geschäftlichen Interessen. Lloyd's: Erst zahlen, dann klagen. *Names:* Nein, wir klagen jetzt und zahlen später, und auch das nur, wenn wir vor Gericht unterliegen. Lloyd's: Wenn ihr jetzt nicht zahlt, bricht Lloyd's womöglich zusammen. *Names:* Ist uns egal. Lloyd's: Wenn wir zusammenbrechen, müssen die Versicherungsnehmer zuerst abgegolten werden, und ihr geht demnach leer aus; ihr könnt nur gewinnen, wenn Lloyd's im Geschäft bleibt, also zahlt. *Names:* Na ja, vielleicht zahlen wir im Oktober. Lloyd's: Aber wir müssen im September die Liquiditätsprüfung des Ministeriums für Handel und Industrie bestehen, sonst bleiben wir nicht geschäftsfähig. *Names:* Pech. Lloyd's: Ihr blufft ja nur. *Names:* Nein, ihr blufft.

Zu den *Names*, die fröhlich zusehen würden, wenn es bei Lloyd's zum GAU kommt, gehört Exmajor Francis, den die Rechnung über £ 972 000 für 1990 mit Leichtigkeit über die 2-Millionen-Pfund-Grenze hievte. Er schied 1967 mit einer Abfindung von £ 1500 aus der Royal Air Force aus, kaufte sich eine kleine Wohnung davon und war zehn Jahre später Millionär. Dann trat er Lloyd's bei. Die naheliegende Frage lautet: Wie kommt es, daß er als erfolgreicher Geschäftsmann sich das Angebot nicht näher ansah? «Gute Frage. Die Antwort heißt: Die normale Kritikfähigkeit setzt da total aus.» Jetzt stapeln sich auf seinem Wohnzimmertisch Unterlagen, Zeitungsausschnitte und bunte Diagramme, und die Lime-Street-Angelegenheiten lassen sein Telefon heißlaufen. Das macht ihm anscheinend überhaupt nichts aus: Der braungebrannte, energiegeladene Fünfundsechzigjährige meint, das habe sein Leben «wahrscheinlich um zehn Jahre verlängert, was da alles außer der Reihe zu tun ist». Obwohl ihn Lloyd's jetzt gezwungen hat, sein hübsches Reihenhaus in der Nähe von Holland Park zu verkaufen, hat er wenigstens nur für sich selbst zu sorgen. «Ich bin nur für mich allein verantwortlich. Keine heulenden Weiber in der Ecke, nichts dergleichen. Ich ziehe niemand mit hinein in das, was ich da angerichtet habe. Über die Sache mit dem Haus könnte ich mich totärgern, das sage ich ganz ehrlich. Aber mit einem Moslem in Bosnien wollte ich auch nicht tauschen.»

Francis sieht sein Schicksal einigermaßen philosophisch: «Eines muß ich ja letzten Endes zugeben – wer ist denn der Idiot, der mich um mein Geld gebracht hat? Ich.» Doch den Prozeß, in dem sich der Idiot von seinem Geld trennte, betrachtet er längst nicht so philosophisch. Seiner Interpretation zufolge gab es «da oben eine stillschweigende Übereinkunft» hinsichtlich der potentiellen Schadensfälle mit Asbestose-Ansprüchen. Er will nicht so weit gehen wie manch andere, die Theorien über emsige Verschwörungen, die Mafia und den ruchlosen Einfluß der drei Freimaurerlogen bei Lloyd's aufstellen: «Ich glaube nicht, daß die alle in ihren Schurz gestiegen sind und gesagt haben: ‹Jetzt wollen wir mal die *Names* bescheißen.›» Andererseits versichert er, die «Spitzenelf» bei Lloyd's hätte schon 1980 von den Gefahren gewußt. Er verweist auf eine Konferenz von elf Lloyd's-Versicherern und Citibank 1979 in Amerika, bei der auch bevorstehende Ansprüche zur Sprache kamen. (Dieses Ereignis der jüngsten Vergangenheit von Lloyd's gab Anlaß zu verschiedenen Stille-Post-Spielen. Mehrere meiner Gesprächspartner kannten jemanden, der jemanden kannte, der bei dieser Konferenz dabei war, auf der ein Vertreter der Citibank angeblich gesagt haben soll, Lloyd's müsse 10000 oder 50000 oder [hier kann man jede beliebige Zahl bis 250000 einsetzen] «kleine Leute auftreiben, die sich zugrunde richten lassen», um die Kosten zu tragen, die da auf sie zukämen; der Referent wurde jedoch nie namentlich festgestellt oder aufgespürt.) Francis weist darauf hin, daß in dem Zeitraum von 1980 bis 1989 kein einziger Vorsitzender von Lloyd's in seinem Jahresbericht das Wort «Asbestose» erwähnte. «Ich war zwanzig Jahre bei der Royal Air Force», sagt er abschließend. «Sie wissen schon – Kameradschaft, Ehre und Vertrauen; und dann hat man es in einer derart erlauchten Gemeinde mit so einer Bande von feigen Schuften zu tun.»

Wie alle ruinierten *Names*, mit denen ich sprach, fand auch Francis ein paar abfällige Worte der besonderen Art für das Lloyd's Hardship Committee, das je nach Standpunkt dazu da ist, die *Names* vor dem Bankrott zu bewahren, einen Schlußstrich unter ihre Verbindlichkeiten zu setzen und sicherzustellen, daß sie in bescheidenem Wohlstand weiterleben können, oder aber dafür zu sorgen, daß ihnen auch noch die letzte Kopeke abgeknöpft wird, um sie dann wie alte Lumpen an die Gestade der Armut zu spülen. Wenn ein *Name* mit ansehen muß, wie eine Abteilung von Lloyd's sein Vermögen verspielt, bringt es ihn besonders in Rage, daß er jetzt in eine andere Abteilung gehen soll, um sich dort die finanzielle Letzte Ölung zu holen, und mit einem kärglichen Sümmchen für seinen Lebensunterhalt abgespeist wird. Auch die Adresse des Hardship Committee hat eine bitter-pikante Note: Gun Wharf, Chatham. Das ist schließlich die Stadt am Medway, wo Dickens zum ersten Mal die Armut samt ihren beschämenden Begleitumständen kennenlernte. Er war fünf Jahre alt, als sein Vater 1817 mit der Familie hierher zog; John Dickens hatte, bereits in schwerer finanzieller Bedrängnis, Arbeit auf der Werft von Chatham gefunden. Doch das Schicksal war der Familie nicht hold: 1822 zog sie in ein billigeres Haus und noch im selben Jahr ganz aus der Stadt fort, nachdem sie zuvor die gesamte Einrichtung verkauft hatte (und im Jahr darauf landete John Dickens dann im Schuldturm Marshalsea). In Dickens' Erstlingswerk *Londoner Skizzen* findet sich eine komische Darstellung von Mrs. Newnham, die um 1820 herum eine Nachbarin der Familie in Chatham gewesen war: «Ihr Name steht auf allen Subskriptionslisten für wohltätige Zwecke stets obenan, und ihre Beisteuer für die Winter-Feuerungs- und Suppen-Verteilungs-Gesellschaft ist immer die reichlichste. Sie zeichnete zwanzig Pfund für den Bau der Orgel in unserer Pfarrkirche und war am ersten Sonntag, als die Kinder dazu sangen, so überwältigt von ihren Gefühlen, daß sie sich von der Kirchenstuhlschließerin hinausführen lassen mußte.» Mrs. Newnhams zeitgenössisches Pendant in der Winter-Feuerungs- und Suppen-Verteilungs-Gesellschaft zu Chatham ist Dr. Mary Archer, die dem Hardship Committee vorsteht. Außerdem ist sie die Gattin des Ex-und-hopp-Schriftstellers Jeffrey Archer, einer komischen Witzblattfigur, die eher ein Fall für Thackeray als für Dickens wäre und zur Zeit unter dem Titel Baron Archer of Weston-super-Mare herumläuft. Lady Archer («Sie zieht die Anrede Dr. Archer vor», riet mir eine Stimme beim Hardship) nennt im *Who's Who* «Abfälle aufsammeln» als eine ihrer Freizeitbeschäftigungen – ein Zeitvertreib, den Mrs. Thatcher einst anläßlich eines grotesken Fototermins dem Volk dringend ans Herz legte –, und vielleicht hat das, was sich an Frau Dr. Archers

Amtssitz in Gun Wharf abspielt, auch etwas von Aufräumungsarbeiten an sich.

Ist Peter Middleton, der Geschäftsführende Direktor von Lloyd's, die einzige Person, dem die ruinierten *Names* durchweg nur Gutes nachsagen – mit lobenden Worten für sein Mitgefühl und seine Aufrichtigkeit –, so ist Frau Dr. Archer diejenige, auf die sich die Kritik eingeschossen hat. In den Wochen, bevor ich sie kennenlernte, bekam ich von den *Names* nichts als Beschimpfungen über sie zu hören, manche nebenbei eingeflochten, andere wohlerwogen: «Scheinheilig, selbstgerecht und ‹Hach, was geht's uns doch gut›»; «Die boshafte alte Vettel» (so eine Frau, die wahrscheinlich auch nicht jünger war); «Selbst ein Mitglied des Council hat gesagt: ‹Bei der beißt man auf Granit.›» Das ist zum Teil die ganz normale Wut auf das Aushängeschild einer Schröpfbude, zum Teil auch das übliche Gerede, dem gutaussehende Karrierefrauen in der britischen Gesellschaft häufig ausgesetzt sind. Vielleicht hielt Lloyd's es für einen cleveren Publicity-Schachzug, Frau Dr. Archer an die Spitze des Hardship zu setzen: erstens eine Frau (die ja per se von Mitleid überquellen soll) und seit 1977 selbst ein *Name*; außerdem noch Gattin eines *Name*, der zu Beginn seiner Karriere bis über beide Ohren verschuldet war; man konnte sie demnach mit der Behauptung anpreisen, sie habe selbst von der Medizin gekostet, die sie jetzt anderen verschrieb. Allerdings hat Frau Dr. Archer etwas an sich, das den Leuten wie eine Überdosis Schnupftabak in die Nase steigt; und zugegeben, als ich an ihrem Schreibtisch in Gun Wharf an meinem Mittagssandwich kaute, während im Hintergrund sonnenbeschienene Yachten auf dem Medway kreuzten, hat mich das innerlich doch stark beschäftigt. Sie ist klein, dunkelhaarig, hübsch, gelassen, gepflegt und sehr, sehr präzise. Sie hat anscheinend alles völlig unter Kontrolle (obgleich ein Freund von mir einmal mit ihr getanzt hat und behauptet, in seinen Armen sei sie «ein hilfloses Kind» gewesen). Vielleicht macht das die Stimme, die sich wie reinstes Knochenporzellan anhört, oder Cheltenham Ladies' College. Als mein fingerhutgroßes Plastiktöpfchen mit Milchsurrogat den Ebenholzton des Kaffees nur um Spuren aufzuhellen vermochte, erkundigte sie sich aufmerksam: «Möchten Sie noch eine Milch?» Doch in meinen Ohren klang das eher wie: «Sitzen die Daumenschrauben auch bestimmt bequem?» Dennoch begann ich die Reaktionen, die sie auslöst, nur ein einziges Mal so richtig zu begreifen, nämlich als ich davon sprach, daß es in ihrer gegenwärtigen Klientel draußen im Lande recht viel Unmut gebe. «Unmut, Wut, Kummer», entgegnete sie. «Das ist alles sehr verständlich.» Doch sie sagte diese Wörter auf, als handle es sich um unedle Metalle und nicht um explosive Gefühle.

Ihr Komitee hat achtundzwanzig Mitarbeiter (zwanzig Sachbearbeiter und acht Verwaltungsangestellte), und bis zum 3. August 1993 waren dort 2327 Anträge von Lloyd's *Names* eingegangen. Davon hatten 906 den Antrag später wieder zurückgezogen. Das scheint ein auffallend hoher Prozentsatz zu sein. Er erklärt sich vor allem durch zwei Umstände. Erstens stößt das Verfahren häufig auf Abneigung, wenn die Einzelheiten enthüllt werden (ein Stein des Anstoßes ist der, daß auch der Ehepartner des *Name* seine finanzielle Situation umfassend darlegen muß). Zweitens galt der Gang zum Hardship zunächst als höchst nützliches Manöver, um Zeit zu schinden: In dem Moment, wo man einen Antrag stellte, wurden die Fonds bei Lloyd's eingefroren und konnten nicht mehr angetastet werden. Dies führte auch zu verschiedenen phantasievollen Entschuldigungen für Saumseligkeit, wie sie seit der Schulzeit nicht mehr benötigt wurden: Ein *Name* machte geltend, er sei sich mit dem Rasenmäher über die Zehen gefahren, als würden dadurch selbstverständlich auch die zur Formularausfüllung benötigten Glieder am anderen Ende des Körpers in Mitleidenschaft gezogen. Das Hardship hat das Verfahren seither gestrafft, kommt aber immer noch recht langsam voran. Von den 1421 noch anstehenden Fällen wurden 361 bearbeitet, und 328 *Names* wurde ein Lösungsvorschlag unterbreitet. Davon haben zwar 108 die angebotene Regelung akzeptiert, doch waren bis zum 3. August erst sieben Fälle tatsächlich ordnungsgemäß abgeschlossen.

«Unsere Aufgabe ist es, einen Bankrott zu vermeiden und den Fortbestand der finanziellen Verhältnisse des *Name* zu sichern», sagt Frau Dr. Archer. Es gibt Zwangslagen verschiedener Art (vor allem, wenn der Ehepartner über eigenes Vermögen verfügt), doch bei Alleinstehenden läuft es letzten Endes darauf hinaus, daß der *Name* sämtliche Vermögenswerte an Lloyd's überschreiben, für einen Zeitraum von drei Jahren alle unverhofften Einkünfte – Erbschaften, Glückssträhnen in der Lotterie – abtreten und alles, was über «einen bescheidenen einzigen Wohnsitz» hinausgeht, verkaufen muß. Darunter ist ein Wohnsitz von einem Wert zwischen, grob geschätzt, £ 100 000 und £ 150 000 zu verstehen, je nach Gegend. Lloyd's nimmt eine Grundschuld auf das Haus des *Name* auf, die nach seinem Tode eingelöst wird. Dem *Name* wird, so er alleinstehend ist, innerhalb des Dreijahreszeitraums eine Summe zwischen £ 7000 und £ 12 000 pro Jahr zugestanden: Alle über diesen Betrag hinausgehenden Einkünfte müssen abgetreten werden. Und schließlich insistiert die Regelung darauf, daß Lloyd's nach Ablauf dieser drei Jahre Zugriff auf alle Gelder des *Name* hat, die in irgendeinem Zusammenhang mit Lloyd's stehen: Gewinne aus noch offenen Jahren, Einnahmen aus Stop-Loss-Verträgen oder Zahlungen nach dem erfolgreichen Abschluß eines Gerichtsverfahrens gegen Lloyd's. Diese letzte Klausel liegt manchen Mitgliedern besonders schwer im Magen: Erst verbaselt Lloyd's durch seine Unfähigkeit ihre ganze Knete, dann sind sie pleite, dann greift ihnen das Hardship Committee in die Taschen, dann gewinnen sie vor Gericht einen Teil des Geldes zurück, das sie eigentlich gar nicht hätten verlieren dürfen, und dann kommt das Hardship wieder an und knöpft ihnen das auch noch ab. Ich erzählte Frau Dr. Archer, ihr Zeitungsfoto in dem Nicole-Manier-Kleid werde von den ruinierten *Names* spöttisch herumgereicht, und sie entgegnete mit naßkaltem Lächeln: «Ich kann es ihnen nicht verdenken.»

Was geschieht, frage ich sie, wenn das Komitee Unrat wittert? «Wenn wir Unrat wittern, dann schnüffeln wir weiter.» Da können Geschäftskonten komplizierte Darlehen enthüllen, oder der *Name* zeigt sich nicht geneigt, das Komitee mit seiner Bank sprechen zu lassen. «Doch die meisten unserer *Names* sind sehr ehrlich», beharrt sie. «Es sind zumeist bescheidene Menschen, die in Not geraten sind. Sie sagen: ‹Lassen Sie uns die Sache zu Ende bringen.›» Ein Sachbearbeiter, mit dem ich sprach, bestätigte dies: Betrugsversuche fallen offenbar kaum ins Gewicht und sind ungeschickt – da fehlt eine Null bei einer Zinsgutschrift, oder es werden «bei den Ausgaben dreimal Fernsehgebühren für ein Anwesen eingesetzt» (nach britischem Recht braucht man pro Anwesen nur einmal Gebühren zu zahlen). Der Sachbearbeiter räumte zwar ein, daß sich «immer noch eine gewisse Bitterkeit einschleicht, vor allem bei älteren *Names*, die ihre Lebensersparnisse verloren haben», doch wird das Verfahren in Gun Wharf als etwas notgedrungen Schmerzhaftes beschrieben, das aber doch vergleichsweise reibungslos vonstatten geht: Da wollen ehrbare *Names* einen Schlußstrich unter ihre Schwierigkeiten ziehen und bringen Lloyd's selbst noch bei ihrer finanziellen Vernichtung Vertrauen entgegen, wie Schafe, die sich brav das Fell über die Ohren ziehen lassen. Das mag in der Tat stimmen – noch. Vielleicht hat das Komitee bisher nur mit den kleinen Fischen zu tun gehabt, eine Wahrscheinlichkeit, die dadurch bestätigt wird, daß die Hälfte aller *Names*, die sich an das Hardship wenden, eine Bankbürgschaft auf ihrem Haus hat (die unziemliche Art, in den achtziger Jahren zu Reichtum zu kommen). Es kann auch sein, daß sich bisher nur die gemeldet haben, die am wenigsten zu Unredlichkeiten neigen, oder daß sich die Wut legt und teuflische Pläne nicht mehr so überzeugend scheinen, wenn man der Bürokratie von Gun Wharf gegenübersteht. Dennoch sah die Welt vom Medway-Ufer aus betrachtet offenbar ganz anders aus, als sie mir von den ruinierten *Names* dargestellt wurde.

Freilich gehen die Darstellungen immer stärker auseinander, je tiefer man in die Lloyd's-Story eindringt. Streben die *Names* nach einer ehrlichen Regelung, oder setzen sie alles daran, um möglichst ungeschoren davonzukommen? Eine zehn Jahre andauernde freimaurerische Verschwörung auf höchster Ebene gegen die externen *Names* oder bloß zehn Jahre trotteliger Inkompetenz? Zieht da eine Kette individueller Tragödien wie der HI-Virus eine verheerende Bahn durch die obere Mittelschicht, oder wird da nur ohne jede Moral vorgeführt, wie «ein Haufen reicher Leute einen anderen Haufen reicher Leute ausnimmt» (so die Formulierung eines nach Strich und Faden ruinierten *Name* im Gespräch mit mir)? Das wahre Ausmaß des gesellschaftlichen und finanziellen Traumas zu bewerten ist eine heikle Angelegenheit. Im Gespräch mit Lloyd's *Names* und Menschen, die ihnen nahestehen, ist viel von Depressionen, ehelicher Zerrüttung und sogar Selbstmord die Rede; von verkauften Grundstücken, aus der Schule genommenen Kindern und einem schwindelerregenden sozialen Abstieg. Bisweilen haben die Geschichten auch eine komische Seite: Man erzählte mir von einem *Name*, dessen ausgeprägte Lust auf serienmäßige Eheschließungen schließlich gestillt wurde, als er in weiser Voraussicht eventueller Verluste alle Vermögenswerte auf seine Gattin überschrieb; jetzt lebt er in zähneknirschender Abhängigkeit von einer Frau dahin, die ihr Verfallsdatum ansonsten schon überschritten hätte. Doch meist sind es schmerzhafte Geschichten, die oft mit einer Feststellung enden wie: «Da wurde eine ganze Schicht der englischen Gesellschaft ausgelöscht.» Sollte es bei Lloyd's zum GAU kommen und jedes einzelne Mitglied bankrott sein, dann wäre diese Feststellung sicher wahr. Gegenwärtig sind noch immer rund 30 000 Mitglieder betroffen, was in etwa der Zahl der Eintragungen in der aktuellen Ausgabe von *Who's Who* entspricht. Doch so weit ist es zur Zeit noch lange nicht. Den von Lloyd's Geschädigten kommt es wohl wie «eine ganze Schicht» vor, da die *Names* sich gemeinhin untereinander kennen (schließlich sind sie so überhaupt erst zu *Names* geworden). Auch das «Auslöschen» hat verschiedene Stufen: Manchmal hat ein Ehemann seine Frau als Mitglied eingesetzt und sich selbst herausgehalten und so die potentiellen Verluste für die Familie begrenzt; und die «Verluste» betreffen in der Regel Dinge – Erziehung in Privatschulen, Zweithäuser, Skiferien –, die anderen sowieso wie unanständige und ungerechtfertigte gesellschaftliche Privilegien vorkommen. Und schließlich lassen sich Verluste nur schwer quantifizieren, wenn man den Faktor «Haltung bewahren» in Rechnung stellt. Ein *Name*, der einen Teil seiner wertvollen Bibliothek verkaufen mußte, sagte mir heiteren Gemüts den Spruch auf: «Was keine Tränen hat, ist keine Tränen wert.» Und ein Versicherungsagent berichtete mir von folgendem klassischen Wortwechsel zwischen zwei City-Gentlemen, den er beim Verlassen seines Luncheon-Clubs mit angehört hatte. «Wie geht's, altes Haus?» erkundigte sich der erste Gentleman, woraufhin der zweite mit traurigem Kopfschütteln kurz und knapp zur Antwort gab: «Leider Lloyd's.»

Der letzte Punkt, an dem die Meinungen unüberbrückbar auseinandergehen, und die letzte Entscheidung, die man treffen muß, ist die Frage: Wird Lloyd's jetzt, unter einer neuen Geschäftsführung, mit einem spritzigen Betriebskonzept und Mr. Middletons Streifenwagen, die auf die Einhaltung der Höchstgeschwindigkeit achten, erfolgreich abgespeckt und aufgeweckt sein, seine laufenden Kosten verdammt niedrig halten und in der Mitte der neunziger Jahre in eine bahnbrechende Regenerationsperiode eintreten, oder ist das alles nur Blendwerk und Bluff, da die Kapitalbasis verheerend zusammengeschmolzen ist, die *Names* nicht mehr wie die Schafe, sondern wie die Lemminge davonlaufen, Firmenkapital ganz anderes zu tun hat, als Lloyd's zu retten, und die ganze Anlage auf den GAU zusteuert?

Im allgemeinen liegt die Wahrheit in der Mitte, doch eins

steht fest: Lloyd's mag den Zorn seiner *Names* und die Flut der Gerichtsverfahren überleben; es mag sich in einen anständigen, wohlgeordneten Markt verwandeln; es mag die noch ausstehenden Verluste aushalten. Was jedoch nicht überleben wird, was Lloyd's für immer verloren hat, ist eine bestimmte Form der feinen englischen Art, auf die man dort einst stolz war und die ganz nebenbei auch dem Geschäft zugute kam. Zunächst einmal wird Lloyd's seiner finanziellen Grundlage in Arabella's Ponyland verlustig gehen, jener Welt der Zweitwohnsitze, der Privatiers und Privatschulen: Peter Middleton prophezeit, falls das Geschäftskonzept Erfolg habe, werden in sieben oder acht Jahren höchstens 15 Prozent der Mitglieder für eine unbeschränkte Haftung optieren – und diese 15 Prozent werden «immer weniger englisch» sein, dafür gibt es dann einen frischen Zustrom von Freibeuterseelen aus dem pazifischen Raum. Darüber hinaus wird Lloyd's seinen besonderen, geheimnisvollen, mystischen, sexy Status in dem Segment der britischen Gesellschaft verlieren, von dem es einst so profitiert hat – ja, es hat diesen Status bereits verloren. Mir fällt kein besserer Ausdruck ein: Es hat seine Ehre verloren. Eben diese stillschweigend vorausgesetzte Ehre hat – vielleicht mehr als andere Beweggründe wie Snobismus, Geldgier und vermeintliche Cleverneß – in den achtziger Jahren eine solche Flut neuer *Names* gebracht; und diese neuen *Names* haben bei dem Ehrverlust von Lloyd's ihr letztes Hemd eingebüßt. Nun ist Ehrlosigkeit natürlich nicht unbedingt schlimm – siehe Falstaff. Ironischerweise empfinden diejenigen, die durch Lloyd's zahlungsunfähig wurden, diesen Ehrverlust offenbar stärker als diejenigen, die ihn verursacht haben. Die Selbstmordfälle sind sehr einseitig verteilt.

Es überrascht wohl kaum, daß Lloyd's gegenwärtig nur sehr wenige Beitritte zu verzeichnen hat. Die Anzahl der Teilhaber ist von 32433 im Jahre 1988 auf 19681 gefallen. Von 1989 bis 1992 sind 10661 *Names* ausgetreten, und nur 735 neue Mitglieder wurden hinzugewählt. Auch wenn jeder weiß, daß man in den Markt gehen soll, wenn die Aktien schlecht stehen, auch wenn die Statistiken beweisen, daß die besten Syndikate auch in den schlechtesten Jahren Gewinne abwarfen, müssen diese 735 entweder starke Nerven haben oder keine Zeitung lesen. Peter Middleton war einer von denen, die sich auf die Lloyd's-Maxime beriefen: «Wer jedes Risiko vermeiden will, soll zur Post gehen»; doch Ende 1993 hat die Post eine enorme Anziehungskraft. Mehr als einmal haben mir ruinierte *Names* das endgültige Weltuntergangsszenario vorgestellt. Es geht so: Die Sache mit dem Firmenkapital lassen wir mal beiseite, denn falls es kommt, ist es gegen die früheren Verluste des Marktes weitgehend abgesichert. Die *Names* gehen massenhaft pleite, die Kapitalgrundlage ist dahingeschwunden, schon dieses Jahr sind viele Rechnungen unbezahlt geblieben, für nächstes Jahr werden noch höhere Verluste geweissagt (und nach früheren Vorhersagen zu schließen, sieht die Wirklichkeit dann noch schlimmer aus): Wo soll das Geld herkommen? Wenn ein Mitglied vier- oder fünfmal pleite ist, läßt selbst ein Besuch beim Hardship Committee die Rechnungen nicht einfach verschwinden, auf wen sollen sie also abgewälzt werden? Auf die noch zahlungsfähigen Mitglieder. «Wir sind über den Zentralen Fonds alle miteinander verbunden», erläutert Clive Francis. Zur Tilgung dieser weitergehenden Schulden gab es bislang drei Umlagen von 1,5 Prozent pro Jahr auf den von den einzelnen Mitgliedern gezeichneten Betrag. («Man zahlt das eher zähneknirschend», erklärte mir ein irischer *Name*. Seine sowieso schon schmerzliche Zahlungsaufforderung für 1990 erhöhte sich um £ 6000, um denen unter die Arme zu greifen, die noch mehr verloren hatten.) Doch da immer mehr *Names* baden gehen, gerät der Rest immer stärker unter Druck. Was unter dem Strich bei dem Weltuntergangsszenario herauskommt, drückt ein fachmännischer Lloyd's-Beobachter so aus: «Ich gehe davon aus, daß jeder einzelne *Name* bei Lloyd's pleite ist – sie wissen es nur noch nicht.»

Einer von denen, die das nicht wissen – oder anders ausgedrückt, die sich durch die aktuellen Schwierigkeiten nicht beirren lassen –, ist ein eher unerwarteter *Name* unter den Edlen von Lloyd's. Melvyn Bragg, Schriftsteller und Kulturmagazin-Moderator, stammt als Sohn eines Kneipenwirts, der später einen Süßwarenladen hatte, aus der Arbeiterklasse von Cumbria. Zu seinen frühesten Kindheitserinnerungen gehört die, daß er in der Temperance Hall von Wigton in der vierten Reihe saß und zuhörte, wie seine Mutter den Kassenbericht der regionalen Labour-Parteikonferenz verlas. Er machte als prominenter Fernsehstar Karriere, blieb aber stets ein treues und ebenso prominentes Mitglied der Labour-Partei. Ja, als er Lloyd's beitrat – «so um 1980 herum» –, war er einer Parlamentskarriere gar nicht abgeneigt. Wäre daraus etwas geworden, säße er heute als einziger *Name* auf den Labour-Bänken den siebenundvierzig Tory *Names* gegenüber. Er gibt zu, er habe den möglichen Konflikt zwischen der Mitgliedschaft in einer Institution, die als wahre Tory-Bastion der oberen Mittelschicht gilt, und der Mitgliedschaft in einer zum damaligen Zeitpunkt relativ linksgerichteten Labour-Partei «nicht durchdacht».

Warum ist er dann beigetreten? Er besaß damals ein Haus in Hampstead im Wert von £ 150000, ein Cottage in Cumbria, £ 20000 auf der Bank, und «das Einkommen steigerte sich allmählich». Der Aktienmarkt sagte ihm nicht zu, und ein Anlageberater schlug ihm Lloyd's vor. «Es schien mir eine sichere Wette zu sein. So etwas kommt meiner Veranlagung und meinen finanziellen Bedürfnissen entgegen. Daß es etwas von einem Glücksspiel an sich hatte, gefiel mir ganz gut.» Wie nahm er das Konzept der unbeschränkten Haftung auf? «Ich fand die Wette ganz gut. Mein Vater mit seinem kleinen Einkommen hat ständig gespielt, allerdings hat er meine Mutter nie darben lassen.» Das Komische ist, daß Bragg, von Lloyd's einmal abgesehen, überhaupt nicht spielt. «Ich setze nicht einmal im Grand National. Ich hab immer gedacht, das ist doch nur Geldschneiderei – aber, na ja, da kann man mal sehen.» Die wenigen künstlerisch angehauchten *Names* bei Lloyd's sind – wie Baron Archer of Weston-super-Mare – eher so unverhohlen rechts, wie Bragg links ist. Als ich Bragg vor Augen führte, wie selten es vorkommt, daß jemand künstlerisch angehaucht, links und ein *Name* ist, stutzt er und überlegt: «Ist John Mortimer ein *Name*?» Die gleiche Reaktion höre ich, wenn ich die Frage anderswo stelle: «Ist John Mortimer ein *Name*?» Ich rufe den liebenswürdigen geistigen Vater des Rumpole von Old Bailey an, um mich zu vergewissern. «Natürlich nicht», entgegnet er leicht verärgert über die Unterstellung. Wieso nicht? «Ich halte das für eine total bescheuerte Art, sich das Geld abnehmen zu lassen. Es ist mir unbegreiflich, wie jemand da eintreten kann, außer er ist verrückt.»

Bragg blickt zwar zeitweise nicht recht durch, doch scheint die Mitgliedschaft ihn nicht zu belasten. «Ich meine ehrlich, daß es eine ehrbare Art und Weise ist, das Geld für sich arbeiten zu lassen.» Aber er hätte sein Geld – unter Umgehung des Aktienmarktes – doch zum Beispiel auch bei einer ganz normalen Versicherung anlegen können: Spielte bei seiner Entscheidung nicht auch Snobismus eine Rolle? «Man zögert, sich nicht zu seinen Lastern zu bekennen», antwortet er, und wir belassen es dabei. Außerdem hat Bragg Lloyd's auch seinen professionellen Rat zukommen lassen. Vor etwa einem Jahr beriet man sich informell mit ihm über die unliebsame Publicity des Marktes. Zu seinem Entsetzen mußte er entdecken, daß «deren Presseabteilung so groß war wie die von Border Television» – das heißt etwa ein Mann, ein Kind und ein Moorhuhn. Inzwischen wird dieser Bereich mit mehr Glanz und Gloria gehandhabt, wie es sich für die «transparente Gesellschaft» gehört, die Lloyd's jetzt zu sein behauptet.

Der Schriftsteller gibt zu, daß er damals «erschreckend unbekümmert» um die Folgen seines Beitritts zu Lloyd's war. Gleichzeitig hatte er allerdings Glück mit den Ratschlägen, die er bekam. Der naheliegende Vergleich zwischen dem Glücksspiel bei

Lloyd's und Pferdewetten hat durchaus etwas für sich, in einer grundlegenden Hinsicht allerdings nicht: Wenn man einfach so beim nächstbesten Buchmacher hereinschneit, bekommt man mehr oder weniger die gleichen Quoten wie bei anderen auch; wenn man einfach so bei Lloyd's hereinschneit, liegt das erste und möglicherweise größte Risiko darin, welchem Agenten man vorgestellt wird. Bragg verfolgte die Syndikate, denen er zugeteilt wurde, «nur sehr, sehr oberflächlich»; er schloß keinerlei Stop-Loss-Versicherung ab («Als ich die Zahlen durchgerechnet hatte, rentierte sich das nicht»); und obwohl er in den letzten Jahren Geld verloren hat, «habe ich insgesamt wohl doch einen ganz guten Schnitt gemacht». Zur Zeit ist er an achtundzwanzig Syndikaten beteiligt, sagt er, von denen vier Verluste machen und vierundzwanzig «sehr gut florieren». Trägt er sich angesichts der Verluste der letzten Jahre mit Ausstiegsgedanken? «Es ist idiotisch, das alles über einen Kamm zu scheren», gibt er zurück. Damit will er sagen, daß der Austritt nicht von künftigen Verlusten in den noch offenen Syndikaten befreit; man würde also effektiv nur aus den gewinnbringenden Syndikaten aussteigen. Er denkt nicht daran wegzulaufen. «Ich glaube, Lloyd's ist jetzt erst recht ein sicherer Tip. Wenn ich von den offenen Syndikaten wegkäme, würde ich jetzt richtig einsteigen. Es gibt haufenweise Syndikate, die Geld machen. Es ist der geeignete Moment für einen Beitritt.»

Der englische Schriftsteller dachte genau wie ein irischer Geschäftsmann, mit dem ich sprach. Hätten sie bei ihrem Beitritt gewußt, was da auf sie zukam, hätten sie sich nie darauf eingelassen («Ein vorsichtiger Spekulant, wie ich es 1980 war, würde das heute nicht mal mit der Feuerzange anfassen», sagt Bragg); da sie aber nun einmal drin sind und die Verluste der letzten drei Jahre überstanden haben, finden sie es ganz in Ordnung, jetzt dabeizubleiben. In bezug auf instinktive psychologische Reaktionen trifft der Vergleich mit der Wetterei wohl am ehesten zu. Wer verloren hat und Federn lassen mußte, weiß, daß es ein abgekartetes Spiel ist – daß die Pferde gedopt sind, die Jockeys bestochen und die Rennleitung korrupt. Wer gewonnen oder sein Geld wieder herausbekommen hat, fühlt sich als König der Rennbahn gegenüber den armen Tröpfen, die ihre Manschettenknöpfe verspielt haben – er bekommt schließlich die heißen Tips aus dem Stall, wittert auf 100 Meter Entfernung, daß ein Pferd unsicher auf den Beinen ist, hat die richtigen Kontakte.

Der Kontakt, den Melvyn Bragg hat, ist der Zweite Vorsitzende von Lloyd's, Robert Hiscox, der zugleich sein Agent ist. Als Sohn eines früheren Vorsitzenden ist Hiscox ein Insider ersten Ranges; er ist aktiver *Name* seit 1967, saß zwanzig Jahre «in der Box» und versicherte Kunstwerke im Spitzenbereich des Marktes und ist zur Zeit Vorsitzender der Versicherungsagentur Roberts & Hiscox. Er ist ein gepflegter Fünfzigjähriger, ruhig im Ton und streitbar in der Sache und setzt sich jetzt schon fünfundzwanzig Jahre lang für eine beschränkte Haftung ein. Das traf stets auf Widerstand, zum Teil deshalb, weil alle Welt die Lloyd's Acts von 1871 und folgende falsch verstand, die das angeblich ausschlossen (in Wirklichkeit taten sie das nur für Privatpersonen), vor allem aber mit der Begründung: «Man soll das Kind nicht retten, bevor es in den Brunnen gefallen ist.» «Worauf ich immer entgegnete: ‹Hinterher ist es meistens zu spät.›» Nun ist er für die Anwerbung von Firmenkapital und für die Rettung von Lloyd's Haut zuständig: die größte Rettungsaktion, die man sich denken kann.

Hiscox ist ein Mensch, der nicht viel Umschweife macht, und außerdem Marktrealist. Vor Jahren hat er auch den berüchtigten Spruch geprägt: «Hätte Gott nicht gewollt, daß sie geschoren werden, dann hätte er sie nicht als Schafe erschaffen.» Im Juni dieses Jahres, als bereits ziemlich viele Schafe geschoren und obendrein geschlachtet und samt Mintsoße und allem Drum und Dran verspeist worden waren, wurde ihm dieses Zitat in einem Fernsehinterview vorgehalten, und er verwies zu Recht darauf, daß der Spruch in Wirklichkeit von Eli Wallach und aus seinem Lieblingsfilm *Die glorreichen Sieben* stammt. Aber trotzdem, was wollte er damit sagen? «Es gibt Leute», erwiderte er, «die sich im Leben mit unfehlbarer Sicherheit den falschen Steuerberater aussuchen, sie suchen sich die falsche Frau oder den falschen Mann aus, sie suchen sich den falschen Anwalt aus, sie suchen sich den falschen Börsenmakler aus, und sie liegen mit ihrem Urteil unfehlbar immer daneben, und nun ist es leider so, wenn man den Markt so regulieren will, daß diese Leute kein Geld verlieren können, dann fängt die Schwierigkeit damit an, daß sie bei Lloyd's an den falschen Versicherungsagenten geraten, und dann wird das zu einer sehr schlechten Erfahrung für sie.» Das hört sich ganz so an, als wolle man das Opfer zum Täter machen (sollte man nicht sowieso lieber Yul Brynner zitieren als Eli Wallach?), und als sich unser Gespräch dann «dem ganzen Leid und Elend» der letzten Jahre zuwendet, bemerkt Hiscox, daß mit den Ereignissen der achtziger Jahre stets zu rechnen war, «wenn man sehr anspruchsloses Kapital hat». Das ist wohl eine befremdliche und erschreckende Charakterisierung der Menschen, mit denen ich in den vergangenen Wochen gesprochen hatte. Außerdem, war es nicht genau das, was er als Agent wollte? Da war er anderer Meinung: «Wir haben sie» – derartige Bewerber – «in hellen Scharen fortgeschickt. Dann sind sie hier aus der Tür gerannt und Gooda Walker in die Hände gefallen, leider Gottes, und sie haben sich das gar nicht weiter überlegt. Sie haben einfach einer 305 Jahre alten Institution vertraut, die untrennbar mit Großbritannien und dem Empire verbunden ist, und da haben sie gar nicht näher hingeschaut.»

Die neuen Anleger, die Lloyd's gewinnen will, werden wohl nicht viel Ähnlichkeit mit Schafen haben und sicher «näher hinschauen». Als ich Peter Middleton fragte, warum sich Firmenkapital in einem Markt engagieren sollte, der in jüngster Zeit so drastisch zugunsten der Insider arbeitete, meinte er, solche Unternehmen seien ohne weiteres in der Lage, sich die Syndikate herauszupicken, denen sie zugeteilt werden wollen (und würden wohl rigoros durchsetzen, daß das auch geschieht). Ab Januar 1994 nimmt der Markt Körperschaften als *Names* auf. Sie benötigen Kapital in Höhe von 1,5 Millionen Pfund und müssen 50 Prozent der gezeichneten Summe bei Lloyd's deponieren (bei Privatpersonen sind es 30 Prozent); ihre Haftung ist beschränkt; und frühere Verluste von Lloyd's sind «abgeschottet». Dieser letzte Punkt ist bei gegenwärtigen *Names* auf Kritik gestoßen, die meinen, sie müßten die früheren Fehler von Lloyd's ausbaden und dann käme das Firmenkapital angetanzt und würde sich an den saftigen Neuabschlüssen gütlich tun. Hiscox verteidigt die Notwendigkeit dieses doppelgleisigen Systems für den Markt mit Vehemenz: «Sie finden keinen neuen Investor, der auch nur einen Penny für den Schnee von gestern zahlt.» Außerdem ist Lloyd's, wie er sagt, in dieser Hinsicht nicht anders als die Börse: Wenn der Preis für eine Aktie in den Keller geht, würde ein Kapitalanleger, der sie etwa für 24 Pence erwirbt, doch nicht denen unter die Arme greifen, die sie vormals für 124 Pence gekauft haben – ja, der bloße Gedanke käme ihm seltsam vor.

Hiscox gibt zu, daß der Aufstand der Vasallen den Aktionsgruppen im Moment eine gewisse Macht über Lloyd's verschafft. Bei der Gewinnung von Körperschaftskapital arbeitet die Zeit nicht für ihn, und ein sichtbarer Massenaufstand früherer Investoren, ganz zu schweigen von der Überweisung eines Falles an das für Wirtschaftsverbrechen zuständige Serious Fraud Office zur eventuellen strafrechtlichen Verfolgung, ist schlechte Publicity. Und wenn nun Lloyd's *Names* die Zahlung verweigern? Wenn sich kein Körperschaftskapital gewinnen läßt? «Ohne Körperschaftskapital können wir uns noch bis 1994 halten.» Für ihn ist es eine Ironie der Geschichte, daß der Markt in der Vergangenheit verschiedenen Gegnern standhalten und in jüngster Zeit bei einigen Unterhausangelegenheiten sogar die Unterstützung der Labour-Partei gewinnen konnte und nun «gegen die eigenen *Names* kämpfen» muß. Doch wie er sarkastisch bemerkt: «Englands Untergang kann nur das Werk von

Engländern sein.» Das kommt mir merkwürdig dreist und anmaßend vor, hat Lloyd's doch jahrhundertelang von seinem bis ins Mark englischen Wesen gezehrt. Ich muß daran denken, wie die Minusmillionärin sagte: «Ich hielt das Ganze für etwas sehr Englisches.» Ich muß auch an die spitze Bemerkung der Witwe vom West Country denken, als es um den Zustrom von Körperschaftskapital ging: «Ich würde nicht in eine Firma investieren, die in Lloyd's investiert.»

Wenn das neue Konzept funktioniert und Lloyd's überlebt, wird sich der Markt von Grund auf wandeln. Die Zeiten des Abgrasens von Abendgesellschaften, der Wimbledon-Connection und der Hobby-Investoren – die Zeiten der Schafe und des «anspruchslosen Kapitals» – sind dann vorbei. Die Privatperson wird unter den *Names* eine Seltenheit; die meisten *Names* tun sich zusammen, um den Status einer Körperschaft zu erlangen und mit beschränkter Haftung zu operieren, oder sie investieren über ein größeres Unternehmen. Das Geld kommt natürlich weiterhin zum Teil von denselben Leuten, wird allerdings nunmehr durch Rentenfondsverwaltungen gefiltert und nicht mehr wie ein Sack voll silberner Fischgabeln im Kofferraum eines Range Rovers angeliefert. Auf meine Frage, wie Lloyd's – vorausgesetzt, es überlebt – in zehn Jahren aussehen wird, verschleiert sich Hiscox' Blick, wenn es so etwas wie einen dynamisch-verschleierten Blick gibt. «In meinen Träumen sehe ich Lloyd's vor mir, wie es in seiner Blütezeit war, ein Hort überragender Leistungen, kreativ und innovativ.» Wann war diese Blütezeit? Überraschenderweise «so um 1790». Dann spricht Hiscox von «drei grundlegenden Dingen, die Lloyd's seit zwanzig Jahren nicht mehr hat». Dies sind: «Erstens ein reiches, kultiviertes Kapital. Zweitens absolute Integrität. Drittens eine starke Geschäftsführung.» Dann verweist Hiscox wieder einmal auf die Welt des Kinos: Diesmal ist es nicht Eli Wallach, sondern Tyrone Power. 1936 trat Power in einer eher unbekannt gebliebenen Rolle auf, nämlich der eines Versicherungsagenten in Darryl

F. Zanucks *Lloyd's of London*. Der Film spielt um 1790, die «drei grundlegenden Dinge» feiern fröhliche Urständ bei Lloyd's, und der im Versicherungsgeschäft tätige Held ist, laut Hiscox, eine «absolut integre Persönlichkeit, die alles für ihr Land tut». Hiscox hat mir freundlicherweise ein Videoband des Films geliehen.

Lloyd's of London ist ein fröhlicher Blödsinn erster Güte, und wer glaubt, daß Freddie Bartholomew zu Tyrone Power heranreifen kann, der glaubt auch alles andere, ohne mit der Wimper zu zucken. Klein Freddie ist von Kindesbeinen an mit einem etwas vornehmeren Jungen namens Horatio Nelson befreundet, bis das Schicksal ihre Wege trennt. Nelson geht zur Marine, und Freddie reißt nach London aus, wo sich das berühmte Kaffeehaus seiner annimmt. Auf dem Schoß von John Julius Angerstein, einem berühmten Versicherungsbaron jener Zeit, wird ihm vor Augen geführt, daß «Lloyd's sich auf zwei starke Säulen stützt: Nachrichten und ehrliches Geschäftsgebaren. Ist eine von beiden dahin, sind auch wir dahin und mit uns die gesamte britische Handelsmarine.» Urplötzlich entwickelt sich Freddie zu Tyrone und verliebt sich in Madeleine Carroll. Die Napoleonischen Kriege brechen aus. Versicherungsverträge werden abgeschlossen. Die Lutine Bell wird (anachronistischerweise) geläutet. Power zitiert stolz Angersteins Spruch, Lloyd's sei «keine Ansammlung von geldgierigen Brokern, sondern eine Organisation, die mit dem Schicksal von England verbunden ist». Den größten Teil des Films über ist der arme Nelson eine Gestalt hinter den Kulissen; der Action-Typ im Rampenlicht ist der Versicherungsagent. Daher versichert er die britische Handelsflotte tapfer weiter zu Vorkriegspreisen, auch wenn es ihr am Schutz der britischen Marine gebricht. Die Lutine Bell läutet wie ein Dinnergong. Napoleon wird endlich besiegt, und ein verzückter Bewunderer gratuliert dem heroischen Versicherungsagenten mit den Worten: «Nelson hat gewonnen, England ist gerettet, und Lloyd's ist gerettet.»

Interessant, zukunftweisend und in Mr. Hiscox' Darstellung

des Versicherungsagenten als «absolut integrer Persönlichkeit» vielleicht wohlweislich ausgelassen ist die Art und Weise, wie der Protagonist England, Nelson, Lloyd's, seinen Job als Versicherungsagent und seine Liebe zu Madeleine Carroll rettet (und *ihr* Geld übrigens auch, denn sie hat ihm lammfromm ihr Erbe in die Hand gelegt). Er tut es, indem er einen schweren Betrug an Lloyd's, seinen Investoren und Freunden, der britischen Admiralität und dem britischen Volk verübt und die Lüge tagelang wiederholt und verteidigt, bis sein alter Kumpel Horatio die Schlacht von Trafalgar gewinnt. Wegen dieses Täuschungsmanövers (und aus anderen vielschichtigen Gründen) wird er von George Sanders hinterrücks durch Schüsse niedergestreckt, just in dem Moment, da Nelson bei Trafalgar von den Schüssen der Franzosen getroffen wird. Der Admiral stirbt, wie allgemein bekannt; der Versicherungsagent aber überlebt. Vielleicht liegt hier eine Moral verborgen, für England wie auch für die ruinierten *Names* von Lloyd's.

September 1993

Die im Mai 1994 bekanntgegebenen Verluste für 1991 waren doppelt so hoch, wie Lloyd's zwölf Monate zuvor vorausgesagt hatte: 2,5 Milliarden Pfund (oder, wenn man sich lieber an das neu eingeführte und sympathischere System halten will, das die «doppelte Zählung» bereinigt, wenn zwei Syndikate Reserven für denselben Anspruch bereithalten, nur 2,048 Milliarden Pfund). Außer den Asbestose- und Umweltverschmutzungsfällen droht jetzt ein neuer Rattenschwanz: Ansprüche gegen die Hersteller von Silikon-Brustimplantaten. Laut Schätzung von Tom Benyon, dem Vorsitzenden der Society of Names, *bedeuten die Ergebnisse von 1991 den Ruin von annähernd 9000* Names. *Im Oktober 1994 gab es scheinbar gute Nachrichten für die Minusmillionäre: Eine Gruppe von 3098* Names *hatte die Versicherer der Gooda-Walker-*

Syndikate erfolgreich wegen «fahrlässiger Fehler» verklagt. Die Anwälte der Kläger schätzten, die Entschädigung werde mehr als 500 Millionen Pfund betragen. Doch bei Lloyd's geht nichts einen geraden Weg. Wo lagen die Policen, mit denen sich die Versicherer von Gooda Walker gegen fahrlässige Fehler absicherten? Vor allem bei Lloyd's natürlich. Selbst wer außerhalb von Lloyd's rückversichert war, mochte sich, wie der Wirbelwind des Marktes so spielt, letzten Endes durchaus erneut auf dem Londoner Markt wiederfinden. Also müssen die Names *womöglich feststellen, daß ihnen Geld von ihren fahrlässigen Versicherern zusteht, die wiederum Ansprüche gegen ihre Haftpflichtversicherer geltend machen, die sich ihrerseits das Geld von denselben* Names *holen, die es von anderer Seite zu bekommen haben. Pleite gemacht? Jetzt können Sie noch mehr Pleite machen!*

11

Mrs. Thatcher erinnert sich

Vor ein paar Jahren wurde eine ältere Freundin von mir in einem britischen Krankenhaus auf einen möglichen Gehirnschaden hin untersucht. Ein Psychiater fragte sie mit herablassender Anteilnahme aus. «Können Sie mir sagen, welchen Wochentag wir heute haben?» – «Das hat für mich keine Bedeutung», kam die ausweichende Antwort. «Dann können Sie mir vielleicht sagen, in welcher Jahreszeit wir uns befinden?» – «Natürlich kann ich das.» Der Arzt ging zu seiner nächsten Testfrage über. «Und können Sie mir sagen, wer gerade Premierminister ist?» – «*Das* weiß ja nun jeder», antwortete halb triumphierend, halb verächtlich meine Freundin. «Thatch.»

In der Tat, elf lange Jahre hindurch wußte jeder, daß Thatch Premierministerin war. Kein anderes Regierungsoberhaupt ist zeit meines Lebens so permanent *präsent* gewesen wie Margaret Thatcher, und zwar nicht nur im Sinne von Langlebigkeit, sondern auch von Intensität. Sie gewöhnte sich an, mit vier Stunden Schlaf pro Nacht auszukommen, und so wurde die Nation fast allmorgendlich von einem Exerzierplatzschnarren geweckt, das uns mitteilte, was für ein entsetzlich lahmer Haufen wir doch seien und daß wir gefälligst im Laufschritt und mit Sturmgepäck eine Runde um die Kaserne drehen sollten. Wer sie persönlich kennenlernte, konnte bestätigen, daß sie ihr Gegenüber privat genauso starren Auges musterte wie auf dem Exerzierplatz. Der Dichter Philip Larkin beschrieb den Augenblick, «da ich vom blauen Blitz getroffen», und raunte einem anderen Korrespondenten ein anerkennendes «Welch stählerne Klinge!» zu. Alan Clark, ein eher unbedeutender Tory-Minister, Bonvivant und

Chronist der oberen Zehntausend, erinnerte sich an den unvergeßlichen Moment, als «ihre blauen Augen aufblitzten» und «mich eine volle Dosis ihrer durchdringenden Persönlichkeit überkam, eine Art Führerkontakt». (Er bemerkte außerdem, daß sie «sehr kleine Füße und reizvolle – nicht knochige – Fesseln im Stil der vierziger Jahre» hatte.) Selbst Präsident Mitterrand, von dem man sowohl aus nationalen wie politischen Gründen eine gewisse Immunität hätte erwarten dürfen, ist laut Jacques Attalis *Verbatim* der Macht von La Thatch erlegen. «Die Augen von Stalin, die Stimme von Marilyn Monroe», sinnierte er in paradoxer Berückung.

Als Mrs. Thatcher 1975 die Führung der Tories übernahm, sah es so aus, als bleibe sie ein vorübergehendes und zufälliges Phänomen. Sie kam vom rechten Flügel der Tories, aber in der britischen Regierung hatten sich seit Jahren Tory-Linke und Labour-Rechte die Klinke in die Hand gegeben: ein bißchen Steuersenkung und Reprivatisierung hier, gefolgt von ein klein wenig Steuererhöhung und Rückverstaatlichung da. Ja mehr noch, sie war eine Frau: Obschon beide große Parteien dickhäutige Vorurteile gegen diese Spezies hegten, ging man stets davon aus, daß die offiziell progressive Labour-Partei eher eine Frau an die Parteispitze lassen würde als die Konservativen. Tory-Frauen, so wußte man, stimmten lieber für Männer; und Tory-Männer auch. Und zu guter Letzt war da noch Mrs. Thatchers einseitig englische Ausstrahlung, und zwar in der rasenmähenden Vorortvariante: Man nahm zuversichtlich an, daß sie nördlich des Grabens von Watford (einer Autobahnraststätte in den südlichen Midlands, an der sich das reiche England und der arme Norden der Insel scheiden) keine Stimmen bekommen würde. Für ihren ersten Wahlsieg machte man daher die zeitweilige Schwäche der Labour-Partei verantwortlich; für ihren zweiten die aufputschende Wirkung des Falklandkriegs; für ihren dritten die erneuten Spaltungstendenzen innerhalb der Opposition. Daß sie nicht die Gelegenheit bekam, eine vierte Wahl zu gewinnen, war weder das Werk der Labour-Partei noch des Tory-Fußvolks draußen im Lande, sondern einzig und allein einer verstimmten Unterhausfraktion, die (nur um Haaresbreite) zu dem Schluß kam, daß ihr Wählbarkeitsdatum inzwischen abgelaufen war.

Ihre Gegner, denen jeder Tag ihrer Herrschaft wie politische Migräne auf die Stimmung schlug, neigten zu zwei fundamentalen Fehleinschätzungen. Zum einen behandelte man sie als eine Art politische Sektiererin. Das war verständlich, insofern sie eine ausgesprochene Tory-Ideologin war, und wann hatte die Konservative Partei schon zuletzt eine Ideologie verfochten, eine unbeugsame Programmatik verfolgt, einem Glauben an den Heiligen Gral gehuldigt? Es dauerte Jahre, bis man die häßliche Wahrheit begriff, daß Mrs. Thatcher in ihrer Person mit großem Erfolg an etwas zutiefst Englisches appellierte, das bislang politisch ausgegrenzt worden war und in ihr eine überzeugende Repräsentantin fand. Den Liberalen, den Snobs, den Großstädtern und Kosmopoliten erschien sie provinziell und krämerseelenhaft, puritanisch und poujadistisch, eigennützig und fremdenfeindlich, Matadorin einer zepterschwingenden Inselnostalgie und Zähl-dein-Wechselgeld-Buchführung. Aber ihre Anhänger sahen in ihr eine unverblümte Rednerin, eine klare und visionäre Vordenkerin, die Verkörperung eines «Schluß mit den Fisimatenten!» und «Du mußt lernen, auf den eigenen Füßen zu stehen!», eine große Patriotin, die endlich erkannte, daß wir schon viel zu lange von geborgter Zeit und geliehenem Gelde lebten. Wenn die emotionale Anziehungskraft des Sozialismus in seiner Berufung auf die Wissenschaft gründet (die Unausweichlichkeit suggeriert), dann gründet die emotionale Anziehungskraft des Thatcherismus in seiner Berufung auf die Natur (die ebenfalls Unausweichlichkeit suggeriert). Aber die Berufung auf die Natur sollte uns stets an eines der häufigeren Naturschauspiele erinnern: daß große Tiere die kleineren verschlingen.

Die zweite Fehleinschätzung, die sich ziemlich lange hielt,

war die Annahme, man könne und werde das, was Mrs. Thatcher dem Land antat, eines Tages wieder rückgängig machen. Dies war über die Jahre in der Nachkriegspolitik nämlich mehr oder weniger zur Regel geworden: ein kleiner Pendelschwung nach links, dann wieder nach rechts und so fort. In der Ära des Postthatcherismus schwingt das Pendel zwar weiter, aber die Uhr wurde inzwischen in einem ganz anderen Winkel an die Wand gehängt. Wie viele andere glaubte auch ich, daß die offizielle Durchsättigung des Landes mit marktwirtschaftlichen Werten ein reversibles Phänomen sei, ein kleiner Hautkrebs vielleicht, aber keine Verstrahlung der Seele. Diesen Glauben – oder diese Hoffnung – habe ich Weihnachten vor ein paar Jahren aufgegeben, und wenn ich veranschaulichen will, was Mrs. Thatcher Großbritannien angetan hat, dann denke ich an die Sternsinger. Als sie an die Macht kam, stellten sie sich wie alle Weihnachten vor unserem Haus auf, sangen ein oder zwei Lieder, dann läuteten sie und gewährten uns, wenn wir aufmachten, noch einige Zugaben. Etwa in der Mitte von Thatchs Herrschaft fiel mir plötzlich auf, daß sie sich nicht mehr die Mühe machten zu singen, bevor sie nicht geläutet und abgeklärt hatten, ob überhaupt jemand da war, der zuhören und spenden würde. Nachdem sie etwa zehn Jahre an der Macht war, öffnete ich an Weihnachten die Tür und spähte hinaus. Da waren zwei kleine Jungs, die sich schon wieder ein Stück vom Haus entfernt hatten, um ja keine Zeit zu vergeuden, falls sie abschlägig beschieden würden. «Lieder?» fragte einer von ihnen, indem er mit geschäftsmännischer Geste die Hand aufhielt, als hätte er gerade unter der Hand einen Posten Liedgut besorgt und ließe sich eventuell überreden, mich an seinem Schnäppchen zu beteiligen.

Politisch gesehen hat Mrs. Thatcher durchaus Beachtliches geleistet. Sie hat bewiesen, daß man den frommen alten Zopf der Konsenspolitik, ob innerhalb der Partei oder parteiübergreifend, getrost ignorieren konnte. Man konnte das Vereinigte Königreich regieren und dabei seine parlamentarische Basis auf eine rein englische Partei zusammenschrumpfen lassen. Man konnte Wahlen überleben und dabei die Arbeitslosenzahlen in Höhen schnellen lassen, die ehedem für politisch untragbar gehalten wurden. Man konnte bislang unpolitische öffentliche Körperschaften für politische Zwecke nutzen und die heiligen Gesetze des Marktes in gesellschaftliche Bereiche hineinzwängen, die ehedem als sakrosankt galten. Man konnte die Macht der Gewerkschaften massiv einschränken und die der Arbeitgeber ausweiten. Man konnte die Unabhängigkeit der Kommunen beschneiden, indem man ihnen die Möglichkeit nahm, Geld einzutreiben, und falls sie einem dann immer noch lästig waren, konnte man sie ganz einfach abschaffen: London ist heute die einzige Großstadt der freien Welt, die keine gewählte Stadtregierung besitzt. Man konnte die Reichen reicher und die Armen ärmer machen, bis man die Kluft wiederhergestellt hatte, die Ende des letzten Jahrhunderts bestand. Man konnte all dies bewerkstelligen und nebenher die Opposition traumatisieren: Die Tatsache, daß eine häufig sehr unbeliebte Tory-Regierung seit 1979 unfehlbar wiedergewählt wurde, hat die Labour-Partei stetig nach rechts getrieben, bis sie einen Großteil der Überzeugungen abgelegt hatte, an die sie in den siebziger Jahren noch glaubte, so daß sie sich heute als Partei der lieben, sozialen im Gegensatz zu den bösen, unsozialen Kapitalisten präsentiert. Selbst die Arbeitslosen haben ihr Trauma weg, alldieweil sie bei der letzten Wahl (die zwar ohne Thatcher, aber doch mit thatcheristischer Ideologie ausgefochten wurde) prozentual mehr Stimmen für die Tories einlegten als bei der vorletzten.

Die Anziehungskraft von Mrs. Thatcher beruhte von Anfang an hauptsächlich auf ihrer granitenen Selbstgewißheit. «Ihre große Tugend besteht», wie Philip Larkin 1979 einem Reporter erklärte, «darin, daß sie sagt, zwei und zwei sind vier, und das ist heutzutage genauso unpopulär wie eh und je.» Später im selben Jahr führte der Dichter weiter aus: «Ich bete Mrs. Thatcher an. Endlich beginne ich die Politik zu verstehen, was seit Stafford

Cripps (den ich ebenfalls sehr verehrte) nicht mehr der Fall war. Die Erkenntnis, daß man etwas nicht haben kann, wenn man nicht das Geld dafür hat – diese Einsicht war jahrelang verschüttet.» Nun hat Politik natürlich mit Dezimalstellen, Logarithmen und ungleichnamigen Brüchen zu tun, und indem Mrs. Thatcher sie in manchen Punkten so überaus simplifizierte, verärgerte sie zwar all diejenigen, welche um die Komplexität der Materie wußten, aber zementierte zugleich ihren Rückhalt in der Zwei-plus-zwei-Fraktion. Sie liebte es beispielsweise, die nationale Wirtschaftspolitik durch Vergleiche mit dem häuslichen Einkaufskorb zu erhellen. Bei den Budgetstreitigkeiten mit der EG ging es darum, «sie» dazu zu bewegen, «uns» «unser» Geld zurückzugeben. Sie liebte Polarisierungen zwischen «uns» und «ihnen». Auch solche zwischen gut und böse: Wie Superman machte die Eiserne Lady uns die Welt leichter begreiflich. Sie benutzte dasselbe moralische Koordinatensystem wie Reagan. Eine der wenigen wirklich komischen Stellen in *Margaret Thatcher: The Downing Street Years* ist ein Farbfoto, das während eines Banketts in Nr. 10 aufgenommen wurde. Die Premierministerin zieht mit einer Rede vom Leder, während der Präsident mit einem Ausdruck tumber Ehrfurcht zu ihr aufschaut. Unter dieses offizielle Souvenir hat er geschrieben: «Liebe Margaret – Wie Du siehst, stimme ich mit jedem Deiner Worte überein. Wie immer. In inniger Freundschaft, Dein Ron.» Während der Reagan-Thatcher-Jahre durften sich die hiesigen Traumtänzer einbilden, das Verhältnis der Kennedy-Macmillan-Ära habe sich umgekehrt. Macmillan verglich die transatlantische Allianz gern mit der Beziehung zwischen dem weisen alten Griechenland (Großbritannien, falls Sie im Zweifel gewesen sein sollten) und dem kraftvollen jungen Rom. Reagans Seniorenschlummernummer gab Thatcher zumindest zeitweilig Gelegenheit, sich als dynamische Ideenmaklerin zu produzieren.

«Persönlich dominant, in höchstem Maße von sich selbst überzeugt und aufreizend stur», vereinigte Mrs. Thatcher in sich «eine seltsame Mischung von liberalen Ansichten und kleinkarierten Vorurteilen.» Dieses Resümee stammt nicht etwa von einem aufgebrachten Labourianer, sondern von dem ansonsten salbungsvollen Kenneth Baker, einem der Geschäftsführer ihrer Partei. (Baker wurde einst als möglicher Nachfolger gehandelt, und seine Öligkeit provozierte seinerzeit die Bemerkung: «Ich habe die Zukunft gesehen, und sie grinst süffisant.») Mrs. Thatcher bildete sich eine Meinung, verkündete sie, hielt eisern daran fest und wiederholte sie wortwörtlich, so oft es eben nötig war. In den *Downing Street Years* entmannt sie den glücklosen Verteidigungsminister aus der Zeit des Falklandkriegs, John Nott, mit der abschätzigen Zeile: «Sein Laster war Grübelei.» Nichts dergleichen bei Maggie. Larkin war einmal zu einem Dinner im Haus des Historikers Hugh Thomas eingeladen und notierte über die kämpferischen, von keinerlei Selbstzweifeln angefochtenen Umgangsformen der Mrs. Thatcher: «Das war, als sehe man einem Weltklassespieler beim Tennis zu; kein ‹Ja, ähm, was denken denn die anderen darüber?›, sondern einfach bumm zurück übers Netz.» Zu den weiteren Gästen zählten Isaiah Berlin, V. S. Naipaul, Tom Stoppard, Mario Vargas Llosa, J. H. Plumb, V. S. Pritchett, Anthony Powell, Stephen Spender, Anthony Quinton und A. Alvarez, also eine ziemlich auserlesene Tenniscrew. Aber Mrs. Thatcher ließ sich von der Geistesgröße «eitler Intellektueller», wie sie die Gattung in ihrem Buch nennt, nicht mehr beeindrucken als vom Standesdünkel altgedienter Tories. Zu Beginn ihrer Amtszeit versuchte man noch, sie als eine Premierministerin zu präsentieren, die gerne mit ausgewählten geistigen Schwergewichten ein gedankliches Krafttraining absolviert – zu ihren Sparringspartnern gehörte unter anderem der Historiker Paul Johnson –, aber dieses Bemühen ist offenbar bald erstorben. Jedenfalls erscheint keiner der obigen Namen im Register der *Downing Street Years*: Dort findet man zwar «Berlin, disco bomb», nicht aber «Berlin, Isaiah».

Ja, die Kultur füllt dort ganze zwei Seiten, von denen eine

wiederum darauf verwendet wird, Mrs. Thatchers heroischen, aber erfolglosen Kampf um den Erwerb der Sammlung Thyssen für Großbritannien zu schildern. (Diese «war nicht nur ein bedeutender Kunstschatz, sondern auch eine gute Investition», wie sie typischerweise anmerkt.) Wenn andere Premierminister sich – wie aufrichtig oder heuchlerisch auch immer – den Anschein geben, daß sie Kunst wenn schon nicht für eine Bereicherung, so doch für eine Verzierung des Lebens halten, dann dürfen sie sich mit Mrs. Thatcher nicht vergleichen: Wer die Zeit hat, sich um derlei Dinge zu kümmern, nimmt seinen Job als Premierminister nicht ernst. Sie erinnert sich, wie Macmillan einst einer Gruppe von jungen Abgeordneten erzählte, daß «Premierminister, da sie ja kein eigenes Ressort besäßen, über viel freie Zeit zum Lesen verfügten. Er empfahl Disraeli und Trollope. Manchmal frage ich mich, ob er uns auf den Arm nehmen wollte.» Mit an Sicherheit grenzender Wahrscheinlichkeit wollte er nichts dergleichen, und es kommt nicht von ungefähr, daß John Major, der sich auf Macmillans Easy-Listening-Regierungsstil zurückbesonnen hat, als seinen Lieblingsschriftsteller ebenfalls Trollope nennt – ja, sogar Mitglied der Trollope Society ist. (Die Tatsache, daß der Romancier für Politiker im allgemeinen und Tories im besonderen nur Bissigkeiten übrig hatte, scheint moderne Konservative nicht zu stören.) Mrs. Thatcher gibt demgegenüber als Lieblingslektüre «Thriller von Frederick Forsyth und John le Carré» an. Und das ist vielleicht auch ganz gut so. Der Anblick einer Mrs. Thatcher, die sich als Kunstliebhaberin geriert, wäre nichts für zarte Gemüter.

Weitaus besser war da ihre ungeheuchelte Reaktion, als Kingsley Amis ihr in Nr. 10 ein signiertes Exemplar seines Romans *Russian Hide-and-Seek* überreichte. «Wovon handelt es?» fragte sie ihn. «Nun ja», erklärte er, «in gewissem Sinn handelt es von einem künftigen Großbritannien unter russischer Besatzung.» – «Was?» rief sie. «Bringen Sie nichts Besseres zustande? Besorgen Sie sich eine neue Kristallkugel!» Der Hingabe des

Romanciers an die Premierministerin tat diese Abfuhr (die Amis als «unfair» empfand, weil «sich darauf nichts erwidern ließ») jedoch keinen Abbruch. In seinen Memoiren bezeichnet er sie als «eine der bestaussehenden Frauen, die ich je getroffen hatte», und verknüpft dieses ausgefallene Kompliment mit ihren sonstigen Reizen: Ihre Schönheit «ist so ausgeprägt, daß sie mich in Verbindung mit ihrer bekannten Fotogenität für Sekundenbruchteile glauben machen kann, ich betrachtete eine schon etwas ältere Science-fiction-Illustration mit dem wunderschönen Mädchen, das im Jahre 2200 die Präsidentschaft der Sonnenföderation übernimmt». Von vergleichsweise alltäglicher Qualität ist dagegen Amis' Eingeständnis, daß Mrs. Thatcher die Queen als wichtigste Frau aus seinen Träumen verdrängt hat; einmal zog sie ihn gar vertraulich an sich und schnurrte verliebt: «Sie haben ein so *interessantes* Gesicht.» Nun mag es ja sein, daß sie durch seine Träume geistert, doch auch er taucht nicht in ihrem Register auf. Noch taucht dort der Name eines britischen Bürgers auf, der während ihrer Amtszeit von einer ausländischen Macht zum Tode verurteilt wurde. Man sollte annehmen, bei all den Beschwörungen britischer Souveränität, Ehre und Unabhängigkeit, die einem wie Trompetenkadenzen von den 912 Seiten ihrer Memoiren entgegenschmettern, müßte dieser Zwischenfall zumindest leisen Anstoß erregt haben; aber dem ist offenbar nicht so. Pech gehabt, Bürger Rushdie.

Dagegen werden diese hehren Werte regelmäßig angerufen, wo es um eines der zentralen Ereignisse von Mrs. Thatchers Amtszeit geht: den Falklandkrieg von 1982. Ihre Darstellung erreicht in diesem Punkt eine ungeahnte Klarheit: Geschichte ohne Wenn und Aber, bar aller politischen oder moralischen Feinheiten und Komplexitäten. Die argentinische Invasion der Inseln war schlechterdings nicht vorhersehbar (Mrs. Thatcher hat im nachhinein eine Kommission eingesetzt, die ihr dies bestätigte, und damit basta); die Briten verteidigten dabei «die Ehre unserer Nation»; unsere Pflicht im weiteren Sinn war es, der Welt zu beweisen, daß Aggression niemals Erfolg haben und das Völkerrecht nicht mißachtet werden darf. Aber der Krieg war auch ein Auswuchs – und eine Verherrlichung – von Mrs. Thatchers ureigenstem Wesen, ihrer energischen Entschlossenheit. Als die argentinische Flotte auslief, um die Falklandinseln zu erobern, vertrat der zum Grübeln neigende Verteidigungsminister die kleinmütige offizielle Einschätzung, daß die Inseln, wenn sie erst einmal besetzt wären, nicht zurückerobert werden könnten. «Diese Vorstellung war schrecklich und vollkommen inakzeptabel. Ich konnte es nicht fassen: Es waren doch unsere Staatsangehörigen, unsere Inseln! Ich sagte sofort: ‹Wenn sie sie erobern, müssen wir sie uns zurückholen.›» Was war die Alternative? «Daß ein hergelaufener Feld-Wald-und-Wiesen-Diktator die Herrschaft über Untertanen Ihrer Majestät an sich riß und sich mit Arglist und Gewalt behauptete? Nicht, solange ich Premierministerin war.» Sie muß ein paar Friedensapostel auf Linie bringen, nicht zuletzt ihren Außenminister Francis Pym, der weiche Knie und ein unverhältnismäßiges Interesse an diplomatischen Lösungen zeigt; und sie ist sogar bereit, mit ihrem Rücktritt zu drohen, um sich im Kriegskabinett durchzusetzen. Sie erhält standhafte Unterstützung von Caspar Weinberger, Laurens van der Post und François Mitterrand (der natürlich seine eigenen postkolonialen Ärgernisse hatte); aber im wesentlichen geht es um Maggie gegen die Argies. Dann kniet sie in Chequers über Seekarten und vermißt gemeinsam mit dem Ersten Kronanwalt eigenhändig die argentinischen Hoheitsgewässer. Schließlich werden «Freiheit, Gerechtigkeit und Demokratie – Werte, die die Falkländer seit so langer Zeit genossen hatten», wiederhergestellt. «Ich glaube nicht, daß ich je mit solcher Anspannung und Intensität gelebt habe wie während jener ganzen Zeit», schreibt sie.

Das sind zum großen Teil comicstripreife Vereinfachungen. Die Falklandinseln mit ihrer darniederliegenden Konservendosenladenökonomie, ihrer winzigen Bevölkerung und militärisch unbrauchbaren Landepiste waren für die Briten von keinerlei oder höchstens philatelistischem Interesse. Seit Jahrzehnten hatten wir versucht, die Inseln abzustoßen, und diese Bemühungen gipfelten 1980 in Nicholas Ridleys Vorschlag einer «Rückpacht». Der wurde zwar vom Unterhaus abgeschmettert; nichtsdestoweniger haben wir die Inseln gar nicht gewollt, ja uns in klassischer Kindergartenmanier noch nicht einmal träumen lassen, daß wir sie überhaupt wollen könnten, bis ein anderer auf die Idee kam. Jorge Luis Borges – ein «eitler Intellektueller», der unter einem «hergelaufenen Feld-Wald-und-Wiesen-Diktator» lebt – bezeichnete den Krieg daher treffend als den «Streit zweier glatzköpfiger Männer um einen Kamm». Auch war Mrs. Thatcher nicht die kühne Einzelkämpferin, als die sie sich heute darzustellen beliebt. Das Unterhaus stellte sich augenblicklich und geräuschvoll hinter die Premierministerin, und das nicht zuletzt aufgrund einer entscheidenden Intervention, die sie schlichtweg unterschlägt: der Rückendeckung von Michael Foot, Altvater der Labour-Partei und seines Zeichens «unverbesserlicher Friedenstreiber», der sich für den Krieg aussprach. Dasselbe tat ein Großteil der restlichen Nation: Die Briten sind nach wie vor ein kriegerisches Volk und haben eine Schwäche fürs Kämpfen, vor allem wenn sie dabei auf sich selbst gestellt sind und es um einen Kampf zwischen Gut und Böse geht, wie ihn die Premierministerin skizzierte. Endlich einmal passierte da draußen etwas, die Fernsehbilder waren ganz ordentlich, und alle durften ihrem Fremdenhaß freien Lauf lassen.

Im Rahmen ihrer Einkaufskorbperspektive der Welt wird Mrs. Thatcher nicht müde, uns zu versichern, daß sie ihre Haushaltskasse in Ordnung hält. Ist es da nicht merkwürdig, daß sie an keiner Stelle eine Kosten-Nutzen-Rechnung des Krieges aufmacht? Eintausendachthundert Inselbewohner wurden von argentinischer Herrschaft befreit (die nicht etwa Folter und Tod, sondern zur Aufheiterung der Kossaten Farbfernseher in die Katen gebracht hatte), und das zum Preis von 1000 Toten, darunter

255 Briten, sowie zahllosen modernen Kriegsversehrungen. Versuchen wir, die Berechnungen auf einen anderen Krieg zu übertragen: Stellen wir uns vor, die Rückeroberung Frankreichs im Jahre 1944 hätte 23 Millionen Leben gekostet, darunter 6 Millionen Alliierte. Würden wir da einen vergleichbaren Lobgesang anstimmen und unseren Anführern huldigen? Die Freiheit ist unteilbar, pflegen Politiker gerne zu sagen, aber natürlich ist sie das nicht; im Gegenteil, sie ist in ganz klare Kategorien unterteilt. Es war ein Glück für die Falkländer, daß sie eine weiße Hautfarbe hatten, so wie es ein Glück für die Kuwaitis war, daß sie Öl exportierten und nicht etwa türkischen Honig. Aber auch die Aufnahme der Befreier seitens der Bevölkerung hatte wenig mit Paris im Jahre 1944 gemein. Die britischen Soldaten, die die Inseln wieder in Besitz nahmen, waren von den Falkländern so wenig beeindruckt, daß sie ihnen in Anlehnung an den berüchtigten Einfaltspinsel einer Fernsehseifenoper den Spitznamen «Bennies» gaben. Es mußte sogar eine offizielle Order erlassen werden, die den Truppen den Gebrauch dieses beleidigenden Ausdrucks untersagte. Bald darauf begannen sie, die Einheimischen als «Trotze» zu bezeichnen. Ein verblüffter Offizier verlangte von einem Soldaten eine Erklärung dieses neuen Übernamens. «Weil sie trotzdem Bennies sind, Sir», lautete die unschlagbare Antwort. Die Falkländer sind den Briten heute nicht näher ans Herz gewachsen als früher; eine politische Lösung wurde endlos verzögert; und die Landebahn, deren Ausbau wir uns einst nicht leisten konnten, ist inzwischen vollendet, wenngleich letztlich zum Nutzen der Argentinier. Waren die Inseln einen einzigen Toten oder auch nur das Geld für den Feldzug wert? Noch vor den ersten Kriegshandlungen gab Macmillan Mrs. Thatcher den Rat, das Schatzamt aus der Sache herauszuhalten (eine ziemlich ironische Empfehlung, hatte doch Macmillan als Schatzkanzler während der Suezkrise der britischen Intervention mit das Wasser abgegraben). Es sollte also ein Krieg um jeden Preis werden. Und was hat er gekostet? In

den *Downing Street Years* erfahren wir darüber nur nichtssagendes Gemurmel: «Die damals bereits erreichte Solidität der öffentlichen Finanzen konnte man an der bemerkenswerten Tatsache ablesen, daß wir den Falklandkrieg mit Hilfe der Sicherheitsrücklagen finanzieren konnten, ohne auch nur einen Penny an zusätzlichen Steuern zu benötigen und nahezu ohne Beeinträchtigung der Finanzmärkte.» Ein weiteres Beispiel für perfekte Hauswirtschaft also. In Wahrheit beliefen sich die Kosten für den Feldzug und die nachfolgende Sicherung der Falklands bis zum Ende der achtziger Jahre auf über 2 Millionen Pfund pro Inselbewohner. Ein stattlicher Preis für einen Kamm.

Aber politisch ist das alles völlig irrelevant. So beeindruckend der Waffengang auch gewesen sein mochte, seine eigentliche und bleibende Bedeutung für die Briten erlangte er als innenpolitische Metapher. Politik wird von einer Rhetorik der «Kämpfe und Siege» beherrscht, die wir Bürger nur selten nachvollziehen können, wenn es um Fragen des Handelsbilanzdefizits oder der Leitzinsen geht. Und dort, wo wir sie nachvollziehen können – wie bei der «Schlacht gegen die Arbeitslosigkeit» oder beim «Kampf gegen das Verbrechen» –, scheinen wir immer auf der Seite der Verlierer zu stehen. Ein klarer und telegener Kriegserfolg (nachdem unsere Soldaten in Nordirland seit Jahren ergebnislos blieben) nährte daher den Glauben, daß andere Probleme auf dieselbe Weise gelöst und weitere Triumphe errungen werden könnten, daß Mrs. Thatcher unser großes Los und eine notorische «Siegerin» sei. Daher lauten die Überschriften zweier weiterer Kapitel in den *Downing Street Years* «Die Entwaffnung der Linken» und «Mr. Scargills Aufstand». (Mr. Scargill war nicht etwa ein Guerillakämpfer aus den hinteren Talschaften Yorkshires, sondern ein Gewerkschaftsführer.) Und daher auch die ausdrückliche Verknüpfung, die Mrs. Thatcher in einer Rede in Cheltenham unmittelbar nach Kriegsende herstellte: «Unsere Nation befindet sich nicht mehr auf dem Rückzug. Statt dessen haben wir zu neuem Selbstvertrauen gefunden – ein Selbstvertrauen, das in den Wirtschaftskämpfen im eigenen Land geboren und 12 000 Kilometer entfernt erprobt und für gut befunden wurde.» Ihrer Ansicht nach «erkannten die Menschen – ohne unser Zutun – den Zusammenhang zwischen unserem entschlossenen Durchgreifen in der Wirtschaftspolitik und in der Falklandkrise». Mit «Menschen» sind hier wie an anderen Stellen des Buchs nicht etwa die Briten im allgemeinen, sondern die Anhänger von Mrs. Thatcher gemeint. Ihre Weltsicht ist gnadenlos einäugig.

Sie sieht beispielsweise nur, daß sie das am meisten gefeierte und fetischisierte moderne britische Staatsoberhaupt war, verkennt jedoch völlig, daß sie auch das meistverhaßte war. Die Abscheu richtete sich sowohl gegen ihre Person wie gegen ihre Politik, da ihr erkennbarer Charakter – ihre dominierende, niederträchtige, spalterische, unbelehrbare Art – auch ihre Politik anzustecken und anzustiften schien. Dieser Charakter zeigt sich im Buch zur Genüge. Sie verachtet die gemäßigten Tories und die Altvorderen der Partei. Sie verachtet die von ihr verdrängte Tory-Tradition und spricht an einer Stelle gar von einem «dreißigjährigen Experiment» im «Sozialismus», das Großbritannien in der Nachkriegszeit erlebt habe: Soweit man ihrer Chronologie überhaupt folgen kann, schließt dies offenbar die konservativen Regierungen unter Heath, Douglas-Home, Macmillan und Eden ein, möglicherweise sogar diejenige Churchills. Besonders gehässig behandelt sie zwei ihrer wichtigsten Adjutanten, Nigel Lawson und Geoffrey Howe, die schließlich beide ihretwegen das Handtuch warfen. Howes Rücktrittsrede löste eine innerparteiliche Führungskrise aus, die ihrer Meinung nach dafür sorgte, daß man «von diesem Augenblick an bei dem Namen Geoffrey Howe nicht mehr an den zuverlässigen Schatzkanzler und ebensowenig an den Außenminister mit großem diplomatischem Geschick denken [würde], sondern nur noch an die letzte Tat dieses Mannes – seinen ruchlosen Verrat. Und der Scharfsinn, mit dem er den Dolch führte, war dic beste Garantie dafür, daß der Ruf, den er mordete, letztlich sein eigener war.» Was die eigentliche Opposition anbelangt, mag folgende Kostprobe ihrer Hochnäsigkeit genügen: «Während all seiner Jahre als Oppositionsführer hatte Mr. Kinnock meine Erwartungen nie enttäuscht. Bis zum bitteren Ende gelang es ihm, exakt den falschen Ton zu treffen.»

Einäugigkeit daheim, Blindheit im Ausland. Alan Clark kolportiert eine Bemerkung, die Mrs. Thatcher zwei Jahre nach ihrer Wahl zur Oppositionsführerin dem Regierungsbeamten Frank Cooper gegenüber fallenließ: «Muß ich wirklich diesen ganzen internationalen Kram machen?» fragte sie, und als er antwortete: «Es führt kein Weg daran vorbei», zog sie eine Schnute. Cooper erinnerte sich auch daran, wie «sie und [er] damals Reagan und Carter kennenlernten und wie *verblüfft* sie über deren Dummheit war. ‹Können die wirklich über so viel Macht verfügen?› etc.» Naturgemäß lernte sie es mit der Zeit immer mehr schätzen, in Wagenkolonnen durch jubelnde Mengen zu fahren und *chez* Mitterrand zu dinieren, ohne allerdings je auf den Gedanken zu kommen, daß der Jubel in osteuropäischen Ländern vielleicht nicht mehr zu bedeuten hatte als eine Ohrfeige für den betreffenden Gastgeber. Sie ist sich gewiß, daß «die Überzeugungen und die Politik, denen ich in Großbritannien zum Durchbruch verhalf» dazu beitrugen, «das Weltgeschehen umzugestalten». Sie kann sich nicht vorstellen, daß der Falklandfeldzug andernorts weniger als Vorpremiere der neuen Weltordnung denn als letzte Zuckung einer imperialistischen Vergangenheit angesehen werden könnte. Sie fühlt sich unter fernen Scheichs viel wohler als inmitten europäischer Demokraten. Sie wähnt, daß ihre widerspenstige, nörgelnde, herrische Frontstellung gegen Europa als Zeichen der wiedererlangten Größe Britanniens verstanden wurde. Und sie glaubt, daß man sich den Respekt anderer Leute verschafft, indem man sie beleidigt.

In einer vierteiligen Fernsehdokumentation, die mit der Veröffentlichung der *Downing Street Years* zusammenfiel, gab sie folgende feinsinnige Beobachtung zum besten: «Das britische Volk hat eine großartige Ader für Fairneß und Gerechtigkeit: Das ist unser Markenzeichen. In Europa gibt es eine solche Ader für Fairneß und Gerechtigkeit nicht – die versuchen zu kriegen, was sie kriegen können. Das ist einer der gewaltigen Unterschiede.» Zur Zweihundertjahrfeier der Französischen Revolution – deren «abstrakte Ideen», wie sie bemerkt, von «eitlen Intellektuellen formuliert» wurden – gab sie *Le Monde* ein Interview, aus dem sie stolz zitiert: «Die Menschenrechte haben nicht mit der Französischen Revolution angefangen ... in Wirklichkeit stammen [sie] aus dem jüdischen und dem christlichen Glauben ... [Wir Engländer] erlebten 1688 unsere eigene, stille Revolution, in deren Verlauf das Parlament dem König seinen Willen aufzwang ... dies war keine Revolution wie die in Frankreich ... ‹Freiheit, Gleichheit, Brüderlichkeit› – meiner Ansicht nach vergaß man dabei Verantwortlichkeiten und Pflichten. Außerdem kam natürlich lange Zeit die Brüderlichkeit abhanden.» Wie sonderbar, daß all die armen, unbedarften Ausländer immer noch auf dem Jahr 1789 herumreiten, anstatt 1688 als ihr symbolisches Datum anzuerkennen. Aber genauso sonderbar ist, daß Mrs. Thatcher 1688 als das Jahr der Englischen Revolution angibt und nicht das viel berühmtere Datum im selben Jahrhundert, als das Parlament dem König gleichfalls seinen Willen aufzwang, wenn auch mit anderen Mitteln – indem es ihm nämlich den Kopf abschlug, wie hundertvierzig Jahre später in Frankreich. Verrückte soll man gewähren lassen, und so überschrieb *Le Monde* das Interview mit: ‹Les droits de l'homme n'ont pas commencé en France›, nous déclare Mme. Thatcher.

Die *Downing Street Years* sind natürlich kein «Buch» im üblichen Sinn des Wortes. Spitzenpolitiker haben im allgemeinen ein eher distanziertes Verhältnis zu ihrer eigenen Sprache: Sie meinen nur das wirklich ernst, was andere für sie formuliert haben. Eine Rede braucht Redenschreiber (Mrs. Thatcher bediente sich des Dramatikers Ronald Millar und des Romanciers Ferdinand Mount und verhalf damit vielleicht zwei «eitlen Intellektuellen» zu ihrer wahren Bestimmung); und ein Buch braucht Bücherschreiber – Ghostwriter, Rechercheure, Anekdotenschnüffler, Quellensichter, Stilpolierer. Das sollte uns weder erschüttern noch entrüsten. Mrs. Thatchers Buch ist durchaus authentisch – authentisch in seiner öffentlichen Wichtigtuerei, im Wiederkäuen ihrer Reden und Dokumente, in seinen aufgeblasenen Akronymen. Nicht weniger authentisch ist es in seinen verschämten Anmerkungen zur Garderobe – «zum Besuch des Flüchtlingslagers hatte ich ein einfaches Baumwollkleid und flache Schuhe angezogen» – und in seinen klebrigen familiären Dankesbezeugungen: «Das Amt des Premierministers macht einsam. Das muß wohl so sein: Man kann nicht inmitten der Menge stehen und ein Land führen. Aber ich war nie allein, denn ich hatte Denis an meiner Seite. Welch ein Mann! Welch ein Gatte! Welch ein Freund!»

Authentisch ist es schließlich auch als ein Werk von kolossaler Eitelkeit, wie wenig überraschend dies auch sein mag. Im Laufe des langen Jahrzehnts ihrer Herrschaft schritt Mrs. Thatcher vom premierministeriellen über das präsidiale zum königlichen Gebaren voran – eine Entwicklung, die sich sowohl in der Sprache (wachsender Gebrauch des Pluralis majestatis) als auch in der Kleidung niederschlug. Die Gewänder, die sie gegen Ende ihrer Zeit zu offiziellen Anlässen wie dem Bankett des Lord Mayor anzog, beschworen zunehmend einen Vergleich mit Königin Elizabeth herauf – und zwar mit Elizabeth der Ersten, der Mächtigen, nicht mit der bescheidenen Nummer zwei. Und während sie die großen Staatsangelegenheiten für uns regelte, behielt sie die Schuppen auf unserem Kragen und den Soßenfleck auf unserer Krawatte stets wachsam im Auge. «Jedesmal, wenn ich aus einer makellos sauberen Stadt im Ausland zurückkehrte, wußten meine Mitarbeiter und der damalige Umweltminister, daß sie eine Standpauke über den Unrat in den Straßen mancher Stadtteile Londons zu gewärtigen hatten.» Von der Realität immer wieder gänzlich unangefochten (andernfalls ihr ein Zusammenhang zwischen dem Zustand der Straßen und der Abschaffung des Greater London Council hätte dämmern mögen), entspricht der Parforceritt des Buches dem Parforceritt von Mrs. Thatcher durchs wirkliche Leben. Es stellt eine Rechtfertigung und Fortsetzung ihrer Herrschaft dar und bringt nebenbei ein paar Milliönchen in ihre Haushaltskasse. Es besitzt auch dieselbe unerbittliche Präsenz, die ihre Amtszeit auszeichnete. Man muß immer wieder innehalten und sich vergegenwärtigen, daß das Gewicht allein ein Buch noch nicht zu einem historischen Ereignis macht. Ja, selbst unter glühendsten Thatcheristen gibt es abweichende Evangelien. Als Mrs. Thatcher während des Führungskampfes von 1990 den Rat ihrer Kollegen einholt, kommt durch das Eintreffen von Alan Clark vorübergehend etwas Leben in die Prozession der Verräter und Heuchler. Mrs. Thatcher berichtet:

> Sogar bei Melodramen gibt es Intermezzi; und selbst in *Macbeth* gibt es die Pförtnerszene. Nun folgte ein kurzes Gespräch mit Alan Clark, Staatssekretär im Verteidigungsministerium. Er erwies sich als ein ritterlicher Freund, der vorbeikam, um mich mit dem ermutigenden Rat aufzumuntern, ich solle weiterkämpfen, koste es, was es wolle. Unglücklicherweise aber fügte er hinzu, ich solle kämpfen, auch wenn meine Niederlage gewiß sei, denn es sei besser, die Bühne im Glanz einer ruhmreichen Niederlage zu verlassen, als sich sacht und leise in die Nacht des Vergessens davonzustehlen. Da ich aber kein besonderer Freund wagnerianischer Schlußszenen bin, vermochte mich dieser Rat nur kurzzeitig zu trösten. Ich freute mich allerdings, jemanden auf meiner Seite zu wissen, der selbst im Angesicht einer Niederlage zu mir hielt.

Alan Clarks Darstellung der Begegnung in seinen *Diaries* liest sich dagegen wie folgt:

Ich ging die Treppe hinunter und begab mich wieder zu der Gruppe vor ihrer Tür. Nach einer Weile sagte Peter: «Ich kann Sie jetzt kurz zwischenschieben – aber wirklich nur für eine Sekunde, ja?»
Sie wirkte ruhig, fast schön: «Ah, Alan …»
«Sie sitzen in der Klemme.»
«Das ist mir bekannt.»
«Es raten Ihnen alle von der Kandidatur ab, nicht wahr?»
«Ich werde kandidieren. Ich habe eine Erklärung abgegeben.»
«Das ist wunderbar. Das ist heldenmutig. Aber die Partei wird Sie im Stich lassen.»
«Ich bin eine Kämpfernatur.»
«Dann kämpfen Sie! Kämpfen Sie bis zum bitteren Ende, bis zu einem dritten Wahlgang, wenn's sein muß. Aber Sie werden verlieren.»
Dann war es eine ganze Weile still.
«Es wäre so schrecklich, wenn Michael [Heseltine] gewänne. Er würde alles rückgängig machen, wofür ich gekämpft habe.»
«Aber was für ein Abgang! In drei Parlamentswahlen ungeschlagen, niemals vom Volke abgelehnt. Durch bloße Nullen zu Fall gebracht.»
«Aber Michael … als *Premierminister.*»
«Scheiß auf Michael! Er ist ein Niemand. Er wird sich keine sechs Monate halten. Ich bezweifle sogar, daß er auch nur die Wahlen gewinnt. Ihr Platz in der Geschichte ist überragend …»
Von draußen trieben uns die Leute zum Wahnsinn, indem sie in immer kürzeren Abständen die Tür öffneten und wieder schlossen.
«Alan, es ist wirklich nett von Ihnen, daß Sie vorbeigekommen sind …»

Mrs. Thatcher erschafft ein komisches, schwerfällig erzähltes Intermezzo, in dem sie staatsmännische Gravität beweist. Clark skizziert mit leichter Hand eine tragische Episode, in der er als leidenschaftlicher Apostel der Wahrheit auftritt. Es fällt schwer, sich nicht für Clarks Version zu entscheiden, selbst wenn auch er sich darin in ein günstiges Licht rückt. (Seht her, ich bin Manns genug, in Maggies Gegenwart «Scheiße» zu sagen.) Künftige Historiker werden ebensowenig um Thatchers Memoiren herumkommen, wie wir, die wir so lange unter ihr gelebt haben, um ihre bedrückend-erdrückende Gegenwart herumkamen. Hätte sie nur ein bißchen mehr auf Trollope gehalten, so wäre ihr der richtige, der unvermeidliche Untertitel für *The Downing Street Years* eingefallen: «Sie wußte, daß sie recht hatte.»

November 1993

12

APD: Die Schachweltmeisterschaft

Es ist eine äußerst merkwürdige Form von Theater: streng, minimalistisch, post-beckettianisch. Zwei adrett gekleidete Männer beugen sich vor einer elegant in Grau und Beige gehaltenen Kulisse aufmerksam über ein Tischlein. Der eine, großgewachsen, schlaksig, bleichgesichtig und bebrillt, thront in einem rotbraunen Ledersessel mit hohem Rücken und gepolsterten Armlehnen; der andere, kleiner, gedrungener und brauner, sitzt auf einer Kreation aus schwarzem Leder mit niedriger Lehne und verchromtem Gestänge, deren Design man als Moskauer Bauhaus bezeichnen könnte. Jeder der beiden wacht eifersüchtig über seinen Stuhl. Es macht ihnen nichts aus, das Kostüm zu wechseln, und bei jeder Matinee tauschen sie am Tisch die Seiten; aber ihren Stuhl nehmen sie dabei immer mit.

Ansonsten sieht man nur noch zwei ältere Herren, die hinten rechts auf der Bühne sitzen und in einer Art spiegelsymmetrischer Nebenhandlung das Tun der Jüngeren beobachten. Keiner der vier spricht; dennoch klingt den Theaterbesuchern ein endloser Dialog in den Ohren. Ein drittes Schauspielerpaar, dem Auge entzogen, hoch droben im zweiten Rang in verglasten Kabinen plaziert, versucht die Gedanken der Personen auf der Bühne zu erraten. Dieses kopfhörerfüllende Spiel der Mutmaßungen und Voraussagen stellt die eigentliche Attraktion des Geschehens dar, zumal die sichtbare Handlung eher unspektakulär und eintönig ist. Von Zeit zu Zeit macht einer der beiden Protagonisten eine kleine Handbewegung und kritzelt dann sogleich irgend etwas auf ein Blatt Papier. Im übrigen finden während dieser vier- bis sechsstündigen Matineen nur Abgänge und

Auftritte statt: Eine der Personen steht urplötzlich auf, als wäre sie beleidigt worden, und geht links ab, der Schlaksige schlakst auf Zehenspitzen von der Bühne, der Gedrungene gschaftlt sich gedrungen davon. Ein kühner Regieeinfall sorgt dafür, daß ab und an beide Schauspieler gleichzeitig hinter den Kulissen verschwinden. Aber die gespenstischen Stimmen im Ohr kommentieren, theoretisieren und phantasieren weiter; besorgt, zuversichtlich, triumphierend, bedauernd.

Skeptiker behaupten, ein Live-Schachturnier sei ungefähr so spannend, als sähe man Farbe beim Trocknen zu. Oberskeptiker meinen: Damit tut man der Farbe unrecht. Aber während dreier Monate waren die billigsten Plätze im Savoy Theater mit Abstand die teuersten billigsten Plätze in ganz London. £ 20, um sich das Times World Chess Championship vom Parkett aus anzusehen, £ 35 für den zweiten Rang und £ 55 für den ersten. Dabei handelte es sich nicht nur um Habgier oder den verzweifelten Versuch von Times Newspapers, einen Teil der geschätzten Investition von 4 bis 5 Millionen Pfund wieder einzuspielen. Nein, man rechnete auf ein echtes Interesse von seiten der britischen Öffentlichkeit. Zum ersten Mal in der Geschichte moderner Schachweltmeisterschaften – deren Geburtsstunde man gemeinhin auf das Match zwischen Steinitz und Zuckertort im Jahre 1886 ansetzt – war ein Brite als Titelherausforderer angetreten. Nigel Short war überdies der erste westliche Spieler, der sich seit Bobby Fischer 1972 für den Titelkampf qualifiziert hatte. Vor Fischer mußte man bis auf das Jahr 1937 zurückgehen, um in dem Holländer Max Euwe einen westlichen Finalisten zu finden; nach Fischer durfte man nur dann hoffen, in den nächsten sieben Weltmeisterschaften mitzuspielen, wenn man Russe war und einen Namen hatte, der mit K anfing: Karpow, Kortschnoi, Kasparow. Nun konnten wir endlich einen unserer eigenen Jungs anfeuern, der noch dazu klarer Außenseiter war. Kasparow wird seit Jahren als der stärkste Spieler der Schachgeschichte bezeichnet; Short gehört nicht einmal zu den ersten zehn. Wie gewaltig seine Aufgabe war, ließ sich daran ermessen, daß selbst einer von Kasparows Sekundanten, der georgische Großmeister Zurab Asmaiparaschwili, auf der Weltrangliste über Short rangierte.

Garri Kasparow war eine berechenbare Größe oder wurde zumindest so eingeschätzt. Er war der dynamische, aggressive und launische Champion, der unzählige Male beim Gewichtheben, Traktieren von Punchingbällen, Fußballspielen und Schwimmen auf seinem kroatischen Inselrefugium abgelichtet worden war. Ein Russe neuen Stils aus dem «kriegsgeschüttelten Baku», ein Kumpel Gorbatschows und später Jelzins, trug er den flotten, wenngleich bereits anderweitig besetzten Spitznamen Gazza und schien insgesamt recht präsentabel. Nigel Short war deutlich schwerer zu verkaufen, da er wie die meisten Schachspieler in seinen achtundzwanzig Lebensjahren kaum etwas anderes getan hat als Schach spielen. Nur zwei Dinge waren allgemein über ihn bekannt: daß er in seinen Teenagerjahren in einer Rockband mit dem Namen «The Urge» (ehemals «Pelvic Thrust») mitgespielt hat und daß er mittlerweile mit einer sieben Jahre älteren griechischen Psychodramatherapeutin verheiratet ist. Doch der Ausdruck «Schachbiographie» ist ohnehin – wie Truffaut einst kratzbürstig über die Bezeichnung «britischer Film» bemerkte – ein Widerspruch in sich selbst. Schach ist bekanntlich ein Zeitvertreib, der mit dem restlichen Leben rein gar nichts zu tun hat, und genau darauf beruht der empfindliche Tiefsinn des Spiels. Biographien versuchen das Private so mit dem Öffentlichen zu verknüpfen, daß letzteres durch ersteres erhellt wird. Aber beim Schach lassen sich keine solchen Verbindungen oder Reduktionen herstellen. Zieht Großmeister X die Französische Verteidigung vor, weil seine Mutter seinen Vater verlassen hat, als er noch in den Windeln lag? Führt Bettnässen zur Grünfeld-Indischen? Und was dergleichen mehr wäre. Freudianer mögen Schach als eine ödipale Inszenierung ansehen: ein Spiel, das von der sexy Königin beherrscht wird und bei dem es letztlich darum geht, den König aus dem Weg zu räumen. Aber jeder Versuch, den Charakter eines Spielers am Brett zu seinem sonstigen Charakter in Bezug zu setzen, läßt sich ebenso leicht widerlegen wie bestätigen.

Die gnadenlose Offenlegung der Innereien des Herausforderers in Cathy Forbes' *Nigel Short: The Quest for the Crown* förderte daher nur wenige Mäander von zweifelhafter Sachdienlichkeit zutage. Nigel ist als Kind in eine Amsterdamer Gracht gefallen; Nigel ist mit zwanzig in seiner Heimatstadt Manchester überfallen und ausgeraubt worden; Nigels Eltern haben sich getrennt, als er dreizehn war; Nigels großer Ehrgeiz war und ist, konservativer Parlamentsabgeordneter zu werden. Die Akte ist so deprimierend dürftig, daß Ms. Forbes sich an einer Stelle zu der Mitteilung genötigt sieht, Nigel habe als Jugendlicher «Bekannte mit der Drohung in Sorge versetzt, seine Haare blau zu färben». Wie sich zeigte, hat er die Drohung nie wahr gemacht, aber womöglich handelt es sich ja um einen wichtigen Fingerzeig für phantasievolle Psychographen, denn ist Blau nicht die Symbolfarbe der Konservativen Partei?

Diese kümmerlichen und banalen Details wurden überall nachgebetet. Da Schachspieler im großen und ganzen weder besonders charismatisch noch polymorph sind, konnte man amüsiert beobachten, in welch unterschiedliche journalistische Schablonen Short begeistert gepreßt wurde. Für das Magazin *Hello!*, jenen Dosenpudding der Zeitungskioske, war Nigel der häusliche Familienvater, der glücklich mit seiner Frau Rea und seiner kleinen Tochter Kyveli vor dem griechischen Eigenheim posierte. Die *Sun* präsentierte Nigel als modernen britischen Helden, der «Rockmusik liebt und mit seinen Kumpeln ein Bierchen zischt … Er stürmte die Weltrangliste, hat aber deshalb seinen anderen Leidenschaften nicht abgeschworen – Frauen und Musik.» Short posierte pflichtschuldigst für ein entsprechend kerliges Foto: Vom Scheitel bis zur Sohle in eine schwarze Lederkluft gehüllt, stolziert er zwischen kniehohen Schachfiguren hindurch, eine elektrische Gitarre im Anschlag. Schlagzeile? Ich steh auf Sex und Schach und Rock and Roll. Das war alles völlig harmlos, aber gleichzeitig ohne jede Überzeugungskraft. Nigel hat übrigens ebenfalls einen Spitznamen. Was dem Garri sein Gazza, ist dem Nigel sein Nosher. Etymologie? «Nigel Short» wurde pennälerhaft zum Anagramm Nosher L. Git.

Short ist achtundzwanzig, Kasparow dreißig, aber nach ihren Pressekonferenzen vor dem Match zu urteilen, müßte der Altersunterschied viel größer sein. Short, eine jungenhafte Gestalt in flaschengrünem Anzug mit Professorenbrille und kurzgeschnittenen Haaren, machte einen nervösen, pubertären, zögerlichen Eindruck und sprach mit leicht erstickten Vokalen, wie jemand, der zur Sprachtherapie war. Er wurde auf dem Podium von seinem Manager und Steuerberater Großmeister Michael Stean begleitet (über den einmal gesagt wurde, er denke unablässig an Schach, nur nicht beim Spielen); hin und wieder beugte Stean sich vor, um heiklere Fragen abzufangen. Es gibt natürlich keinerlei Grund, weshalb Schachspieler gute PR-Leute sein sollten; gleichwohl war der Unterschied zwischen Short und Kasparow bemerkenswert. Zunächst einmal sprach der Russe viel besser Englisch als Nigel. Er bestritt die Pressekonferenz ganz allein und mit der Nonchalance eines Staatsmannes; war in der Weltpolitik ebenso zu Hause wie im Schach; begegnete selbst Fragen, die er in- und auswendig kannte, mit ausgesuchter Höflichkeit; und erweckte insgesamt den Eindruck einer hochintelligenten, weltklugen und abgerundeten Persönlichkeit. Short hingegen wirkte besonnen, umsichtig, abgeklärt und präzise, solange er über Schach redete, doch wie ein unreifer Kindskopf, sobald es um etwas anderes als Schach ging. Er erinnerte den Beobachter unwillkürlich an die Bemerkung des großen Weltmeisters Emanuel Lasker in seinem *Lehrbuch des Schachspiels*: «Im Leben sind wir alle Stümper.»

Das phantasievolle Medienspektakel im Vorfeld des Matchs

brachte auch einen halbherzigen Versuch mit sich, Kasparow zu dämonisieren. Seit dem Duell Fischer gegen Spasski gehört es zu den Markenzeichen von Weltmeisterschaftsturnieren, daß sie zumindest andeutungsweise zu einem Kampf zwischen Gut und Böse, zwischen Uns und den Anderen hochstilisiert werden, damit auch Uneingeweihte einen Zugang dazu finden. In jenem epochemachenden Duell in Reykjavík stand Fischer für den Triumph des westlichen Individualismus über eine nominelle Größe aus dem sowjetischen Schachapparat. (Lexikalische Nebenbemerkung: Wir hatten bestenfalls ein «Förderprogramm», sie hatten immer einen «Apparat».) Als Kasparow zum ersten seiner fünf auszehrenden Kämpfe gegen Karpow antrat, wurde er im Westen als bewundernswertes, aufstrebendes Jungtalent präsentiert, als der halbjüdische Außenseiter, der sich mit der Moskauer Zentrale anlegte; als er später die Angriffe des ehemaligen Breschnew-Schützlings erfolgreich abwehrte, wurde er zum Inbegriff von Gorbatschows Rußland, von Offenheit und Erneuerung. Nun, da er zum ersten Mal gegen einen Westler antrat, mußte er «zum letzten großen Nutznießer des sowjetischen Apparats» umdefiniert werden; doch die Tatsache, daß er ein starkes Team von ehemals sowjetischen Sekundanten um sich geschart hatte, wurde weniger auf die heimlichen Seilschaften des «Apparats» zurückgeführt als auf den unheimlichen Reichtum, den Kasparow im Laufe seiner Herrschaft angehäuft hatte. Short erschien dagegen als armer westlicher Individualist, der jeden Pfennig zweimal umdrehen mußte (wenngleich er seinem Trainer Lubomir Kavalek für zwanzig Wochen Arbeit ein Honorar von $ 125 000 zahlte und ihm eine Siegesprämie in gleicher Höhe versprochen hatte). Auch der politische Aspekt wurde neu zurechtgestutzt. Die Tatsache, daß Kasparow sich von einem Anhänger Gorbatschows zu einem Gefolgsmann Jelzins gewandelt hatte, veranlaßte den Möchtegern-Tory-Abgeordneten Short, die politische Gesinnung seines Gegners als «Schwindel» zu denunzieren; und in seinen Interviews im Vorfeld des Finales unkte der Brite von einer ominösen «Verbindung zum KGB». Womit erstens gemeint war, daß Kasparow seinerzeit in Aserbaidschan die Freundschaft und Protektion des örtlichen KGB-Chefs genossen hatte; und zweitens, daß die Meistermanipulatoren ihm alle möglichen Tricks und Kniffe beigebracht hatten, um seine Gegner auszuschalten. «Vielleicht stimmt die Geschichte ja gar nicht», räumte Short in bezug auf letztere Behauptung der *Times* gegenüber ein, indes er sie ebendort neuerlich auswalzte, «aber sie würde in jedem Fall zu ihm passen.»

Aber das war noch lange nicht alles. Shorts Lager setzte den persönlichen Widerwillen seines Protagonisten gegen Kasparow bewußt als Mittel im Wettkampf ein. «Es ist schwer auszumachen, wann genau Nigel Shorts Abneigung gegen Kasparow begann», schrieb Dominic Lawson, Redakteur des *Spectator* und ein guter Freund von Short. Aber allen Schwierigkeiten zum Trotz machte er umgehend einen Zwischenfall während des Duells der beiden 1991 in Andalusien dafür verantwortlich, bei dem Kasparow einen bestimmten Zug Shorts mit Gelächter quittiert hatte. Der Russe, enthüllte Lawson weiter, «starre finster» auf seine Gegner und schleiche, wie Nigel beobachtet habe, «absichtlich wie ein Pavian» in ihrem Gesichtsfeld auf und ab. Nicht, daß Short der Schützenhilfe seines Freundes bedurft hätte; er selbst hatte den Weltmeister bereits als «asiatischen Despoten» und seine Sekundanten als «Lakaien und Sklaven» beschimpft, hatte bemängelt, Kasparow sei «als Kind nicht genügend geprügelt worden», und zum bevorstehenden Weltmeisterschaftsfinale verkündete er in Halbstarkenattitüde: «Ich werde mich nicht auf das Niveau dieses Tieres herablassen, um das Tier zu schlagen.» Auf der Pressekonferenz vor dem Finale wurde Short gefragt, weshalb er Kasparow als «Affen» bezeichnet habe. Obwohl der Journalist ihm ein Hintertürchen offenließ, indem er anfügte, daß es sich um ein «altes Zitat» handle, antwortete Short mit schuljungenhafter Unbekümmertheit: «Jeder, der Kasparow am Swimmingpool gesehen hat, weiß, wie behaart er ist.» Als er für diese Antwort ein Kichern erntete, untermauerte Short sein «altes Zitat» mit dem Hinweis: «Die norwegische Frauenmannschaft nennt Kasparow nur ‹den Teppich›.»

Aber ob es nun Berechnung war oder Naivität, die Bemerkungen des Engländers glichen verdächtig einem wilden Bauernvorstoß. Der Angriff war leicht abzuwehren. Kasparow und der KGB? «Ich glaube wohl», erwiderte der Weltmeister geschmeidig, «in meinem Leben dem einen oder anderen KGB-Offizier begegnet zu sein. Aber ich denke nicht, daß irgend jemand die Anschuldigungen des englischen Jungen, der nie in der Sowjetunion gelebt hat, ernst nehmen kann.» Kasparow als Affe? Vielleicht hatten sich die Mädchen am Schwimmbecken ja mehr für den Russen interessiert als für Nigels «blasse englische Schönheit». Kasparow spielte den weltgewandten Diplomaten und unerschütterlichen Champion und ließ Shorts Bemerkungen nicht nur als dummdreist, sondern darüber hinaus als eklatanten Verstoß gegen die Gastfreundschaft erscheinen. Wenn ein Weltmeister in ein Land kommt, um seine Fähigkeiten unter Beweis zu stellen, begrüßt man ihn nicht mit Gegacker über seine Körperbehaarung.

Kasparow seinerseits hatte im Verlauf des Turniers nur einen einzigen Verbalstreich geführt, kurz bevor Short gegen den Holländer Jan Timman antrat, um sich als Titelherausforderer zu qualifizieren. Danach befragt, gegen wen er seiner Ansicht nach spielen müsse und wie das Finale verlaufen werde, antwortete der Weltmeister kurz und knapp: «It will be Short, and it will be short.» Aber Kasparows eigentliche – und furchterregende – Antwort auf Nigels Spötteleien erfolgte, wie es sich geziemt, im Savoy auf dem Schachbrett. Während der ersten Partien, von aller Welt mit Argusaugen beobachtet, blickte der Titelverteidiger weder besonders starr und finster drein, noch kicherte er über Nigels Züge, noch turnte er wie ein Pavian über die Bühne. Doch um so unbarmherziger und vernichtender war sein Spiel.

Die ersten vier Partien des auf vierundzwanzig Spiele angelegten Matchs waren für Short eine Katastrophe. Als ich mich an jenem Dienstag, dem 1. September, in einem Zustand gezügelten Patriotismus Richtung Innenstadt auf den Weg machte, dachte ich bei mir, 2 zu 2 nach den ersten vier Partien, damit dürften wir zufrieden sein. Ach was, das wäre geradezu *umwerfend*. Short schneidet zu Beginn großer Wettkämpfe erfahrungsgemäß immer schlecht ab. Also sollte er (so mein bescheidener Plan) den Champion auszubremsen versuchen, ihn einlullen, ihn frustrieren, ihn daran hindern, sein eigenes Spiel zu spielen. Acht Tage später hatte Short mit drei Niederlagen und einem Remis den denkbar schlechtesten Anfang gemacht. Und das nicht nur des grausamen Punktestands wegen, sondern auch aus ganz anderen, sich gegenseitig verstärkenden Gründen. Short verlor die erste Partie, nachdem er das Angebot eines Remis ablehnte und dann aus Zeitnot in hektisches Gewusel geriet. In der zweiten Partie erreichte er lediglich ein Unentschieden, weil er die Gelegenheit zu einem Freibauern verpaßte, was ihm manchen Beobachtern zufolge Gewinnchancen eröffnet hätte. Er verlor die dritte Partie trotz eines wütenden, extravaganten Angriffs auf Kasparows König. Und die vierte Partie ging trotz einer langwierigen und eindrücklichen Eröffnung verloren. Das vorläufige Fazit lautete ungefähr wie folgt: Short hatte bewiesen, daß er Kasparow Probleme bereiten konnte, aber der Champion hatte gezeigt, daß er sie stilvoll zu meistern verstand.

Der Analyseraum der Großmeister liegt einige Häuser vom Savoy entfernt im Simpson's-in-the-Strand. Das ist eines jener ehrwürdigen britischen Restaurants, wo das Roastbeef in einem edelmetallgepanzerten Mannschaftswagen herangefahren wird und wo man sich durch einen Obolus an den Trancheur den Knorpel erspart. Aber das Lokal hat außerdem einen Platz in der Schachgeschichte. Im letzten Jahrhundert trafen sich Patzer und Profis eine Treppe höher im Simpson's Divan zum Kaffeetrinken, Schachspielen oder zum Glücksspiel um ein paar Schillinge; hier spielte im Jahre 1851 Anderssen seine sogenannte «Unsterbliche», einen Klassiker des Opfer-Angriffs, gegen Kieseritzky. Die Örtlichkeit selbst existiert nicht mehr, aber eine geschwungene Messingplakette mit der Aufschrift «Simpson's Divan Tavern» prangt wie ein Wappenschild an der Wand der Raucherbar im Erdgeschoß, die nun für die Großmeister und ihren Anhang requiriert wurde. Die Atmosphäre liegt irgendwo zwischen Lehrerzimmer und schwitzsockigem Kindergarten. Hier, abgesondert von der Förmlichkeit und Wirklichkeit des tatsächlichen Spiels, sind die Grundvoraussetzungen für den zeitgleichen Nachvollzug der Partie gegeben: zwei große Leuchttafeln, die jeden neuen Zug sofort anzeigen, eine Fensehdirektübertragung, die in einer gleichbleibenden Halbtotale die Spieler bei der Arbeit zeigt, ein weiterer Bildschirm, der Live-Kommentare über den Spielverlauf der ersten Stunde ausspuckt, ein ganzes Arsenal von Schachbrettern, auf denen die Entwicklungsmöglichkeiten abgeklopft werden können, Netzanschlüsse für die Datenbanken und den Laptop des *Official Bulletin*, Aschenbecher und eine Bar mit Getränken zu halben Preisen. Hier ist auch der Ort der verbotenen Genüsse: Es darf gebrüllt und gebrabbelt, geschnattert und geschwatzt, gewütet und gewehklagt werden. Ein Raum voller Großmeister im Zustand emsiger Analyse erinnert irgendwie an Filmaufnahmen von heftig balgenden Löwenbabys in freier Wildbahn. Da werden knurrend und fauchend und ohrenknabbernd die Reviere verteidigt; erst wenn die Kamera zurückfährt, bemerken wir, daß Löwe und Löwin selbst sich weiter oben auf dem Hügel räkeln.

Gegen Ende der dritten Partie begann man im Analyseraum mitfühlend etwas von fehlendem Spielglück zu murmeln. Es war «unglücklich» gewesen, daß Short in der ersten Partie bei einem Bauern-Vorsprung in Zeitverzug geraten war; «unglücklich», daß er in der zweiten Partie den Freibauern versäumt hatte; «unglücklich», daß Kasparow einen mächtigen Turm zu seiner Verteidigung an der richtigen Stelle stehen hatte und so den kraftvollen Angriff von Schwarz in der dritten Partie erfolgreich zurückschlagen konnte. Kasparow seinerseits glaubte selbstverständlich nicht, daß er die dritte Partie aus diesem Grund gewonnen hatte: «Ich spürte immer, daß die Wahrheit auf meiner Seite war.» Short schnaubte dem entgegen: «Kompletter Unsinn. Schach ist keine Wissenschaft.» Aber immerhin griff er zur Erklärung des Geschehens nicht auf unglückliche Umstände zurück. «Glück kann im Schach zwar vorkommen, aber das war nicht der Grund, weshalb ich meine Chancen nicht genutzt habe. Ich habe einfach nicht gut genug gespielt, das ist alles. Jeder ist seines eigenen Glückes Schmied.» Meine persönlichen Erfahrungen mit den schwindelerregenden Freuden und Leiden der vierundsechzig Quadrate haben mich stets zu dem Schluß geführt, daß das Schachspiel eine Zone ist, in der Fortuna nichts zu sagen hat, noch weniger jedenfalls als beispielsweise im Tennis (wo man unter Umständen einen schläfrigen Linienrichter oder einen versprungenen Ball auf abgespieltem Platz erwischt) oder auch beim Billard (wo ein Staubkorn auf dem Queueleder zu einem unsauberen Stoß führen kann). Beim Schach dagegen gibt es nur einen selbst, den Gegner, die Figuren und – nach Kasparowschem Verständnis – die Einsicht in die Wahrheit der Stellung. Ich legte die Frage Colin Crouch vor, einem liebenswürdigen und bärtigen Internationalen Meister, der einen der seltsamsten Rekorde der Schachgeschichte hält: Vor neun Jahren bot er mit Schwarz in einem Londoner Turnierspiel dreiundvierzigmal hintereinander Schach – die höchste Anzahl aufeinanderfolgender Schachs, die je offiziell dokumentiert wurde – und arbeitete sich so methodisch dem Sieg entgegen. Crouch ist der Ansicht, daß Glück sehr wohl eine Rolle spielen kann und daß es in zweierlei Gestalt vorkommt: erstens, wenn der Gegner etwas übersieht oder zum Vorteil des anderen seine eigene Stellung durcheinanderbringt (obschon das natürlich genausogut auf ungleiche Spielstärken zurückgeführt werden könnte wie auf Winkelzüge des Schicksals); und zweitens, wenn sich eine Stellung von enormer Komplexität entwickelt, die keiner der beiden Spieler richtig durchschaut oder zu seinem Vorteil ausnutzen kann, die aber dennoch aufgelöst werden muß. Kasparow schien dies zu bestätigen, als er in Fred Waitzkins *Mortal Games* sagte: «Die Leute stellen sich Schach als ein logisches Spiel vor, und natürlich spielt Logik eine große Rolle, aber auf der höchsten Ebene bleibt einem die Logik oft verborgen. Bei manchen Stellungen sind Berechnungen so gut wie unmöglich, da läßt man sich von seiner Phantasie und seinen Gefühlen leiten, man spielt mit den Fingern.» Aber selbst wo wir uns in unanalysierbaren Gefilden bewegen, zeigt sich nicht auch dort eher die Überlegenheit der Phantasie, der Gefühle und der Finger eines Spielers als das stumme Wirken Fortunas? Vielleicht haben Schachspieler in letzter Instanz doch eine gewisse Scheu davor, die absolute Verantwortung für das Geschehen zu übernehmen.

Doch wie immer man «Glück» auch definieren mag und wie großzügig die Schachpatrioten den Begriff bei den ersten drei Partien auch auslegten, nach der vierten Partie war niemand mehr so kühn, ein höheres Walten zur Erklärung zu bemühen. Es war der bisher lärmigste Nachmittag im Analyseraum, voll großmeisterlicher Geschäftigkeit und gespannter Erwartung. Short hatte zum zweiten Mal die weißen Figuren, mußte auf Sieg spielen und begann mit einer langwierigen, geplanten Eröffnung. Kasparow, bei dem es angesichts seines Vorsprungs verzeihlich gewesen wäre, wenn er sich mit Schwarz zurückgehalten und seinem Gegner den Verzweiflungsangriff überlassen hätte, wählte statt dessen die aggressive Antwort auf den dargebotenen vergifteten Bauern. Dabei nimmt Schwarz ein Bauernopfer auf der Linie des Damespringers an, hat daraus jedoch den Nachteil, daß seine Dame an die Peripherie gerät und eine ganze Weile braucht, um sich ins Zentrum des Geschehens zurückzumanövrieren. Weiß schaltet theoretisch die schwarze Dame aus und entwickelt, während er die gegnerische Dame über das Brett jagt, seine eigenen Figuren zu einer attraktiven

Stellung. Selbst auf Patzerniveau geht es bei Schachpartien um Auseinandersetzungen über Strukturen und Handlungsspielräume, Entwicklungsmöglichkeiten und Materialgewinn; in den höheren Sphären kann schon ein einziger Tempoverlust verheerende Folgen für das eigene Spiel haben. Short tat also folgendes: Er opferte einen Bauern, um seinen eigenen Angriff zu beschleunigen.

Dann geschah etwas völlig Unerwartetes: Short warf Kasparows hungriger Dame einen zweiten Bauern zum Fraß vor. Die versammelten Großmeister waren verblüfft: Kasparow würde es doch wohl nicht wagen, auch diesen zweiten Bauern anzunehmen? Vermutlich war er nicht ganz so giftig wie der erste; aber besonders bekömmlich konnte er unmöglich sein. Doch die schwarze Dame rühmte sich an diesem Nachmittag eines Pferdemagens und schluckte auch den zweiten Bauern weg; woraufhin Short sie in ihren einsamen Winkel auf der toten Seite des Brettes zurücktrieb. Diesmal schien sie noch stärker eingekesselt als vorher. Zwar hatte Kasparow zwei Bauern Vorsprung, aber falls Short im Zweifel über den Vorteil seiner Stellung gewesen sein sollte, hätte er beim 20. Zug durch Dauerschach ohne weiteres ein Remis erzwingen können.

Als die Schautafel Shorts nächsten Zug Tae1 anzeigte und damit das mögliche Remis vom Brett fegte, kam es im Analyseraum zu Freudengeheul und Händeklatschen. «Er spielt auf Sieg – er hat das Remis sausenlassen!» Ja, mehr noch: «Nach Sc4 wird Kasparow verlieren.» Und in der Tat verlor er einen seiner Türme gegen einen Springer, um zu verhindern, daß seine Dame wie eine ins Netz gegangene Eintagsfliege gefesselt und abtransportiert wurde. Short stürmte weiter mit seinem Angriff voran, während Kasparow, indem er seine Verteidigung leicht umarrangierte und einen ruhigen Gegenvorstoß unternahm, lediglich achselzuckend seine Stellung aufzulockern schien. Sie erreichten einen Punkt, an dem Kasparow einen Bauern schlagen und damit unweigerlich einen Abtausch einleiten konnte. Pflichtschuldigst spielte der Weltmeister 27. ... dxc4, und der Analyseraum erwartete ganz eindeutig, daß Short nun mit dem Läufer einen schwarzen Bauern schlagen würde. Als dieser Zug ausblieb, breitete sich eine ängstlich schwitzende Stille aus. «Seht euch das an, Nigel überlegt wieder. Das ist ein ganz schlechtes Zeichen. Sieht nicht so aus, als ob er wüßte, wo er hin will.» Nigel überlegte weiter. «Die Körpersprache verheißt nichts Gutes.» Der Engländer hatte, wie man später erfuhr, das Ergebnis eines von langer Hand erzwungenen Abtauschs falsch eingeschätzt und war nun genötigt, einen schwächeren Zug zu spielen.

Von da an konnte der ganze Raum zusehen, wie Kasparow unerbittlich seinen Siegeswillen unter Beweis stellte. Short blieb nichts anderes übrig, als das zu tun, was schwächeren Spielern mit auseinanderbrechenden Stellungen nur allzu vertraut ist: seine Figuren in einem Verzweiflungsangriff auf den gegnerischen König werfen und dabei stets mit der Möglichkeit rechnen, daß man selbst von einer Maschinengewehrsalve durchsiebt wird, ehe auch nur der erste Schützengraben gestürmt ist. «Was soll ich über diesen Zug sagen?» fragte Eric Schiller, der amerikanische Landesmeister und Kommentator der Partie für das *Official Bulletin*. Er sah von seinem Laptop am Haupttisch der Großmeister auf und wartete auf Vorschläge. «Der Zug ist Schrott», antwortete ein Experte. «Völliger Schrott», präzisierte ein zweiter. Die Stimmung war gedrückt und hatte jenen Anflug von Bitterkeit, der sich einstellt, wann immer der eigene Held einen offenbar im Stich läßt. «Ist er nun Schrott oder völliger Schrott?» fragte Schiller, um die Stimmung ein wenig aufzuheitern. «Notwendiger Schrott», kam die dritte Wortmeldung. «Was nun, Schrott, völliger Schrott oder notwendiger Schrott?» Aber niemand brachte es übers Herz zu antworten, und beim 39. Zug, kurz vor der Zeitkontrolle, gab Short sich geschlagen. Es dürfte kaum überraschen, daß dieser mündliche Wortwechsel am Ende nicht im *Bulletin* abgedruckt wurde, obschon man dort nicht unbedingt ein Blatt vor den Mund nimmt. Shorts Reaktion auf 27. … dxc4 wird als «schlichtweg absurd» beurteilt, während der amerikanische Großmeister Patrick Wolff (der bei Zug 14 einen Sieg für Short und bei Zug 20 einen für Kasparow vorhersagte) zu Shorts Stellung nach dem 34. Zug frei nach Monty Python lakonisch bemerkt: «Also das nenn ich einen toten Papagei.»

Wenn man dem Geschwätz der Schachspieler lauscht, fällt einem auf, daß sich die für das Spiel typische, spannende Mischung aus Gewalttätigkeit und Intellektualität in der Sprache reproduziert und bestätigt. Während die Figuren in blitzartiger Widerlegung des naiven Vorschlags eines anderen Großmeisters fingerfertig auf den Demonstrationsbrettern herumgescheucht werden, weist ein gut Teil der sprachlichen Ausdrücke Straßenschlachtqualitäten auf. Man greift eine Figur nicht nur an, man *macht sie platt*. Warum sollte man eine Figur einfach nur schlagen, wo man sie doch auch *abholzen*, *weghauen* oder *wegfetzen* kann. Bauern könnten schlicht vorziehen, aber sie *walzen* lieber wie Stoßtrupps über das Brett. Wenn man seinen Gegner in Zeitnot bringt, setzt man Uhren*terror* gegen ihn ein, um ihn am Ende *hinzurichten*, wenn man ein Opfer bringt, *verheizt* man eine Figur so wie ein General seine Truppen verheizt. Und da gewalttätige Verben nicht ohne personifizierte Opfer auskommen, werden die Holzklötzchen des Gegners zu lebendigen Wesen: «Ich will *diesen Kerl* und *diesen Kerl* plattmachen.»

Aggression und Verachtung gehören zusammen. Wenn einem die gegnerische Strategie defensiv oder einfallslos vorkommt, verunglimpft man sie als *vegetarisch*. (Auch Hitler war Vegetarier, aber was soll's.) So äußerte etwa Nigel Short vor dem Titelkampf zu der Frage, ob er wieder so ausgefallene Tricks aufbieten werde wie gegen Karpow: «Kasparow könnte solche Eröffnungen auf dem Brett zunichte machen, und dann würde ich durchgefickt. Da muß ich schon eine Eröffnung für echte Männer bieten. Nicht bloß Quiche.» Echte Männer lassen sich nicht ficken, sie ficken selbst. Im Vorfeld des Kampfes kam es noch zu weiteren Kostproben Shortscher Reflexion, zitiert aus Dominic Lawsons *The Inner Game*: «Ich werd's ihm gut und hart besorgen.» «Ich werde den Kerl ordentlich durchbimsen.» «Ich werd's ihm gut und hart besorgen, bis zum Anschlag.» «Ich will ihn vergewaltigen und mattvögeln.» Lawson erinnert sich auch an ein Turnier in Barcelona, wo er Short zum ersten Mal das Kürzel «APD» benutzen hörte und dahinter eine komplexe Strategie vermutete. Anfangs mochte er sich nicht als Schachignorant blamieren, aber nachdem Short und der amerikanische Großmeister Yasser Seirawan den Ausdruck wiederholt verwendet hatten, faßte er sich schließlich ein Herz und fragte. «Austricksen. Plattmachen. Durchficken», riefen die beiden Großmeister ihm im Chor zu.

Neben solchen Äußerungen und damit verwoben gibt es noch die vielsilbige Sprache der hehren Theorie. Danach kann ein Zug *natürlich* oder *artifiziell* sein, *stellungsadäquat* oder *stellungsinadäquat*, *intuitiv* oder *kontraintuitiv*, *thematisch* oder *dysfunktional*. Wenn er eher auf eine Behinderung des Gegners zielt, als daß er selbst eine Bedrohung darstellt, nennt man ihn *prophylaktisch*. Und wonach trachten die beiden Spieler? Sie sind auf der Suche nach der *Wahrheit der Stellung*; manchmal sogar nach der *absoluten Wahrheit der Stellung*. Sie versuchen mit allen Kräften, etwas zu *beweisen*; aber ein Außenstehender muß nicht unbedingt *daran glauben*. Die einzelne Schachpartie wird damit zu einer Gerichtsverhandlung, und ein Weltmeisterschaftsturnier gerät zum Jüngsten Gericht. Auch die Analogie zu einem philosophischen Symposion ist möglich, wie beispielsweise in: «Die Spieler *führen ihren Dialog* über die Lc4-Variante des Najdorf-Systems *fort*.» Hohe Ambitionen verschmelzen mit niedriger Brutalität; die Spieler scheinen keinerlei sprachliches Mittelfeld zu entwickeln.

Der strategische Einsatz verbaler Gewalt ist auch im Leben jenseits des Brettes gegenwärtig. Die zwei Beschimpfungen, die ich unter den Schachern am häufigsten hörte, waren «Verräter» und «Spinner». Solcherlei Beleidigungen waren während des weltweiten institutionellen Gerangels im Vorfeld des Londoner Matchs an der Tagesordnung. Seit Jahrzehnten wurden die Weltmeisterschaften von der Internationalen Schachföderation FIDE ausgerichtet; aber immer öfter kam es zwischen dieser alteingesessenen Bürokratie und den kapriziösen Spieleregos mit ihren hochgesteckten finanziellen Erwartungen zu Auseinandersetzungen. Unter der Präsidentschaft von Florencio Campomanes verschlechterten sich die Beziehungen zwischen der FIDE und den Spitzenspielern rapide. Als ich einen englischen Großmeister nach seiner Meinung über Campomanes fragte, gab er zur Antwort, er fände ihn charmant, intelligent und sehr sympathisch; das einzige Problem mit ihm sei, daß er einem kleinen marxistischen Staat mit großem Militärbudget vorstehen sollte und nicht einem Sportverband.

Die Qualifikationsrunden, aus denen Nigel Short als Herausforderer Kasparows hervorging, waren wie üblich von der FIDE organisiert worden. Campomanes war gerade dabei, das Finale an Shorts Heimatstadt Manchester zu vergeben, als die beiden Kontrahenten das Titelmatch für sich kaperten und in der Professionellen Schachvereinigung PCA eine Gegenorganisation gründeten. Die PCA demonstrierte (wenn auch zum Teil aus purer Notwendigkeit), daß ein bedeutendes Turnier auch mit weniger Offiziellen und geringerem bürokratischem Aufwand zu einem Erfolg werden kann; sie führte neue, zuschauerfreundliche Regeländerungen ein (die Partien wurden nun ohne Vertagungen zu Ende gespielt); die Spieler selbst verdienten dabei besser – und wurden natürlich als Verräter beschimpft. Kasparow hatte seit Jahren gegen den Weltschachbund angekämpft; und Short seinerseits wollte zumindest angemessen hofiert werden. «Weil ich viel lächle und ziemlich gutmütig aussehe, hielt mich die FIDE für ein nettes kleines Häschen», erinnerte sich der Engländer später. «Aber ich bin ein Häschen mit scharfen Zähnen, und ich habe sie gebissen.»

War das Ganze nun eine weitsichtige und kühne Maßnahme, die nebenbei das unveräußerliche Persönlichkeitsrecht zum Verkauf der eigenen Dienstleistungen an den Meistbietenden verteidigte, oder handelte es sich dabei nur um kurzfristiges Eigeninteresse? Zweifellos ein wenig von beidem. Die Gründung der PCA sorgte bereits im Vorfeld für eine gute Publicity; aber sie lenkte die Spieler auch von ihrer letzten Vorbereitung auf das Match ab. Short, der auf diesem Niveau der Debütant war, dürfte darunter stärker gelitten haben; er mußte sich auch die heftigeren Beschimpfungen gefallen lassen. Als man in Manchester das Match an die Themse entschwinden sah, bezeichnete eines der Stadtoberhäupter Nigel als «geldgeil»; indes der britische Schachverband Short in einer Resolution bezichtigte, er habe das Schachspiel insgesamt in Verruf gebracht, und seinem berühmtesten Spieler mit einer merkwürdig larmoyanten Presseerklärung in den Rücken fiel: «Du hättest ein Held des Schachsports sein können, eine Legende zu Lebzeiten, aber so nicht.» Mittlerweile hatte Campomanes zum Gegenschlag ausgeholt und Kasparow seinen Titel aberkannt, beiden Spielern ihre ELO-Zahlen (die offiziell berechnete Spielstärke) abgesprochen und parallel zum PCA-Match eine FIDE-Weltmeisterschaft auf die Beine gestellt. Die Welt des Schachs war plötzlich so zerstritten wie die der Boxer, und am Ende des Jahres würde es schließlich drei Weltmeister geben: den PCA-Titelträger, den FIDE-Titelträger und Bobby Fischer, der sich seit Jahren auf den Standpunkt stellt, daß er nach wie vor Nummer eins ist, weil er nie von jemandem geschlagen wurde und die FIDE ihm den Titel zu Unrecht aberkannt hat.

Die PCA, so überstürzt ins Leben gerufen, daß sie – bis zum heutigen Tage – lediglich aus Short, Kasparow und Kasparows Anwalt besteht, hatte das erklärte Ziel, «den Schachsport in die moderne Welt zu bringen», wie Raymond Keenes oft zitierte Formulierung lautete. Dies bedeutete laut einer der seltenen offiziellen Erklärungen der Vereinigung soviel wie «den Fans das größtmögliche Vergnügen bieten und den Sponsoren volle Leistung für ihr Geld»; es bedeutete weiter ein «gezielteres Marketing». Nigel Short sprach auf der Eröffnungspressekonferenz von der Notwendigkeit, «den Schachsport zu professionalisieren und zu kommerzialisieren, wie es in der Vergangenheit mit Tennis und Golf geschehen ist». So weit, so gut; nichtsdestoweniger findet man in den Proklamationen der Vereinigung auch eine ganze Menge Mumpitz. Und schleichendes Bürokratenchinesisch obendrein. Kostprobe gefällig? «Die PCA ist die erste übergeordnete Körperschaft, die von einem Weltmeister mitbegründet und von ihm mit der Befähigung zur Weitergabe des Titels im Rahmen der von ihr organisierten Wettkämpfe ausgestattet wurde. Demzufolge verfügt die PCA über ein organisches Recht auf die Ausrichtung derartiger Wettkämpfe, wie es bislang keiner anderen Schiedsinstanz zustand.» Was auf Spielplatzdeutsch soviel heißt wie: Ich hab die größte Murmel, komm und hol sie dir, ätsch-bätsch.

Professionalisieren und kommerzialisieren. Tennis und Golf. Das bedeutete unter anderem Fernsehen, und das Medium reagierte begeistert. Channel 4 brachte (als Mitunterstützer) drei Sendungen täglich, die BBC eine. Die Nahaufnahmen im Fernsehen hoben greifbar die physiognomischen und gestischen Unterschiede zwischen den beiden Spielern hervor: Kasparow überschäumend und aufgedreht, mißmutig, stirnrunzelnd, grimassenschneidend, lippenschnalzend, kopfkratzend, nasereibend, kinnstreichend, sank hin und wieder wie ein begossener Pudel melodramatisch auf seine verschränkten Pfoten nieder; Short dagegen eher unbewegt, ausdruckslos, mit spitzen Ellbogen und steifem Rücken, als habe er vergessen, den Bügel aus dem Jackett zu nehmen. Aber dieses Sammelsurium an Marotten und die unterschiedslosen Handbewegungen im Spiel (wenig Raum für Kommentare über die Vorhandstärke oder die Güte der Armrückzieher) wirkten im Pantheon der Sportbilder doch eher blaß. Fachleute bemühten ihr Erstsemesterwissen über Anthropologie, um die Körpersprache zu deuten («Nigel drückt seine Knöchel ans Kinn – jetzt konzentriert er sich»), mußten sich jedoch nur allzuoft mit dem tapferen Versuch begnügen, eine Handlung allererst herbeizureden. «Wir sehen hier zwei Leute in aller Öffentlichkeit denken!» begeisterte sich einmal der kommentierende Großmeister Keene. «Leibhaftiges Denken live auf dem Bildschirm!» Und tatsächlich lieferte die Kamera einmal eine Einstellung, die den Zuschauern eine eindrucksvolle Vorstellung vom Kraftfeld eines Schachspiels vermittelte: Aus der Vogelperspektive sah man, wie beide Spieler sich weit über das Brett beugten, kaum zwei Felder von einem Eskimokuß oder, wahrscheinlicher, einer Kopfnuß entfernt. Aber trotz alledem ist letzten Endes beim Fernsehschach nicht mehr zu sehen als zwei sitzende Spieler, die Holzfiguren herumschieben.

Oder noch unattraktiver, sie meistenteils nicht herumschieben. Channel 4 strahlte die erste Stunde jeder Partie live aus – und driftete dabei in quasiphilosophische Fragen über das Sein und das Nichts ab. Der Ablauf des Geschehens folgte stets demselben Muster: In den ersten Minuten spulten die Spieler eine bekannte Eröffnung herunter, bis einer von beiden mit einer vorbereiteten Abweichung von der gängigen Abfolge aufwartete. Der Spieler, der von der neuen Variante überrascht wurde, verfiel in tiefes und einschläferndes Nachsinnen, während der Neuerer davonspazierte und sich eine Tasse Tee machte. Dieses «leibhaftige Denken» erreichte seinen Höhepunkt in der neunten Partie, die in ihren Eröffnungszügen mit der fünften Partie identisch war. Nachdem die ersten elf Züge in wenigen Minuten abgehaspelt waren, spielte Kasparow eine neue Variante. Short dachte nach. Und dachte nach. Werbepause. Und dachte nach. Und dachte nach. Zweite Werbepause. Und dachte nach. Endlich, nach fünfundvierzig Minuten Live-Übertragungszeit, rochierte er. Tennis und Golf? Lachhaft!

Ein weiterer Grund, warum Schach schwerlich zum Renner

werden wird (und die Unterstützung ignoranter Dauerglotzer und unwissender Stadienhocker sind ein wichtiger finanzieller Faktor), ist das schwankende Charisma seiner Protagonisten. Wenn alle Spieler so intelligent, redegewandt und sprachsicher wären wie Garri Kasparow, könnte der Schachsport seine eigenen Scheckbücher drucken. Aber in Wahrheit gehören nur allzu viele Bauernschubser zum Typus der Käfersammler: Anoraks, Plastiktüten, gammelige Stullen und eine weitgehend introvertierte Begeisterung zählen zu ihren besonderen Kennzeichen. Das Fernsehen tat sein Bestes, diese Spezies schillernd zu präsentieren: Einer der Großmeister, die bei Channel 4 unter Vertrag standen, war Daniel King, dessen schulterlanges Haar und bunte Hemden im gegebenen Ambiente eindeutig nach *vie de bohème* aussahen, ein anderer die mundfertige Bankiersgestalt von Raymond Keene (der wegen seines gutgenährten Leibes und der eher antarktischen Verbindung zwischen Kopf und Schultern den Spitznamen «der Pinguin» trägt). Der dritte im Bunde war jedoch der weitaus imposantere – oder aus der Perspektive eines einschaltquotengepeinigten Fernsehintendanten ganz und gar nicht imposante – Jon Speelman.

Speelman ist ein ausgesprochen starker Spieler, er hat Short in der Kandidatenkür 1988 geschlagen und assistierte dem Engländer nunmehr als Sekundant. Ja, manche vertreten sogar die Auffassung, Speelmans labyrinthisch unergründlicher Stil hätte Kasparow mehr Schwierigkeiten bereitet als Shorts direktes Angriffsspiel; doch als ich diese Theorie in der Bar des Analyseraums versuchsweise dem Großmeister James Plaskett unterbreitete, schaute er mich an, als hätte ich gerade mit einem veritablen Spinnerzug (sagen wir 1.h4) eröffnet, und erwiderte: «Gazza schlägt jeden, oder nicht?» Und um auch mein eigenes Scherflein Tribut beizusteuern: Ich selbst trat einmal in einem Simultanspiel zu Wohltätigkeitszwecken gegen Speelman an, und dort ist er mit meiner Angriffslust und meinen vorbereiteten Variationen ziemlich gut zurechtgekommen, zumal wenn man bedenkt, daß er gleichzeitig noch neununddreißig andere Gegner hatte. (Um reinen Tisch zu machen, die Sache geht folgendermaßen vor sich: Sie sitzen zitternd am Brett und fühlen sich entsetzlich einsam, weil Sie wissen, daß Sie gezogen haben müssen, wenn der Großmeister das nächste Mal vor Ihnen steht. Am Anfang, wo die Chancen eines blamablen Schnitzers noch relativ gering sind, macht das nicht so viel aus, und es bleibt Ihnen sogar ein wenig Zeit zum Nachdenken, während er an den anderen neununddreißig Brettern vorbeischlendert; aber wenn im weiteren Verlaufe des Spiels andere Spieler ausscheiden und die Stellung sich verkompliziert, kommt Ihr Foltermeister in immer kürzeren Abständen vorbeigehuscht. In Augenblicken wie diesen bekommen Sie eine leise Ahnung davon, was es heißt, unter professionellem Zeithochdruck spielen zu müssen. Das andere niederschmetternde Moment liegt in der Erkenntnis, daß die flüchtige Gestalt, die einen kurzen Blick auf die Stellung wirft, einen Zug aus dem Ärmel schüttelt und dann sogleich weiterflattert, nicht wirklich gegen *Sie* spielt, sondern gegen das Brett. Nicht nur nehmen Sie lediglich ein Neununddreißigstel seiner Bedenkzeit in Anspruch, Sie sind das bloße Äquivalent einer Übungsaufgabe, die ihm einer seiner Trainer aufgebaut hat, um ihm den Schlaf aus den Augen zu vertreiben.)

Aber trotz seines großen Könnens am Brett und der respektvollen Zuneigung, die er genießt, wird Speelman es niemals zu einem Agassi der vierundsechzig Quadrate bringen. In der *Times* war sein Name einmal fälschlich als «Specimen» abgedruckt, und die Charakterisierung als komischer Kauz ist treffend und daher hängengeblieben. Groß, staksig und schüchtern, die Augen hinter dicken Gläsern zum Boden gewandt, darüber ein ungekämmt-struppiger Haarkranz, stellt er den Inbegriff eines schachspielenden Eierkopfes dar. Sein zweiter Spitzname aus der Zeit, als er noch einen Bart trug, lautet Speelwolf. Es gibt eine ungewöhnliche Fernsehaufzeichnung, die ihn nach einer Schacholympiade auf der Tanzfläche zeigt. Dort scheint er im wörtlichen Sinne auszuspannen: In einer Art frenetischem, unkoordiniertem Wirbel schleudert er das Joch der Disziplin von sich, das er sich die letzten Tage über auferlegt hatte. Boadicea dürfte mit ihren messergespickten Wagenrädern weniger Platz um sich geschaffen haben als der Großmeister auf dem Tanzboden. Obschon er drei Monate lang regelmäßig im Fernsehen auftrat, darf man getrost darauf wetten, daß er von keinem Bekleidungsunternehmen einen Sponsoringvertrag angeboten bekam. Kurzum, er ist der schlimmste Alptraum eines jeden Sportvermarkters. All das mehrt natürlich den tieferen Ruhm des Sports, den er betreibt. Doch auf dem Weg zu einer massenhaften Vermarktung liegt die beängstigende und wahre Präsenz eines Specimen den Marketingleuten wie ein symbolischer Hinkelstein im Magen.

Short lag bereits klar drei Punkte im Rückstand, als die fünfte Partie begann, und die Buchmacherfirma William Hill lehnte es ab, weitere Wetten auf Kasparow anzunehmen. Die heimischen Claqueure durchwühlten die Annalen nach Präzedenzfällen, in denen ein schlechter Auftakt heldenhaft überwunden wurde (hatte nicht Steinitz in einem Weltmeisterschaftskampf 1 zu 4 im Rückstand gelegen, der große Fischer 0 zu 2 und auch Smyslow $^1/_2$ zu $3^1/_2$?). Aber zu Beginn der neunten Partie lag Short bereits ganze fünf Punkte zurück und kämpfte auf verlorenem Posten. Was die brutale Statistik indes verschweigt, ist die Tatsache, daß hier lebendiges und spannendes Schach gespielt wurde, und dies blieb auch bis fast zum Ende des Turniers so. Beide Spieler bevorzugten scharfe, offene Stellungen – was unter anderem den Vorzug hatte, daß die Amateure viel besser erkennen konnten, was eigentlich vor sich ging. Nicht alle professionellen Beobachter waren hierüber erbaut. Der US-amerikanische Großmeister saß während der sechsten Partie in der Kommentatorenkabine des Savoy, und durch die Kopfhörer hörte man förmlich seinen Hals vor lauter ungläubigem Kopfschütteln knacken. «Schaut aus wie eine Hau-Drauf-Stellung aus der

Amateurspalte eines Schachmagazins. Das sieht mir nicht nach einer Weltmeisterschaftspartie aus. Das sieht eher aus wie Kaffeehaus.» Vielleicht; eines jedoch war sicher: Es gab keine jener fiesen, zähen Stellungen der älteren sowjetischen Schule, die vor allem darauf angelegt sind, dem Gegner Raum zu nehmen, wo beim 80. Zug der erste Bauerntausch anvisiert wird, gefolgt von einem raffinierten Läufer-Springer-Abtausch in Zug 170, und wo es in einem knarzenden Endspiel beim 235. Zug schließlich zu einer leisen Verunsicherung des Gegners und einem leichten technischen Vorteil kommt. Nichts dergleichen: Hier kam es zu spektakulären, schwungvollen Angriffen und schwindelerregenden Ausbruchsversuchen, die Buster Keaton alle Ehre gemacht hätten.

Die achte Partie, ein Straßenschlachtremis, wurde zusätzlich durch die Neuigkeit belebt, daß Nigel Short am Ende der ersten Spielwoche seinen Coach gefeuert hatte. Lubomir Kavalek war nach der dritten Partie ausbezahlt worden und weilte inzwischen schon wieder in den Vereinigten Staaten. Die Überraschung war um so größer, als «Lubosh» in der Öffentlichkeit unablässig gelobt worden war, ja selbst der simpelste Bauernzug zu Beginn einer jeden Eröffnung schien irgendwie auf seine Kappe zu gehen. Er war, so erklärte man uns, Nigels Geheimwaffe; er verfügte über eine unübertroffene Datenbank mit über einer Million Partien; er war «der Tscheche, der gerne Russen schlägt» (1968 aus Prag geflohen, tauchte er vier Jahre später als Fischers inoffizieller Sekundant in Reykjavík wieder auf). Er hatte Short betreut, seit der Engländer auf den Titel lossteuerte, und wurde je nachdem als Mentor, Guru, Vaterfigur oder Demiurg beschrieben. Das Ausmaß seines Einflusses läßt sich an einer delikaten Enthüllung von Cathy Forbes erkennen: Kavalek «sorgt auch für geregelte Körperfunktionen bei seinem Schützling. Nachdem Short vor einer Partie mit Gitarrenspiel Dampf abgelassen hat, gemahnt Kavalek ihn, die Blase zu entleeren.»

Wie sich später herausstellte, war Kavalek gefeuert worden,

weil er keine neuen Ideen mehr produziert, das kostenlose Hotelleben zu sehr genossen und, laut Short, einen «deprimierenden Einfluß» ausgeübt hatte. Obschon das Short-Lager den Zwischenfall herunterzuspielen versuchte und Dominic Lawson verkündete, nun endlich habe Nigel «sein Wunschteam» beisammen, war der nachfolgende Bericht dieses Journalisten über Shorts Verärgerung und Bestürzung sehr aufschlußreich: «Morgen muß ich Kasparow umbringen. Aber heute bringe ich meinen Vater um ... Er war mein Mentor. Im letzten Jahr war ich ebensooft mit ihm zusammen wie mit meiner Frau. Nein, in Wirklichkeit hab ich sogar mehr Zeit mit ihm verbracht als mit Rea ... Spürst du nicht die Grausamkeit dieses Augenblicks? Es ist der reinste Vatermord.» Angesichts dieser Klage begann Lawson sich «wie ein Statist in *Oedipus Rex* zu fühlen». Es ist mit Sicherheit nicht leicht, je den rechten Augenblick für einen Vatermord zu finden, aber der Zeitpunkt für den Abgang Kavaleks – und seiner vielgepriesenen Datenbank – schien doch etwas ungünstig gewählt: eine Aufmunterung für den Gegner und eine Entmutigung für die eigenen Reihen. Und außerdem, wer würde Nigel in Zukunft daran erinnern, vor dem Spiel pinkeln zu gehen?

Am ersten Samstag im Oktober war die Hälfte der Partien gespielt, Short hatte noch immer kein Spiel gewonnen und lag immer noch klare fünf Punkte zurück. In gewissem Sinn war das Match gestorben, und die Buchmacher hielten einen Sieg Shorts für ebenso unwahrscheinlich wie den Beweis für die Existenz des Ungeheuers von Loch Ness innerhalb des nächsten Jahres. Shorts ehrgeizige Zielsetzungen wurden zurechtgestutzt: Zunächst mußte er versuchen, einen einzigen Sieg zu erringen; sodann sollte er mit langfristigem Kalkül gegen Kasparow «spielen lernen», um das nächste Mal besser abzuschneiden. Das klang ganz anders als die anfängliche Befürchtung, der Engländer müsse sich «auf das Niveau dieses Tieres herablassen, um das Tier zu schlagen». Aber was die Spannung anbelangte, war das

Match noch quicklebendig, und Short hatte gerade seine beste Woche hinter sich gebracht. In der zehnten Partie baute er seinen bisher stärksten weißen Angriff auf, verpaßte dann allerdings, wie das *Official Bulletin* schrieb, «vier absolut triviale Gewinnchancen» und mußte sich mit einem Remis zufriedengeben. In der elften Partie nutzte Kasparow gerissen die demoralisierende Wirkung des verpatzten Sieges aus, wechselte zur Schottischen Eröffnung, mit der er Short vor einigen Jahren an die Wand gespielt hatte, und spulte sie ab, als wisse er genau, worauf er hinauswollte. Mit Doppelbauern auf zwei Linien sah Shorts Bauerngerippe schon bald recht gespenstisch aus, aber durch seine gewitzte Verteidigung driftete die Partie zum Nachteil von Weiß in ein weiteres Remis hinein. (Es war insgesamt sehr lehrreich zu verfolgen, mit welcher Bereitwilligkeit Short während des ganzen Matchs Doppelbauern in Kauf nahm. Zwei Bauern auf einer Linie sind der Schrecken jedes Amateurs, aber Spitzenspieler sehen darin eher einen Vorteil, weil es dadurch zu offenen Linien kommt.) Die zwölfte Partie glich von der Eröffnung bis zum Endspiel einem heftigen Feuersturm und hinterließ eine Stellung, die in den Augen eines Schachstümpers für Short nichts Gutes verhieß: Zwar hatte er anstelle von Kasparows drei überzähligen Bauern einen Läufer, aber während seine eigenen drei Bauern auf dem Dameflügel von zwei gegnerischen blockiert wurden, hatte der Weltmeister auf dem Königsflügel bereits vier verbundene Bauern in der gegnerischen Hälfte stehen, die scheinbar nur darauf warteten, wie Space Invaders das Brett hinabzustürmen. Nichtsdestoweniger prognostizierte der Internationale Meister Crouch neben mir ein Remis; als Stümper neigt man dazu, die Macht eines einsamen Läufers und den Nutzen eines mobilen Königs für die Verteidigung zu unterschätzen. Short heimste den dritten Halbpunkt dieser Woche ein.

An diesem Nachmittag herrschte im Analyseraum ein reges Treiben: Großmeister, Anhänger, Journalisten, Trinker, Frauen und Kinder, Verräter und Spinner. Rea Short und Kyveli wurden gesichtet, und selbst der schachsüchtige Schauspieler Stephen Fry spazierte herein und gab seine literarischen Hausaufgaben über Shorts Zwangslage zum besten (*Antonius und Cleopatra*, II.3, Wahrsager zu Antonius: «Was du für ein Spiel mit ihm spielest, so kannst du gewiß sein, daß du allemal verlieren wirst; und vermittels dieses ihm angebornen Vorteils über dich wird er dich allemal schlagen, die Partie mag noch so ungleich sein ...»). Die Stimmung hätte entspannt sein können, statt dessen war ein deutlicher Anflug von Gereiztheit wahrzunehmen. Am Tisch der Großmeister wurde wie immer wortreich und rechthaberisch gestritten, meistens zugunsten von Short. Aber die um diesen Tisch Versammelten waren Zeugen eines Schauspiels, zu dem sie selbst sich niemals würden aufschwingen können: der Herausforderung eines Weltmeisters. Und da im Schach jeder gern der Größte sein will, stellt sich leicht ein gewisser Unmut gegen denjenigen ein, der statt der eigenen Person auf der Bühne sitzt – und das war in diesem Fall Nigel Short. Der Patriotismus (oder die Sympathie für den Schwächeren oder die Höflichkeit gegenüber den Gastgebern) weicht dann unversehens einem «Jesses, wozu soll *das* gut sein?». Als Short die diagonale Fernattacke eines Läufers mit einem Springer blockierte, stieg ein ungläubiges Gebrüll von dem Tisch auf; aber siehe da, der Zug legte den Grundstein für eine solide Verteidigung. Während des gesamten Matchs haben die Experten – ob im Fernsehen, in den Kopfhörern des Savoy oder im Analyseraum – die nächstfolgenden Züge der beiden Spieler fortlaufend verkannt. Nur die wenigsten waren zu Aussagen bereit wie «Ich verstehe nicht, was hier vor sich geht» oder «Wir werden es erst genau wissen, wenn wir die Stellungsanalysen der Spieler kennen». Aber im Kreise der Großmeister, wo man Datenbanken anzapfte, mögliche Fortsetzungen ausprobierte und wieder zurücknahm, wo man nicht unter wirklichem Turnierstreß stand und zwischen Bar und Brett hin und her pendelte, wo es zwar vor Rivalität knisterte, aber man doch von der höchsten Rivalität zwei Türen weiter verschont blieb, da war man sich oft übertrieben sicher, was gerade gespielt wurde. «*So* könnte es gehen», schnappte Tony Miles (der erste britische Großmeister aller Zeiten) und kommandierte einige Bauern herum, «aber es ist eine Notlösung.» Eine Notlösung, von der Nigel Short allerdings, wie sich zeigte, keinen Gebrauch machte. Bisweilen fühlte ich mich an eine Bemerkung des Schriftstellers Clive James erinnert, der einmal die Begleittexte für eine Fotoserie im Magazin des *Observer* geliefert hatte. Ein hilfsbereiter Redakteur hatte die Texte großzügig umgeschrieben, Pointen zugespitzt und Längen herausgestrichen. «Jetzt hören Sie mal zu», erklärte James erbarmungslos, während er den Redakteur zur Wiederherstellung der Originaltexte zwang, «wenn ich so schreiben würde, wäre ich *Sie*.»

Miles gehörte zu denjenigen, die Shorts Spiel durchweg hart beurteilten: «Er ist mit seinem Latein am Ende. Aber zugegeben, gegen Kasparow würde es den meisten so gehen.» Es ist wahr: Kasparow war dabei, Short abzuschlachten. Doch Short seinerseits pflegte Miles abzuschlachten. Und Miles wiederum (ein «Verräter», der angeblich Kasparow seine Dienste angeboten hatte) würde Dominic Lawson abschlachten. Und Lawson (dem Flüstern eines Internationalen Meisters zufolge ein «Spinner») würde ohne Zweifel mich selbst abschlachten. Gegen Ende der zwölften Partie sinnierte ich gerade mit patzerhaftem Stirnrunzeln über Shorts Stellung, als Raymond Keene vorbeispazierte. «Was halten Sie davon?» fragte ich und deutete einen vorgezogenen Turm an, der mir die Verteidigung von Weiß zu blockieren und Schwarz gute Chancen zu einem Gegenangriff zu eröffnen schien; ein Zug, so dachte ich bei mir selbst, von beinahe shortesken Qualitäten. «Verheerend», kommentierte der Pinguin und watschelte davon. Diese Bemerkung saß, na, vielleicht einen Monat oder so wie ein Stachel im Fleische und löste sich erst während der 18. Partie in schallendes Wohlgefallen auf. Keene kommentierte gemeinsam mit Speelman auf Channel 4 und schlug einen gewissen Turmzug vor. Speelman, der als Shorts Sekundant verständlicherweise zu diplomatischer Zurückhaltung neigte, gab ein ersticktes Prusten von sich: «Na ja, wenn Nigel das spielt, fall ich auf der Stelle tot um.»

Von der 13. Partie erwartete man einiges an Gewalttätigkeit. Kasparow hält die Dreizehn für seine Glückszahl – er wurde am Dreizehnten geboren, erlangte seinen Großmeistertitel am Dreizehnten und ist der dreizehnte Weltmeister. Heute, so munkelte man, werde sich Garri mit Weiß mächtig ins Zeug legen: Er werde die drei Remis der letzten Woche hinter sich lassen und die zweite Hälfte des Matchs mit einem Paukenschlag eröffnen wollen. Nigel hatte null Chancen, die Partie zu gewinnen: Er hatte vier von sechs Spielen mit Schwarz verloren, und es war schon vier Jahre her, daß Kasparow mit Weiß am Spiel geschlagen wurde. Aber es kam zu keinem Paukenschlag. Kasparow wirkte müde, Short munter, und die beiden erstritten ein solides, zermürbendes, professionelles Remis. Dies war für manchen eine Enttäuschung, andere freuten sich darüber. «Jetzt spielen sie endlich Weltmeisterschaftsschach», sagte ein Internationaler Meister.

Beide Spieler hatten gute äußere Gründe für ihr vergleichsweise frommes Spiel. Zwischen der 12. und 13. Partie hatte der Umsturzversuch gegen Jelzin stattgefunden; Kasparow mußte dasitzen und zusehen, wie die Panzer sein Parlamentsgebäude in Flammen schossen. «Offen gesagt», gab er zu, «ich habe mehr Zeit vor CNN zugebracht als über Schachbüchern.» Shorts Kümmernisse waren dagegen von provinziellerem Zuschnitt. Während Kasparow über die Zukunft der Demokratie in Rußland nachdachte, erwog der Engländer eine Verleumdungsklage wegen eines Artikels in der *Sunday Times*, in dem behauptet wurde, er selbst stehe «kurz vor dem Kollaps», sein Team sei «zutiefst gespalten» und nach Kavaleks Weggang habe Dominic Lawson «zuviel Einfluß» gewonnen. Die größte Beleidigung, die fast schon an Rufmord grenzte, bestand jedoch darin, daß

Short, bislang stets als David im Kampf gegen Goliath porträtiert, nun mit Eddie Edwards «dem Adler» verglichen wurde, einem britischen Skispringer, der zum komischen Nationalmaskottchen wurde, weil er in verschiedenen Wettkämpfen bis hin zur Winterolympiade regelmäßig mit bester Laune, aber deutlichem Abstand den allerletzten Platz belegte.

Shorts Reaktion entbehrte nicht einer gewissen Ironie. Da hatte er nun im Vorfeld forsch-fröhlich den moralischen Charakter, die politische Integrität und das äußere Aussehen des Weltmeisters in den Schmutz gezogen, aber kaum mußte er selbst ein Löffelchen voll Schmähungen schlucken, zeigte er sich von seiner empfindsamen und klagefreudigen Seite. Wesentlicher noch, er hatte eine erste Quittung für die «Professionalisierung und Kommerzialisierung» des Spiels erhalten, für sein Bestreben, Schach auf eine Stufe mit Tennis und Golf zu stellen. Eine Sportart vermarkten heißt, sie dem Geschmack derjenigen anzupassen, die die Rechnungen bezahlen. Vermarktung heißt, seinen Sport Leuten zugänglich zu machen, die sich nur halb dafür interessieren, indem man entweder den Sport selbst oder seine Darstellung in der Öffentlichkeit oder beides banalisiert. Vermarktung heißt, daß man Leute über sich schreiben läßt, die von der betreffenden Sportart noch viel weniger verstehen als diejenigen, die normalerweise über einen schreiben. Vermarktung heißt, den ohnehin in jedem Sport vorhandenen Nationalismus und Chauvinismus noch weiter hochzuputschen: Man denke nur an den Golfer Corey Pavin, der während des Ryder Cup eine Desert-Storm-Mütze trug. Vermarktung heißt, die Subtilität seines Sports und die Subtilität des menschlichen Charakters zu verraten; heißt, Menschen zu Helden und Bösewichtern zu stilisieren und sich in schwarzem Leder vor den Kameras zum Narren zu machen. Vermarktung heißt außergewöhnlicher Ruhm, aber daher auch außergewöhnliche Schande: Je größer die Berühmtheit, desto tiefer der Fall. Vermarktung kann einem eine ganze Menge mehr Geld einbringen, aber von einigen Glücksfällen abgesehen, heißt Vermarktung am Ende immer auch, daß man zum Prügelknaben gemacht wird. Was immer man sonst noch über den Vergleich zwischen Nigel Short und Eddie Edwards «dem Adler» sagen mag, er ist auf jeden Fall unrichtig: Short war sich – um im olympischen Bild zu bleiben – seiner Silbermedaille bereits sicher, als er gegen Kasparow antrat. Aber man kann nicht erwarten, daß Journalisten mit pingeliger Genauigkeit über einen schreiben, wenn man seinen Sport «professionalisieren und kommerzialisieren» will. Eine erste Warnung vor künftiger Unbill hatte Short bereits auf der gemeinsamen Eröffnungspressekonferenz mit Kasparow im Simpson's-in-the-Strand erhalten. Der Engländer hatte seine Tochter Kyveli auf dem Schoß sitzen. Eine harmlose und unprovokante Geste, so möchte man meinen; aber der holländische Großmeister Hans Ree spottete sogleich, Short benehme sich «wie Saddam Hussein». Damals konterte Short ausnahmsweise einmal souverän: «Es ist schon lange her, daß ich Kuwait überfallen habe.» Sowohl mit Saddam Hussein als auch mit Eddie «dem Adler» verglichen zu werden, mag manchem als starker Tobak erscheinen. Aber das ist Vermarktung.

Zwischen der 14. und der 15. Partie entlockte ich dem Internationalen Meister William Hartston beim Lunch ein paar Beobachtungen. Wir waren zusammen zur Schule gegangen, als der Schachsport in diesem Land noch eine Sache von blutigen Amateuren war und die Vorstellung eines britischen Großmeisters so spekulativ wie der Yeti. Es gab auf unserer Schule nur zwei verläßliche Möglichkeiten, sich um den Mittagsregen auf dem Schulhof herumzudrücken. Die Unambitionierten traten dem Briefmarkenclub bei, die Ehrgeizigen dem Schachclub. (Ich trat dem Briefmarkenclub bei.) Seitdem habe ich Hartstons Fortschritte aus der Entfernung verfolgt: englisches Spitzenbrett, Schachkolumnist des *Independent*, fester Schachexperte der BBC. Bei unserer letzten Begegnung war er dafür verantwortlich, daß ich in einem Wohltätigkeitssimultanspiel von einem Vierzehnjährigen abgeschlachtet wurde (*viel* seelenaufwühlender, als von Speelman abgeschlachtet zu werden).

Hartston darf sich eine positive Lebensbilanz von 2 zu 1 gegen Nigel Short zugute halten, gibt jedoch zu, beide Siege errungen zu haben, als Nigel noch kein Bart sproß. Von Beruf Betriebspsychologe, neigt er zu einer vergleichsweise großzügigen und humoristischen Betrachtung der Ereignisse und gilt daher eher als «Verräter» denn als «Spinner». So meldete er beispielsweise Zweifel an der neuen offiziellen Parole an, daß Short, da er das Blatt nicht mehr wundersam zu seinen Gunsten wenden werde, nun für das nächste Mal gegen Kasparow «spielen lernen» müsse. Nach Hartstons Ansicht wird es kein nächstes Mal geben: «Wenn man Short wieder in die Weltrangliste einordnet, steht er auf Platz neun, und fünf jüngere Spieler stehen vor ihm.»

Dies setzt voraus, daß auch die PCA das nächste Mal noch dabei ist. Was die Vermarktungsmöglichkeiten des Schachsports angeht, zeigt sich Hartston weniger reserviert, als ich erwartet hatte ... Aber Tennis und Golf? Warum nicht, erwiderte er. Er glaubt, daß Schachspieler mindestens so gut verkäuflich sind wie Golfer, und weist darauf hin, daß die letzte, live übertragene Partie des Matchs zwischen Karpow und Kasparow 1987 in Sevilla immerhin erstaunliche 18 Millionen Spanier vor die Bildschirme lockte. Als ich ihn nach der Wahrscheinlichkeit fragte, daß weitere Spieler der FIDE den Rücken kehren, um ihr Glück bei der Professionellen Schachvereinigung zu suchen, antwortete er mit einer Art gutmütigem Zynismus: «Die Liebe eines Schachspielers geht durch den Geldbeutel.» In diesem Punkt dürften sich Schachspieler kaum von anderen Menschen unterscheiden; ja, in ihrem Fall scheint die kardioökonomische Verbindung sogar besonders leicht nachvollziehbar. Zwar konnten die weltbesten Spieler schon immer davon leben, aber es dürfte nur wenige andere Berufe geben (Lyriker zum Beispiel), in denen die Verdienstkurve im Vergleich zur Leistung so jäh im freien Fall abstürzt. Der Internationale Meister Colin Crouch, ungefähr Nummer dreißig auf der Landesliste, mußte das Match zwischen Short und Kasparow für neun Tage verlassen, um in einem Turnier auf der Isle of Man zu spielen. Der höchstdotierte Preis lag bei £ 600, und trotz eines vielversprechenden Anfangs ist für Crouch am Ende außer Spesen nichts gewesen. In Wirklichkeit sieht das Leben auch für bedeutende Spieler nämlich so aus: kleine Turniere, kleine Preise, begrenzter Ruhm. Vor einigen Jahren stellte Hartston während eines Großmeisterturniers in Spanien folgende Berechnung an: Wenn man das gesamte ausgeschriebene Preisgeld unter den anwesenden Großmeistern aufgeteilt hätte (und es waren außerdem noch einige starke Internationale Meister im Rennen, die ebenfalls nach der Beute schnappten), hätte ihr Durchschnittseinkommen zwischen £ 2 und £ 3 pro Stunde gelegen. Der Grundlohn der gewerblichen Pilzpflückerinnen aus Nordengland, die letztes Jahr bei der Verleihung des Booker-Preises auf der Straße demonstrierten, beträgt £ 3,74 die Stunde.

Hartston ist sich jedoch sicher, daß die Jagd nach dem Geld und der Politschacher um die PCA Short ernstlich von seinem ersten Titelkampf abgelenkt haben. Ja, er geht sogar noch einen Schritt weiter und meint (wie Cathy Forbes auch), Short habe irgendwann erkannt, daß er Kasparow nicht besiegen würde, und von da an seine ganze Energie darein gesetzt, soviel Zaster wie möglich herauszuschlagen. Nach Hartstons Ansicht schlug sich dieser grundlegende Mangel an Selbstvertrauen auch im Spiel des Engländers nieder. «Ich werde das Gefühl nicht los, daß Short sich selbst zu beweisen versucht, er habe keine Angst vor Kasparow – *aber er hat Angst.*» Hartston bewundert den von ihm als «klassisch und korrekt» bezeichneten Schachstil von Short und lobt sein taktisches Vorgehen im Match gegen Karpow, wo er den Russen durch geschickte Variation der Eröffnungen immer wieder zu überlangem Nachdenken provozierte. Dies ist ein wesentlicher Bestandteil erfolgreichen Turnierspiels. «Die Geschichte der Schachweltmeisterschaften zeigt», so Hartston, «daß ein großer Spieler nur dann zu schlagen ist, wenn man dafür sorgt, daß er seine Stärken nur unter ungünstigen Bedingungen ausspielen kann.» Genau dies tat bekanntlich Botwinnik im Spiel gegen Tal im Jahre 1960. Als ich Hartston fragte, welche Stärke alias Schwäche Short gegen Kasparow ausnützen könnte, erwiderte er: «Ungeduld.»

Partie 15 kam wie gerufen als Kommentar zu diesem Thema. Short, zum achten Mal mit den schwarzen Figuren, spielte ein Abgelehntes Damengambit – eine solide, traditionelle Verteidigung, die er sehr gut kannte und in allen seinen Kandidatenfinales angewandt, Kasparow aber bisher vorenthalten hatte. Der Internationale Meister Malcolm Pein betrachtete die ersten Züge und lobte «einen bedächtigen, vernünftigen Nigel Short, der Kasparow nicht von Anfang an zu erdrosseln versucht». David Norwood, Hartstons Kollege im Studio der BBC und ebenfalls ein Kritiker von Shorts Haudrauf-Taktik, begeisterte sich über das «normale Schach», das der Engländer nun spielte. Als der Moderator sich darüber beklagte, daß zuwenig passierte, erklärte Norwood geduldig: «Bei normalem Schach kämpft man um halbe Felder.» Hartston pflichtete bei: Die Partie werde sich letztlich daran entscheiden, ob die beiden weißen Bauern im Zentrum schwach oder stark seien, aber die Wahrheit der Stellung werde so schnell nicht ans Licht treten. In der Tat: Kasparow positionierte und probierte, Short zog nach und sicherte ab. Es blieb letztendlich Kasparow überlassen zu entscheiden, ob der Angriff über den Königsflügel oder den Dameflügel laufen sollte; Schwarz mußte sich lediglich in Geduld üben, seine Dämme befestigen und abwarten, aus welcher Richtung die Wellen wohl heranbrechen würden. Short schien von bewundernswürdigem Langmut: Es gab keine weit geöffneten Räume und keinen erzwungenen Figurenabtausch wie in den früheren Partien. Dann nahm das Spiel, wie es bei «normalem Schach» manchmal vorkommt, eine höchst faszinierende Wendung: Eine ziemlich geschlossene, ruhige Stellung, bei der keiner der

Spieler einen Materialvorteil besitzt, sondern höchstens einen Vorsprung von vielleicht einem halben Feld, verwandelt sich in einen spannenden, stürmischen Angriff. Hartstons Frage, ob die weißen Bauern im Zentrum stark oder schwach seien, erhielt eine klare Antwort: Sie waren stark, und das nicht zuletzt, weil sie Kasparow gehörten. Mit zehn erbarmungslosen Zügen brach der Weltmeister Shorts Stellung auf und zerfetzte sie in Stücke. Short hatte sich nicht zu einem voreiligen Erdrosselungsabenteuer verleiten lassen, und Kasparow hatte lange auf den richtigen Augenblick warten müssen. Dennoch hatte er keinerlei Anzeichen einer selbstzerstörerischen «Ungeduld» gezeigt. Im Gegenteil, er hatte sich vorbildlich in Geduld geübt, bis er zum perfekt durchdachten Anschlag ausholte.

Spätere Analysen der 15. Partie zeigten indes, wie zu erwarten war, daß diese Beschreibung zu glatt und leitmotivisch ist. Kasparow hatte Shorts Haustür aufgebrochen, aber der Hausherr hatte eigenhändig den Riegel entsichert. Augenblicke wie dieser – wo eine Partie, die man zu kennen glaubt, durch die nachträgliche Analyse wie Bratensoße eindickt – machen ein gut Teil der Faszination des Schachspiels aus. Wenn man sich Videos eines alten Wimbledonfinales oder Ryder-Cup-Matchs ansieht, analysiert man sie nicht neu, sondern frischt lediglich seine Erinnerung auf und gibt sich erneut den ursprünglich durch das Ereignis ausgelösten Gefühlen hin. Eine Schachpartie lebt jedoch, auch nachdem sie gespielt wurde, organisch weiter, verwandelt sich und wächst durch die nachträgliche Deutung. Als sich Short in der sechsten Partie nach eigenem Bekunden für «die brutalste Methode zur Vernichtung von Kasparows Verteidigung» entschied und im 26. Zug einen Läufer opferte, war man allgemein der Ansicht, er habe durch das Versäumnis von Dh7 «einen Sieg verspielt». Es wurde fleißig weiteranalysiert, und als die Spieler bereits über der 15. Partie brüteten, hatte man eine Verteidigung gefunden, mit der Kasparow ein Remis hätte herausschlagen können. Doch während die Partie gespielt wurde, hatte niemand diese Verteidigungsmöglichkeit gesehen, und daher existierte sie in gewissem Sinn auch nicht. Dies ist einer der Momente, die dem Schachspiel das Flair einer großen und schillernden Bedrohlichkeit verleihen: die Spannung zwischen Objektivität und Subjektivität, zwischen einer nüchtern eruierbaren, in letzter Instanz beweisbaren «Wahrheit der Stellung» und der feuchtfingrigen Wirklichkeit des tatsächlichen Spiels, wo einem unter glotzenden Scheinwerfern und den starren Augen des Gegners bei laufender Uhr ein halbes Dutzend Halbwahrheiten durch den Kopf schießen.

Eines Tages, Monate oder Jahre später, tritt vielleicht durch die Analysen von Außenstehenden und nachfolgenden Weltmeistern eine letzte Wahrheit über die Stellung zutage. Die unmittelbar an das Spiel anschließenden Autopsien, die diesen Prozeß in Gang zu setzen scheinen, fungieren jedoch eher als eine Fortsetzung des Kampfs am Brett und sind daher psychologisch stark befrachtet. Normalerweise erörtern die Spieler nach Beendigung der Partie zusammen die Schlußstellung und die entscheidenden Züge, die dazu geführt haben. Dies geschieht nicht allein aus sadistischem oder masochistischem Interesse, sondern aus blanker Notwendigkeit. (Kasparow pflegte sich nach den Partien sogar mit Karpow zusammenzusetzen, obschon er ihn haßte und verachtete. «Ich spreche mit dem zweitbesten Spieler der Welt über Schach», erklärte er. «Ich würde nicht mit ihm ins Restaurant gehen, aber mit wem sonst kann ich mich über diese Partien unterhalten? Spasski?») Bei der Fortsetzung dieser Analysen für Fernsehen und Presse zeigte sich Short von seiner besten Seite: geradlinig, reuig, sympathisch und selbstkritisch haderte er noch immer mit der Wahrheit der Stellung. Dagegen schien Kasparow, ganz erhabener Stratege und unübertroffener Meister psychologischer Einschüchterung, die nachfolgenden Diskussionen als einen Teil des Matchs zu betrachten. Onkelhaft, herablassend und unbeirrbar spielte er den Lehrmeister des eifrigen Studenten Nigel. Gewiß, Nigel könnte dies und das und jenes tun; aber dann hätte ich diese Möglichkeit und vielleicht noch jene und dann auch noch diese; und falls Tb8, dann Sc5; und jener Zug Nigels war selbstverständlich eine große Dummheit, so daß ich eigentlich denke, die Stellung ist ausgeglichen; vielleicht habe ich sogar die besseren Chancen. Kasparows Analysen schienen die Beurteilungen von Short (und allen anderen) gekonnt zu entkräften. «Nigels Problem war sein Zaudern», verkündete Kasparow mit gebieterischer Attitüde nach dem Debakel der vierten Partie. «Er hat große psychologische Probleme, und ich bin gespannt, wie er weiter damit umgeht.» Nach der 15. Partie bemerkte Kasparow, Nigels Abgelehntes Damengambit sei «keine sehr gute Wahl» gewesen, da es zu jenen Stellungen führe, in denen sich der Champion sehr gut auskenne. «Besonders schwer war es nicht», faßte er zusammen. «Vermutlich das sauberste Spiel des Matchs.» Er meinte sauber wie in «sauber abgeschossen».

Als ich zur 16. Partie eintraf – Kasparow hatte sechs Punkte Vorsprung und benötigte nur noch drei Remis, um seinen Titel zu behalten –, lief mir Professor Nathan Divinsky über den Weg, einer der Altvorderen des Kindergartens. Er ist eine gütige und epigrammatische Figur, außerdem Präsident des kanadischen Schachverbands (und war, nebst anderen Verdiensten, einmal mit der kanadischen Premierministerin Kim Campbell verheiratet). Ich bemerkte, daß das Match schon diese Woche vorbei sein könnte.

«Es ist schon seit sechs Wochen vorbei», erwiderte er.

Was er von der Idee halte, die beiden nach dem Match einige Schaupartien spielen zu lassen?

«Es waren von Anfang an nichts anderes als Schaupartien.» Divinsky, der als transatlantischer Beobachter Tag für Tag am Tisch der Großmeister saß, zeigte sich von der engherzigen Parteilichkeit der hiesigen Analytiker, ihrer Nigel-hier-Nigel-dort-Attitüde zum Match, enttäuscht. Immerhin hatte man hier die seltene Gelegenheit, ja das Privileg, den stärksten Spieler der

Schachgeschichte in Aktion zu sehen: «Wenn Nijinski tanzte, kümmerte sich niemand darum, wer die Ballerina war.» Er verwies auf einen Springerzug in der 15. Partie (21. Sf4), den Kasparow als ausschlaggebend erkannt hatte, der aber von keinem der Jungs am runden Tisch beachtet worden war. Zur allgemeinen Bestätigung des britischen Inselprovinzialismus verwies Divinsky auf einen Artikel in der *Times* vom selben Morgen. Ein Engländer hatte gerade gemeinsam mit einem Amerikaner den Nobelpreis zugesprochen bekommen. Die Zeitung brachte ein Foto des Engländers, eine Darstellung seiner Karriere, ein Interview mit seiner Springmaus – aber von dem Amerikaner erwähnte sie noch nicht einmal den Namen.

Der Vorwurf sitzt (obschon der britische Inselprovinzialismus vielleicht nicht schlimmer ist als der französische Chauvinismus oder der amerikanische Isolationismus – jede Nation hat sich hier um ihr eigenes Abstraktum verdient gemacht). Zur Verteidigung könnte ich höchstens auf die verblendende Wirkung der Publicity hinweisen und daran erinnern, wie außerordentlich selten es doch vorkommt, daß eine heimische Schachgröße diese letzte Stufe erklimmt. Mit etwas Abstand fällt einem noch eine weitere Erklärung ein. Wer selbst zu den Spitzenspielern gehört und mit aller Wahrscheinlichkeit schon einmal gegen Short angetreten ist, dem dürfte es nicht allzu schwer fallen, sich an seine Stelle zu versetzen; er wird in die Rolle des Titelherausforderers schlüpfen und selbst die korrekten Antworten auf Kasparows quälende Strategien zu finden suchen. Viel schwieriger, ja vielleicht unmöglich ist es, sich in den Champion hineinzudenken. Der runde Tisch und die versammelten Kommentatoren wurden immer wieder durch Gazzas Ideen verblüfft, erstarrten in scheuer Ehrfurcht vor seinem Schachgehirn. Zwei Bemerkungen seitens der Experten, die an jenem Nachmittag die Partie im Savoy Theatre kommentierten, unterstreichen diesen Unterschied. Die erste bezog sich auf «Nigels Angewohnheit, erst in tiefes Nachdenken zu verfallen und dann den natürlichen Zug zu spielen» (was er bei dieser Gelegenheit auch pflichtschuldigst tat). Die zweite Bemerkung war ein ebenso aufrichtiger wie verzweifelter Stoßseufzer über Kasparow: «Es ist deprimierend, er sieht auf Anhieb mehr als wir in einer Viertelstunde.»

Doch die 16. Partie entwickelte sich zur allgemeinen Überraschung zu einer Sternstunde für die Nigel-hier-Nigel-dort-Brigade. Ausnahmsweise sprang die Ballerina höher als Nijinski. Noch überraschender waren allerdings die Umstände dieses Sprungs. Short hatte Weiß und spielte eines seiner am wenigsten offensiven Spiele gegen Kasparows übliche Sizilianische Verteidigung. (Später erfuhr man, daß der Herausforderer erkältet war und sich außerstande fühlte, das Spiel anders als piano anzugehen.) Nach achtzehn oder zwanzig Zügen beurteilte der Analyseraum die Partie als ebenso fade wie ausgeglichen: Speelman wanderte an dem Brett vorbei, an dem ich mit Colin Crouch saß, stampfte mit ein paar Figuren über die Felder und erklärte die Stellung für moribund. Um die bislang ödeste Partie durch einen Tapetenwechsel aufzuhellen, ging ich ins Savoy hinüber. Gerade als ich mich häuslich einrichtete, bot Short einen Damentausch an, und die Kopfhörer begannen zu stöhnen: «O Nigel, das ist *so* ein anspruchsloser Zug!»

In der Kommentatorenkabine herrschte eine gelangweilt-mokante Weltuntergangsstimmung. Cathy Forbes fing an, über Shorts angespannte Körperhaltung zu spekulieren, und fragte sich, ob man vielleicht vergessen habe, ihn vor dem Spiel auf die Toilette zu schicken. Wir warteten alle auf den Abgang der Damen und den Anbruch einer zähen Remisiererei. Im nachhinein gab Short zwei unterschiedliche Erklärungen, warum es dazu nicht gekommen war. Auf seiner Pressekonferenz sagte er: «Ich habe mich geniert, ein Remis anzubieten, und ich glaube, auch er hat sich geniert.» Später meinte er: «Ich war zu träge, ein Remis anzubieten, und er auch.» Wenn man bedenkt, daß das Match so gut wie entschieden war und die beiden sich als Geschäftspartner gegenübersaßen, die ihren Sport unters Volk zu bringen suchen, erscheint das erstere Motiv als das wahrscheinlichere. Aber vielleicht fand zwischen den rivalisierenden Damen, die sich wie die Komplizen eines Selbstmordpakts anstarrten, ja auch noch ein vertrauterer, aber unausgesprochener Dialog statt: Na, mach schon, *du* mußt das Remis anbieten. Nein, *du*! Bitte nach dir, meine Liebe. Nein, nach dir, Werteste. *Ich* werde meinen Kopf nicht hinhalten. Na hör mal, schließlich bist du sechs Punkte im Rückstand, es ist an dir, was zu tun. Kasparow schien mit seinem Spiel lediglich das Gleichgewicht wahren zu wollen und zog an einer Stelle seinen Läufer ziemlich überflüssigerweise auf a8 zurück, statt sich auch nur anflugsweise auf einen Angriff einzulassen. Das Kommentatorenteam interpretierte La8 wie folgt: «‹Ich werde kein Remis anbieten, du englischer Hundesohn› – das ist die Bedeutung dieses Zugs.»

Der Turnierleiter in Linares versucht, schnelle, zuschauerunfreundliche Remis zu vermeiden, indem er die Wettkämpfer mindestens die ersten 40 Züge bis zur Zeitkontrolle spielen läßt. Dies hat unter anderem zur Folge, daß scheinbar unentschiedene Stellungen bisweilen zu neuem Leben erwachen, wie ein Feuer, das man mit einem Berg von Laub endgültig erstickt zu haben glaubt. Plötzlich steigt eine zarte Rauchspirale auf, und ehe man sich versieht, hört man ein warnendes Knistern. Genau das geschah in Partie 16. Short blies den Damentausch ab und fingerte mit dem Damespringer herum, während Kasparow seine Dame gebieterisch ins Zentrum des Bretts rückte. Die Dinge gerieten in Bewegung, nicht nur auf dem Dameflügel, sondern auch auf dem Königsflügel *und* im Zentrum. Schon nach wenigen Zügen war Kasparows Stellung in Flammen aufgegangen und blieb völlig ausgebrannt zurück. Der Champion gab seinem Kontrahenten die Hand, verweigerte jede Spontanautopsie und stelzte davon. Es war seine erste Niederlage in achtzehn Monaten. Short dankte mit einer unpathetisch milde geschlossenen Faust (eine Handbewegung, die merkwürdiger- oder englischerweise der Geste glich, mit der Glenda Jackson ihre Wahl zur Parlamentsabgeordneten quittierte) für den Applaus, der einer Diva alle Ehre gemacht hätte, und verschwand. Da wir in einem Bühnenhaus waren, bemühte sich das Publikum redlich um einen zweiten Vorhang; aber so theatralisch ist Schach nun doch noch nicht geworden.

Danach, auf seiner Siegespressekonferenz, gab Short sich erfreulich bedächtig und bescheiden und rückte das Ergebnis in die richtige Perspektive. Welches war der stärkste Zug des Spiels gewesen? «Ich glaube, ich war im Mittelspiel ganz gut.» (Wobei «ganz» hier im einschränkenden Sinne zu verstehen ist.) Er räumte ein, durch seine Niederlage in der vorigen Partie «ziemlich erschüttert» gewesen zu sein, und daher habe er «nichts Drastisches unternehmen» wollen. Er gab zu, daß er nach siebenjähriger Pause fast schon «vergessen habe, wie es ist, Kasparow zu schlagen», und stellte behutsam seinen eigenen Stil demjenigen Karpows gegenüber, der für gewöhnlich «wie ein Vegetarier gegen die Sizilianische spielt». Die instinktive Reaktion aus dem Bauch heraus erfolgte erst mit zeitlicher Verzögerung. Dominic Lawson schilderte später Nigels anrührendes Benehmen während des Abendessens danach: «Er sprang wiederholt von seinem Stuhl auf, noch ehe er den Bissen hinuntergeschluckt hatte, und verschränkte die Fäuste vor der Brust wie ein Fußballer, der gerade ein Tor geschossen hat. ‹Wrrrg! Wrrrg!›»

Nach dieser kurzen Unterbrechung der üblichen Routine remisierte Kasparow ohne große Anstrengung die nächsten vier Partien und siegte mit 12 1/2 zu 7 1/2 Punkten. Auf die Frage, welches seine liebste Partie gewesen sei, antwortete Kasparow: «Ich weiß nicht, ich habe in allen Spielen Fehler gemacht.» Dies läßt sich wahlweise als ein Zeichen von Bescheidenheit oder von Arroganz deuten; es war außerdem eine erste Warnung an seinen nächsten Herausforderer, wer immer es sein würde. Darüber hinaus aber gemahnt es uns daran, daß es beim besten Schach nicht nur um Sieg oder Niederlage geht, sondern um ein Streben nach Höherem: um einen idealen, harmonischen Zustand, der eine vollkommene Mischung aus Kreativität, Schönheit und Macht hervorbringt. Es kann daher kaum überraschen, daß auch Gott in der Gleichung der Schachspieler irgendwann auftaucht, und sei es nur in Form sprachlicher Anspielungen. «Ich suche nach dem besten Zug. Ich spiele nicht gegen Karpow, ich spiele gegen Gott», sagte Kasparow während seiner Titelverteidigung 1990. Und Nigel Short verstieg sich, nachdem er sein achtes Spiel gegen Karpow gewonnen hatte, zu der Bemerkung: «Ich habe wie Gott gespielt.»

Allein, des Engländers Beziehungen zum Allmächtigen sind nicht immer nur durch das Bestreben gekennzeichnet, es ihm gleichzutun, bisweilen versucht er auch (wie es sich für einen angehenden Tory-Abgeordneten ziemt) mit ihm zu handeln. Cathy Forbes hat uns enthüllt, daß Short zur Vorbereitung auf wichtige Spiele «Kirchen besucht, obwohl er Atheist ist». Eine merkwürdige Gewohnheit, die um so merkwürdiger wirkte, nachdem Short während seines Matchs gegen Karpow in Linares seine Erklärung dafür abgegeben hatte: «Erst sagte ich: ‹Bitte, Gott, laß mich dieses Spiel gewinnen›, aber dann wurde mir klar, daß das ein wenig viel verlangt war. Also sagte ich stattdessen: ‹Bitte, Gott, gib mir die Kraft, diesen Scheißkerl zu schlagen.›» Im Laufe seines nachfolgenden Matchs gegen Timman feilte Short seine atheistischen Gebete weiter aus. Ja, er sei ein Ungläubiger, gab er freimütig zu, aber «ich bin auch ein Opportunist». Wir sollten ihn deshalb jedoch nicht verurteilen – schließlich handelt es sich bloß um eine vergröberte Version der Pascalschen Wette auf die Existenz Gottes. Nach seinem einzigen und glänzenden Sieg in Partie 16 fragte ich Short inmitten eines Schauers von schachdienlichen Fragen («Aber was, wenn f5 b6 cxd4 Sd8 Lc2, könnte er dann nicht durch Dauerschach ein Remis erzwingen?» und ähnliches mehr), ob er auch während des Finales seine Kirchgängergewohnheit beibehalten habe. Er gab einen jener erstickten Kehllaute von sich, die seinen

Antworten auf schachfremde Fragen meistens vorangehen, und erwiderte: «Nein.» Aber war er nicht während der vorangegangenen Runden in die Kirche gegangen? Short sah ein wenig befremdet drein, als habe irgendein Spinner das Pressecorps infiltriert und ihn während seines glanzvollsten Augenblicks des Abfalls von Gott bezichtigt. «Vielleicht hätte ich das tun sollen», fügte er höflich hinzu.

Vielleicht hätte er das tun sollen. Eine sportliche Niederlage setzt stets einen Schwarm von Gedankenspielereien frei, und Gott bleibt dabei (wie immer) am ungreifbarsten. Wenn Short im Eröffnungsspiel nur einige Sekunden auf seiner Uhr eingespart hätte und/oder das von Kasparow angebotene Remis angenommen hätte. Wenn es nur nicht zu dem aufwühlenden Krach mit seinem Coach gekommen wäre, der überdies zum Verlust seiner Datenbank führte. Wenn er nur die zehnte Partie durchgezogen hätte, wo doch selbst ein Patzer mit verbundenen Augen die Stellung hätte sichern können. Wenn er nur seine Punkte mit Schwarz auf einem akzeptablen Niveau gehalten hätte. Wenn er nur öfter erkältet gewesen wäre, wie damals, als er die 16. Partie gewann. Aber all das läßt sich letztlich auf das brutalste aller Wenns reduzieren: Wenn er nur nicht gegen den stärksten, kämpferischsten, subversivsten, fleischfressendsten Schachspieler der Welt hätte antreten müssen. Was in diesem Herbst im Savoy Theatre mit Nigel Short geschah, läßt sich am besten in seine eigenen Worte fassen: Ausgetrickst, plattgemacht, durchgefickt.

Dezember 1993

Shorts Spiel hat sich von dieser Niederlage bis heute nicht erholt: In der nächsten Weltmeisterschaftsqualifikationsrunde wurde er von Gata Kamsky mit 5 1/2 zu 1 1/2 aus dem Rennen geworfen. Großmei-

ster Daniel King ist später in doppelseitigen Werbeanzeigen für den Audi A6 aufgetreten: «Zwei Meister in ihrer Klasse.» Aber während der Schachgroßmeister «für seinen nächsten Zug mehrere Minuten benötigt, zieht der Audi A6 Quattro in nur 8,1 Sekunden».

13

Fünf Jahre Fatwa

Im vergangenen Monat nahm ich an einer Benefizveranstaltung für ein verarmtes College in Oxford teil: Zwei Dichter, zwei Prosaschriftsteller und zwei Musikerinnen gestalteten das Unterhaltungsprogramm. Wir sechs marschierten in den Saal und nahmen unauffällig in der ersten Reihe Platz. Als erstes entschuldigte sich die Veranstalterin, daß mein angekündigter Schriftstellerkollege in letzter Minute aus zwingenden Gründen verhindert war (er mußte zwingend zum Skilaufen, doch ein Literat hackt dem anderen kein Auge aus). An seiner Stelle, gab sie bekannt, sei kurzfristig Salman Rushdie eingesprungen. Daraufhin erhob sich beredter Beifall – kein anfeuerndes Gebrüll (wir waren ja in England), auch nicht die stehenden Ovationen, die er häufig bekommt (wir waren ja in Oxford). Es war wohlerwogener, bedächtiger Applaus, anhaltend und doch nicht selbstgefällig. Er besagte einfach: Ja, gut, wir stehen auf deiner Seite; laß dich nicht unterkriegen.

Rushdie hat sich nicht unterkriegen lassen. Am 14. Februar feiert er den fünften Jahrestag von Ayatollah Chomeinis Fatwa. Das Verb in diesem Satz mag Unbehagen hervorrufen, aber es paßt. Es ist ein Anlaß zum Feiern, daß er trotz eines Kopfgeldes in Millionenhöhe fünf Jahre überlebt hat; ebenso hat er Verleumdung, Dämonisierung, symbolische Verbrennung, Angriffe von rachgierigen Geistesgrößen im Ausland und beschämende Denunziationen von britischen Mitbürgern im eigenen Land überlebt. Ja, er hat sogar als Schriftsteller überdauert und es geschafft, sporadisch so etwas wie Normalität in sein Leben zu bringen. Er hat ein paar Haare verloren, ein paar Pfunde zugelegt und leidet mittlerweile an Asthma, ist aber insgesamt auf beeindruckende Weise noch derselbe Mensch, der vor fünf Jahren eben zu dem Gedenkgottesdienst für seinen Freund Bruce Chatwin aufbrechen wollte, als ihn aus Teheran die Nachricht erreichte, man plane seine eigene Beerdigung. Die seelische Stärke, Intelligenz, Phantasie und der Humor, die ihn überhaupt erst in Schwierigkeiten brachten, haben ihn bislang über Wasser gehalten. Und auf politischer Ebene gibt es jetzt womöglich zum ersten Mal Grund zu vorsichtigem Optimismus: Die Regierungen Bush und Thatcher mit ihrer Tatenlosigkeit und eiskalten Gleichgültigkeit wurden durch die vergleichsweise aufgeschlossenen Persönlichkeiten Clinton und Major abgelöst.

Am 24. November 1993 traf Rushdie im Weißen Haus für ein paar Minuten mit Präsident Clinton zusammen. Das war ein seltener historischer Augenblick: Im allgemeinen haben Präsidenten nicht gern ausländische Staatsbürger bei sich zu Gast, die von den geistlichen Autoritäten eines anderen, dritten Landes zum Tode verurteilt wurden. Clintons kurzer politischer Segen (der Rushdie im Rahmen einer stundenlangen Besprechung mit Außenminister Warren Christopher und anderen zuteil wurde) war der Höhepunkt einer zwei Jahre andauernden Kampagne gegen das Vergessen, die das in London ansässige International Rushdie Defence Committee organisiert hatte. Nicht zuletzt wurde der Fall dadurch sinnbildlich wieder auf die Bühne der großen Politik gehoben, wo er ja auch seinen Ausgang genommen hatte. Schließlich handelte es sich dabei nicht einfach nur um den Ausflug eines betagten Geistlichen in die Literaturkritik oder um eine Affäre, in die Amerika am Ende als unbefleckter Friedensengel eingreifen könnte. Es war von Anfang an eine universelle Angelegenheit, und die Amerikaner – das nur zur Erinnerung – sind Weltverschlinger. Hier einige Auszüge aus der erläuternden Rede des Ayatollah Chomeini vom 3. Esfand 1367 oder 22. Februar 1989:

Bei dem Buch *Die Satanischen Verse* geht es im wesentlichen darum, daß es einen bewußten Schritt zur Ausrottung von Religion und Religiosität darstellt, der sich in erster Linie gegen den Islam und seine Geistlichkeit richtet. Wenn die Weltverschlinger könnten, hätten sie die Geistlichkeit gewiß schon längst mit Stumpf und Stiel ausgebrannt. Doch stand diese heilige Fackel stets unter dem Schutz Gottes und wird, so Gott will, auch weiterhin in seiner Hut stehen – vorausgesetzt, wir durchschauen die Schlichen, Listen und Betrugsmanöver der Weltverschlinger ... Ihnen [den Westmächten] geht es nicht um den Schutz eines Menschen, es geht ihnen um die Unterstützung einer antiislamischen Strömung, die von den – im Zionismus, in Großbritannien und den USA verwurzelten – Kräften gesteuert wird, welche mit ihrer Ignoranz und Hektik gegen die islamische Welt Front machen ...
Es war Gottes Wille, dieses blasphemische Buch *Die Satanischen Verse* jetzt erscheinen zu lassen, auf daß die Welt der Eitelkeit, der Arroganz und der Barbarei, die dem Islam schon seit langem feindlich gesinnt ist, ihr wahres Gesicht zeige; auf daß wir unsere Einfalt hinter uns lassen und aufhören, für alles stets nur Unbeholfenheit, Ungeschick und Unerfahrenheit verantwortlich zu machen; auf daß wir voll und ganz erkennen, daß diese Angelegenheit nicht unser Fehler ist, sondern Teil der Bemühungen der Weltverschlinger, den Islam und die Moslems zu vernichten. Sonst wäre ihnen der Fall Salman Rushdie nicht so wichtig, daß sie den gesamten Zionismus und all ihre Arroganz ins Feld führen.

Wäre der Fall Rushdie eine fiktionale Begebenheit, wie würden wir sie beurteilen? Düster, melodramatisch, unbarmherzig und ganz und gar nicht komisch – auch wenn der tapsige Einbruch von Vizepräsident Quayle in die Welt von Edmund Wilson und Lionel Trilling ein hübscher Einfall war. Wahrscheinlich würden wir die Geschichte mordsspannend finden; doch wenn wir der traditionellen Erzählweise anhängen, würden wir uns wohl auch beschweren, wie viele postmoderne Schlenker und Abschweifungen uns da zugemutet werden. Die britischen Leser hat das ganz besonders konsterniert, so daß sie in den vergangenen fünf Jahren offenbar häufig den Faden verloren haben. Für die übrige westliche Welt war immer klar, worum es geht: um die Freiheit der Meinungsäußerung und den religiösen (oder staatlichen) Terrorismus. In Großbritannien gab es für den hiesigen Geschmack zu viele Nebenhandlungen: Minoritätengemeinschaften mit ihren Rechten, Empfindlichkeiten und Wortführern; Wählerstimmen und die Angst der Abgeordneten vor dem Verlust ihres Mandats; Handelsbeziehungen und das potentielle Ausbleiben ausländischer Kundschaft; Rassismus und Antirassismus; das mangelnde politische Gewissen der Intellektuellen; Verkehrung der Täter-Opfer-Rolle (unter dem Deckmantel der akademischen These «Held oder Antiheld?»); und schließlich das ewige Bedürfnis der Nation nach Ruhe. Der britische Leser mußte im Laufe der letzten fünf Jahre, während sich die Geschichte drehte und wendete wie ein Sandsturm, immer wieder innehalten und sagen: Moment mal – könnten wir vielleicht noch einmal ganz von vorn anfangen? Können wir auf den eigentlichen, heimtückischen Aufhänger der Handlung zurückkommen: den Gedanken, daß ein Mensch, ein britischer Bürger, hier in absoluter Freiheit einen Roman veröffentlichen darf, womit er nach britischem Recht auch nicht den Hauch eines Verbrechens begeht, und dennoch infolge eines exterritorialen Mordaufrufs aus einem fernen Land untertauchen und sich rund um die Uhr von Staatsschutzeinheiten bewachen lassen muß? Können wir darauf zurückkommen, bitte?

Wenn wir das tun, wenn wir nunmehr an den Anfang der Geschichte zurückblättern, wundern wir uns vor allem darüber, daß dieser historisch beispiellose Vorgang in Regierungskreisen so gar keine Empörung auslöste. Nach der Ausrufung der Fatwa zitierte das Außenministerium den iranischen Chargé d'affaires herbei, ließ ihn ostentativ «nur von einem Staatssekretär» empfangen und erklärte ihm, das Todesurteil sei «vollkommen inakzeptabel». Der Leitartikler Simon Jenkins, ganz gewiß kein Salonkommunist, schrieb damals: «Das muß wohl ziemlich starker Tobak gewesen sein, viel weiter oben auf der Richterskala angesiedelt als ‹Bedauern› und weit über ‹Beunruhigung› hinausgehend. Beunruhigung empfanden wir dem Außenministerium zufolge – vielleicht erinnern Sie sich –, als der Irak die Kurden vergaste.» Die Empörung jedoch wurde von Anfang an dem Iran überlassen; desgleichen der Verweis auf Grundwerte.

Die offizielle Haltung Großbritanniens war fast vollständig reaktiv, und dieses Reagieren bestand in versöhnlicher Passivität. So kroch etwa der damalige Außenminister Geoffrey Howe im BBC World Service lammfromm zu Kreuze: «Ich möchte betonen, daß wir das Recht der freien Meinungsäußerung nicht deshalb hochhalten, weil uns das Buch gefällt, weil wir mit dem Buch übereinstimmen. Die britische Regierung, das britische Volk hegten keinerlei Sympathie für das Buch. Das Buch ist uns gegenüber ausgesprochen kritisch, ja unverschämt. Es vergleicht Großbritannien mit Hitlerdeutschland.» Das tut es natürlich keineswegs, und als ich nach der Lesung in Oxford mit Rushdie sprach, meinte er, wenn er nicht sowieso schon genug Ärger hätte, könnte er sich wegen dieser letzten Äußerung mit einer Verleumdungsklage einen schönen Tag vor Gericht machen. Dennoch, ein größerer Stein des Anstoßes sind die Worte «die britische Regierung, das britische Volk». Ich kann mich nicht an eine Volksbefragung oder auch nur Meinungsumfrage zu den literarischen Verdiensten der *Satanischen Verse* von Anfang 1989 erinnern; allerdings hatte das Buch damals bereits den Whitbread Prize für den besten Roman des Jahres gewonnen und war für den Booker Prize nominiert.

Kurz nach Verhängung der Fatwa fuhr Geoffrey Howe zu einer Konferenz mit seinen europäischen Kollegen nach Brüssel und sah sich zu seinem eigenen Erstaunen kurzfristig in eine halbwegs aufrechte Haltung getreten. Großbritannien hatte, wie «diplomatische Kreise» hinterher zugaben, nicht mit dem Engagement Frankreichs und Westdeutschlands in dieser Sache gerechnet, und so fand sich Howe von der «spontanen Gefühlsregung» mitgerissen, hier müßten «schwerwiegende Maßnahmen abgesprochen werden». Die «schwerwiegenden Maßnahmen» waren der Rückruf von EG-Botschaftern aus Teheran und die Ausweisung des iranischen Chargé d'affaires in London. Dann lagen die offiziellen Stellen in Großbritannien vier Jahre lang wie eine schlafende Sau in der Sonne und kümmerten sich nicht darum, daß sie in regelmäßigen Abständen mit Kartoffeln beworfen wurden. Erst kamen das Todesurteil und die Kopfprämie; dann die wiederholte Bestätigung des Urteils; die Erhöhung der Prämie; die groteske Erweiterung der Prämie um Spesengelder (man stelle sich das pingelige Nachrechnen im Finanzamt von Isfahan vor: «*Fünf* Übernachtungen im Dorchester? *Drei* Raketenwerfer?»); einheimische Moslemführer, die vor aller Augen und Ohren zum Mord an Rushdie aufwiegelten; das Eigentor eines Terroristen, der sich in einem Hotel in Paddington auf seine Bombe setzte; die Abschiebung iranischer Studenten wegen des Verdachts der Verschwörung zum Mord; die Ausweisung von Mitarbeitern der iranischen Botschaft aus dem gleichen Grund; die diplomatische Einstellung des Verfahrens gegen einen Iraner wegen Brandstiftung unter Einsatz von Brandbomben, und das trotz einer Beweislage, die der Richter «erdrückend» nannte; und endlich, was fast schon komisch ist, die Verteuerung des Visums für britische Staatsbürger zur Einreise in den Iran um 3600 Prozent. Die diplomatischen Beziehungen zwischen beiden Ländern wurden in den vergangenen fünf Jahren offiziell abgebrochen und offiziell wieder aufgenommen – abgebrochen vom Iran, wieder aufgenommen von Großbritannien.

Großbritannien ist eine Handelsnation mittleren Ranges mit Reminiszenzen an großen Reichtum und Furcht vor künftiger Armut: Der letzte Bericht der Europäischen Kommission stellt uns in bezug auf das Bruttoinlandsprodukt pro Kopf der Bevölkerung unter den zwölf Mitgliedsstaaten der Union auf den achten Platz (nach uns kommen nur noch Spanien, Irland, Portugal und Griechenland). Früher einmal galten wir auch als der Hort der Freiheit: Voltaire und Zola fanden hier Zuflucht, als es ihnen in Frankreich zu brenzlig wurde. Aber vielleicht kann man sich Grundsätze am besten leisten, wenn man richtig reich oder richtig arm ist. Natürlich wäre es der britischen Regierung ausgesprochen peinlich, wenn Rushdie umgebracht würde; also wurde ihm umgehend Bewachung durch den Staatsschutz gewährt. Doch davon abgesehen, hat die Regierung die ersten vier der vergangenen fünf Jahre schlichtweg verschnarcht. Anfangs hatte sie eine sehr gute Entschuldigung oder jedenfalls eine sehr gute Ausrede zur Hand: die britischen Geiseln im Libanon. Die Iraner selbst haben offiziell nie ein Junktim zwischen den beiden Fällen hergestellt (dabei wäre es nicht schwer gewesen, sich eins auszudenken, wenn sie gewollt hätten: Liefert uns Rushdie aus, sonst lassen wir die Geiseln aufknüpfen). Aber das spielte in der Auseinandersetzung keine Rolle: Es war die Stunde der versteckten Andeutungen, des «Wenn ihr wüßtet, was wir wissen». Rushdie wurde angewiesen, sich nicht zu mucksen: Nur nicht dran rühren, sonst wird Ihretwegen womöglich noch Terry Waite umgebracht. Diese Erpressung – oder kluge diplomatische Einflußnahme – hat funktioniert: So wurde zum Beispiel eine geplante massenhafte Mahnwache an der Central Hall von Westminster am tausendsten Tag der Fatwa vom Außenministerium als mögliche Provokation eingestuft und auf eine Lesung in einer Buchhandlung zwangsgeschrumpft. Rushdie selbst drückte es so aus: «Bis zum Tag der Freilassung von Terry Waite war ich so etwas wie eine Geisel der Geiseln.» Dann war eines schönen Tages der letzte Gefangene frei. Und da, so fragte ich Rushdie, ist das Außenministerium sicher mit Dankesworten und neuen Plänen an Sie herangetreten? «Nein, wir sind an sie herangetreten.» «Haben Sie ihnen denn», hakte ich pedantisch nach, «auch genügend Zeit gelassen, an Sie heranzutreten?» «Aber ja», antwortete er mit einem immer noch ungläubigen kleinen Lachen. «Ich meine, sie wußten doch, wo ich war.»

In der Art ging es dann weiter. Ein wesentlicher, kontinuierlicher Erfolg ist bei der Geschichte zu verzeichnen, und den weiß Rushdie verständlicherweise zu schätzen: «Die Briten mußten eine Grundvoraussetzung erfüllen – mich am Leben zu erhalten. Die Sicherheitskräfte der restlichen Welt sind durchaus beeindruckt davon, was die britischen Sicherheitskräfte da geleistet haben. Die Amerikaner haben gesagt: ‹Wir hätten das nicht geschafft.›» Doch meist rief der neueste Knick im Handlungsmuster eher Entsetzen hervor. Im letzten September stellte sich zum Beispiel heraus, daß British Airways Rushdie von der Beförderung ausgeschlossen hatte, unter anderem mit der Begründung, das Personal werde jedes Flugzeug verlassen, das er betrete. Pech für die Fluggesellschaft, daß es Rushdie einmal gelang, das Beförderungsverbot zu umgehen und mit BA von Paris nach London zu fliegen: Das Personal dachte nicht daran, das Flugzeug zu verlassen, sondern bat ihn um ein Autogramm. Vergleichbar bedrohte Politiker und Mitglieder des Königshauses befördert British Airways mit Vergnügen, ja mit Stolz. Und welche Haltung nimmt die Regierung dazu ein? Rushdie zufolge hat die Regierung die nationale Fluggesellschaft dreimal gebeten, diesen speziellen gefährdeten Bürger zu befördern, und BA hat dreimal abgelehnt. Eine Regierung, die sich nicht einmal gegen die eigene Fluggesellschaft durchsetzen kann, wird Teheran wohl kaum ins Schwitzen bringen.

Romane peinigen uns oft mit dem Verweis auf Wenn und Aber, und die Rushdie-Affäre verlockt uns ständig, alternative Handlungsmuster durchzuspielen. Auf den ersten Blick mag es wie besonderes Pech für Rushdie aussehen, daß er seine ersten fünf Jahre des inneren Exils unter einer konservativen Regierung zugebracht hat. Das gilt in gewissem Sinn auch umgekehrt: Was könnte einem gewöhnlichen thatcheristischen Parlamentarier als Probe aufs Exempel seiner Überzeugungen schließlich ungelegener kommen als ein braunhäutiger linksgerichteter Schriftsteller, der bei der Wahl von 1983 die geliebte Parteichefin in einem Essay als «unerhört grausam, inkompetent, skrupellos und gewalttätig» bezeichnete und die gesamte Nation als «Gouvernanten-Britannien, sittenstrenges Victoria-ist-auferstanden-Britannien, klassenverseuchtes Man-muß-doch-wissen-wo-man-hingehört-Britannien, verkniffenes Hurrapatrioten-Britannien»? Hat er nicht obendrein in dem nämlichen vermaledeiten Buch, um das die Wilden da unten ein solches Trara machen, die Premierministerin «Mrs. Torture» genannt? (Hat er in Wirklichkeit gar nicht: Er ließ einen satirisch überzeichneten Thatcheristen knapp und liebevoll so von ihr sprechen; aber da wird's dann natürlich literarisch.) Der arme Tory-MP kann einem leid tun, der sich mit so einer verzwickten Sache herumschlagen muß – allerdings kann einem Rushdie noch mehr leid tun, weil er sich mit der Tory-Tumbheit herumschlagen muß.

Und doch kann die Hypothese, die Erzählvariante, die suggeriert, es wäre ihm unter einer Labour-Regierung womöglich besser ergangen, nicht überzeugen. Zwar fühlt sich die Partei seit jeher mehr der Freiheit des Individuums und der Förderung der Künste verpflichtet als die Tories, doch hat sich Labour kaum ein Bein ausgerissen, um ihren wohlbekannten Parteianhänger zu unterstützen. Der ehemalige Parteichef Michael Foot (er saß mit in der Jury, die die *Satanischen Verse* für den Booker Prize nominierte) hat sich öffentlich standhaft für ihn eingesetzt, doch seine zwei Nachfolger, Neil Kinnock und John Smith, waren mehr als übervorsichtig. Kinnock wurde dadurch behindert, daß seine Schattenminister für Innen- und Außenpolitik, Roy Hattersley und Gerald Kaufman, es sich offenbar zum Anliegen gemacht hatten, die Regierung mit dieser Sache möglichst nicht in Verlegenheit zu bringen. Hattersley, der damalige Zweite Vorsitzende, ist selbst so etwas wie ein Romancier (er schreibt schwülstige Familiengeschichten um vielerlei Gestalten namens Hattersley) und vertrat die Doppelstrategie, Rushdie habe das Recht, seinen Roman zu veröffentlichen, sollte aber die Taschenbuchausgabe stoppen: Man könnte auf die Idee kommen, hier mache sich ein plumper Widerspruch breit. Zwei Labour-Abgeordnete wollten das Buch mit dem Argument vom Markt nehmen, eine «Ambivalenz» der Labour-Partei in dieser Sache (d.h. der leiseste Rushdie-freundliche Muckser) könnte die Partei bei der nächsten Wahl ganze zehn Mandate kosten. Privat mögen Labour-MPs zwar für Rushdie eintreten, doch öffentlich wollte die Partei sich da lieber heraushalten.

Wenn Politiker Stimmen wittern, können sie sehr grob und lautstark werden; im Fall Rushdie sah die Wirklichkeit – zumindest in den Augen der meisten britischen Politiker – so aus, daß mit offener Unterstützung wenig zu gewinnen und viel zu verlieren war. Dem lag vermutlich der schändliche Gedankengang zugrunde, daß sich das Wahlverhalten von Rushdie-Anhängern mehr an übergreifenden Fragen orientiert, während Rushdie-Gegner aus der moslemischen Gemeinschaft eher nach Einzelfragen abstimmen. Labour und Konservative bildeten daher eine große Koalition für das Nichtstun. Verläßlichere Unterstützung bekam Rushdie von Paddy Ashdown, dem Parteichef der Liberaldemokraten, der seine Mandate eher am weißen Rand des nationalen Spektrums gewinnt.

Als zweite Erzählvariante könnte man versuchen, sich die Affäre in einem anderen Land vorzustellen. Als ich Rushdie dieses Gedankenexperiment unterbreitete, entgegnete er, in einem anderen Land wäre er jetzt wahrscheinlich schon tot. Dennoch ist ein Vergleich zwischen der britischen und der französischen Einstellung aufschlußreich. Eine direkte Parallele zum Fall Rushdie gibt es nicht, aber wir könnten uns in Erinnerung rufen, wie der französische Linksintellektuelle Régis Debray von de Gaulle aus einem südamerikanischen Gefängnis herausgeholt wurde. Trotz einer tiefgreifenden politischen Antipathie zwischen beiden vertrat der Präsident den Standpunkt, schließlich seien sie beide Franzosen und nur darauf komme es an. Die Franzosen berufen sich einerseits gern auf humanitäre Grundsätze und haben andererseits oft ein praktisches Geschick, die Befreiung von Geiseln und Pseudo-Geiseln zu erreichen. (Französische Staatsbürger kamen während des Golfkriegs als erste aus Bagdad heraus, wobei Paris bezeichnenderweise behauptete, es sei keinerlei Handel abgeschlossen worden.) Die Briten bezeichnen das steif und fest als scheinheilig; doch es wirkte erfrischend wohltuend, als ein Air-France-Sprecher auf die Frage nach dem Beförderungsverbot von British Airways schlicht und einfach entgegnete: «Wir respektieren die französische Tradition der Menschenrechte, und das bedeutet, daß Fluggäste ohne Ansehen der Person befördert werden. Sollte Mr. Rushdie mit Air France fliegen wollen, würden wir ihn nicht abweisen.»

Ähnliches geschah, als britische und französische Moslems Anfang 1989 auf den Straßen von London und Paris demonstrierten – da setzte der französische Premierminister Michel Rocard dem Protest eindeutige Grenzen: «Jeder weitere Aufruf zu Gewalt oder Mord wird umgehend strafrechtlich verfolgt.» In Großbritannien merkten Polizei, Staatsanwaltschaft und Kabinett offenbar nicht, daß da in mehreren Großstädten offen zum Mord angestiftet wurde. Das hieß konkret, Tonaufzeichnungen von Moslemführern, Filmmaterial und Einzelbilder von Demonstranten einfach nicht zur Kenntnis zu nehmen. Da sieht man zum Beispiel zwei britische Moslems in Derby mit einem Transparent, das Rushdies Tod fordert: RUSHDIE MUST DIE; das ist ein Demonstrant in Slough mit einer stümperhaften Rushdie-Puppe, die mit den Worten geschmückt ist, der Hund müsse sein Leben lassen: DOG MUST LOSE LIFE; da ist ein fröhlicher Bursche in Schlips und Kragen unter der Churchill-Statue auf dem Parliament Square mit einem Transparent, das Rushdie den Tod wünscht: DEATH TO RUSHDIE. (Hier klingt eine besondere Ironie an, ist Churchill doch Nobelpreisträger – für Literatur.) Man stelle sich nur vor, einer dieser Slogans hätte THATCHER MUSS STERBEN gelautet und wäre von einem Iren geschwenkt worden – da hätte man womöglich doch eine Kleinigkeit unternommen. Was war also los? Tumber Pragmatismus mit ein bißchen umgekehrtem Rassismus garniert: Sollen die Briten vom Subkontinent sich ruhig mal basisdemokratisch austoben, sollen «die» doch ruhig in ihrer exaltierten Art herumrennen und sich etwas Luft machen. Überhaupt sollten wir sie hier bei uns nicht provozieren – wir haben ja gesehen, wie leicht sie im Ausland eingeschnappt sind.

Die Einstellung weißer Briten zu nichtweißen Briten ist bestenfalls schwankend (schön, wenn man ein olympischer Champion ist, nicht ganz so schön, wenn man von der Polizei angehalten wird und hat seine Goldmedaille nicht dabei). Diese Wankelmütigkeit hat sicherlich auch Rushdie mancherorts zu spüren bekommen. Wenn etwas kompliziert und auf den ersten Blick unlösbar ist, gibt es einen unwiderstehlichen Drang, die Sache zu simplifizieren. Und was könnte simplifizierender sein, als Rushdie zu «seinen Leuten» zurückzuschicken? Der Hintergrund der Story läßt sich so hinbiegen: kluger indischer Junge, englische Privatschule (hat sie gehaßt, aber das tun wir ja alle; formt trotzdem den Charakter), Cambridge, Werbung, Schriftstellerei, Booker Prize, Ruhm, Geld: einer von uns. Dann wieder eine Person des öffentlichen Lebens mit eigenen Ansichten (feindlichen, Herrgott noch mal) über die Regierung, undankbar für die Privilegien, die wir ihm zugestanden haben, ein Aufrührer bei uns wie bei seinem eigenen Volk, diesmal zu weit gegangen, das hätte er sich vorher überlegen sollen, das Buch versteht sowieso kein Mensch: einer von denen. Muß vor Hitzköpfen, Mördern und Kaffern allgemein beschützt werden, aber eigentlich geht uns der Islam doch gar nichts an, nicht wahr? Und überhaupt, hat er uns nicht selbst recht gegeben, indem er erst zum Islam übergetreten ist und dann die ganze Sache zum «Familienstreit» erklärt hat? Mit dieser «Denkweise» wird Rushdie, der im Orient bereits als von westlichen Werten korrumpierter, rassistisch-kolonialistischer CIA-Provokateur verdammt wird, vom Westen wieder zurückgeschoben – ein Schwarzer Peter im wahrsten Sinne des Wortes.

Auf schleimig-indirekte Art drückt sich das unter anderem

darin aus, daß man über die Kosten für den Schutz des Schriftstellers jammert. Sir Philip Goodhart, MP vom rechten Flügel der Tories, hatte die unrühmliche Ehre, diese Frage knapp einen Monat nach Verhängung der Fatwa aufzuwerfen, auch wenn ihm rechte Kommentatoren wie Auberon Waugh noch zuvorgekommen waren. Nicht: Mit einer Million im Jahr (oder wieviel auch immer) kommen wir ziemlich billig weg, wenn es darum geht, den stolzen Glauben unseres Landes an die Freiheit der Persönlichkeit und die Freiheit der Meinungsäußerung zu beweisen. Sondern: Der Bursche hat doch bestimmt ein paar Pfund im Sparstrumpf, da kann er auch was löhnen – schließlich hat er den ganzen Knatsch ja angefangen, oder etwa nicht? In Wirklichkeit trägt Rushdie durchaus sein Scherflein bei; bisher hat er schätzungsweise £ 500 000 gezahlt. Dieselbe Frage – wieviel Geld ist ein Menschenleben wert? – wird, das muß hier gesagt werden, bei nachrangigen Mitgliedern des Königshauses und Leuten, die als Nordirlandminister versagt haben, nicht gestellt, von erlauchteren Protegés ganz zu schweigen. Im vergangenen Oktober zum Beispiel war Lady Thatcher in Chester zu einer Signierstunde zwecks Förderung des Verkaufs ihrer Memoiren. Ihr wurde der übliche Schutz durch die Polizei von Cheshire zuteil, mit Verstärkung durch Beamte aus Nord-Wales und Manchester, dazu noch ein Hubschrauber in der Luft. Ein Labour-MP konnte durch hartnäckiges Bohren ergründen, daß diese Werbeveranstaltung von circa einer Stunde, die ja wohl kaum eine Staatsangelegenheit darstellte, den Steuerzahler £ 26 398 gekostet hat, wobei Autorin und Verlag keinen roten Heller beigesteuert haben. Wenn man diese Aufwendungen verallgemeinern kann, beliefen sich die Kosten ihrer zwölftägigen Lesereise für das Volk auf rund £ 300 000. Dies ist noch von keinem rechtsgerichteten Kommentator an die große Glocke gehängt worden.

Tumbheit und emsige Gleichgültigkeit; es gab aber noch Schlimmeres. «Oft genug», erklärte mir Rushdie, «war ich in meinem eigenen Land den größten Anfeindungen ausgesetzt.» Da sich im Fall Rushdie alles um die Freiheit der Meinungsäußerung dreht, mag es natürlich naiv erscheinen, wenn man sich beklagt, daß die Leute sagen und schreiben, was sie denken. Dennoch möchte man annehmen, es würden – oder sollten – gewisse Anstandsregeln eingehalten werden, wenn man sich über einen eingekerkerten und vom Tode bedrohten Menschen ausläßt. Man sollte das aus dem sehr einleuchtenden Grund annehmen, daß diese Regeln in einem Parallelfall durchaus eingehalten wurden. Terry Waite, routinemäßig als «Sonderbeauftragter des Erzbischofs von Canterbury» bezeichnet, obgleich spätere Erkenntnisse darauf hindeuten, daß der Erzbischof selbst Bedenken hatte, diese Knallcharge auf den östlichen Mittelmeerraum loszulassen, wurde fünf Jahre lang in Beirut gefangengehalten. Peinliche Fragen danach, was er da eigentlich getrieben hat, wie eng seine Beziehung zu Oliver North war, für den er möglicherweise den Hanswurst spielte, ob Eitelkeit, Verblendung und Schlagzeilengeilheit zu seinem Marschgepäck gehörten und ob all diese Faktoren ihn nicht zum Teil mitschuldig an seinem Schicksal machten, wurden während seiner Gefangenschaft umgangen, und das zu Recht. Erst als er frei war, wurden sie behutsam gestellt.

Solche Anstandsregeln galten im Fall Rushdie nicht – da wurden noch vor jeder Analyse der Fatwa seine Beweggründe in Frage gestellt und sein mutmaßlicher Charakter phantasievoll durch den Schmutz gezogen. Hier ein paar Beispiele der widerwärtigen Art: Roald Dahl nannte seinen Schriftstellerkollegen einen «gefährlichen Opportunisten». Der ehemalige Tory-Parteichef Normann Tebbit bezeichnete ihn als «Schurken erster Güte» und machte sich dann Gedanken über die Unzulänglichkeit dieser Bezeichnung: «Ist Schurke nicht ein zu milder Ausdruck für jemanden, der das Land, das ihm Schutz gewährt, beleidigt und die Menschen verraten und geschmäht hat, denen er seinen Wohlstand, seine Kultur, seine Religion und jetzt sogar sein Leben verdankt? Zum Glück sind Schurken wie Rushdie selten. Wie schade, daß er sich ausgerechnet unser Land als Domizil ausgesucht hat.» Germaine Greer beschimpfte ihn seltsamerweise als «größenwahnsinnigen Engländer dunkler Hautfarbe» (gibt es einen Zusammenhang zwischen diesen beiden Merkmalen?) und bemerkte dann: «Schriftsteller sind im Gefängnis gut aufgehoben; da können sie schreiben.» (Aber wie sieht es mit Hinrichtungen aus? Danach schreiben sie nicht mehr so viel.) Den Gefühlen des kleinen Mannes verlieh der Boulevardblattvordenker Richard Littlejohn exemplarisch Ausdruck: «Wenn die Iraner Salman Rushdie morgen aufknüpfen, wäre mir das schnurz ... Aber es wäre mir lieber, sie täten es nicht hier bei uns.» Die vornehme, geschwollene, hochgestochene Version desselben Standpunktes lieferte der Historiker Hugh Trevor-Roper, der nach viermonatigem gelehrtem Nachdenken über das Thema kundtat, Rushdies «Vergehen [ist] ein Verstoß gegen Sitte und Anstand, aber kein Verbrechen, und wird vom Gesetz nicht erfaßt. Da dem nun einmal so ist, würde ich keine Träne vergießen, wenn irgendein britischer Moslem, der seine Manieren mißbilligt, ihm in einer dunklen Gasse auflauert und ihn Mores lehrt. Sollte das bewirken, daß er hernach seine Feder besser unter Kontrolle hat, wäre der Gesellschaft gedient, und die Literatur würde keinen Schaden leiden. Man könnte seine Zuchtmeister, so sie ertappt werden, natürlich wegen tätlichen Überfalls belangen; doch könnten sie sich dann darauf berufen, daß sie schamlos provoziert wurden, und kämen, wenn sie minderjährig sind, vielleicht mit einer Bewährungsstrafe davon. Schließlich sind unsere Gefängnisse eh schon überfüllt.»

Das abscheulichste Beispiel dieser intellektuellen Nestbeschmutzung aber stammt von Marianne Wiggins, Rushdies zweiter Frau, die zunächst mit ihm untergetaucht war. Sie gab der *Sunday Times* beredt Auskunft über seine Charakterfehler und erläuterte, welch ein Irrtum es wäre, würden wir ihn in irgendeiner Weise für einen Helden halten. Selbst wenn man die

Verbitterung einer künftigen Exgattin in Rechnung stellt, wirkte das ganz besonders widerlich. Für den, der Ms. Wiggins in Vor-Fatwa-Zeiten über den Weg gelaufen war, hatte das Ganze auch eine ironische Seite. Ich kann mich zum Beispiel erinnern, wie sie mir gegenüber einmal liebreizend erklärte, sie wolle als Schriftstellerin nur ein Maulwurfshügel sein neben dem mächtigen Berg, den Salman darstelle. Allein, als der Prophet dann zum Berg kam, suchte der Maulwurfshügel eilends das Weite.

Vor zwei Jahren beschlossen Rushdie und sein Defence Committee, angesichts des «hier herrschenden Mangels an wahrem politischem Engagement» auf Reisen zu gehen. Trotz der Reserviertheit von British Airways gelangte er nach Europa und Nordamerika und fand dort in der Regel leichter Zugang zu Ministerien als im eigenen Land. «Im Grunde haben wir in den zwei Jahren mehr erreicht, als ich gehofft hatte», erklärte er mir. Deutschland, nicht nur das mächtigste Land Europas, sondern auch der größte Handelspartner des Iran, nahm dabei eine Schlüsselstellung ein. Im Dezember 1992 verabschiedete der Deutsche Bundestag eine von allen Parteien getragene Erklärung, mit der die Regierung des Iran für Rushdies Sicherheit haftbar gemacht wurde. (Ob ein derartiger Antrag vom britischen Unterhaus in seiner gegenwärtigen Zusammensetzung angenommen würde, ist zweifelhaft.) Die skandinavischen Länder mit ihrer starken Menschenrechtstradition boten aktive Unterstützung an; und im Januar 1993 empfing dann die irische Präsidentin Mary Robinson als erstes Staatsoberhaupt Rushdie und sein Komitee.

Diese öffentlichkeitswirksamen Aktionen brachen auch hierzulande des Packeis ein wenig auf. Das Außenministerium war wie immer reaktiv und reagierte. Der Sinneswandel nach vier Jahren war weniger eine verspätete Anerkennung von Grundwerten als vielmehr das pragmatische Eingeständnis, daß mit Untätigkeit und Kriecherei bei den Iranern nichts zu erreichen war. Die Erklärungen wurden schärfer: Douglas Hogg, die Nr. 2

im Außenministerium, nannte die Fatwa im Februar 1993 in einer Rede vor der Menschenrechtskommission der Vereinten Nationen «niederträchtig und schändlich», eine merkliche Steigerung der Adjektive. Der Außenminister selbst, Douglas Hurd, erklärte vor dem Europarat in Straßburg, er sei nach wie vor «sehr beunruhigt über das anhaltende Versäumnis der iranischen Behörden, den Mordaufruf zurückzunehmen». Das hört sich vielleicht nicht sehr streng an, aber es war mal etwas anderes als Hurds rituelle Bekundung «größten Respekts» vor dem Islam; man darf auch nicht vergessen, daß Hurd zu Beginn der Affäre auf die Frage eines Journalisten nach seiner unangenehmsten Erfahrung in der Politik unbekümmert geantwortet hatte: «Die Lektüre der *Satanischen Verse*.» Als Hogg am 4. Februar 1993 mit Rushdie zusammentraf, wurde der Schriftsteller zum ersten Mal seit Beginn der Affäre offiziell im Außenministerium empfangen. In einer Erklärung vor dem Unterhaus stellte Hogg fest: «Es war richtig, daß wir unsere Unterstützung demonstriert haben», während A. Nonymus, diese zuverlässige Quelle offiziöser Verlautbarungen, sich wie folgt äußerte: «Man hat eine politische Linie, und die verfolgt man, bis man eine Lösung findet. Salman Rushdie zeigt sich jetzt mehr, und wenn Sie mich fragen: ‹Stört Sie das?›, lautet die Antwort nein. Er genießt die gleichen Rechte der freien Meinungsäußerung und der Reisefreiheit wie jeder andere.» Dies mag wie ein gewundenes, fast schon carrollsches Beispiel bürokratischer Formulierungskünste klingen, aber es ist doch gut, daß das einmal gesagt wurde. Es stört das Außenministerium nicht, daß Mr. Rushdie sich mehr zeigt. Und er hat dasselbe Recht zu reisen wie alle anderen auch. Wenn er nur nicht versucht, einen Flug bei der Parade-Fluggesellschaft der Nation zu buchen.

Und dann, im Mai 1993, durfte Rushdie endlich mit John Major zusammentreffen, der ihm zwanzig Minuten versprach und fünfundvierzig gewährte. Die *Daily Mail*, die gemeinhin das Mittelfeld konservativer Gesinnung zum Ausdruck bringt, fand den Premierminister «verblüffend schlecht beraten». Der ehemalige konservative Premierminister Edward Heath war deshalb dagegen, weil Großbritannien wegen «diesem elenden Buch» ein «riesiges Handelsvolumen» verlorengehe; und Peter Temple-Morris, der konservative Vorsitzende der überparteilichen Britisch-Iranischen Parlamentarischen Gesellschaft, erklärte: «Wer den Premierminister da beraten hat, gehört meiner Meinung nach in die Klippschule.» (Komisch, daß er «in die Klippschule» sagte statt des üblichen Ausdrucks «in die Klapsmühle», doch ist das in dem Fall vielleicht ein bezeichnender Versprecher.) Keiner von denen, die da Einwände hatten, hielt es für seltsam, skandalös oder demütigend, daß ein gesetzestreuer britischer Bürger sich zu einem von beiden Seiten gewünschten Treffen mit dem Premierminister in Friedenszeiten ins Unterhaus einschmuggeln lassen muß.

Das Treffen zwischen Rushdie und Major wurde (wie das mit Hogg, Hurd und Clinton) nicht im Bild festgehalten. Das Defence Committee war sich bewußt, daß die Begegnung eher symbolisch als produktiv sein würde, und drängte auf ein Foto, jedoch ohne Erfolg. Diese rare Kamerascheu britischer Politiker ist ein interessanter Nebenaspekt der Rushdie-Affäre. In den zwei Jahren seiner Pendeldiplomatie ist der Schriftsteller mit Václav Havel, Klaus Kinkel, Mario Soares, Jack Lang, Jean Chrétien und den meisten führenden skandinavischen Politikern abgelichtet worden. In Großbritannien war bislang nur Labour-Führer John Smith bereit, Rushdie nicht wie eine ansteckende Krankheit zu behandeln.

Dennoch wirken die Erklärungen von Hogg und Hurd sowie die Begegnung mit Major – den Rushdie «gut vorbereitet, verständnisvoll und engagiert» fand – im Vergleich zu Großbritanniens früherer Untätigkeit geradezu umtriebig; ja, wir schwimmen jetzt praktisch mit im Strom des übrigen Europa. Ob die britische Regierung nun, wie Rushdie nach dem Treffen mit dem Premierminister meinte, «an vorderster Front führt», bleibt noch sehr stark abzuwarten; man könnte eher meinen, die britische Regierung wolle in diesem Fall mehr so im Mittelfeld führen. Ein anderer nützlicher Nebeneffekt von John Majors öffentlicher Geste der Unterstützung könnte Rushdies stillschweigende Wiedereingliederung sein, die symbolische Rückgabe seiner Staatsbürgerschaft: einer von uns, nicht einer von denen.

Als ich Rushdie nach seinen Hoffnungen für das sechste Jahr fragte, antwortete er: «Daß die Versprechungen aus dem Jahr fünf erfüllt werden.» Er selbst gibt seine Reisekampagne jetzt auf – «es kann nicht so weitergehen, daß ich endlos als Botschafter meiner selbst auftrete» – und widmet sich der Literatur. Das Defence Committee (und das halbe Dutzend Partnerorganisationen in Europa und den Vereinigten Staaten) will weiterhin Druck auf die Regierungen der einzelnen Länder ausüben. Das Schwierige ist natürlich, den schönen Worten wirksame Taten folgen zu lassen. Wie Rushdie bemerkt, sind starke Lippenbekenntnisse ein guter Anfang, aber «niemand will handeln und sein Wirtschaftspotential ins Spiel bringen, und solange das nicht geschieht, ist es dem Iran egal ... Die Vereinigten Staaten reden höchst emphatisch vom Einsatz wirtschaftlicher Druckmittel, aber gerade sie haben in den letzten zwölf Monaten ihren Handel mit dem Iran am stärksten ausgeweitet, und das trotz des Embargos.» Eine Nation, die ständig hehre Grundsätze im Mund führt, schaut sich um und sieht, wie der Nachbar ganz ordinär den wirtschaftlichen Gewinn einstreicht. Kann die westliche Allianz es sich leisten, ernsthaft ökomomischen Druck auszuüben? Anders gefragt - kann sie es sich leisten, das nicht zu tun? Der belgische Außenminister Willy Claes erklärte Rushdie gegenüber, wenn westliche Regierungen den Iran weiterhin versöhnlich stimmen wollten, so sei das «ein großer historischer Fehler».

Wir haben in den vergangenen fünf Jahren einiges über Ausbreitungsgeschwindigkeit und Übertragungswege internationaler Empörung dazugelernt. Als sich das Haus Chanel unlängst bei den Moslems für das mit Koranversen bestickte Bustier entschuldigte, das Claudia Schiffer bei der letzten Sommerkollektion vorgeführt hatte, war dem kein Protestmarsch in der Rue de Rivoli vorausgegangen, sondern ein Aufschrei der Moslems in Djakarta. Der Skandal um die Satanischen Brüste, wie man in Frankreich sagte, könnte als komische Analogie zum Fall Rushdie gelten, wäre da nicht der Schauder ob des vom Chef des Hauses Chanel verheißenen Feuers: «Die drei Kleider sowie die Texte werden den Flammen übergeben und vernichtet.» Wir haben auch gelernt, daß die *Satanischen Verse* kein einmaliger Fall von Gotteslästerung sind, sondern nur eine von vielen Denkweisen, welche die Fundamentalisten ein für allemal ausradieren wollen. Die englischen Zeitungen haben zwar kein Bild der Begegnung zwischen Rushdie und Major bekommen, doch von den etwa 5000 moslemischen Fundamentalisten, die im vergangenen Dezember in Dakka zusammenkamen und den Tod der einunddreißigjährigen Dichterin und Feministin Taslima Nasreen forderten, gab es Fotos genug. Eine Gruppe von Geistlichen hatte zwei Monate zuvor eine Fatwa über sie verhängt und dafür die karge Summe von £ 850 ausgesetzt. Taslima Nasreen hatte unter anderem die Männer in Bangladesch beschuldigt, sie hielten die Frauen «verschleiert, unwissend und in die Küche verbannt»; auf jeden Fall haben die Frauen offenbar nicht genug zu sagen, um sich an diesem überaus bärtigen Protest zu beteiligen. Unannehmlichkeiten bekam vor kurzem auch die moslemische Schauspielerin Shabana Azmi aus Bombay. Ihr wurde wegen «un-islamischen und un-indischen Verhaltens» eine Kampagne «ernsthafter Maßnahmen» angedroht: Sie hatte Nelson Mandela auf die Wange geküßt, als sie ihm in Südafrika den Newsmaker of the Year Award überreichte.

Rushdie selbst vertritt vehement die Ansicht, daß über seinen Fall zwar am ausführlichsten berichtet werde, doch sei er gar nicht so sensationell; er stehe in einem spezifischen intellektuellen und politischen Kontext. Wir im Westen regen uns leicht über Einzelfälle auf und lassen den Gedanken einer allgemeinen Strafkampagne nur ungern zu. Rushdie zufolge zeigten die Journalisten so gut wie gar kein Interesse an dem Tod von siebzehn Schriftstellern und Journalisten in Algerien zwischen März und Dezember des vergangenen Jahres: «Das fand nur auf arabisch statt.» Er verweist darauf, daß die westlichen Nationen vor einigen Jahren ihre Erkenntnisse über den Iran zusammenwarfen und die Experten sich hundertprozentig einig waren, daß der Iran inzwischen ein ausgedehntes Netz des Terrors in Europa installiert hat. Und die auf der Lauer liegenden Attentäter sind, da können wir sicher sein, nicht alle da versammelt, wo Rushdie vielleicht mal eine Signierstunde gibt. Diese Allgegenwart der Bedrohung ist, von allem anderen abgesehen, eine mögliche Antwort auf den hämischen Vorwurf gegen Rushdie, er habe «schließlich gewußt, was er tat». Wußten es die anderen – die algerischen Schriftsteller zum Beispiel? Was ist denn plötzlich weltweit über iranische Dissidenten, Anti-Fundamentalisten, Schriftsteller und Journalisten der unterschiedlichsten ideologischen Couleur gekommen, daß sie unbedingt dem Feind ins offene Messer laufen müssen? Oder ist es am Ende doch das Messer, das sich bewegt?

Gegen Ende der Benefizveranstaltung in Oxford las Rushdie die Szene aus den *Mitternachtskindern*, wo der zehnjährige Saleem, von brutalen Mitschülern verfolgt, sich den Mittelfinger in einer Tür einklemmt und dabei das obere Drittel des Fingers verliert. Dann schloß der Abend mit einer Violinsonate von Brahms, und wir marschierten alle wieder in das Künstlerzimmer hinaus. Die Literaten wollten den Musikerinnen Komplimente machen, aber da kamen sie an die falsche Adresse. «Der Brahms war *nicht* gut», sagte die Pianistin selbstanklagend. «Es ist mir noch *nie* passiert, daß ich beim Eröffnungsakkord zwei ganze Noten weggelassen habe.» Die Violinistin gestand, auch sie habe Probleme gehabt. Es sollte kein Vorwurf sein, doch gerade hatten sie gehört, wie Rushdie die Stelle las, wo «das obere Drittel meines

Mittelfingers dalag wie ein durchgekauter Klumpen Kaugummi», da sollten sie auch schon mit den eigenen Fingern in Tasten und Saiten greifen und den schrillen Nachhall des von dem Schriftsteller heraufbeschworenen Bildes verdrängen. Das war wie eine kleine, aber angemessene Erinnerung an eine grundlegende Wahrheit: Worte können durchaus etwas bewirken.

Februar 1994

Der Rest des Jahres 1994 verging ohne erkennbares Zeichen, daß die britische Regierung jetzt «an vorderster Front führt». Es gab verstärkte Lebenszeichen von Mr. Rushdie, der eine neue Sammlung von Erzählungen veröffentlichte. Im Juli 1994 interviewte ich Tony Blair, den neuen Labour-Chef, und fragte ihn nach seiner Position im Fall Rushdie. «Er hat meine volle Unterstützung ... Ich stehe absolut hundertprozentig hinter ihm.» Als ich darauf verwies, daß die Labour-Partei gewisse Probleme mit dem Fall hatte, entgegnete er: «Manche Leute hatten da Probleme. Aber mit solchen Sachen ist ganz und gar nicht zu spaßen. Ich meine, man kann doch nicht zulassen, daß jemand zum Tode verurteilt wird, nur weil er ein Buch geschrieben hat, das anderen nicht paßt. Ich meine, das ist hierzulande doch angeblich schon seit Jahrhunderten passé.»

Übers. pers.

Am 3. Juli 1991 wurde der italienische Übersetzer der Satanischen Verse, *Ettore Capriolo, bei einem Attentat schwer verletzt. Am 11. Juli 1991 wurde der japanische Übersetzer Hitoshi Igarashi ermordet. Im Oktober 1993 wurde William Lygaard, der norwegische Verleger des Buches, durch Schüsse niedergestreckt und lebensgefährlich verwundet.*

Die deutsche Ausgabe erschien ohne Nennung eines Übersetzernamens in einem eigens zu diesem Zweck gebildeten Verlag namens «Artikel 19».

14

Franzen! Franzen! Franzen!

In Flauberts *Bouvard und Pécuchet* gibt es eine Stelle, wo Pécuchet, der sich im Moment gerade dem Studium der Geologie widmet, seinem Freund Bouvard erklärt, was im Falle eines Erdbebens unter dem Ärmelkanal passieren würde. Das Wasser, behauptet er, würde in den Atlantik hinausströmen, die Küsten würden ins Wanken geraten, und dann würden sich die beiden Landmassen langsam aufeinander zuwälzen und wieder eins werden. Als Bouvard diese Prophezeiung hört, rennt er entsetzt davon – eine Reaktion, so wird uns nahegelegt, die weniger von der Vorstellung einer erdgeschichtlichen Katastrophe ausgelöst wird als von dem Gedanken, daß die Engländer näherrücken.

Am Freitag, dem 6. Mai 1994, wurde nach über hundert Jahren voller Träume, phantastischer Pläne, verpfuschter Ansätze, voll Enthusiasmus und Paranoia der Kanaltunnel offiziell eröffnet; damit war zum ersten Mal seit der Eiszeit eine feste Verbindung zwischen Großbritannien und Frankreich geschaffen, und Bouvards schlimmster Alptraum hatte sich erfüllt. Dennoch rannten nur wenige entsetzt davon, als die Queen und Präsident Mitterrand den Tunnel einweihten – und das zweimal, als wollten sie nach dieser langen Zeit doppelt sichergehen. Zunächst eröffneten sie ihn am Terminal Coquelles bei Calais, wo tiefliegende Wolken der Luftparade in die Quere kamen; dann, nachdem man sich mit einem Fischessen gestärkt hatte, am Terminal Cheriton bei Folkestone. In Coquelles gab es einen hübschen symbolischen Augenblick, als zwei riesige Eurotrains, einer aus London, einer aus Paris und beide mit einem Staatsoberhaupt an Bord, auf demselben Schienenstrang aufeinander zufuhren und langsam in wangenkußgerechtem Abstand zum Stehen kamen. Dann hüpfte Präsident Mitterrand als Gastgeber zuerst aus dem Waggon und wartete auf dem Bahnsteig, bis die verschiedenen hohen britischen Würdenträger ausgestiegen waren: Ihre Majestät in einem leuchtend fuchsiaroten Ensemble (entsetzlich über Kreuz mit dem durchweichten roten Teppich am Boden), John Major (entsetzlich über Kreuz mit der aktuellen Wählermeinung) und Baroness Thatcher (entsetzlich über Kreuz mit der ganzen Idee einer europäischen Verbrüderung).

In Calais wie in Folkestone gab es die traditionellen Ehrenbezeigungen und hehren Worte im Beisein von Lord Lieutenants und amtskettenbehängten Bürgermeistern. Dabei standen die Queen und Monsieur Mitterrand in Wirklichkeit einer recht untraditionellen – ja, postmodernen – Eröffnungszeremonie vor. Denn kaum war der Tunnel «eröffnet», da wurde er auch schon wieder geschlossen; der Betrieb wird erst wieder aufgenommen, wenn verschiedene Sicherheitsprüfungen durchgeführt und Betriebsgenehmigungen erteilt sind. In den vergangenen Monaten war eine Nebelwand ständiger Neuplanungen aufgezogen, in der bis auf den Terminkalender von Präsident und Königin alles entgleiste. Dennoch tat Ihre Majestät brav ihre demokratische Pflicht und probierte stellvertretend für uns gemeine Sterbliche die beiden verschiedenen Verkehrssysteme aus, die zu gegebener Zeit den Betrieb im Tunnel aufnehmen sollen. Für die Hinfahrt von Waterloo Station nach Calais nahm sie den todschicken neuen Eurostar-Personenzug. Auf der Rückfahrt brachte sie wie jeder gewöhnliche frankophile Urlauber auf dem Heimweg aus der Dordogne den Rolls-Royce Phantom VI auf dem Autotransporter mit dem grauenvollen Makkaroni-Namen Le Shuttle unter. Dieser Drive-on-drive-off-Service, der den Kanalfähren Konkurrenz machen soll, erreicht wohl erst nächstes Frühjahr das glorreiche Endstadium von «Starten ohne Warten», steht aber den sogenannten Meinungsmachern schon vorher zur Verfügung. Darunter sind Reiseveranstalter zu verstehen, unwirsche Eurotunnel-Aktionäre, die sich mittlerweile wohl schon fragen, wann sie wohl je etwas für ihr Geld zu sehen bekommen, und die kühnen Optimisten, die schon im Januar wirklich und wahrhaftig mit klingender Münze einen Platz auf dieser momentan noch rein fiktiven Verbindung für sich reserviert haben. Im Vorverkauf konnten, obgleich die vorgesehenen Fahrpläne allenthalben veröffentlicht und einleuchtend aufgeschlüsselt worden waren, obgleich das Ersttagsfieber hier wie anderswo zuschlägt und es in unserem Volk von Verkehrsmittelfreaks und Eisenbahnfreunden nur so wimmelt, bezeichnenderweise nur kärgliche 100 Fahrkarten für Le Shuttle abgesetzt werden.

Diese Zurückhaltung war typisch für das Echo an der Nordküste des Tunnels. Phlegma und Skepsis bestimmten die britische Haltung. Die Franzosen waren derweil viel offensichtlicher zum Feiern aufgelegt, und Calais genehmigte sich neun schwer subventionierte Festtage (Musikkapellen, mitternächtliche Tanzvergnügen, die traditionellen nordfranzösischen Karnevalsungeheuer, das Nationalorchester Lille mit einer Friedenshymne). Man hätte das Gegenteil erwarten können, zieht es Großbritannien doch, statistisch gesehen, viel stärker nach Europa als Europa nach Großbritannien: Wie die Zahlen der Fährgesellschaften zeigen, gehen zur Zeit acht von zehn Kanalüberquerungen von Großbritannien aus, und ein Profil der künftigen Tunnelbenutzer ergab, daß nur mit lumpigen 7 Prozent Franzosen zu rechnen ist. Doch hat dieses ungewöhnliche Jointventure (das erste bedeutende französisch-britische Gemeinschaftswerk seit der Concorde) einen recht tiefgreifenden Unterschied zwischen den beiden Ländern deutlich gemacht. Die Franzosen begeistern und engagieren sich für sogenannte *grands projets*: große Gemeinschaftsunternehmen, die mit Staatsmitteln gefördert werden, in der neuesten Technologie schwelgen und der Nation Glanzlichter aufsetzen. Zu den Beispielen aus jüngster Zeit gehören der Hochgeschwindigkeitszug TGV, die

Louvrepyramide, die Grande Bibliothèque, das Beaubourg und die Ariane-Rakete. Die Briten haben ihrem Wesen nach größere Scheu oder größere Hemmungen, sich als Nation auf solche Art auszudrücken; obendrein hatten sie in den letzten fünfzehn Jahren eine Regierung, die kostspieligen Großprojekten ideologisch abhold war, es sei denn, sie wurden privat finanziert. Da wir ständig danach trachten, unser Licht unter den Scheffel zu stellen, ist wohl auch gewährleistet, daß die laufenden Nachrichten über die wenigen existierenden Projekte in aller Regel deprimierend klingen: Mittelknappheit, Budgetüberschreitungen, Verzögerungen und Pfusch. Eins der letzten britischen *grands projets*, die Humber Bridge, wurde 1981 von der Queen eröffnet. Die Brücke sollte die Fahrt von Grimsby nach Hull um 50 Meilen verkürzen, ein veraltetes Netz von Fährverbindungen ersetzen und eigentlich einer todgeweihten Region zu Wohlstand verhelfen. Doch inzwischen ist die Brücke selbst zum Symbol des Versagens geworden: Die 15 000 Fahrzeuge, die sie pro Tag überqueren, decken nur 25 Prozent der Zinsen auf die Schulden ab, die sich im Moment auf 439 Millionen Pfund belaufen und mit jeder Sekunde um £ 1,42 steigen. Auch über die neue British Library gab es in den letzten Jahrzehnten nur wenig Aufmunterndes zu lesen. 1993 entdeckte man, daß die vorgesehenen Regale mit einer Gesamtlänge von 186 Meilen nicht zu gebrauchen waren, und zwar aus dem ebenso traurigen wie simplen Grund, daß die Bücher am Ende herunterfielen.

Natürlich gibt es auch bei französischen *grands projets* Pfusch. Im ursprünglichen Entwurf setzte sich die Grande Bibliothèque kühn über das abgedroschene alte Konzept hinweg, die Bücher unterirdisch zu lagern und die Leser obendrauf zu setzen; statt dessen sollten die Leser im Erdgeschoß Platz finden und die Hälfte der Bücher in vier achtzehnstöckigen Türmen darüber. Der Hinweis, daß Hitze und Licht so ungefähr das letzte sind, was wertvolle Bücher lieben, kam zu spät; und so mußte die Wolkenkratzerbibliothek – von viel Pariser Gespött begleitet –

nachträglich mit einer vollständigen Anlage interner Isolierverkleidungen geschützt werden. Dennoch gehen die Franzosen derartige Projekte mit mehr Selbstbewußtsein und politischem Engagement an und bringen obendrein noch eine intellektuelle Chuzpe mit, die von den Briten gern als prätentiös abgetan wird. Dominique Jamet, von Präsident Mitterrand mit dem Aufbau der Grande Bibliothèque betraut, verwies ganz selbstverständlich darauf, daß «das Primat des Buches in unser aller Seele verankert ist». Es ist kaum vorstellbar, daß ein Bibliothekssprecher in Großbritannien so etwas sagt und nicht in den vorgezogenen Rentenstand abgeschoben wird.

Die Briten wiegen sich gern in dem Glauben, sie seien strikte Pragmatiker, während die Franzosen Traumtänzer seien. Nirgends trifft dies weniger zu als im Falle des Kanaltunnels. Mag man beim Graben und Bohren auch Ehre und Termindruck geteilt haben, überirdisch gibt es aufschlußreiche Unterschiede. Die Hochgeschwindigkeitsverbindung der Franzosen nach Paris ist bereits fix und fertig, das nördliche TGV-Netz wurde in nur drei Jahren aus dem Boden gestampft. Darüber hinaus haben sie eine Kette neuer Bahnhöfe und ein prachtvolles neues Terminal bei Lille für den Transfer in das übrige Europa. Auf britischer Seite gibt es immerhin eine schöne neue Zweigstrecke nach Waterloo Station, die unter Einhaltung des Kostenrahmens gebaut und fristgemäß im Mai 1993 eröffnet wurde. Es gibt jedoch keine Hochgeschwindigkeitsbahn zwischen Waterloo und Folkestone, nur eine langsame Verbindung auf von Nahverkehrszügen verstopften Gleisen; wenn die Hochgeschwindigkeitsverbindung endlich fertiggestellt ist (der Wolkenkuckucksheimtermin wurde soeben von 2002 auf mutmaßlich 2005 verschoben), führt sie sowieso nicht direkt nach Waterloo, sondern nach St. Pancras im Londoner Norden. Der Schattenverkehrsminister John Prescott hat erklärt, der Kanaltunnel verbinde ein Eisenbahnnetz des einundzwanzigsten Jahrhunderts mit einem aus dem neunzehnten Jahrhundert; ein Euro-Geschäftsmann auf der Suche nach Nationalsymbolen dürfte zu seinem Leidwesen fündig werden, wenn sein Zug Paris–London die Geschwindigkeit zwischen dem *Germinal*-Revier und den Hopfenfeldern Kents nach und nach von 180 Meilen pro Stunde auf ein Drittel drosselt. Präsident Mitterrand, selbst Sohn eines Stationsvorstehers, konnte sich eine hochnäsige Frotzelei unter Fachleuten nicht verkneifen: Künftige Passagiere, so sagte er bei der Eröffnung eines weiteren glitzernden Streckenabschnitts von TGV Nord, werden «in raschem Tempo über die nordfranzösischen Ebenen jagen, auf schneller Spur durch den Tunnel brausen, und dann dürfen sie bummelnd ihren Tagträumen nachhängen und die Landschaft bewundern». Das birgt eine besondere Ironie, wurden doch die Grundelemente des französischen Eisenbahnnetzes vor 150 Jahren von britischen Ingenieuren und britischen Streckenarbeitern gelegt.

Daß die erste der beiden Tunneleinweihungen auf französischer Seite stattfand, war insofern angemessen, als die Begeisterung der Franzosen für die unterseeische Verbindung historisch gesehen viel konstanter war. Im Jahre 1751 veranstaltete die Akademie von Amiens einen Wettbewerb zur Erforschung neuer Wege der Kanalüberquerung; der erste ernstgemeinte Vorschlag für einen Tunnel wurde 1802 von dem französischen Ingenieur Albert Mathieu vorgelegt – und Napoleon unterstützte das Vorhaben. Im Laufe des Jahrhunderts wurde noch eine bunte Palette erfindungsreicher Ideen vorgestellt: Brücken aller Art, auf dem Meeresgrund verlegte Eisenröhren, Tunnels, die unterwegs zwecks Pferdewechsel auf Inseln an die Oberfläche führten, Monsterfähren, die ganze Eisenbahnzüge verschlingen konnten. In den achtziger Jahren des 19. Jahrhunderts wurden zwar auf beiden Seiten des Kanals Probebohrungen vorgenommen, doch machten Geldmangel und Mangel an Überzeugungskraft die meisten Pläne zunichte. Ebenso wichtig war auf britischer Seite jedoch ein giftiges nationalistisches Gebräu aus militärischer Vorsicht, politischer Großkotzigkeit und intellektueller Skepsis. In der Debatte über die Gesetzesvorlage «Kanaltunnel – Experimentelle Arbeiten» behauptete Lord Randolph Churchill in einer jener hochtrabenden Erklärungen, die in der Politik ohne weiteres als geistreich gelten: «Der Ruf Englands hing bis dato davon ab, daß es sozusagen eine *virgo intacta* war.» 1882 reichten 1070 Honoratioren eine Petition mit der dringenden Bitte ein, man möge die lüsternen kontinentalen Hände vom keuschen Leib Britannias fernhalten. Das Spektrum der Unterzeichner reichte vom Gynäkologen der Königin Victoria über Tennyson, Browning, Herbert Spencer und T. H. Huxley bis hin zum Erzbischof von Canterbury und Kardinal Newman.

Die Verteidigung der *virgo intacta* durch Lord Randolph Churchill (der, nebenbei bemerkt, selbst an der Syphilis starb) war ein direkter Abkömmling der berühmten Immobilienreklame des Johann von Gaunt, Herzog von Lancaster, aus *Richard II.*: dies gekrönte Eiland, dies zweite Eden, halbe Paradies, dies Bollwerk, das Natur für sich erbaut, der Ansteckung und Hand des Kriegs zu trotzen, dies Kleinod, in die Silbersee gefaßt, die ihr den Dienst von einer Mauer leistet, von einem Graben, der das Haus verteidigt vor weniger beglückter Länder Neid, usw. Die *Hand des Kriegs* war schon immer ein Haupteinwand der Briten gegen die Tunnelbuddelei: Feldmarschall Wolseley bewog Königin Victoria zur Ablehnung dieses Vorhabens (Prinz Albert war dafür gewesen), indem er behauptete, man müsse die britische Armee verdoppeln, um der daraus erwachsenden Bedrohung Widerpart zu bieten. Außerdem fürchtete man feindliche Wühlarbeiten: Aus kürzlich freigegebenen Unterlagen des Public Record Office geht hervor, daß die Regierung in den Anfangsjahren des Zweiten Weltkriegs ernsthafte Befürchtungen hinsichtlich eines eventuellen deutschen Tunnels hegte. Man rechnete, der Feind könne eine Schnellgrabung in nur zwanzig Monaten bewerkstelligen, und die Royal Navy gab einmal ihren Schiffen auf dem Kanal Anweisung, nach verräterisch schlammigem Wasser Ausschau zu halten. Heutzutage verliert die

Angst vor einer Invasion an Bedeutung, auch wenn eingefleischte Anhänger des *Grabens, der das Haus verteidigt*, auf die Ereignisse vom Mai 1991 verweisen können. Kurz nachdem britische und französische Ingenieure sich triumphierend die Hand geschüttelt hatten, schlichen sich 100 Pariser Drucker klammheimlich in den Tunnel ein und marschierten gen London, um dort gegen ihre schlechte Behandlung durch Robert Maxwell zu protestieren. Sie legten 13 Meilen unter der wogenden See zurück und stießen dann auf eine verschlossene Kammer, die zu dem Zeitpunkt den ganzen Schutz Großbritanniens vor Frankreich darstellte.

Der Ansteckung zu trotzen? Auf jeden Fall. Unser Land ist zu Recht stolz darauf, daß die Tollwut hier seit 1902 praktisch ausgerottet ist. Doch konnten paranoide Hobby-Epidemiologen in den letzten Jahren beobachten, wie die Krankheit gleichsam in Voraussicht der Kanaltunneleröffnung nordwärts durch Europa trappelte. Es war, als hätten sich hinter Mitterrand und der Queen, die da bei Calais die Bänder in den Nationalfarben durchschnitten, rudelweise Hunde mit verdrehten Augen, schäumende Füchse und geifernde Eichhörnchen zusammengerottet und könnten es kaum erwarten, auf den ersten Güterwagen nach Folkestone aufzuspringen und ihre Zähne in kentisches Fleisch zu graben. Daher wurde ein Abwehrsystem propagiert, das von Stalag-Zäunen bis hin zu «Elektromatten» reichte, die den Tunneleingang sichern sollen. (Da waren wieder neue Ängste zu beruhigen, nämlich die der Tierfreunde: Nein, die «Elektromatten» würden bösartige Tiere nur bewegungsunfähig machen und nicht auf der Stelle zu Hackfleisch verarbeiten.) Das war aber noch nicht alles: Was ist mit den Seuchenträgern, die nicht so freundlich sind und zu Fuß kommen? Nun, auch daran hatte man gedacht, und so wurde feierlich verkündet, daß «Eurotunnel-Dienststellen Patrouillen aussenden, um nach Anzeichen von Fledermäusen zu fahnden».

Obwohl die Tollwutgefahr nach wie vor hauptsächlich von

eingeschmuggelten Haustieren wie dem Chihuahua in der Hutschachtel ausgeht, hat Eurotunnel dieses Problem völlig zu Recht sehr ernst genommen. Eine Umfrage der Zeitschrift der Automobile Association unter denen, die den Tunnel für eine «schlechte oder sehr schlechte Idee» hielten, ergab, daß 32 Prozent Vorbehalte hatten, weil sie «gern eine Insel bleiben» oder «die Sicherheit einer Insel nicht verlieren» wollten; 40 Prozent aber waren dagegen, weil mit dem Tunnel «leicht die Tollwut in unser Land kommen» könnte. Warum ein tollwütiges Tier den Durchstich bei Coquelles überhaupt sonderlich einladend finden sollte, ist eine andere Frage: Laut Tony Stevens von der British Veterinary Association gibt es «für ein Tier keinerlei Anreiz zum Betreten des Tunnels, und zum Durchqueren der gesamten 35 Meilen schon gar nicht». Eine psychiatrische Interpretation dieser britischen Tollwut-Besessenheit (die britische Touristen auf Ferienreise durch Europa merkwürdigerweise nur sehr selten packt) könnte das als Übertragung deuten: Da gesellschaftliche und politische Normen inzwischen verbieten, Ausländern offen mit Haß und Angst zu begegnen, wenden die frustrierten Insulaner ihre Gefühle jetzt gegen die Tiere des Kontinents.

Die Eröffnung des Kanaltunnels findet in einem Jahr statt, in dem Briten und Franzosen eigentlich die freundlichere, konstruktivere Seite ihrer Beziehung feiern sollten: Schließlich wird 1994 der neunzigste Jahrestag der Entente cordiale sowie der fünfzigste Jahrestag der Landung in der Normandie begangen. Doch bei ersterem wissen nur noch wenige, was das überhaupt war – irgendwas mit Edward VII. und Pariser Schauspielerinnen vielleicht? –, und mit letzterem weiß schon gar niemand so recht etwas anzufangen. Die britische Regierung wollte das Jubiläum zuerst ignorieren und lieber den Jahrestag des Kriegsendes 1995 abwarten; dann verfiel man ins andere Extrem und plante in Verkennung der allgemeinen Stimmung Straßenfeste und «heitere» nichtmilitärische Veranstaltungen wie Wettbewerbe im Dosenfleischbraten. Das vergrätzte nicht nur Kriegsveteranen wegen der Betonung des «Feierns» statt des «Gedenkens»; auch die Nachtigall der Kriegszeit Dame Vera Lynn, die als Nationaldenkmal mit Rodins *Bürgern von Calais* auf einer Stufe steht, war gekränkt. Dame Vera, deren bloßer Name bei jedem über zwölf im Geiste die Zeilen «There'll be bluebirds over / The white cliffs of Dover» aufklingen läßt, drohte gar mit dem Boykott der Hauptveranstaltung im Hyde Park, wenn die Regierung nicht bald wüßte, was sie wolle.

Was die franko-britischen Beziehungen im allgemeinen betrifft, so kann man nicht behaupten, daß es jetzt merklich besser um sie bestellt sei als seit der Landung in der Normandie üblich. Churchill witzelte gern, das schwerste Kreuz, das er zu tragen habe, sei das Lothringer Kreuz; de Gaulle hat sich später mit einer Politik passionierter Anglophobie gerächt. Seither haben die britischen Premierminister die Franzosen immer wieder durch ihre lauwarme Einstellung zu Europa enttäuscht, während die französischen Präsidenten ihrerseits offenbar lieber mit ihrem deutschen Gegenüber turtelten als mit dem britischen. Als François Mitterrand 1986 in Canterbury eintraf, um gemeinsam mit Mrs. Thatcher offiziell das Kanaltunnelabkommen zu unterzeichnen, wurde sein Rolls-Royce von einem Ei getroffen, und Sprechchöre intonierten: «Franzen! Franzen! Franzen! Raus! Raus! Raus!» Mrs. Thatcher wiederum war das erste britische Regierungsoberhaupt der Neuzeit, das auf den Straßen von Paris ausgebuht wurde.

Auf britischer Seite wird das zänkische Vermächtnis der Geschichte noch durch geographische Mängel verschärft. Großbritannien hat nur Frankreich als offenkundiges Nachbarland, während Frankreich sich mit drei anderen wichtigen Kulturen verlustieren kann – Spanien, Italien und Deutschland. Jenseits der Südküste Frankreichs liegt Afrika; jenseits der Nordküste Großbritanniens liegen die Färöer-Inseln und viele, viele Seehunde. Wenn wir Ausland sagen, denken wir in erster Linie an Frankreich; es ist unser Primär-Exote. Daher ist es kein Wunder, daß wir uns viel mehr mit den Franzosen beschäftigen als die Franzosen mit uns (selbst ihre angelsächsische Kultur können sie sich anderswo holen – auf der anderen Seite des Atlantiks, wenn sie wollen). Die Briten sind von den Franzosen besessen, während die Franzosen den Briten höchstens Interesse und Neugier entgegenbringen. Wenn wir sie lieben, nehmen sie das als recht und billig hin; wenn wir sie hassen, sind sie verwirrt und verärgert, halten es aber zu Recht für unser Problem und nicht ihres.

Zum Beispiel leuchtet ihnen unsere unbrüderliche Haltung in der hohen Politik ja noch halbwegs ein, in den Niederungen des Journalismus aber nicht. Als frankophiler Engländer muß ich oft den Chauvinismus, die Aggressivität und die Verachtung in unserer Boulevardpresse erklären. So richtig austoben konnte sich dieses Rottweilergebaren vor kurzem auf der Titelseite der *Sun* vom 1. November 1990, genau einen Monat vor dem Durchbruch bei den Tunnelarbeiten. Unter der Götz-von-Berlichingen-Schlagzeile «Up yours Delors» und dem Untertitel «Morgen mittag sind die Leser der *Sun* herzlich aufgefordert, dem französischen Hanswurst zu zeigen, wo er sich seinen ECU hinstecken kann» war der Aufmacher so etwas wie ein atavistischer Furz: «Die *Sun* ruft heute ihre patriotische Leserfamilie auf, den dreckigen Franzen klarzumachen, daß sie sich VERFRANZEN sollen! Sie BELEIDIGEN uns, VERBRENNEN unsere Lämmer, ÜBERSCHWEMMEN unser Land mit überkandideltem Essen und haben sich VERSCHWOREN, das gute alte Pfund abzuschaffen. Jetzt ist es an Ihnen, sie in den GALLISCHEN HAHN zu treten.» Diese knackige politische Analyse unter der putzigen Verfasserzeile «Das Diplomatische Corps der *Sun*» wurde mit einer Sonderkollektion ausländerfeindlicher Witze untermauert – «Wie nennt man einen Franzosen mit einem IQ von 150? Ein Dorf»; «Wie nennt man einen Franzosen mit zwanzig Freundinnen? Einen Schäfer» –, die allesamt ohne weiteres auch auf jede andere verhaßte Nation umgemünzt werden könnten. Die *Sun* forderte ihre Leser auf, sich anderntags landauf, landab auf öffentlichen Plätzen zu versammeln, mit dem Zwölfuhrschlag gen Paris zu blicken und «Up Yours Delors!» zu rufen, um «sicherzustellen, daß die Gallier Ihre franzfeindlichen Gefühle in aller Deutlichkeit zu spüren bekommen».

Reaktionär? Verabscheuungswürdig? Jämmerlich? Gewiß. Und daß diese Aufwiegelei sich nicht in Straßenkämpfe umsetzte – als die vornehmen Zeitungen tags darauf ihre Reporter zum Trafalgar Square entsandten, fanden sie dort nur ein halbes Dutzend von der *Sun* beflügelte Demonstranten vor –, macht aus einem derartigen Artikel auch nicht «bloß einen harmlosen Scherz» oder was auch immer. Wer so mit ungehobelten Nationalmythen und bierseliger Rassenverteufelung hausieren geht, handelt niederträchtig und schadet sich selbst. Außerdem ist dergleichen den Franzosen kulturell unbegreiflich. Deren Boulevardpresse schlägt sich traditionsgemäß mit ganz anderen Dingen herum. Als ich Mitte April zuletzt die Fähre Dover–Calais nahm, versorgte ich mich in Péronne mit den in etwa der *Sun* entsprechenden Blättern – *Infos du Monde, Spéciale Dernière* und *France Dimanche*. Die jeweiligen Aufmacher handelten von einer achtundvierzigjährigen kanadischen Bodybuilderin, die soeben zur Miss Muskel 1994 gewählt worden war, dem angeblich «tragischen» Ende der Herrschaft Mitterrands und der Nachricht, daß Prinzessin Caroline von Monaco ihr Hochzeitskleid bestellt hat. Andere hochwichtige Ereignisse waren: eine Gruppe amerikanischer Schulkinder, denen Haare aus der Zunge wachsen, eine Frau aus Italien, die Spaghetti durch die Nase ißt, das «tragische» Leben der Schauspielerin Martine Carol, der jüngst entdeckte Roman von Camus, die Heimsuchung Robert Wagners durch den Geist von Natalie Wood, die mutmaßliche Schwangerschaft von Claudia Schiffer und die mögliche Wiederheirat des Sängers Johnny Hallyday mit einer seiner verschiedenen Exgattinnen. Jede Zeitung brachte einen wichtigen Artikel über Großbritannien: eine nach dem Motto «Das schreib ich doch im Schlaf runter» wieder aufgewärmte Geschichte über Wallis Simpson und Edward VIII., ein Bericht über das alljährliche Festessen bei Her Royal Majesty Dog Society (Köter lassen sich für ein Dinner bei Kerzenschein feinmachen; das Menü wurde natürlich mitgeliefert) sowie eine Kitty-Kelly-Geschichte über die angeblichen Mätressen des Herzogs von Edinburgh. In dieser letzten Story ging es selbstverständlich in erster Linie um des Herzogs erotische Potenz und der Queen stummes Leid und nicht etwa um kulturelle oder institutionelle Scheinheiligkeit. Klatsch, Snobismus und Gefühlsduselei feiern in dieser journalistischen Domäne nach wie vor fröhliche Urständ.

Dazu kommt noch, daß es nie so recht hinhaut, wenn die Franzosen atavistisches Gefurze und schafsköpfigen Spott mit gleicher Münze heimzahlen wollen. Anfang des Jahres veröffentlichte ein französischer Professor, der unter dem nationalistischen Pseudonym Chanteclair schreibt, eine satirische Grammatik der englischen Sprache mit dem Titel *Pour en Finir Avec l'Anglais*. Voll zum Tragen kommt ihr derber Humor in der Liste «nützlicher Redewendungen», wie man sie in einem britischen Hotel («Ist das Zimmermädchen im Preis inbegriffen?», «Da ist eine Ratte unter dem Laken. Ist das normal?») oder beim Lebensmittelhändler brauchen könnte («Ihre Eier sind faul», «Ihre Bananen sind zu grün», «Die können Sie sich in den Arsch stekken», «Sehen Sie, der Hund frißt es auch nicht»). Doch die wahrhaft fesselnden Abschnitte, die zugleich die Rundumschlagsbehauptung des Verlags rechtfertigen sollen, ganz England sei schockiert über dieses Buch («The Book Which Is Scandalizing England!»), sind die über unseren Nationalcharakter. Chanteclair zufolge sind wir das «schmutzigste, heuchlerischste und bestialischste aller Völker», «brutal und betrunken» und von «puritanischen Verklemmungen» beherrscht. Unsere Schweigsamkeit grenzt an Autismus; unsere berühmte Tierliebe rührt nur daher, daß wir «meinen, wir stünden auf einer Stufe mit ihnen»; und unser Schulunterricht führt zu einem Faible für körperliche Züchtigung und Sodomie. Das ist so in etwa das übliche Sündenregister – auch die frühere französische Premierministerin Edith Cresson warf uns in aller Öffentlichkeit vor, uns nur unzureichend zur Heterosexualität zu bekennen –, doch versäumt Chanteclair, die beliebte französische Anschuldigung mit aufzunehmen, die Briten liefen in schäbigen Klamotten herum und trügen erbärmliche Unterwäsche. Auch die Knauserigkeit bleibt unerwähnt. (Dies ist eine weltweite Beschwerde. Die Australier haben unseren legendären Geiz und die mangelnde Hygiene zu einer pfiffigen Doppelbeleidigung vereint: Die Briten, so heißt es bei ihnen, «halten ihr Geld unter der Seife versteckt».)

Nun gibt sich der Professor bei seiner Spöttelei zwar redlich Mühe, doch fehlt seiner kanalübergreifenden Augenausstecherei der rechte Biß. Nehmen wir mal den Anfang des Buches: «Ich war schon immer so anglophil und amerikanophil, daß ich häufig den Tadel meiner Mitmenschen auf mich zog. Doch wer mit Inbrunst liebt, geißelt auch mit Inbrunst.» Hoffnungslos: Dem Kerl geht absolut jede Gehässigkeit ab. Außerdem macht ihm seine zutiefst französische Vorliebe für kunstvolle und elegante Hänseleien statt grober Beleidigungen ständig einen Strich durch die Rechnung. Angesichts des Mysteriums, wie die Engländer es nur schaffen, sich fortzupflanzen, kommt der Professor zu folgendem logischen – ja, kartesianischen – Schluß: Jawohl, es sind Puritaner, und jawohl, es sind Sodomiten; aber es sind auch Saufköpfe. Daher muß die Lösung folgendermaßen lauten: Der Suff hilft ihnen über ihre puritanische Einstellung zum Sex hinweg; aber im Suff sind sie auch zu benebelt, um ihr eigentliches Ziel im Auge zu behalten, folglich kommt es zu irrtümlicher Befruchtung, und der torkelnde Fortbestand des Volkes ist gesichert. Quod erat demonstrandum. Wie soll ein vernünftiger englischer Mensch denn daran Anstoß nehmen können?

Der Kanaltunnel umfaßt die längste unterseeische Strecke der

Welt (24 Meilen) und stellt eine erstaunliche technische Leistung dar. Die Bahnverbindung erspart uns die Schikanen und das Tohuwabohu von Flughäfen und bietet einen reizvoll nahtlosen Transfer von London ins Zentrum von Paris und Brüssel. Wenn wir im Auto sitzen, bringt Le Shuttle gegenüber der *Pride of Calais* einen Zeitgewinn von dreißig bis vierzig Minuten. Doch in beiden Fällen verlieren wir, meiner Meinung nach, letztendlich etwas viel Wichtigeres: das Gefühl, den Kanal zu überqueren. Seit dem Tag vor fünfunddreißig Jahren, als unser Triumph Mayflower vom Kai in Newhaven in den Bauch der Fähre nach Dieppe versenkt wurde, habe ich diese Fahrt wohl hundertmal unternommen, aber das Gefühl stiller Ehrfurcht, das diese erste Reise auslöste, ist mir im Gedächtnis geblieben. Nach dem mühseligen Geschäft des Verladens kam das staunende Herumgehüpfe an Deck, der ängstlich-prüfende Blick auf die Halterungen der Rettungsboote, die an den Hauptgelenken mit vierundfünfzig Farbschichten verkrustet schienen, das baßtiefe Saxophongrollen beim Ablegen des Schiffes, der Anprall der Wellen beim Hinausgleiten aus dem Schutz der Hafenmole, der erste Gischtspritzer ins Gesicht, die Entdeckung der Extragriffe auf den Toiletten, damit man nicht vornüber oder hinein fiel, die Silhouette kreischender Möwen vor der entschwindenden Küste von Sussex. Dann der Mittelteil, wo kein Land in Sicht und die See bedrohlicher war, wo das Licht allmählich anders wurde (der Blick nach Norden von französischer Seite ist dramatischer als der nach Süden von der englischen) und wo man den wenigen vorbeifahrenden Schiffen so heftig zuwinkte, als säße man auf dem Floß der Medusa. Schließlich das langsame Näherrücken der französischen Küste, ein kleiner Angstknoten im Magen, ein menschenleerer Sandstreifen, eine Kirche hoch droben auf der Klippe, die sicher der Schutzherrin der Fischersleute geweiht war, Angler auf der Hafenmole, die ärgerlich hochschauten, weil der Wellenschlag ihre Schwimmer durcheinanderbrachte, dann das Knarzen von anziehenden feuchten

Tauen und die jähe Erwartung des ersten französischen Geruchs – der sich dann als Mischung aus Kaffee und Bodendesinfektionsmittel erwies.

Dieses Gefühl eines Übergangs, eines psychologischen Gangwechsels, eines notwendigen Innehaltens blieb bis vor ganz kurzer Zeit erhalten, dann wurde diese Erfahrung durch eine neue Fährgeneration regelrecht unterminiert. Zunächst einmal waren diese Fähren viel größer, doch je mehr Passagiere sie beförderten, desto weniger Platz war paradoxerweise an Deck: nur ein paar dünne Streifen als Promenade für Klaustrophobiker. Also war der Meereseindruck jetzt doppelt verglast. Zweitens waren diese großen Schiffe viel stabiler, wodurch das Erbrechen abnahm. Für den Fahrkartenverkauf war das sicher förderlich, doch das Erbrechen (und der Anblick anderer Leute dabei) war wichtig zur Bestätigung des Übergangs. Drittens wurden die Fähren zu Vergnügungszentren und Warenhäusern: Heutzutage ist die Schiffahrt zur Shopfahrt verkommen. Der moderne Kanalüberquerer reist nicht, um das Meer zu genießen, wie ja auch der illegale Zocker ein vor der Küste gelegenes Kasino nicht aufsucht, um die Korallenbänke zu bewundern. Fährgesellschaften bieten Standby-Passagieren ohne Auto routinemäßig Rückfahrkarten zum Preis von £ 1 an, und Hoverspeed-Sprecher Nick Stevens sagte: «Die Überquerung des Ärmelkanals wird unwesentlich. Es ist eine Alternative zur Einkaufsstraße.» Die Schiffe haben sich in wimmelnde Basare voll hastender, keuchender Schnäppchenjäger verwandelt: Man verbinde das Konzept von Sonderangeboten mit dem der Sauferei, und die Briten geraten (was Chanteclair sicher verstehen würde) schlichtweg aus dem Häuschen.

Das Erlebnis des Übergangs hat demnach in den letzten Jahren abgenommen. Man muß kein Anti-Europäer oder Ausländerfeind sein, um Gefallen an Grenzen zu finden. Im Gegenteil: Mir scheint, je mehr die ökonomische und politische Integration Europas voranschreitet, desto stärker sollte jede Nation ihre kulturelle Besonderheit herausstreichen. (Die Franzosen hatten ganz recht, als sie vor kurzem bei den GATT-Verhandlungen darauf bestanden, die Kultur vom Abbau staatlicher Subventionen auszunehmen: Dadurch haben sie eine Filmindustrie und wir nur einen Haufen cineastischer Einzelgänger.) Grenzen sind deshalb nützlich. Es ist gut, wenn man daran erinnert wird, daß hier der Ort ist, von dem man fortgeht, woher man kommt, während da drüben der Ort ist, wohin man unterwegs ist, wo man nicht herstammt und wo alles anders ist. Das Wissen darum ist das eine; es zu spüren bekommen etwas ganz anderes. Im alten Osteuropa war mit dem Überschreiten von Grenzen nicht viel Vergnügliches verbunden, aber eins konnten sie immer gut, nämlich einem das Gefühl von Fremdheit vermitteln. Du bist nicht von hier, gaben einem die fremden Männer in Uniform zu verstehen, und daher betrachten wir dich mit Mißtrauen: Du bist schuldig bis zum Beweis deiner Unschuld und findest hier kein warmes Bier von der Sorte, die du zu Hause gerne trinkst. Ich erinnere mich an den Übergang von Polen nach Rußland Mitte der sechziger Jahre mit einer Wagenladung von Kommilitonen, als uns die russischen Grenzwächter zwangen, das bißchen Frischobst und Gemüse zu vernichten, das wir bei uns hatten: unser Abendbrot, mit anderen Worten. Damals schien das eine sinnlose Schikane zu sein, doch im nachhinein läßt sich ein abschreckender Nutzen erkennen: Nein, das ist hier nicht mehr Polen, hier herrschen andere Regeln. Ungefähr zur selben Zeit machte ein Freund von mir Ferien in Albanien. Da er von Natur aus puritanisch ist und dem Regime in Tirana nicht unfreundlich gesinnt war, ließ er sich vor der Abreise extra die Haare schneiden, damit man ihn nicht für einen dekadenten Hippie hielt. Ich hatte seine Haare noch nie so kurz gesehen; doch am Grenzübergang von Jugoslawien holten sie meinen Freund aus dem Bus, setzten ihn bei der Zollstation auf einen hölzernen Stuhl, schnitten die letzten Haarreste auch noch weg und knöpften ihm für die Kränkung ein paar Farthings ab.

Bei der Eurotunnel-Gesellschaft stehen die Chancen für einen billigen Haarschnitt schlecht. Ja, von nun an wird die Überfahrt von England nach Frankreich glatt und bruchlos verlaufen, es sei denn, man ist etwa ein Rastafari mit einem Joint von der Größe eines Baguettes und fährt ein Auto mit kolumbianischem Kennzeichen. Ansonsten läuft die Reise so ab: Man findet sich zu einem beliebigen Zeitpunkt im Cheriton-Terminal ein, kauft an der Mautstation ein Ticket, wedelt beim Durchqueren des britischen und französischen Zolls ein paarmal mit dem Paß und fährt dann weiter auf einen der zweistöckigen Shuttle-Waggons. Die fünfunddreißigminütige Entrückung nach Frankreich ist ein nüchternes Erlebnis: Rauchen verboten, keine Bar, keine Geschäfte, keine Duty-free-Einkäufe, man darf aber aus dem Auto aussteigen und die Toiletten aufsuchen, die in jedem dritten Waggon zu finden sind. Auch spirituell wird es ein nüchternes Erlebnis: Erste Berichte lassen darauf schließen, daß es nicht einmal in den Ohren knackt, damit man weiß, wo man eigentlich ist. Bei der Abfahrt sieht man keine White Cliffs of Dover und bei der Ankunft kein Bassin du Paradis im Hafen von Calais; ja, man sieht überhaupt kein bißchen Wasser. Dann taucht man in einem französischen Rangierbahnhof auf und braust von keinerlei Staatsgewalt gehindert los, der *autoroute* und dem gemieteten Ferienhaus entgegen.

Bei der Einweihung der Humber Bridge 1981 wurde eine Kantate zu einem Text des Dichters Philip Larkin aufgeführt. Im Schlußvers beschrieb er die Brücke so:

> Die Hand ausstreckend nach der Welt, wie unser Leben hier,
> Wie jedes Leben, die Hand ausstreckend, auf daß wir
> Das Beste dessen, was wir sind und glauben, geben:
> Ist ohne Brücken doch kein Leben.

Das ist es, was die meisten Menschen empfinden, oder gern empfinden würden. Ein *grand projet* sollte eine Inspiration sein, sollte uns so überwältigen, daß wir unseren Platz und unser Ziel in der Welt neu bedenken. Aber vielleicht kommt der Kanaltunnel dafür zu spät. Man stelle sich vor, er sei vor hundert oder mehr Jahren erbaut worden, vor Blériots Flug über den Kanal, vor Radio und Fernsehen. Damals wäre er ein Wunderwerk gewesen: Er hätte sogar den Lauf der Geschichte ändern können, statt ihn nur zurechtzurücken. Doch was wir jetzt vor uns haben, ist das letzte Projekt des neunzehnten Jahrhunderts, gerade noch vor unserem Eintritt in das einundzwanzigste fertiggestellt. Von daher ist er eine Annehmlichkeit, die Dankbarkeit verdient, so eindrucksvoll wie ein schöner neuer Autobahnabschnitt. Und er wird immer noch da sein an jenem fernen und womöglich apokryphen Tag, da die Briten endlich ihre vielschichtigen, selbstzerstörerischen Gefühle gegen die Franzosen überwinden, da sie sich zu der Erkenntnis durchringen, daß Verschiedenheit nicht zwangsläufig zu Minderwertigkeit führt, und da Gegner englischer Großmachtsbestrebungen, Boulevardreporter und Johann-von-Gaunt-Anhänger in Folkestone mit einem Chanson im Herzen antreten und einladend in den Tunneleingang brüllen: «Franzen! Franzen! Franzen! Rein! Rein! Rein!»

Juni 1994

15

Links, rechts, links, rechts: Jetzt kommt Tony Blair

Am 14. Juli versammelte sich die Elite des Landes in der Westminster Abbey zur Trauerfeier für den verstorbenen Labour-Führer John Smith. Ausländische Botschafter, ranghohe Kirchenvertreter, der eine oder andere Expremierminister sowie die Nomenklatura aller wichtigen Parteien – ein Traumszenario für die IRA. Es war ein glühend heißer Tag: Großeinsatz für Sanitäter und das Britische Rote Kreuz und höchste Alarmbereitschaft, um beim Sturz eines ältlichen Politpromis sofort bei der Stelle zu sein. Doch die Kirche war innen kühl und wurde irgendwie noch kühler, als der Bergmannszug der Grube Grimethorpe zu spielen anfing. Englische Blasmusiken können, wenn sie mal nicht in feuchtfröhlicher Humpa-Stimmung sind, eine heftige, ja geradezu erhabene Schwermut auslösen. Sie sind dann das akustische Gegenstück zu feuchten Hügeln, Fabrikschloten und dem Geruch von Kohlenruß. Während Mrs. Smith und ihre drei Töchter unter der Vierung hindurch auf ihre Plätze geführt wurden, spielte die Kapelle die Nimrod-Variation aus Elgars *Enigma Variations*. Die Musik sorgte für ein zusätzliches Element politischer Wehmut: Die Konservativen haben im Rahmen ihres Zechenschließungsprogramms der Grube von Grimethorpe den Garaus gemacht, und der Nachhall ihrer Blaskapelle ist das einzige, was davon geblieben ist.

Smiths Tod im Alter von fünfundfünfzig Jahren hatte sich zwar fünf Jahre zuvor durch einen Herzanfall angekündigt, kam aber dennoch für die meisten völlig überraschend. Parteiführer haben wie Konzertdirigenten in der Regel ein langes Leben, fast als wirke die Nähe zur Macht wie Ambrosia. Als Smith im vergangenen Mai starb, waren immerhin noch vier frühere Labour-Führer am Leben, darunter zwei Premierminister aus den urzeitlichen sechziger und siebziger Jahren. Sogar die Tory-Presse stimmte bereitwillig in den Chor der Trauernden ein und lobte den Mann, den sie während der letzten Wahl geifernd geschmäht hatte, in den Himmel. Doch geschah dies weder aus Heuchelei noch aus Anstand, noch aus politischer Berechnung (erhöhe deinen toten Gegner, damit du den lebendigen um so besser herabziehen kannst). Der Tod eines Politikers, dem nicht die Zeit vergönnt war, wie erwartet an die Macht zu gelangen, hat eine eigentümliche emotionale Wirkung. Das angehende Staatsoberhaupt, das niemals Staatsoberhaupt wird, kann niemals unsere eitlen Hoffnungen enttäuschen wie all die anderen vor ihm; sein Tod ist ein Freibrief für unseren Idealismus, den wir auf den Verstorbenen zurückübertragen.

Die Reden priesen Smith als einen warmherzigen und leidenschaftlichen Mann von zündendem Geist, einen unverbesserlichen Scherzbold, der nach einer anstrengenden Parlamentswoche immer als erster auf dem Bahnsteig eintraf, um auf den Zug zurück nach Schottland zu warten. Ein Großteil der Nation fand dies höchst überraschend, hatte Smith doch stets den Eindruck einer kauzigen Anwaltsfigur gemacht, deren politische Hauptstrategie darauf hinauslief, die Labour-Partei von inneren Zwistigkeiten abzuhalten und abzuwarten, bis die Tories sich selbst den Bauch aufschlitzten. Er wirkte gescheiter als John Major, doch vermochte auch er die Gemüter nicht wirklich in Wallung zu bringen: Man wäre nicht weiter überrascht, wenn man in die Vorortfiliale seiner Bank spazierte und dort an der Kasse Mr. Major anträfe, der einem die Fuffis rüberschiebt, indes Mr. Smith im holzverkleideten Büro dahinter ob des überzogenen Kontos die Stirne runzelt. Diese öffentliche Verdrießlichkeit war offenbar beabsichtigt. Die Frau eines Labour-Abgeordneten, bei der Langweiler bekanntermaßen nicht die geringste Chance haben, versicherte mir, «John war sehr, *sehr* witzig.

Wenn man mit ihm essen ging, konnte man sicher sein, sich prächtig zu amüsieren.» Aber warum, fragte ich sie, hat Smith sich so eigenartig und chamäleonhaft verstellt, wo doch die meisten Politiker umgekehrt darauf aus sind, sich interessanter zu machen, als sie sind? «Er hat sich absichtlich in der Öffentlichkeit zurückgehalten», antwortete sie, «weil er nicht wie Kinnock frivol wirken wollte.» Vermutlich war sein Verhalten nicht ganz unbegründet: Hierzulande werden Witz und Spontaneität gerade noch bei abgetakelten Hinterbänklern toleriert, deren Aussichten auf wirkliche Machtpositionen ohnehin verblaßt sind, aber in den höheren Etagen muß alles so klingen, als sei es von Verwaltungsbeamten, Schönschreibern und Ideologiewächtern dreifach überarbeitet. John Smiths Vorgänger Neil Kinnock setzte sich während des Falklandkriegs einmal tief in die Nesseln. Er nahm an einer Diskussionsrunde im Fernsehen teil, und jemand aus dem Publikum hielt ihm vor, Mrs. Thatcher habe als Politikerin immerhin «Mumm in den Knochen». Er konterte: «Nur schade, daß so viele andere ihre Knochen in Goose Green verhackstücken lassen müssen, um das zu beweisen.» Unter den gegebenen Umständen war dies eine hervorragende Erwiderung – scharf, böse, präzise –, doch Mr. Kinnock mußte entdecken, daß sie politisch inakzeptabel war, und schon bald fand er sich dabei wieder, Erklärungs- und Entschuldigungsbriefe an Falklandwitwen zu verschicken. Von John Smith waren Schnitzer von diesem Kaliber nicht zu erwarten: ein presbyterianischer schottischer Anwalt, der weder das kleinbürgerliche England noch die Bankiers in der City zum Zittern brachte – Labour konnte mit ihm absolut auf Nummer Sicher gehen.

Nun wurde der Stab an den jüngsten Parteiführer weitergegeben, den Labour je hatte. Tony Blair zählt einundvierzig Lenze, ist erst seit 1983 Parlamentsabgeordneter und immer noch jung genug (oder genügend gut instruiert), im Interview mit einem Diskjockey von Radio 1 zahllose Rockgruppen aufzuzählen, deren Musik ihm gefällt. Er ist in Durham aufgewachsen, besuchte die Fettes-Privatschule in Edinburgh und danach das St. John's College in Oxford. Dort wirkte er als Sänger und Gitarrist in einer Band namens «Ugly Rumours»; von größerer Tragweite war wohl, daß er daselbst zum Christentum und Sozialismus konvertierte. In London trat er der Labour-Partei bei und wurde Rechtsanwalt; auf den Gerichtsfluren lernte er seine Frau kennen, die ebenfalls Rechtsanwältin ist. 1982 kämpfte er in einer Nachwahl um den schlechterdings ungewinnbaren Tory-Wahlkreis von Beaconsfield; dann zog er sich mit einer Mischung aus Glück und persönlicher Überzeugungskraft den sicheren Labour-Wahlkreis von Sedgefield in der Grafschaft Durham an Land. In seiner bisherigen Karriere spielten Glück, geschicktes Timing und gutes Urteilsvermögen die wichtigsten Rollen. Schon früh wurde er von den Labour-Hierarchen als aufsteigendes Talent und von den Konservativen als aufsteigende Gefahr erkannt. Die meisten Leute, mit denen ich über Tony Blair gesprochen habe – ja sogar ein verschlafener Pförtner im Unterhaus –, versicherten mir, daß sie in ihm schon von Anfang an die kommende Führungspersönlichkeit erkannt hätten.

Während der Wahl um die Parteiführung (bei der Mr. Blair seine beiden Rivalen mit exakt dosiertem Nachdruck aus dem Rennen warf – sein Vorsprung war ansehnlich, aber nicht demütigend) wurde immer wieder betont, daß einer seiner entscheidenden politischen Vorzüge in seiner Attraktivität für den Südosten liege. Unter «Südosten» haben wir jene maßgebliche Wählergruppe aus Facharbeitern und mittleren Angestellten zu verstehen, die einst zu Mrs. Thatcher desertiert und danach bei Mr. Major geblieben sind. Diese Einschätzung ist wahrscheinlich richtig, doch auch im Norden dürfte der neue Parteiführer nur wenig Anstoß erregen: Kindheit in Durham, schottische Schule, Wahlkreis in Durham und als geradezu unfehlbarer Trumpf die Tatsache, daß seine Frau die Stieftochter der Schauspielerin Pat Phoenix ist, die in *Coronation Street*, einer endlosen Seifenoper um das Leben der Arbeiterklasse im Norden, jahrelang die hoheitsvolle Rolle der Elsie Tanner spielte. Dies ist ein zwar indirekter, aber unschlagbarer Stammbaum, ungefähr so wie die Verwandtschaft der Königsfamilie mit Barbara Cartland.

Ein anderer Teil seines Stammbaums ist nicht weniger interessant und wäre sicherlich sogar Mr. Blair selbst verborgen geblieben, hätte nicht die Journaille sein Leben umgepflügt. Aus rein öffentlichem Interesse und gewiß ohne jede Absicht, ein peinliches Geheimnis ans Licht zu zerren, gab die *Daily Mail* eine genealogische Untersuchung der Familie Blair in Auftrag. Anfangs war immer wieder berichtet worden, der Großvater des neuen Parteiführers väterlicherseits, William Blair, habe als Takler auf der Govan-Werft gearbeitet. Dies trug zu Tonys proletarischer Glaubwürdigkeit bei, zumal sein Vater Leo nicht nur Akademiker, sondern auch eingefleischter Konservativer und überzeugter Thatcherist ist. Doch nun entdeckten die Genealogen, daß die Blairs gar nicht Leos wirkliche Eltern waren, sondern daß Tonys Vater von zwei Varietékünstlern namens Charles Parsons und Cecilia Ridgeway in die Welt gesetzt wurde; sie befanden sich zur Zeit von Leos Geburt auf einer Tournee durch den Norden des Landes und gaben das Kind bei Mr. und Mrs. Blair in Pflege. Der generationenferne Geruch der Illegitimität taugte schwerlich zum Skandal; bedenkenswert hingegen scheint der außerordentliche Zufall, daß sowohl der amtierende Premierminister (Sohn des Artisten Tom Ball) als auch der gegenwärtige Oppositionsführer das Blut von Varietékünstlern in den Adern haben. Daß beide als Parteivorsitzende im Unterhaus endeten, ist eine Sternstunde für jeden Lamarckianer: schlagender Beweis für die Erblichkeit erworbener Merkmale.

Ein Großteil der Pressemeute warf die Schleppnetze aus, um Schlüpfriges aus dem Privatleben aufzufischen. In diesen Bemühungen wurde sie bislang enttäuscht: Die bösen Gerüchte, die Mr. Blairs Studentenband im Namen trug, erwiesen sich als Schall und Rauch. Mr. Blair dürfte der einzige rockende Studiosus der gesamten siebziger Jahre gewesen sein, der niemals Drogen nahm. Was war seinerzeit nur mit der Universität Oxford los? Präsident Clinton hat dort studiert, aber nicht inhaliert, und Tony Blair hat die glimmende Sünde noch nicht einmal mit spitzen Fingern angerührt. Einer seiner Studienkollegen aus Oxford meinte sogar: «Ich müßte es wissen, und die Antwort ist eindeutig nein. Im Gegensatz zu den meisten von uns hat der Typ ja noch nicht mal getrunken.» *Waaas?* Und dann ist da noch diese andere Sache, der die Leute – besonders junge Leute – mit Vorliebe frönen, wenn man sie paarweise allein läßt; aber selbst in diesem Punkt wird die Sittenpolizei keine Gelegenheit zur Aussage erhalten. Dem *Independent on Sunday* zufolge war man sich in Oxford allgemein einig, daß Tony nie «über die Matratze gezogen» wurde. Unfaßlich: Man möchte meinen, der Knabe hätte es auf die Erzdiözese von Canterbury abgesehen. Andererseits hat die Sache vielleicht auch ihr Gutes, zumal wenn man bedenkt, daß die Einführung expliziter ethischer Grundsätze in die britische Politik – wie sie von Mr. Blair in den letzten Wochen betrieben wurde – in aller Regel zur Selbstabschlachtung führt. Kaum hatten die Tories im vergangenen Jahr ihre Moralkampagne «Zurück zu den Grundwerten» losgetreten, als auch schon ruchbar wurde, in welchen trüben Werten zahlreiche Tory-Abgeordnete in ihrer Freizeit so gründelten. Hat Mr. Blair wenigstens irgendwelche dunklen oder auch nur gewöhnlichen Marotten? Ich selbst weiß zu dem Misthaufen an Informationen, der gegenwärtig zusammengetragen wird, nur einen kleinen, mehr oder weniger aufschlußreichen Strohhalm beizufügen. Anthony Howard, ein erfahrener politischer Beobachter und ehemaliger Chefredakteur des *New Statesman*, erzählte mir in ehrfürchtigem Ton das folgende Aktivistendetail: «Er ist der schnellste Esser, den ich je getroffen habe. Also, ich bin selbst ein Schnellesser, aber ich hatte die Leber gerade mal zur Hälfte auf, da war er mit seinem Teller schon fertig.»

Mr. Blairs Sieg war ein Erfolg für jene Fraktion der Labour-Partei, die man gegenwärtig als «Modernisierer» bezeichnet. Zu politischen Machtkämpfen gehören stets auch Auseinandersetzungen innerhalb der Nomenklatura: Man heftet sich selbst das beste Etikett ans Revers und patscht dem Gegner das schlimmste auf den Rücken, und zwar vorzugsweise dort, wo das Messer am leichtesten reingeht. In der Konservativen Partei haben wir den anhaltenden Zwist zwischen waschlappigen «Wets» und hartgesottenen «Dries» miterleben dürfen (der sich mittlerweile zu einer Kontroverse zwischen «Konsolidierern» und «Radikalen» verwässert hat). In der Labour-Partei standen sich lange Zeit «Gemäßigte» und «Militante» gegenüber (einige unverbesserliche Kompromißler hofften den Gegensatz sprachlich zu überbrücken, indem sie sich «militante Gemäßigte» nannten). Seit neuerem sind es «Modernisierer» und «Traditionalisten». Die Modernisierer trachteten vor allem danach, Labour wieder wählbar zu machen: Dies bedeutete, die Partei neu herauszuputzen, ihr internes Wahlsystem zu demokratisieren, den Einfluß der Gewerkschaften einzudämmen und ein gewisses Maß an marktwirtschaftlichem Realismus zuzulassen. Diese Bestrebungen wurden von den anderen als klassischer, rechtslastiger, bourgeoiser Hochverrat empfunden. Während der Wahl zum Parteiführer erklärte die extreme Linke in der Parteibasis Mr. Blair bissig zum «Großliquidator»; wie tief das Mißtrauen sitzt, das den Modernisierern allenthalben entgegenschlägt, läßt sich an einer jüngst von dem Altlinken Tony Benn geäußerten Bemerkung ablesen: «Nehmen wir die Apartheid in Südafrika als Beispiel: Sie ist nicht deshalb abgeschafft worden, weil Nelson Mandela eine rosa Rose und einen neuen Anzug trug, eine Programmdiskussion vom Zaune brach und Saatchi & Saatchi anheuerte.» Doch die Modernisierer haben nicht nur Aufwind, sondern auch das zugkräftigere Etikett. «Die Traditionalisten *hassen* es, als Traditionalisten bezeichnet zu werden», wie mir ein Korrespondent in Westminster sagte. Und wenn der Etikettenschwindel weiter anhält, werden sie sich schon bald nicht einmal mehr als Linke bezeichnen können. Originalton Tony Blair im Vorfeld seiner

Wahl: «Viele, die sich als Linke bezeichnen, stehen überhaupt nicht links, wenn links soviel heißt wie radikal. Sie stehen vielmehr für eine bestimmte Form von Konservatismus.»

So wird die alte Linke wörtlich kastriert. Für die Modernisierer hat der muffige Sozialismus aus der Zeit, als die Welt noch in Ordnung war, endgültig ausgedient. Und so ungebrochen ist ihr Selbstvertrauen, daß sie neuerdings nicht einmal mehr davor zurückschrecken, das Wort «Sozialismus» für sich selbst zu reklamieren. Es war zeitweilig zum Schreckgespenst verkommen und 1992 ganz aus dem Labour-Parteiprogramm verschwunden, vermutlich weil man befürchtete, es werde etwaige Wechselwähler zu akutem Brechreiz provozieren. Inzwischen macht man wieder zaghaft davon Gebrauch; es wurde wie eine farbverkleisterte Tür ins Laugenbad getunkt und lacht uns nun von allen alten Assoziationen gereinigt wie frisch poliertes Kiefernholz an. Oder wie Tony Blair auf einer Wahlveranstaltung in Cardiff sagte: «Der wesentliche Grundsatz ist, daß individuelle Leistung eine starke und einige Gesellschaft voraussetzt. Deshalb nennen wir es Sozial-ismus.» Ja, Mr. Blair verfaßte sogar ein sozialreformerisches Pamphlet, dessen Veröffentlichung mit seiner Wahl zum Parteichef zusammenfiel und das den kühnen Titel *Sozialismus* trägt. Sein Sozialismus oder vielmehr Sozial-ismus, um den abschwächenden Bindestrich zu benutzen, mit dem sich der Begriff gelegentlich schmückt, ist nicht derjenige der Kommandowirtschaft, des Klassenkampfes und der Vergesellschaftung; es ist einer der Sozialpartnerschaft und des gezähmten Interventionismus, der sich «auf Vorstellungen beruft, die mit der Linken assoziiert sind – soziale Gerechtigkeit, Solidarität, Chancengleichheit und Gemeinsinn».

Tony Blairs Antrittsrede bot nicht den passenden Rahmen zur Verkündigung politischer Programme; sie stellte eher einen Anlaß dar, sich dem Publikum vorzustellen und eine persönliche Erkennungsmelodie anzustimmen. Dies ist ihm leidlich gelungen. Mr. Blair ist kein großer Redner, aber als Gegenspieler von

Mr. Major ist das auch nicht nötig; im Vergleich zu dieser sprechenden Zeitansagemaschine wirkt er wie der reinste Demosthenes. Und vermutlich ist es ohnehin ein Ding der Unmöglichkeit, sowohl zu einem überfüllten Versammlungssaal als auch in eine Fernsehkamera zu sprechen, als sei man Bühnendarsteller und Filmschauspieler zugleich. Jedenfalls schien er aufrichtig erfreut und so bewegt, daß seine Stimme leicht bebte, und er sprach mit jenem Eifer, der Zuhörer, die nicht mit demselben Eifer von der Sache erfüllt sind, nur allzu leicht peinlich berührt. (Dies muß nicht unbedingt von Übel sein, da nicht alle Wohltaten dieser Welt durch Tugend und Redlichkeit erlangt werden: Auch Schuld und Heuchelei bewirken so manches.) Mr. Blairs Erkennungsmelodie war weniger ein Ohr- als vielmehr ein Wortwurm, und wir dürften seiner Rede kein allzu großes Unrecht antun, wenn wir einfach die wichtigsten Stichworte in der Reihenfolge ihres Erscheinens herausgreifen: «Verantwortung / Vertrauen / Vertrauen / Dienst / Hingabe / Würde / Stolz / Vertrauen / Mission / Erneuerung / Mission / Hoffnung / Veränderung / Verantwortung / Mission / Geist / Gemeinschaft / Gemeinschaft / Stolz / Stolz / Sozialismus / Veränderung / Unrecht / Recht / Unrecht / Recht / Unrecht / Recht / Gemeinschaften / Leidenschaft / Vernunft / Veränderung / Veränderung / Veränderung / Solidarität / Gemeinschaft / Neubeginn / Neuanfang / inspirieren / Kreuzzug / Veränderung / Fortschritt / Glaube / dienen / dienen / dienen.»

Wenige Tage später stand ich im Sitzungsraum des Schattenkabinetts im Unterhaus und wartete auf eine Audienz bei dem neuen Parteichef. Es handelt sich um ein hohes, ziemlich düsteres Büro mit Blick auf das nördliche Ende der Westminster Bridge, in dem eine für das Sessionsende typische Unordnung herrschte: Der Konferenztisch war an der Verbindungsfuge auseinandergerutscht, die schweren grünen Lederstühle standen wie Kraut und Rüben herum. In diesem finsteren Raum stachen mir zwei Dinge ins Auge: die eleganten Messingtürangeln von

Pugin und ein leuchtend scharlachroter Lederband, der unmittelbar neben Mr. Blairs verwaistem Jackett lag. Aha, dachte ich, laß sehen, was für eine Entspannungslektüre er sich in den ruhigen Momenten zwischen zwei Interviewterminen gönnt. Es war eine Ausgabe des Neuen Testaments. Ein dichter Nebel agnostischer Bestürzung senkte sich auf mich nieder, ich wußte ja, daß der Bursche ein überzeugter Christ ist und so weiter, aber damit trieb er die Sache nun doch ein bißchen weit. Als nächstes wirft er die Geldwechsler aus Westminster hinaus ... Dann legte mein Daumen die Titelseite frei und offenbarte eine eingeklebte Widmung, datiert und signiert von Tony Newton, dem Leader of the House of Commons. Mr. Blair, so schien es, hatte an diesem Nachmittag die Queen besucht, und dies war das Zückerlein, das er anläßlich seiner Berufung in den Privy Council bekommen hatte. Ich gestehe, daß ich mich in diesem Augenblick erleichtert fühlte.

«Sie werden ihn sehr charmant finden», hatten mir die Leute im Vorfeld gesagt, und so war es denn auch. Während des Wahlkampfs war er von verschiedenen Widersachern als Schönling tituliert worden; er sieht nicht so gut aus, wie man danach vermuten könnte, aber im Kontext des Unterhauses sieht er geradezu unglaublich gut aus. Er strahlt eine entspannte Nachdenklichkeit aus, bisweilen wirkt er auch ein wenig argwöhnisch wie jemand, der gerade für Examensfächer pauken mußte, in denen er frühestens in ein paar Jahren geprüft zu werden glaubte. Aber schließlich waren Smiths Tod und seine eigene plötzliche Apotheose mit schwindelerregendem Tempo über ihn hereingebrochen.

Da Mr. Blair redegewandt, telegen und jung ist, wäre die nächstliegende Angriffsstrategie, ihm einen Mangel an Ideen vorzuwerfen. Anthony Howard erlebte ihn einmal, als er vor der Bürgerrechtsbewegung Charter 88 eine Rede hielt: «Er hat sie völlig in seinen Bann gezogen, und das ohne ein Partyhäppchen von inhaltlicher Aussage.» Natürlich müssen Politiker nicht unbedingt Ideen haben, und manchmal werden sie gerade dafür geliebt, daß sie keine haben. Dies war mit Sicherheit bei Mr. Major der Fall, als er das Amt von Mrs. Thatcher übernahm: Er wurde als rechtschaffener Vermittler angesehen, dessen Rechtschaffenheit das Fehlen jedes konstruktiven Gedankens wettmachte. Und dieser Mangel ist vermutlich noch heute einer der Gründe für Mr. Majors – wenn auch schwindende – Anziehungskraft, denn bei den insgesamt zwei Gelegenheiten, als er sich erkennbar zu einer Idee oder eindrucksvollen Überzeugung oder jedenfalls zu einer eigenen Meinung verstieg, die nicht in der Staatslimousine angefahren kam, machte er sich zum Gespött der Leute. Zu Beginn seiner Amtszeit hielt er ein leidenschaftliches Plädoyer für mehr Toiletten an den Autobahnen; dieser Stoßseufzer aus der Tiefe zusammengekniffener Beine brachte ihm seinerzeit noch schmunzelndes Mitgefühl ein. Neulich jedoch hatte Mr. Major eine zweite Idee: Die Stadtstreicher sollten verboten werden. Bettler seien ein «Schandfleck», so erklärte er im Mai einer Zeitung in Bristol, und Leute, die in der Öffentlichkeit ihre Hand aufhielten, sollten rigoros zu der gesetzlich vorgesehenen Höchststrafe verurteilt werden. «Bettelei ist eine Beleidigung. Sie ist außerdem unnötig. Daher sollte man meiner Meinung nach äußerst streng dagegen vorgehen.» Selbst wenn Mr. Major damit die Tory-Rechte für die Europawahlen zu umwerben suchte, bleibt seine Äußerung ein doppelter politischer Schildbürgerstreich. Erstens, weil jeder Großstadtbewohner weiß, daß die Bettelei seit der Machtübernahme der Konservativen um ein Vielfaches zugenommen hat. Zweitens, weil Mr. Majors plötzliche Fachkenntnis in Sachen Obdachlosigkeit geradezu nach der Entgegnung schrie, daß ein Blinder nicht von der Farbe reden solle.

Aber der Vorwurf eines Mangels an Ideen hätte auch im weiteren Kontext eines konservativen Angriffs auf Mr. Blair eher ironisch angemutet. Die Konservativen zehren noch heute von dem Hirnschmalz, das sie vor fünfzehn Jahren an die Macht gebracht hat. Und seit der thatcheristische Impetus erlahmt ist, werden die thatcheristischen «Ideen» zunehmend schrulliger. Im April beispielsweise stellte das Adam-Smith-Institut, eine Gedankenschmiede der konservativen Rechten, eine eigene Vision für Großbritannien im Jahre 2020 vor (unnötig zu erwähnen, daß die Vision eine ungebrochene Tory-Herrschaft bis zu jenem Zeitpunkt unterstellt). Das Institut ist seit 1977 zugange, und sein Direktor, Dr. Madsen Pirie, verkündete vor einigen Jahren: «Wir schlagen Dinge vor, die nach Ansicht der Leute hart an der Grenze des Wahnsinns liegen. Aber ehe man sich versieht, sind sie hart an der Grenze der politischen Wirklichkeit.» Dr. Pirie selbst hat sich um die männliche Halszierde verdient gemacht, indem er den Pirie-Knoten erfand – ein segensreiches Heilmittel für Männer, deren Fliege auf entwürdigende Weise aus der Horizontalen herabschlafft. «Beim herkömmlichen Knoten», so erzählt er, «weiß man nicht, wie das Ergebnis aussieht, bis man die Fliege zu Ende gebunden hat. Ich dagegen verwende einen Knoten, der systematisch Schicht um Schicht aufgebaut wird, so daß die Fliege jedesmal richtig sitzt.»

20–20 Vision: Targets for Britain's Future heißt der Titel der Publikation, in der Dr. Pirie und seine fünfundzwanzig Mitstreiter versuchen, mit Großbritannien das zu tun, was der Direktor bereits mit der Fliege getan hat. In einem Vierteljahrhundert wird die frisch geknotete Nation, wenn alles glattgeht, auf folgende Errungenschaften blicken können: einen Einkommenssteuersatz von 10 Prozent beziehungsweise 20 Prozent für Spitzenverdiener; eine Wachstumsrate, die alle zwanzig Jahre eine Verdoppelung des Lebensstandards erlaubt («nach Maßstäben des zwanzigsten Jahrhunderts ist dies sehr viel, aber wir haben in unserem Jahrhundert viele Fehler vermeiden gelernt»); die Ausrottung der meisten bedrohlichen Krankheiten; die Legalisierung der «Schattenwirtschaft»; die Renovierung aller Wohngebäude; privatisierte Autobahnen mit elektronischer Gebührenerhebung, Busse mit Fernlenksystemen und regenerativen Bremskreisläufen sowie die Ausmerzung des Autoeinbruchdiebstahls (eine Verbrechenskategorie, in der Großbritannien gegenwärtig europaweit an einsamer Spitze steht); Kindergartenplätze für alle ab drei Jahren und Fremdsprachenunterricht für alle ab fünf; die Beseitigung der Obdachlosigkeit («Wir sollten bedenken, welchen Eindruck Großbritannien seinen ausländischen Gästen vermittelt, wenn sie Leute in Ladenpassagen schlafen und auf der Straße betteln sehen» – daher also hatte John Major seine «Idee»); eine Lebenserwartung von 100 Jahren; die Wiederanpflanzung englischer Wildblumenwiesen und die frische Pracht von «ausgedehntem Prärieland mit exotischen Lupinenfeldern»; die Wiederaufforstung des britischen Waldbestands von derzeit 5 auf 65 Prozent; und schließlich die Wiederansiedlung von Bären, Wölfen und Bibern in dieser billigen, sicheren, gesunden, frisch befarnten Umwelt.

Wer die Thatcherjahre eher durchlitten als genossen hat, der hatte in der zweiten Hälfte ihrer Herrschaft ein Schlüsselerlebnis, als die Premierministerin in einer Frauenzeitschrift erklärte: «Es gibt gar keine Gesellschaft.» Das war wie der Wendepunkt in einem nicht enden wollenden, irrationalen Verfolgungstraum, aus dem man partout nicht aufwachen kann und in dem sich der Bösewicht plötzlich zu einem umdreht und sagt: «Aber begreifst du nicht, es liegt daran, daß du ein weißes Hemd anhast und eine Zeitung unter dem Arm trägst!» Oh, *jetzt* verstehe ich alles, denkt man bei sich mit neugewonnener unbewußter Klarheit. Ich dachte, du verfolgst mich, weil du wahnsinnig bist, und natürlich bist du immer noch wahnsinnig, wahnsinniger sogar, als ich mir träumen ließ, aber wenigstens verstehe ich jetzt, was dich die ganze Zeit über getrieben hat.

Natürlich sind die meisten Leute nach wie vor geneigt, an die Existenz einer Gesellschaft zu glauben, und der Blairismus ist zum Teil eine direkte Antwort auf die Thatchersche Leugnung. In Anlehnung an R. H. Tawney und Erzbischof Temple propagiert er einen ethischen Sozialismus, der das gemeinschaftliche Handeln als unverzichtbare Voraussetzung für die Selbstverwirklichung des Individuums in seinem Leben ansieht. «Die Macht von allen ... zum Wohle jedes einzelnen einsetzen», wie Blair es in seiner Antrittsrede ausdrückte. «Das ist es, was Sozialismus für mich bedeutet.» Für die Traditionalisten in seiner Partei bedeutet er natürlich nach wie vor etwas anderes. Oder wie ein Abgeordneter vom linken Flügel unter vier Augen zu mir meinte: «Wenn man heute für das Labour-Programm von 1945 einstünde, würde man als Trotzkist aus der Partei geworfen.»

Der Blairismus oder Labour-Modernismus vertritt oder glaubt an die folgenden Grundsätze (zumindest hofft er, damit die nächsten Wahlen zu gewinnen): eine dynamische Marktwirtschaft mit größerer allgemeiner Vermögensbildung; eine starke und solidarische Gesellschaft, die das Individuum vor den Unwägbarkeiten des Marktes schützt; eine verbesserte Schulbildung, steigende Qualifikationen und eine bessere Fachausbildung; ein neu konzipiertes soziales Netz, das langfristige Abhängigkeiten vermeiden und die Leute in den Arbeitsprozeß reintegrieren soll; eine aktive Europapolitik; die verfassungsmäßige Garantie von Grundrechten, ein Gesetz zum Schutz der Informationsfreiheit und eine gewählte zweite Parlamentskammer; eine walisische Nationalversammlung und ein eigenes schottisches Parlament.

Der Blairismus glaubt außerdem daran, daß die Gewerkschaften auf Distanz gehalten werden müssen. Den Parteimodernisierern ist die Vorstellung peinlich, Gewerkschaftsbarone könnten wie anno dunnemals auf ein Bier und ein paar Sandwiches in Downing Street Nr. 10 hereinschneien, um die staatliche Wirtschaftspolitik zu erörtern. Blair war von 1989 bis 1992 unter Neil Kinnock Arbeitsminister im Schattenkabinett. In dieser Funktion hat er laut seinem Mitmodernisierer und Abgeordnetenkollegen aus Durham, Giles Radice, «die Gewerkschaften dazu gebracht, sich anstelle des früheren Kollektivismus mit einem modernen System individueller Arbeitnehmerrechte nach kontinentalem Modell abzufinden. Er hat die Gewerkschaften auch davon überzeugt, daß die obligatorische Gewerkschaftsmitgliedschaft in bestimmten Betrieben eine unzeitgemäße und nicht mehr vertretbare Zwangsmaßnahme ist.» Darüber hinaus tat sich Mr. Blair als einer der wichtigsten Verfechter eines neuen innerparteilichen Wahlmodus hervor, bei dem der Parteiführer durch die Einzelstimmen von Abgeordneten, Parteimitgliedern und Gewerkschaftern gewählt wird und nicht wie früher durch Blockstimmen der Gewerkschaften. Anthony Howard meint dazu: «Die wirtschaftliche Macht der Gewerkschaftsführer wurde durch Mrs. Thatcher vernichtet, ihre politische Macht durch John Smith und Tony Blair.» Inzwischen sagt Blair Dinge wie: «Es ist nicht die Aufgabe einer Labour-Regierung, der Gewerkschaftsbewegung mit staatlichen Mitteln gefällig zu sein.» Dies klingt zwar ganz vernünftig und richtig, grenzt historisch gesehen jedoch an Ketzerei. Man stelle sich einen Tory-Führer vor, der öffentlich gelobt, nach gewonnenen Wahlen hätten konservative Parteispender keinerlei Entgegenkommen zu erwarten; keine Gefälligkeiten für Arbeitgeber, Unternehmer und Bankiers, für Großgrundbesitzer, Reiche und die Schickeria.

Der Blairismus hält auch die lange Nachkriegsschlacht um die Verstaatlichung beziehungsweise Privatisierung von wichtigen Industrien und Dienstleistungen für überholt – und verloren. Das Tory-Privatisierungsprogramm (oder der Ausverkauf nationaler Besitzstände) wurde von Labour stets bekämpft, wenn auch mit wechselnder Leidenschaft, Beharrlichkeit und Resignation; heute wird die Privatisierung zähneknirschend als ökonomische Force majeure anerkannt. Der Verkauf der Wasserwirtschaft im Jahre 1989 beispielsweise stieß bei Labour-Anhängern der unterschiedlichsten Couleur auf heftige Ablehnung. Wasser hat beinahe schon totemistische Qualitäten (ein Stoff, der aus dem Boden sprudelt oder vom Himmel fällt und der irgendwie denen gehören sollte, auf die er herabregnet), und die Geschwindigkeit, mit der uns die privatisierte Wasserwirtschaft ihre monopolkapitalistische Lektion erteilte, sorgte für allerhand

Empörung: deftig steigende Preise, große Profite und hochdotierte Manager, die sich wechselseitig durch günstige Aktienemmissionen bereichern. Als ich all dies Mr. Blair vortrug, antwortete er: «Ob ich finde, daß die Wasserindustrie privatisiert gehört? Nein, das finde ich nicht. Ob ich finde, daß sich eine ernstzunehmende Labour-Regierung in näherer Zukunft an den Kabinettstisch setzen und, falls gerade mal 2 Milliarden Pfund zur Hand sind, per Abstimmung beschließen sollte, die Aktien der Wasserwirtschaft zurückzukaufen – da kann ich nur sagen, dazu wird es nicht kommen, und dann sollte man den Leuten auch keinen Sand in die Augen streuen und so tun, als ob.» Abgesehen davon «gibt es nur wenige Dinge, die sich nicht auch durch Kontrolle erreichen ließen, sondern nur durch Besitz».

Das ist eine ehrliche Antwort, auch wenn manch einer darüber bestürzt sein mag. Aber regieren heißt, nicht all das erreichen zu können, was man möchte oder woran man glaubt; heißt, seinen Idealismus und Pragmatismus gerinnen zu lassen. Dennoch vergreift sich Mr. Blair bisweilen in der Tonhöhe. Betrachten wir zum Beispiel folgende vollmundige Äußerung aus seinem Wahlmanifest: «Ein Bildungssystem, das einer Elite dient und die Mehrheit vernachlässigt, ist eine Beleidigung unserer moralischen Prinzipien und eine Belastung für unsere Volkswirtschaft.» Zu allen Zeiten meines politischen Bewußtseins und nach jeder gängigen Auslegung der Worte hätte man daraus die Absicht herausgelesen, die Privatschulen abzuschaffen. Aber das ist nicht gemeint, oder doch? «Nein.» Warum nicht? Ist es etwa keine «Beleidigung unserer moralischen Prinzipien», daß der Zufall elterlichen Reichtums die Ausbildungschancen eines Kindes diktiert? «Es ist eine Beleidigung», pflichtet er vorsichtig bei, «daß die Qualität der Ausbildung, die man bekommt, vom Reichtum abhängt, über den man verfügt. Aber die Frage ist doch, wie man das Problem angeht. Löst man es dadurch, daß man den Leuten die Möglichkeit nimmt, ihre Kinder auf eine Privatschule zu schicken, oder indem man den Standard der staatlichen Bildung verbessert?» Warum nicht beides gleichzeitig? «Davon hielte ich nichts, sowohl aus prinzipiellen Gründen wie aus politischem Realismus.» Es scheint fast schon unfair, ihn weiter zu drängen, zumal er seine eigenen Kinder aus Prinzip auf öffentliche Schulen schickt und die Abschaffung der Privatschulen seit Jahren für Labour kein Thema mehr ist. «In der Politik muß man entscheiden, in welchen Punkten man sich abgrenzen will», meint er abschließend. Die Abschaffung der Privatschulen würde seiner Einschätzung nach «als grundsätzlich ungerecht und rachsüchtig empfunden ... Dadurch würde die Grenze zwischen uns und den Konservativen unweigerlich an der falschen Stelle gezogen.»

Mr. Blair ist schon heute ein höchst pragmatisch denkender Politiker und wird es auch in Zukunft bleiben. Er weiß, daß der Streit in der Mitte ausgefochten wird (deshalb wurde er von seiner Partei gewählt) und daß es keinen Sinn hat, um einen fernen Hügel zu kämpfen, auch wenn man von dort eine schöne Aussicht genießt. Irgend jemand hat einmal gesagt, Labour und die Konservativen seien nur einen Fingerbreit voneinander entfernt, doch sei es dieser Fingerbreit, in dem wir alle leben. Mr. Blair gibt sich idealistisch, ohne ideologisch zu sein, und erregt damit natürlich das Mißtrauen des linken Flügels. Anthony Howard, der noch heute auf sein Partyhäppchen wartet, bezeichnet Blair in Anspielung auf die Parteifarbe der Konservativen respektlos als «blauäugigen Wunderknaben», gibt andererseits jedoch zu, daß sich der gegenwärtige Parteiführer eine ungewöhnlich starke Stellung verschafft hat. Er hat seinen derzeitigen Gipfel mit wenig Gepäck und geringen Schulden erklommen. Er ist den Gewerkschaften nicht zu Dank verpflichtet. Er ist kein Apparatschik, zumindest weniger als seine beiden Vorgänger Kinnock und Smith. «Das ist sein Trumpf», sagt Howard, «er kann ohne weiteres die Brücken hinter sich abbrechen.»

Zweifellos hat die Labour-Partei mit Mr. Blair die besten Aussichten seit 1979, an die Macht zurückzukehren. (Und als weitere modernistische Neuerung zöge mit seinem Wahlsieg die erste berufstätige Ehefrau in Downing Street Nr. 10 ein.) Man müßte schon grausam – oder ein Konservativer – sein, um ihm auf seinem Weg kein Glück zu wünschen: Es dürfte kaum ein Land geben, daß je von einer überlangen Einparteienherrschaft profitiert hat. Labour präsentiert sich gegenwärtig vergleichsweise geschlossen, die Wähler haben von den Tories die Schnauze vergleichsweise voll, und die Tories selbst sind vergleichsweise zerstritten. Oder wie ein ungenannter Tory-Minister unverschämt über Blair sagte: «Wir wissen immer noch nicht, ob wir ihm vorwerfen sollen, daß er kein Programm hat oder daß sein Programm nichts taugt.» Im Augenblick bestimmt Labour die Tagesordnung, und die Tories versuchen irritiert, darauf zu reagieren. In den Wochen vor der Wahl des Labour-Parteiführers machte das Wort von der «Vollbeschäftigung» die Runde, und schon sah sich Arbeitsminister David Hunt auf einer Versammlung des Gewerkschaftsdachverbandes genötigt, auch die Regierung auf eine Vollbeschäftigungspolitik zu verpflichten. Für einen Tory-Minister war dies eine geradezu unglaublich versöhnliche oder waschlappige Geste, die auf unterirdische Panikwellen schließen ließ. Es dürfte wohl kein Zufall sein, daß Mr. Hunt nach Mr. Majors Kabinettsumbildung vierzehn Tage später im Arbeitsministerium plötzlich ohne Arbeit dastand.

Blair sieht die Hauptgefahr bis zur nächsten Parlamentswahl (die vielleicht erst 1996 oder 1997 stattfindet) in «einer gewissen Selbstgefälligkeit auf seiten der Partei». Aber es lauern da noch weitere Gefahren: daß er länger in Wartestellung ausharren muß als wünschenswert, daß sein Gesicht in ein paar Jahren nicht mehr ganz so unverbraucht wirkt, daß seine Evangelistensprache nach einer Weile pfäffisch klingt und sein Gerede von Kreuzzügen und Missionen ein wenig zu frohgemut für unsere zynische Zeit. Darüber hinaus besteht die Gefahr, daß Labours langfristige – und unbewußt an Mrs. Thatchers Schlachtplan aus dem Jahre 1979 angelehnte – Strategie, sich eher durch Grundsätze und Generalthemen zu profilieren als durch konkrete, kalkulierbare politische Vorschläge, den Wählern als Ausflucht erscheint. Und was ist von seiten der Konservativen zu fürchten? «An ihrer Wahlkampfstrategie gibt es nicht viel zu rätseln», antwortet er. «Sie werden's mit einer großangelegten Steuersenkung versuchen. Sie werden sich wahrscheinlich auf eine ziemlich antieuropäische Position zurückziehen. Und sie werden der Labour-Partei so viel Dreck anhängen wie menschen- oder unmenschenmöglich.»

Der elegische Auftritt des Grimethorper Spielmannszuges in der Abtei zu Westminster war der passende Auftakt zu einem Gottesdienst, der gut und gerne wie Tony Blairs Manifest unter dem Motto «Veränderung und nationale Erneuerung» hätte laufen können. Es wurde aus dem Buch Jesaja vorgelesen. («Sie werden die alten Wüstungen bauen, und was vorzeiten zerstört ist, aufrichten; sie werden die verwüsteten Städte, so für und für zerstört gelegen sind, erneuern.») Es wurde eine Hymne von R. B. Y. Scott angestimmt, die von Blairschen Grundsätzen nur so strotzte («Bringe Gerechtigkeit in unser Land, / auf daß wir alle sicher leben, / und lege uns für kommende Tage / den Grundstein unverbrüchlich fest») und entsprechend arm an konkreter Programmatik war. Ja sogar der Erzbischof von Canterbury zitierte Václav Havel mit den Worten: «Ich bin zutiefst davon überzeugt, daß die Politik kein unredliches Geschäft ist, und insofern sie es doch ist, wurde sie von Politikern dazu gemacht.»

Der Erzbischof zitierte auch John Smiths Überzeugung, «Politik sollte eine moralische Tätigkeit sein». Wenn die Tory-Partei im Zentrum zusehends müde wird und an den Rändern zusehends anstößig, wenn ihre Denker und Dichter sich jauchzend in aufgeforstete Wälder zurückziehen und von der Rückkehr der Bären, Einkommenssteuersätzen von 10 Prozent und ausgedehntem Prärieland mit exotischen Lupinenfeldern zu faseln beginnen, wen wundert's, daß Labour im Augenblick politisch und moralisch Oberwasser hat. Nun hat ein erklärter Christ den anderen an der Parteispitze abgelöst. «Läutere den Leib des Volkes durch die Gnade unseres Herrn», tönte nahezu einstimmig die Trauergemeinde in der Westminster Abbey.

Tony Blair hat den Führungskampf mit erhebendem Wortgeklingel gewonnen, in dem der Ausdruck «radikal» eine Schlüsselrolle spielte: Wie seine Rivalen bezog auch er sich auf das historische Jahr 1945, in dem Clement Attlees Labour-Regierung das Land von Grund auf umstrukturierte. Ich fragte Giles Radice nach Mr. Blairs zugkräftigstem Werbespruch. Er antwortete: «Er hat etwas ziemlich Schlaues gesagt. Er sagte: ‹Ich bin kein Revisionist, ich bin ein Radikaler.› Das ist natürlich völliger Quatsch. In Wirklichkeit versucht er Harold Wilson zu sein. Und was er braucht, ist eine Mischung aus Gaitskell und Wilson.» Eines der bleibenden Faszinosa – und der ewig wiederkehrenden Betrugsmanöver – politischer Arbeit besteht in dem Widerspruch zwischen den Auf-in-den-Kampf-Parolen und der nachfolgenden Ankündigung, daß, leider Gottes, kein Geld für Lanzen und Brustpanzer da war und es übrigens statt zu einem Pferd auch nur zu einem Maultier gelangt hat. Auf den Namen Hugh Gaitskell (John Smiths Vorgänger als im Amt verschiedener Parteiführer und Projektionsfläche verschobener Hoffnungen) kann man sich getrost berufen; der Name Harold Wilson hingegen – der heute weniger an die libertäre Gesetzgebung seiner ersten Amtsjahre erinnert als an die pragmatischen Verirrungen seiner letzten – läßt die Herzen kaum höher schlagen. Tony Blair weckt in vielen Leuten Optimismus, sei es wegen seiner Jugend, seiner Intelligenz, seiner idealistischen Äußerungen, der verheißenen Läuterung oder auch nur, weil er wählbar scheint. Es ist gut möglich, daß er zur Jahrtausendwende britischer Premierminister sein wird. Doch es wäre entschieden verfrüht, sich schon heute in millenaristischer Hoffnung ein Plätzchen auf ferneren Hügelkuppen anzumieten.

August 1994

Anhang

Danksagung

Wir danken dem Autor für seine schier unendliche Geduld und unermüdliche Hilfe bei Fragen zum Wesen von Sir Tufton Bufton, Pelzwürfeln und Gummiadler-Diners.

Des weiteren gilt unser besonderer Dank Christa Cackett für den verbiesterten alten Kommandostiefel, Michael Etter von der Edition Inkognito für fachkundige und engagierte Ausführungen zu Kreidegründen, Schrifttypen etc., Claudia Gross für ethnologische Nachforschungen zu Vorder- und Hinterbänklern, Ellen Jensen für Erläuterungen zum Grundsteuersystem BT und zur Kopfsteuer AT, Leon Keen für lebhafte Ausführungen zu Aladin und anderen Wunderwesen, Bernd Peter Lange für schachkundige Hinweise, Angela Lloyd (mit dem gleichnamigen Versicherungsmarkt weder verwandt noch verschwägert) für ständige Auskünfte über britannische Interna, Michael Pabst-Krueger für Seemännisches und Logbuchkundliches, Joachim Rauscher vom FAZ-Archiv für prompte und liebenswürdige Bereitstellung von Pressematerial, Manfred Schulte für Energieknoten und andere Funde beim Wünschelrutengehen, Günter Stolz für Konkursberatung, Kartellrechtliches und das Haus in der Provence, Alex, Denis und Harald vom Schachclub Kreuzberg e. V. für Tips unter Sportsfreunden und schließlich dem Berliner Übersetzerstammtisch der Angeln & Sachsen für vielfältige Inspiration sowie den Wanderpreis für trostbedürftige Übersetzer in Form einer rinnenden Träne.

Last but not least danken wir für den großzügig gespendeten Alles-wird-gut-Saft, der brüderlich-schwesterlich geteilt wurde und ohne den dieses Buch vielleicht ganz anders aussähe.

Robin Cackett
Gertraude Krueger

Zitatnachweise

S. 185
Die deutsche Fassung des Sonetts stammt von Christa Schuenke und ist dem Band: William Shakespeare, *Die Sonette*, Englisch-Deutsch, Straelener Manuskripte Verlag, 1994, entnommen.

S. 281
Das Dickens-Zitat ist entnommen aus: Charles Dickens, *Londoner Skizzen*, in der Übertragung von H. Roberts von 1839, durchgesehen, ergänzt und mit einem Nachwort versehen von Siegfried Schmitz, München, Winkler, 1975.

S. 305 ff.
Die Zitate aus Mrs. Thatchers Erinnerungen entstammen mehrheitlich der Ausgabe: Margaret Thatcher, *Downing Street No. 10. Die Erinnerungen*, Düsseldorf, Econ, 1993, wurden an manchen Stellen jedoch geringfügig verändert. Das genannte Foto und die später erwähnte Registereintragung zum Attentat auf die Berliner Diskothek «La Belle» fehlen in der deutschen Ausgabe.

S. 346
Das Shakespeare-Zitat ist entnommen aus: *Antonius und Cleopatra, ein Trauerspiel*, übersetzt von Christoph Martin Wieland, herausgegeben von Hans und Johanna Radspieler, Zürich, Haffmans Verlag, 1993. Die Orthographie wurde den heutigen Normen angepaßt.

S. 392
Die Lobpreisung ist der deutschen Fassung von A. W. Schlegel entlehnt.

Register

Paul Auster

Paul Auster, geboren 1947 in Newark / New Jersey, gilt in Amerika als eine der großen literarischen Entdeckungen der letzten Jahre. Er studierte Anglistik und vergleichende Literaturwissenschaft an der Columbia University und verbrachte danach einige Jahre in Paris. Heute lebt er in New York.

Die New York-Trilogie *Roman*
(rororo 12548)
«Eine literarische Sensation!» *Sunday Times*

Mond über Manhattan *Roman*
(rororo 13154)

Smoke. Blue in the Face
Zwei Filme
(rororo 13666)

Die Erfindung der Einsamkeit
(rororo 13585)

Die Musik des Zufalls *Roman*
(rororo 13373)

Mr. Vertigo *Roman*
Deutsch von Werner Schmitz
320 Seiten. Gebunden und als rororo Band 22152

Leviathan *Roman*
Deutsch von Werner Schmitz
320 Seiten. Gebunden und als rororo Band 13927

Von der Hand in den Mund
Deutsch von Werner Schmitz
512 Seiten. Mit 24 farbigen Tafeln. Gebunden.
Aller Anfang ist schwer: Paul Austers amüsantes Selbstporträt des Künstlers als hungernder Mann vor dem Hintergrund der bewegten sechziger und siebziger Jahre.

rororo Literatur

Das rote Notizbuch
Deutsch von Werner Schmitz
64 Seiten. Pappband und als rororo Band 22275
Paul Auster hat in seinem roten Notizbuch über viele Jahre Ereignisse aus seinem Leben und dem Leben von Freunden festgehalten – daraus sind dreizehn unglaubliche Geschichten entstanden.

Paul Auster's Stadt aus Glas
Herausgegeben von Bob Callahan und Art Spiegelman. New York-Trilogie I. Großformat
(rororo 13693)

Im Land der letzten Dinge
Roman
Deutsch von Werner Schmitz
200 Seiten. Gebunden und als rororo 13043

Lulu on the Bridge *Das Buch zum Film mit Vanessa Redgrave und Harvey Keitel*
(rororo 22426)
Nach den Drehbüchern für «Smoke» und «Blue in the Face» führt Paul Auster hier zum ersten Mal Regie.

3201/8

Harold Brodkey

Harold Brodkey wurde 1930 in Staunton, Illinois, geboren, wuchs in Missouri auf und absolvierte ein Literaturstudium in Harvard. Später ließ er sich als freier Schriftsteller nieder und unterrichtete amerikanische Literatur und Creative Writing in Cornell und an der City University of New York. Für sein Werk wurde er u. a. mit dem begehrten Prix de Rome und zweimal mit dem O. Henry Award ausgezeichnet. Er starb im Januar 1996 in New York an den Folgen von Aids.

Unschuld *Nahezu klassische Stories Band 1*
(rororo 13156)

Engel *Nahezu klassische Stories Band 2*
(rororo 13318)

Profane Freundschaft *Roman*
Deutsch von Angela Praesent
544 Seiten. Gebunden und als rororo Band 13698
Der Roman ist «ein Kunstwerk von atemberaubender Intensität, ein Pandämonium der Leidenschaft wie der Ängst, der Sucht wie der Flucht». *Die Zeit*

Die flüchtige Seele *Roman*
Deutsch von Angela Praesent
1344 Seiten. Gebunden und als rororo Band 13993

Venedig
Zusammengestellt, übersetzt und mit einem Nachwort von Angela Praesent. Mit Fotos von Guiseppe Bruno.
128 Seiten. Gebunden

rororo Literatur

Die Geschichte meines Todes
Deutsch von Angela Praesent
192 Seiten. Gebunden und als rororo Band 22283
Nach der Diagnose Aids im Frühjahr 1993 begann Harold Brodkey zu protokollieren, wie die tödliche Krankheit sein Leben veränderte und was sie seinem Körper, seinem Geist, seiner Frau und seinen Freunden antat.

Gast im Universum *Stories*
Deutsch von Angela Praesent
352 Seiten. Gebunden
Zehn neue, noch nie in Buchform publizierte Stories aus dem Nachlaß von Harold Brodkey.

Ein Gesamtverzeichnis aller lieferbaren Titel der *Rowohlt Verlage, Wunderlich* und *Wunderlich Taschenbuch* finden Sie in der *Rowohlt Revue*. Vierteljährlich neu. Kostenlos in Ihrer Buchhandlung.
Rowohlt im Internet:
http://www.rowohlt.de

3638/3

Peter Høeg

Peter Høeg, geboren am 7. Mai 1957 in Kopenhagen, studierte Literaturwissenschaft und trat als Tänzer und Schauspieler an dänischen und schwedischen Bühnen auf. Er schrieb Theaterstücke, Romane und Erzählungen. Peter Høeg lebt in Brumleby auf Østerbro (Dänemark).

Vorstellung vom zwanzigsten Jahrhundert *Roman*
(rororo 13348)
«Eine blitzgescheite Gesellschaftssatire.»
Frankfurter Allgemeine Zeitung

Fräulein Smillas Gespür für Schnee *Roman*
(rororo 13599)
Der internationale Erfolg dieses literarischen Thrillers hat neben der faszinierenden Geschichte vor allem mit seiner Heldin zu tun: der wunderbar ruppigen, unangepaßten und zugleich zarten und verletzlichen Smilla.
«Eine aberwitzige Verbindung von Thriller und hoher Literatur.»
Der Spiegel

Der Plan von der Abschaffung des Dunkels *Roman*
(rororo 13790)
Peter Høegs Roman geht unter die Haut – als Anklage eines unmenschlichen Schulsystems, als philosophische Betrachtung über die Zeit, als autobiographische Bewältigung und als ganz zarte Liebesgeschichte.
«Ein Buch für die Ewigkeit!»
Stern

rororo Literatur

Die Frau und der Affe *Roman*
(rororo 22315)
«*Die Frau und der Affe* ist ein ganz besonderes Dschungelbuch, ein Märchen-Thriller, eine spannend und komisch erzählte Fabel über die Hinterhältigkeiten der Zivilisation und die Sehnsucht nach Vereinigung mit der Natur.» *Stern*

Von der Liebe und ihren Bedingungen in der Nacht des 19. März 1929
(rororo 22314)
Sechs Geschichten von der Liebe, und alle spielen in derselben Nacht. Ein Geschichtenzyklus als kleines Welttheater, das von Dänemark bis Indien, von Lissabon bis Zentralafrika reicht.
»Vielleicht helfen Geschichten wie diese, mit der Verlorenheit der Welt fertig zu werden. Peter Høeg kann sie erzählen.»
Frankfurter Rundschau

Rowohlt im Internet:
www.rowohlt.de

3672/2

Colum McCann

Colum Mc Cann wurde 1965 in Dublin geboren. Er arbeitete als Journalist, Farmarbeiter und Lehrer und unternahm lange Reisen durch Asien, Europa und Amerika. Für seine Erzählungen erhielt McCann, der heute in New York lebt, zahlreiche Literaturpreise, unter anderem den *Hennessy Award for Irish Literature* sowie den *Rooney Prize.*

Gesang der Kojoten *Roman*
Deutsch von
Matthias Müller
272 Seiten. Gebunden und als rororo Band 22288
Ein an historische Ereignisse angelehnter Roman über die Indianerkriege und die amerikanische Expansion nach Westen, voller Gewalt und Grausamkeit, ein mythisches Weltuntergangsepos wie nach Bildern von Bosch und Dalí.
«McCann erzählt so spannend wie Joseph Conrad und so elegant wie William Faulkner.»
Der Spiegel

Fischen im tiefschwarzen Fluß
Stories
Deutsch von
Matthias Müller
220 Seiten. Gebunden
«Colum McCann schöpft seine Welt aus einer kraftvollen und magischen Prosa, so ungewöhnlich und so originär, so verführerisch und so einleuchtend, daß der Leser nach der Lektüre glaubt, alles in einem neuen Licht zu sehen, dankbar erhellt und bereit, das Mysterium des Lebens anzunehmen.» *Der Tagesspiegel*

rororo Literatur

Der Himmel unter der Stadt
Roman
Deutsch von
Matthias Müller
352 Seiten. Gebunden
Der Roman führt uns in eine unbekannte Welt voll brutaler Magie, eine Stadt unter der Stadt, in der jene Menschen hausen, die das Schicksal in den Bauch des Molochs gespült hat. Und er erzählt vom Leben jener Arbeiter, den Iren, Italienern, Farbigen und Indianern, die zu Beginn des Jahrhunderts den Bau Manhattans vorantrieben und doch nie von seinem Wachstum profitierten.

Ein Gesamtverzeichnis aller lieferbaren Titel der *Rowohlt Verlage, Wunderlich* und *Wunderlich Taschenbuch* finden Sie in der *Rowohlt Revue.* Vierteljährlich neu. Kostenlos in Ihrer Buchhandlung.
Rowohlt im Internet:
www.rowohlt.de

3677/1

Romane und Erzählungen

Julian Barnes
Flauberts Papagei *Roman*
(rororo 22133)
«Dieses Buch gehört zur Gattung der Glücksfälle.» *Süddeutsche Zeitung*

Denis Belloc
Suzanne *Roman*
(rororo 13797)
«Suzanne» ist die Geschichte von Bellocs Mutter: Das Schicksal eines Armeleutekinds in schlechten Zeiten. «Denis Belloc ist der Shootingstar der französischen Literatur.» *Tempo*

Andre Dubus
Sie leben jetzt in Texas *Short Stories*
(rororo 13925)
«Seine Geschichten sind bewegend und tief empfunden.» *John Irving*

Michael Frayn
Sonnenlandung *Roman*
(rororo 13920)
«Spritziges, fesselndes, zum Nachdenken anregendes Lesefutter. Kaum ein Roman macht so viel Spaß wie dieser.» *The Times*

Peter Høeg
Der Plan von der Abschaffung des Dunkels *Roman*
(rororo 13790)
«Eine ungeheuer spannende Geschichte.» *Die Zeit*
Fräulein Smillas Gespür für Schnee *Roman*
(rororo 13599)
Fräulein Smilla verfolgt die Spuren eines Mörders bis ins Eismeer Grönlands. «Eine aberwitzige Verbindung von Thriller und hoher Literatur.» *Der Spiegel*

rororo Literatur

Stewart O'Nan
Engel im Schnee *Roman*
(rororo 22363)
«Stewart O'Nans spannendes Erzählwerk ist zum Heulen traurig und voller Schönheit, seine Sprache genau und von bestechendem Charme. Die literarische Szene ist um einen exzellenten Erzähler reicher geworden.» *Der Spiegel*

Daniel Douglas Wissmann
Dillingers Luftschiff *Roman*
(rororo 13923)
«Dillingers Luftschiff» ist eine romantische Liebesgeschichte und zugleich eine verrückte Komödie voll schrägem Witz, unbekümmert um die Grenzen zwischen Literatur und Unterhaltung.

Tobias Wolff
Das Blaue vom Himmel *Roman einer Jugend in Amerika*
(rororo 22254)
«Wunderbar komisch – zugleich tieftraurig und auf sehr subltile Weise moralisch.» *Newsweek*

Film und Fernsehen

Paul Auster
Smoke. Blue in the Face *Zwei Filme*
(rororo 13666)

Chris Carter
Akte X: Der Film *Der Roman zum Kinofilm*
(rororo 22420)
Akte X: Der Film *Der Jugendroman zum Kinofilm*
(rororo 20934)
Die offiziellen Romane zum großen Kinoereignis: die FBI Agenten Dana Scully und Fox Mulder stehen vor ihrer größten Herausforderung.

Dean Devlin / Roland Emmerich / Stephen Molstad
Independence Day. Der Tag, an dem wir zurückschlagen *Der Roman zum Film*
(rororo 13949)

Stephen Molstad
Independence Day
Was geschah in Area 51? *Nach einer Idee von Dean Delvin und Roland Emmerich*
(rororo 22346)

Tom Tykwer
Lola rennt *Mit Bildern von Frank Griebe. Das Buch zum Film. Mit Mini-CD*
(rororo 22455)
Manni sitzt in der Patsche, und Lola muß ihn retten. Sie hat zwanzig Minuten. Und drei Chancen ...
Nach «Winterschläfer» Tom Tykwers neuer Film mit Moritz Bleibtreu und Franka Polente in den Hauptrollen.

Carolly Erickson
Katharina die Große *Eine deutsche Prinzessin auf dem Zarenthron. Mit Fotos aus dem ZDF-Film*
(rororo 13935)

rororo Unterhaltung

Stephen McCauley
Liebe in jeder Beziehung *Der Roman zum Film von Nicholas Hytner*
(rororo 22517)
George lernt Nina auf einer Party kennen, als ihm gerade sein Freund Robert den Laufpaß gibt. Kurzentschlossen nimmt er Ninas Angebot an und zieht zu ihr: der Beginn einer wunderbaren Freundschaft. Dann ist Nina schwanger. Doch statt sich mit Howard, dem Vater, auf das Kind zu freuen, entscheidet Nina, das Kind mit George aufzuziehen. Der fällt aus allen Wolken, schließlich waren Frau und Kind bisher in seiner Lebensplanung nicht vorgesehen ...
In den Hauptrollen der brillanten Beziehungskomödie: Jennifer Aniston und Paul Rudd.

H. B. Gilmour
Tage wie dieser ... *Roman zum Film*
(rororo 22203)

Rowohlt im Internet:
www.rowohlt.de